Zu diesem Buch

«Mit einem gründlichen Quellenstudium haben die beiden Biographen Liz Taylors Lebensspuren nachgezeichnet… Ob ihr Nikita Chruschtschow in Moskau ‹gelegentlich in den Hintern zwickte›, ob Robert Kennedy den von ihr gereichten Zimmerschlüssel wirklich benutzte und ob sogar Aristoteles Onassis das – freilich unerreichte – Ziel einer sechsten Eheschließung wurde, weil ‹er von seiner kaufsüchtigen, hartherzigen Frau Jackie› loszukommen gedachte: Solche und andere Mutmaßungen werden mit geradezu eisiger Genauigkeit ausgebreitet. Dafür machen die Autoren deutlich, wie ausgebufft die Marketing-Strategien erst der Mutter (deren eigene Schauspieler-Karriere gescheitert war) und später all der Promotoren, Regisseure und Produzenten waren, die der Taylor zu dem einsamen Rekord verhalfen, als einstiger Kinderstar nicht schnell vergessen, sondern zur lebenslangen Super-Diva zu werden.» (F.A.Z.)

«Hinter der Flitterwelt Hollywoods erscheint in dem fesselnd geschriebenen Buch eine völlig andere Liz, als man sie bislang kannte, eine Frau voller Hoffnungen und Sehnsüchte, Ängste, Zwänge und Nöte.» (Wiesbadener Kurier)

Andrea Thain, geboren 1963 in Schweinfurt, veröffentlichte zahlreiche Zeitschriftenaufsätze und Biographien, so «Katharine Hepburn» (rororo Nr. 13322).

Michael O. Huebner, geboren 1964 in Bamberg, arbeitete nach Abschluß des Studiums der Sonderpädagogik und der Ägyptologie einige Zeit in den USA als freier Mitarbeiter für «Variety» und «Hollywood Reporter». Er veröffentlichte zahlreiche Zeitschriftenaufsätze und eine Biographie über Lilli Palmer.

Andrea Thain
Michael O. Huebner

*E*lizabeth *T*aylor

Hollywoods letzte Diva

Eine Biographie

Rowohlt

Veröffentlicht im
Rowohlt Taschenbuch Verlag GmbH,
Reinbek bei Hamburg, Oktober 1994
Copyright © 1992 by Rowohlt Verlag GmbH,
Reinbek bei Hamburg
Fotos des Tafelteils: Privatsammlung der Autoren
Umschlaggestaltung Susanne Müller
Foto von Elizabeth Taylor: Philippe Halsman, 1948
Alle deutschen Rechte vorbehalten
Gesamtherstellung Clausen & Bosse, Leck
Printed in Germany
1490-ISBN 3 499 13512 4

Inhalt

Für Anna-Maria Bernhardt,
Gaby Herrmann
und Jutta Rieger

«Vor mehr als vierzig Jahren lehrte mich MGM, wie man ein Star ist. Und ich weiß bis heute nicht, wie ich etwas anderes hätte sein können.»

Elizabeth Taylor

Die Straßen Bel Airs lagen im fahlen April-Licht der frühen Morgensonne ruhig da. Die Streife patrouillierte wie gewöhnlich, damit kein Unbefugter den Schlaf der Schönen und Reichen störte. Die Springleranlagen wässerten den kostbaren englischen Rasen, ein Statussymbol, das man sich in dieser Gegend einfach leisten können mußte, um nicht «out» zu sein. Alles wirkte normal.

So kam es auch der Haushälterin vor, die an diesem Morgen gegen sieben Uhr das Haus in der Nimes Road betrat. Ihre Arbeitgeberin war nicht gerade die Ordnungsliebe in Person, so daß sie sich an den verstreuten Sachen und angebrochenen Flaschen mit diversem alkoholischem Inhalt nicht weiter störte. Wie gewöhnlich räumte sie den größten Unrat beiseite, bevor sie sich in der Küche daran machte, das Frühstück vorzubereiten. Als sie aber mit dem Tablett die Treppe zum Schlafzimmer ihrer Arbeitgeberin ging, befiel sie eine gewisse Unruhe, da sie einen leicht säuerlichen Geruch wahrnahm. Als sie die Tür öffnete, schlug ihr der Gestank von Erbrochenem entgegen. Ihre Herrin lag mit dem Kopf nach unten auf dem Bettrand und hielt in ihrer verkrampften Hand noch immer ein Röhrchen Valiumtabletten. Weitere Schachteln und Pillen lagen auf dem Boden, vermischt mit Erbrochenem, das bereits zu trocknen begann.

Sie wußte, was zu tun war. Sofort machte sie sich daran, die hilflose Frau wiederzubeleben. Nach einigen Schlägen ins bereits bläuliche Gesicht kam diese wieder zu Bewußtsein, reagierte aber lethargisch. Die Haushälterin verständigte den Leiter der Suchtabteilung des St. Johns Hospitals, William Skinner, der sofort eine Ambulanz losschickte, mit der Anweisung, unter allen Umständen Aufsehen zu vermeiden und Reportern, die zum täglichen Bild an der Nimes Road gehörten, aus dem Weg zu gehen.

Diskret fuhr die Ambulanz am Hintereingang der Villa vor, wo die Angestellte bereits mit ihrer Arbeitgeberin wartete, die sie geschickt bei Bewußtsein gehalten hatte. Unter allen Umständen wollte man ihr ersparen, erneut in die Schlagzeilen zu geraten, zumal niemand auf der Welt so oft aus den unmöglichsten Perspektiven und in den drastischsten Situationen fotografiert worden war wie diese Frau.

In höchster Eile brachte man sie in die Aufnahme und trug sie unter falschem Namen ein. Doch wie es der Zufall wollte, war ein Fotoreporter zur Stelle, der unentdeckt Aufnahmen von der Einlieferung machte und dank eines betörenden Lächelns von einer diensthabenden Schwester unter dem Siegel der Verschwiegenheit anvertraut bekam, daß Elizabeth Taylor, wie schon vor ungefähr 30 Jahren, wieder einmal ums Überleben kämpfte.

Am nächsten Morgen schien die Welt kein anderes Thema zu kennen als den Gesundheitszustand der Taylor, die kurz und liebevoll Liz genannt wird.

Liz Taylor. Ihr Name steht für das Bild einer attraktiven Frau, die zu Recht die Herrin des Nils verkörperte, meist dicht behängt mit riesigen Klunkern und einem «Lidstrich, so dick aufgetragen, als ginge morgen die Kohle aus» (Paula Almqvist). Ein jeder weiß, daß sie ihr Image, ihre Kostüme, ihr Gewicht und ihre Lebensgefährten wechselte wie andere Menschen ihr Hemd.

Zu jeder Zeit hat sie dem Bild, das sich ihre sensationsgierigen Fans machten, entsprochen: als Säuferin, trauernde Witwe, Gattin eines Senators, Großmutter in weißen Hotpants, Hexe, Dummchen vom Lande, Ehebrecherin und leidende Kranke. In der ihr typischen Art durchlebte und durchlitt sie die unterschiedlichsten Rollen, die, so scheint es, teils vom Filmstudio, teils vom realen Leben eigens für sie kreiert worden waren.

Natürlich stellt sich die Frage, worauf die jahrzehntelang anhaltende Faszination der Taylor beruht, zumal sie seit Jahren weder in einem herausragenden Kinofilm noch in einer sehenswerten Fernsehproduktion mitwirkte.

Im Gegensatz zu Katharine Hepburn verfügt sie über kein schauspielerisches Talent. Ebenso fehlt ihr die nagende Sucht, erfolgreich und berühmt zu sein, die Frauen wie Bette Davis und Joan Crawford verzehrte. Auch wurde sie von der Kamera nicht derart geliebt wie Hedy Lamarr, Lauren Bacall und Marilyn Monroe. Sie verfügte nicht über die Beine der Dietrich, die Stimme Judy Garlands, das komische Talent Carole Lombards und den frechen Witz von Ginger Rogers, den Glamour von Lana Turner und Rita Hayworth, die sexuelle Ausstrahlung einer Jane Russell; am weitesten entfernt aber war sie von der geheimnisvollen Aura einer Greta Garbo.

Elizabeth Taylor hat in dieser Hinsicht keine Gemeinsamkeiten mit den weiblichen Hollywood-Stars. Sie ist lediglich eine Diva. Sie war es, ist es und wird es ewig sein. Die letzte einer Rasse, die die Medienmaschinerie Hollywoods vor ihrem Zusammenbruch in den sechziger Jahren produzierte, nach dem Vorbild der längst erloschenen Ufa im nationalsozialistischen Deutschland.

Über Jahrzehnte zählte Liz zu den begehrtesten Frauen Hollywoods, ja, der Welt. Sie war die erste, die die Gagenschallmauer von einer Million Dollar pro Film durchbrach. Niemals war sie eine *grande dame*, eher schon ein vulgärer Lieschen-Müller-Verschnitt. Ihre Schönheit steht und stand im krassen Gegensatz zu ihrem Vokabular, das, laut Richard Burton, Ehemann Nummer 5 und 6, sogar «walisische Bergarbeiter erröten läßt».

Ihren Mythos schrieb das Kino. Sie war die große Liebende, auf der Leinwand und gelegentlich auch im wirklichen Leben, die nicht geliebt wurde. Sie spielte Frauen, die sich nach Zuneigung und nicht nach Macht und Unabhängigkeit sehnten. Frauen, die zerbrechlich waren. Zum einen wirkt sie unsicher, zum andern respekt- und furchteinflößend. Ihr Lächeln kann Eisberge zum Schmelzen bringen, und mit dem berühmten Taylor-Blick (die violetten Augen weit aufgerissen), kann sie diese wieder erstarren lassen. Anders als bei anderen Diven beruht ihr Anspruch weniger auf Können als auf freien Schultern, tiefen Décolletés, verführerischen Abendroben und einer allgegenwärtigen Präsenz in den Klatschspalten der internationalen Presse. Wie kein anderer Hollywood-Star versteht sie es, den unersättlichen Medien immer neues Futter zu liefern.

Ende April 1990. Nach der Meldung ihrer Einlieferung in das St. Johns Hospital verkünden einige Boulevardblätter, es handelte sich um einen Selbstmordversuch. Diese Behauptung wird bekräftigt durch eine Aussage des Hollywood-Insiders Mick McCormick, der erklärte: «Sie war zutiefst deprimiert und bereit, aus dem Leben zu scheiden – genauso wie damals Marilyn Monroe.» Von Weltschmerz ist die Rede, doch die wahren Fakten kennt zu diesem Zeitpunkt niemand. Um den eigenen Ruf besorgt, verschwieg man bei Columbia, daß der Taylor kurz zuvor eine Abfuhr erteilt worden war.

Dem japanischen Sony-Konzern, seit einigen Monaten Besitzer der Filmfirma, war ein Langzeitvertrag mit der Taylor wegen ihres Gesundheitszustands und ihres Lebenswandels zu riskant. Kurze Zeit später verlor sie die Rolle der Sunny von Bülow an die Schauspielerin Glenn Close. Hinzu kam, daß ein schlimmer Verdacht sich zu bestätigen schien: Zwei junge, muskelbepackte Leibwächter von Malcolm Forbes, Ehekandidat Nummer 8, sagten aus, daß sich ihr Dienstherr gelegentlich auch sexuell von ihnen «bedienen» ließ. Und es ging das Gerücht, Forbes sei, da AIDS-infiziert, freiwillig aus dem Leben geschieden.

Während die Öffentlichkeit über die Hintergründe rätselte, rang Liz, die es ein Leben lang gewohnt war, gegen Übergewicht, Gerüchte, Filmproduzenten, andere Frauen und Alkoholsucht zu kämpfen, mit dem Tod.

Anlaß der «versehentlichen Arzneimittelvergiftung», so die Ärzte, sei eine Stirnhöhlenvereiterung gewesen. Auf verabreichte Antibiotika reagierte Liz mit einem Schock und schweren Atembeschwerden. Zwar erhielt sie sofort Sauerstoff, doch ihr Zustand verschlechterte sich zusehends. Eine Operation schien die letzte Rettung für die Taylor zu sein.

Während die Welt um ihr Leben bangte, führte Dr. Roscoe Webb den sechsstündigen Eingriff durch und erklärte später vor der Presse, die Patientin sei zwar außer Lebensgefahr, dennoch sei ihr Zustand noch immer «sehr ernst». Als Webb die Erkrankung auf eine Virusinfektion zurückführt, war die Stunde für die Regenbogenpresse gekommen. Schnell posaunten internationale Schlagzeilen das Gerücht in die Welt, die Taylor sei AIDS-infiziert.

Zur gleichen Zeit begann Staatsanwalt Daniel Feldstern sich für den Fall Taylor zu interessieren. Nach ersten Ermittlungen erhob er gegen drei von Taylors Ärzten den Vorwurf, ihre Patientin fahrlässig in Todesgefahr gebracht zu haben. Die AIDS-Experten Michael Gottlieb und Michael Roth sowie William Skinner wurden beschuldigt, ihrer Patientin Unmengen von süchtigmachenden Schmerzmitteln, darunter Valium, Demerol und Percodan in fahrlässiger Weise verschrieben zu haben. Wie Feldstern herausfand, schluckte die Taylor in einer Woche um die 300 Pillen, mit denen man «leicht eine ganze Kleinstadt hätte eindecken können». In letzter Minute wurde die Anklage jedoch fallengelassen. Die lakonische Begründung: «Die Ärzte haben falsch gehandelt, aber sie wollten ihre Patientin von Schmerzen befreien. Letztendlich überzeugten sie diese, daß sie sich einer Entziehungskur unterziehen müßte.»

Doch trotz aller Bemühungen, besserte sich der Gesundheitszustand der Taylor nicht. Sie lag weiterhin unter einem Sauerstoffzelt und mußte künstlich beatmet werden. Schließlich beschloß Webb, eine Biopsie der Lunge durchzuführen. «Den Umständen entsprechend ist ihr Zustand stabil», erklärte nach diesem Eingriff ein Sprecher des Krankenhauses gegenüber der Presse. Doch Webb hatte sich inzwischen auf den Weg zur vierundneunzigjährigen Mutter der Taylor, Sara Taylor, gemacht, um ihr die Wahrheit schonend beizubringen. Im Gegensatz zu den öffentlichen Statements war der Zustand der Taylor so ernst, daß stündlich mit einer «schlechten Nachricht» zu rechnen war. Sara war fassungslos und wiederholte unter Tränen: «Dabei fing doch alles so gut an...»

*D*as *I*dol

Seit mehr als 50 Jahren ist Elizabeth Taylor eine «öffentliche Persönlichkeit» (Richard Schickel), die, so sagte sie selbst einmal, von den «Filmstudios und der Presse zu Tode beschrieben» wurde. Legion ist die Zahl der Journalisten, die es sich zum Ziel gesetzt hatten, etwas Neues über sie herauszufinden und dies der Öffentlichkeit zu präsentieren.

Um so überraschender ist es, daß sich bisher niemand die Mühe gemacht hat, beim Anfang aller Dinge zu beginnen – bei der Familie. Statt dessen wiederholte man blindlings die Hofberichte der Hollywood-Studios, die die Legende kultivierten, Elizabeth Taylor sei britischer Abstammung. Dieses Image existierte seit Beginn ihrer Filmkarriere: So kündigte die Werbekampagne für *Julia Misbehaves* (dt. *Julia benimmt sich schlecht*) Liz und ihren Partner Peter Lawford als zwei Jugendliche an, die «so britisch wie ihre Co-Stars Greer Garson und Walter Pidgeon» seien. Während die Taylor über ihre Kindheit schweigt, unterstützt ihre Mutter auch heute noch die falschen Vorstellungen, die vor allem in den USA gepflegt werden, mit blumigen Schilderungen der glücklichen Kindheit ihrer Tochter in England, die sie mit gekonnt britischem Akzent vorträgt.

Dabei sind die Taylors so amerikanisch wie Levis Jeans, Cheeseburger von McDonalds, Heinz Ketchup und Ronald Reagan.

Anfang des 19. Jahrhunderts wanderten die Taylors in die USA ein. Wie viele andere auch glaubte Samuel Taylor in das Gelobte Land zu kommen. Doch schon während der Überfahrt begannen seine Träume zu zerbrechen.

Als das Schiff den Hafen von New York erreichte, waren neben seinen Eltern auch seine Frau und zwei seiner Söhne an Fieber gestorben. Allein sein fünfjähriger Sohn Thomas war ihm geblieben. Samuel suchte Trost und Vergessen nicht in seiner Religion, sondern im Alkohol. Als seine Ersparnisse aufgebraucht waren, versuchte er zwar, seinen Sohn und sich selbst mit Gelegenheitsarbeiten über Wasser zu halten, doch er war eine gescheiterte Existenz.

Durch den Alkoholtod seines Vaters auf sich gestellt, mußte der elfjährige Thomas sein Leben selbst in die Hand nehmen. Er fand eine Lehrstelle und konnte dank harter Arbeit das Vertrauen seines Lehrherrn, eines Bau- und Möbelschreiners, erlangen, der ihn schon bald an Sohnes Statt annahm. Im Alter von 21 Jahren wurde Thomas Teilhaber der Firma, die ihren Hauptsitz in Cherokee, Oklahoma, hatte. Jetzt, da sein Ziel erreicht war, faßte Thomas auch den Mut, um die Hand einer der schönsten Frauen der Gegend anzuhalten: Sarah Margaret O'Bannion, deren Familie aus Irland stammte. Sarah war bekannt für ihre violetten Augen und ihr blauschwarzes Haar, das sich über die Generationen hinweg auch auf ihre Urenkelin vererbte.

Ein Jahr nach ihrer Hochzeit erblickte Francis Taylor 1857 das Licht der Welt. Nach seiner Schulausbildung kehrte Francis jedoch seinem gestrengen, gläubigen Vater den Rücken und machte sich auf, das Land zu bereisen. Nach zweijähriger Abwesenheit kehrte er mit einem Freund zurück, den er während seiner Wanderschaft kennengelernt hatte: Howard Young.

Im Alter von zehn Jahren hatte Young beschlossen, nie mehr hungern zu müssen. Ohne Bedauern ließ er seine dem Alkohol verfallenen Eltern in Belle Center, Ohio, zurück und ging nach New York, um Geld zu verdienen. Wie es der Zufall wollte, lernte er einen Fotografen kennen, der gerade einen Assistenten suchte. Young machte sich kurzerhand um vier Jahre älter und bekam die Stelle.

Young hatte immer ein Gespür für die Wünsche seiner Kunden. Als das Interesse an Fotografien abnahm, weil die meisten Menschen eigentlich ein Gemälde von sich wünschten, experimentierte er, bis er schließlich ein chemisches Verfahren entdeckte, das die handkolorierten Fotos in «wunderschöne Gemälde» verwandelte. Dank seiner Erfindung florierte das Geschäft, und mit achtzehn Jahren war Young der Arbeitgeber seines ehemaligen Chefs. Er besaß zwei Fotoateliers und ein Barvermögen von 400 000 Dollar.

Young hatte sich sofort zu dem jungen Taylor hingezogen gefühlt, der mit seiner unbeschwerten Art das Leben in vollen Zügen genießen konnte. Als Francis ihm den Vorschlag machte, zusammen mit ihm nach Cherokee zu fahren und sich eine Frau zu suchen, stimmte er ohne Zögern zu. Francis war schon seit Jahren in zwei Frauen verliebt gewesen: Elizabeth Rosemond und Mabel Rosemond, Töchter des dortigen Gemischtwarenhändlers. War Elizabeth sehr attraktiv, so war ihre Schwester Mabel eine ausgesprochene Schönheit. Doch Mabel fehlten die Güte und die Sanftmut ihrer Schwester. Zunächst tendierte sie mehr zu Francis, da Young weder den Charme noch das gute Aussehen seines Freundes besaß. Doch als Mabel erfuhr, wie wohlhabend er war, überzeugte sie ihn, daß sie die bessere Wahl sei. Howard war vom ersten Augenblick an Mabel verfallen und störte sich nun auch nicht weiter daran, daß er Elizabeth bereits um ihre Hand gebeten hatte. Letztendlich heiratete Francis Elizabeth und Howard Mabel, doch die Freundschaft der beiden zerbrach durch den Streit, den ihre beiden Frauen untereinander austrugen.

War zunächst geplant gewesen, daß man gemeinsam nach St. Louis ziehen wolle, entschieden sich die Taylors nun, nach Indiana, Pennsylvania, zu gehen, wo Francis als Angestellter eine Arbeit fand.

Die beiden Ehen schienen unter keinem guten Stern zu stehen. Elizabeth verlor ihr erstes Kind und die Taylors blieben jahrelang kinderlos, da sie sich vor einer Wiederholung dieses Unglücks fürchteten.

Young verlor in der Depression von 1896 sein gesamtes Vermögen. Mabel, die verzweifelt an ihrem bisherigen Lebensstil festhalten wollte, fand nur noch Trost im Alkohol, dem sie fünf Jahre später erlag.

Der Tod des Kindes belastete die Taylors so sehr, daß sie beschlossen, alle Brücken hinter sich abzubrechen und einen Neubeginn zu wagen. Francis nahm eine Arbeit in Springfield, Illinois, an und sparte von seinem Lohn die Hälfte, um später ein eigenes Geschäft gründen zu können, denn er wollte unter keinen Umständen nach Cherokee zurückkehren. Am 18. Dezember 1897 erblickte Francis Taylor Junior das Licht der Welt.

Zu jener Zeit, als «Automobile eben erst zu einer alltäglichen Erscheinung geworden waren», schrieb eine alte Schulkameradin von Francis in einem Brief an Hedda Hopper, zogen die Taylors nach Arkansas City, Kansas. Francis kaufte das rote Backsteinhaus in der North A Street 310, das heute noch als Familienstammsitz der Taylors geführt wird, und eröffnete einen Gemischtwarenladen.

Noch heute erinnern sich die Bewohner von Arkansas City mit Respekt und Hochachtung an die Taylors. Während die einen Elizabeths Schönheit rühmten – sie starb während der Depression –, lobte man Francis Senior für seine Güte und Hilfsbereitschaft. Beide waren Mitglieder sowohl der Presbyterian Church als auch der Eastern Star Masonic Lodge. Ihre Enkelin Elizabeth sahen die Taylors regelmäßig bis zu dem Zeitpunkt, da Liz ihren Vertrag mit MGM unterschrieb.

An Francis Taylor Junior erinnerten sich die Damen des Orts vor allem wegen seines guten Aussehens: dichte schwarze Augenbrauen, blauviolette Augen und rabenschwarzes Haar sind die Merkmale, die fast jede nannte. Er war groß und schlank, «schien aber nicht zu bemerken, daß alle Mädchen ihn wunderbar fanden». 1912 trat er in die High School von Arkansas City ein und entbrannte schon bald für ein Mädchen, das ein Jahr älter war: Sarah Viola Warmbrodt.

Samuel Warmbrodt und seine Frau Anna waren erst vor zehn Jahren aus Frankfurt nach den USA übergesiedelt. Samuel war eigentlich gelernter Maschinist, doch wegen seiner schlechten Englisch-Kenntnisse fand er in New York keine Arbeit. Schließlich zogen er und seine Frau nach Arkansas City, wo er eine Stelle in der Wäscherei als Vorarbeiter bekam. Um das geringe Einkommen ein bißchen aufzubessern, gab Anna Klavierunterricht und Violinstunden. Im Gegensatz zu ihrem grobschlächtigen Mann war sie zierlich und zerbrechlich. «Wenn Warmbrodt Ärger bei der Arbeit hatte, kam es gelegentlich vor, daß seine Frau den Ärger in Form von Prügel abbekam. Ansonsten waren sie okay, wenn ihnen auch der Stil der Taylors fehlte», erzählte eine Freundin der beiden Familien. Am 21. August 1896 wurde Sarah Viola Warmbrodt geboren.

Von frühester Jugend an wollte Sarah, wie sie bekannte, nichts sehnlicher, als den «kleinbürgerlichen Staub von Arkansas City von mir abschütteln». Als ihre Lehrerin sie in der ersten Klasse fragte, was sie einmal werden wollte, antwortete sie: «Eine berühmte Schauspielerin oder Präsident der Vereinigten Staaten.» Ihre Mitschüler schilderten sie als clever, gerissen, intelligent und unberechenbar; sie sah zwar nicht besonders gut aus, war aber zu jedem Unsinn bereit. «Ihr war jedes Mittel recht, um aufzufallen», erinnerte sich eine Klassenkameradin.

Ihr war bewußt, daß es für sie nur zwei Möglichkeiten gab, ihrem Milieu zu entrinnen: entweder sie heiratete zu ihrem Vorteil oder sie erarbeitete sich ihren Aufstieg. 1911 besuchte sie die High School von Arkansas City, wo sie Francis kennenlernte. Von Freundinnen wußte sie, daß Francis an ihr interessiert war, und geschickt suchte sie die Chancen, die sie bei ihm hatte, zu nutzen. Man traf sich nachmittags, ruderte gemeinsam auf dem See und traf sich zum Tee. Obwohl die Taylors keine Standesdünkel hegten, lernten sie die Warmbrodts nicht kennen. Sarah wußte es zu verhindern.

Doch das Glück des jungen Paars war nur von kurzer Dauer. Im Herbst 1913 tauchte Howard Young unvermittelt in Arkansas City auf.

Nach dem Tod von Mabel war Howard an den Ort seines ersten Erfolgs zurückgekehrt. Die vielen Reichen der Metropole New York, unter ihnen die Rothschilds, die Fishers und die Ford-Familie, hatten das Bedürfnis, ihr Ansehen zu steigern, indem sie ihre historischen Wurzeln zum guten alten Europa dokumentierten. So machte sich Howard daran, alte Ölporträts zu suchen, die Ähnlichkeiten mit dem Auftraggeber aufwiesen. Er kaufte alte Porträts auf, ließ sie neu rahmen und deklarierte sie als direkte Vorfahren seines Kunden. Verlief seine Suche ergebnislos, engagierte er kurzerhand junge Künstler, die nach Fotografien Ölgemälde anfertigten, die er kunstvoll um Jahrzehnte altern ließ, bevor er sie für horrende Summen verkaufte.

Schon bald baten ihn seine Kunden, auch andere Kunstgegenstände für sie in Europa aufzuspüren. Howard Young war so erfolgreich, daß Kunstkenner ihn im gleichen Atemzug mit Joseph Duveen nannten.

Doch die Reisen wurden ihm mit den Jahren recht beschwerlich, er suchte einen Nachfolger und erinnerte sich an den Sohn seines Freundes. Francis und Elizabeth waren zunächst von Howards Plänen wenig begeistert und versuchten verzweifelt, Francis Junior die Schattenseiten des Geschäfts aufzuzeigen. Doch dieser war von seinem Onkel und der Aussicht, in New York zu leben, fasziniert und willigte in dessen Vorschlag ein.

Bereits nach kurzer Zeit mußte Francis feststellen, daß die Arbeit für seinen Onkel alles andere als leicht war. Young hatte sich zu einem «harten, alten Mann» entwickelt, der «nicht dazu bereit war, seinen Reichtum mit irgend jemand zu teilen, der dies nicht verdiente». Neben ihm wirkte Francis Junior zunächst etwas schüchtern und farblos, doch bald gelang es ihm, den Kundenkreis zu erweitern, denn er verfügte über Charme, Geschmack und gute Umgangsformen. Hatte Young seine Geschäftspartner durch seine rüde Art häufig vor den Kopf gestoßen, so war es nun Francis, der als ausgleichende Kraft wirkte und größeren Schaden von seinem Onkel abzuwenden wußte.

Doch während der Name Howard Young noch heute in der Londoner Kunstszene einen Klang hat, können sich nur wenige Menschen an Francis Taylor erinnern. Sir Hugh Leggatt weiß zu berichten, daß Francis «ein Gentleman im wahrsten Sinne des Wortes gewesen war. Er sah blendend aus, war immer gut gekleidet und war zu mir, damals ein blutiger Anfänger, immer höflich, hilfsbereit, wohlwollend korrekt und nett.»

Weniger nett fand Peter Mitchell das Geschäftsgebaren von Francis Taylor, der anscheinend schnell von seinem Onkel gelernt hatte:

«Es muß 1931/32 gewesen sein. Durch Zufall erfuhr mein Vater, daß bei einem Trödler in der King's Road unter all dem Gerümpel ein Bild von Frans Hals sein mußte. Mein Vater lief sofort zu dem Geschäft, und tatsächlich, inmitten der alten Möbel stand ein Hals. Es war einfach unfaßbar – ein Ereignis, von dem man ein Leben lang träumt. Aber der Angestellte, der auf den Laden aufpaßte, wollte das Bild nicht verkaufen. Er meinte, es sei erst kürzlich mit diversen Möbeln von einem Londoner gekommen, der sich entschlossen hatte, nach Schottland umzusiedeln. Mein Vater wollte auf die Rückkehr des Ladenbesitzers warten. Es war Freitag. Da er nicht selbst warten konnte, engagierte er einen Detektiv, der den Laden den ganzen Freitag und Samstag bewachen sollte. Am Sonntag stand mein Vater selbst vor dem Laden, in der Hoffnung, daß der Ladenbesitzer zurückkommen würde. Aber es gab keine Spur von ihm. Am Abend im Club beging mein Vater einen folgenschweren Fehler. Unter dem Siegel der Verschwiegenheit erzählte er Francis Taylor von seiner Entdeckung. Als mein Vater nun am Montag wieder zu dem Laden ging, erfuhr er vom Besitzer, daß das Bild soeben für 100 Pfund verkauft worden war. – Dabei war es bereits damals gut seine 10000 Pfund wert. Einige Zeit später erfuhr Vater durch einen Zufall den Namen des Käufers: Francis Taylor.»

Dieses Gemälde von Frans Hals, *Portrait eines Mannes*, bildet einen der Grundpfeiler von Elizabeth Taylors privater Kunstsammlung.

Zu Beginn seiner Ausbildung reiste Francis zusammen mit seinem Onkel durch Europa. Nachdem er einige gute Einkäufe getätigt hatte, schickte ihn Young schließlich allein los und faßte so viel Vertrauen zu seinem Neffen, daß er ihm die Leitung der Galerie in der Old Bond Street 30 in London übertrug. Francis reiste so oft es ihm möglich war, da er sich in der Anwesenheit seines Onkels unwohl fühlte. Ohne Schwierigkeiten wurde er in die gehobeneren Kreise aufgenommen. Er verstand es, mit den Reichen und Mächtigen Umgang zu pflegen, sie als Kunden an sich zu binden und dabei blendende Geschäfte zu machen.

In seiner Heimatstadt avancierte er schon bald zu einem der begehrtesten Junggesellen. Dieser Meinung war auch Sara Sothern alias Sarah Viola Warmbrodt.

Nur wenige Wochen nachdem Francis Arkansas City verlassen hatte, erklärte Sarah ihren Eltern, sie wolle die Schule nicht länger besuchen, statt dessen habe sie vor, sich an der Georgia Browns Dramatic School in Kansas City eintragen zu lassen. Samuel und Anna Warmbrodt waren verzweifelt. Um ihre Tochter zur Vernunft zu bringen, sperrte Samuel sie für eine Woche in ihrem Zimmer ein. Doch dies bestärkte Sarah nur noch in ihrem Entschluß. Und als ihre Mutter in einer heftigen Auseinandersetzung erklärte, sie werde niemals eine «Schauspielerin in der Familie dulden», packte Sarah ihre Sachen und sagte sich von ihrer Familie los. «Ich legte meinen alten Namen wie ein Kleidungsstück ab, nannte mich Sara Sothern und begann meine Karriere als Schauspielerin», erinnert sie sich heute. In ihrem Innersten hatte sie sich geschworen, erst dann ihrer Familie wieder gegenüberzutreten, wenn sie es geschafft hatte.

Sara stellte sich bei der Georgia Browns School vor, doch da die Prüfer sie bei dem Aufnahmegespräch für «impertinent» hielten, wurde sie abgelehnt. Sie fiel jedoch einem jungen Bühnenmeister auf, der ihr als Gegenleistung für eine gemeinsam verbrachte Nacht ein Engagement in New York versprach. Sara nahm das Angebot willig an, doch am nächsten Morgen entdeckte sie, daß ihr Galan sich aus dem Staub gemacht hatte und sie seine offene Rechnung begleichen mußte. Wütend beschloß sie, nur noch für geleistete Gefälligkeiten zu bezahlen – in welcher Form auch immer. Um überleben zu können, arbeitete Sara zunächst als Kellnerin in Kansas City. Als sie genügend Geld gespart hatte, reiste sie nach Sioux City, wo gerade das Ensemble für das Sommertheater zusammengestellt wurde. «Eigentlich waren wir bereits komplett, doch als das junge Ding zu heulen anfing, sagten wir, okay, wir wollen es mal mit dir probieren», erinnerte sich Harry Hopkins, der für die Besetzung zuständig war. Sara bekam nur Rollen als Statistin, doch als Hopkins erfuhr, daß in dem Ensemble in Haverhill eine junge Naive fehlte, empfahl er die kleine Sothern an dieses weiter. Ohne vorsprechen zu müssen, wurde Sara verpflichtet. «Ihr war jedes Mittel recht, eine Szene zu stehlen», erzählte eine Partnerin von Sara aus jenen Tagen. «Entweder hatte sie ein Armband mit Glöckchen oder sie hampelte herum, lachte unvermittelt oder rückte Möbel zurecht. Alles nur, damit das Publikum sie anschaute. Als Szenendiebin war sie exzellent, als Schauspielerin aber konnte man sie vergessen.»

Ihren kleinen Talenten verdankte sie es, daß sie, nachdem sie in verschiedenen Ensembles in Haverhill und Winnipeg gespielt hatte, schließlich in Los Angeles landete, wohin sie einem gutaussehenden Schauspieler gefolgt war. Als dieser nichts mehr für sie tun konnte, ließ Sara ihn fallen und streckte ihre Fühler nach etwas Besserem aus. Durch Zufall hatte sie einen Beleuchter bei der Edward Everett Horton Repertory Group kennengelernt, die im Majestic Theater in Los Angeles residierte. Dank seiner Intervention lernte sie Horton und dessen Mutter kennen. Edward Everett Horton, der sich seit Beginn der dreißiger Jahre in einigen Lubitsch-Komödien meisterhaft auf die Rolle des «Spätzünders» und auf nervöse, zittrige Typen verstand, bevor er an der Seite von Fred Astaire zu Ruhm und Ehre kam, befand sich damals noch am Beginn seiner schauspielerischen Laufbahn. Obwohl er und seine Mutter von Saras schauspielerischer Qualifikation nicht völlig überzeugt waren, gestand er ihr ein gewisses freches Charisma zu. Zunächst fand Sara Einsatz als Statistin und in kleinen Sprechrollen, doch als Horton sich an die Besetzung von Channing Pollocks *The Fool* machte, war ihm klar, daß Sara für den Part des behinderten Mädchens, das am Ende geheilt wird, geeignet war wie niemand sonst.

Die Rolle war nicht übermäßig groß, doch von dramaturgischer Bedeutung. Sara spielte Mary Margaret, ein «armes, behindertes Mädchen», das ein treues Mitglied der Gemeinde eines Wunderheilers ist. Während der skeptische Mob die Halle der Glaubensgemeinschaft stürmt, um den falschen Propheten zu lynchen, fällt sie auf die Knie und beginnt zu beten. Als «der Freund der Menschen» von den Eindringlingen angegriffen wird, springt sie auf und eilt ihm zu Hilfe. Sobald ihre Heilung entdeckt wird, erschrickt der Mob über seine Tat, denn «Gott ist in diesem Raum».

Alte Bilder dieser Produktion vermitteln etwas von der Faszination, die Sara auf die Zuschauer ausgeübt haben muß. Obwohl sie inzwischen 28 Jahre alt war, wirkte sie wie die zerbrechliche Fünfzehnjährige, die sie darstellen sollte. Ihre großen, ausdrucksstarken Augen leuchteten mit einer Intensität, die die Begeisterung des damaligen Publikums nachvollziehbar macht.

Das Stück war in Los Angeles ein überwältigender Erfolg und wurde im Oktober 1922 auch am Broadway herausgebracht. Saras Partner wurde James Kirkwood, und die Kritiken nahmen es wohlwollend auf. Die nächsten zwei Jahre spielte man vor ausverkauftem Haus. Als ein Vertreter des Apollo Theatre im Londoner West End die Produktion nach England holen wollte, sagte Horton ohne Zögern zu. Kirkwood und ein großer Teil des Ensembles wurden durch britische Darsteller ausgetauscht, doch Sara blieb dieses Schicksal erspart. Als für sie am 23. September 1924 an der Seite von Henry Ainley der Schlußvorhang fiel, brachte das Publikum ihr Ovationen dar. «Schließlich stand ich ganz allein auf der Bühne, und nach zwölf weiteren Vorhängen schrie das so kühle englische Publikum Bravo! Bravo! Bravo!»

Der Erfolg vom Broadway schien sich nun auch im West End zu wiederholen, obwohl die englischen Kritiker nicht den Enthusiasmus ihrer amerikanischen Kollegen teilten. So schrieb die *Times* über *The Fool*: «Das Stück ist ein typischer Vertreter jener Art von religiösen Orgien, die sich derzeit in den USA großer Beliebtheit erfreuen.» Sara wurde schon bald ein gerngesehener Gast auf den Parties der Londoner Gesellschaft. Huldvoll nahm sie die Ovationen und Geschenke ihrer Bewunderer entgegen, bis sie eines Abends auf einen alten Bekannten stieß: Francis Taylor.

Auch Francis hatte sich das Stück angesehen und war von der Darstellerin des behinderten Mädchens begeistert gewesen. Nicht ahnend, daß hinter dem Namen Sara Sothern sich niemand anderes als Sarah Warmbrodt aus Arkansas City verbarg, bat er einen Freund, ein Treffen mit der Aktrice zu arrangieren. Sara amüsierte sich über die ungeschickten Annäherungsversuche ihrer Jugendliebe, spielte aber einige Zeit Katz und Maus mit ihm, bevor sie sich zu erkennen gab. Daß sie Francis in London wiedertraf, bezeichnete sie in späteren Jahren oft als Wink des Schicksals.

Sara setzte alles daran, die Liebe von einst bei Francis wieder zu entzünden. Mit Erfolg. Zum Mißfallen seines Onkels legte Francis nun alle geschäftlichen Verpflichtungen so, daß er Sara nicht mehr von der Seite weichen mußte. Einige Zeit schien alles gutzugehen, doch das Glück war nur von kurzer Dauer: in einem Telegramm machte Young seinem Neffen klar, daß er einen derartigen Umgang nicht länger dulden könne, und befahl ihm, in die Staaten zurückzukommen. Wie üblich beugte sich Francis dem Willen seines Onkels und reiste nach New York zurück.

Ende 1925 kehrte auch Sara nach New York zurück. Obwohl am Broadway bereits eine neue Rolle in *The Little Spitfire* auf sie wartete, hatte sie es sich während der Überfahrt in den Kopf gesetzt, Karriere als Filmschauspielerin zu machen. Sie nahm die Rolle an, doch zwischen den Proben arrangierte sie Probeaufnahmen mit verschiedenen Studios. Allerdings konnten ihre Attraktivität und ihr Bühnenflair nicht von der Kamera eingefangen werden. Zudem waren die Studiogewaltigen der Ansicht, daß sie für eine Karriere beim Film «einfach zu alt war».

Zutiefst enttäuscht stürzte Sara sich mit aller Energie auf *The Little Spitfire*, doch das Stück wurde bereits nach der achten Vorstellung abgesetzt. Sie war am Tiefpunkt ihres bisherigen Lebens angelangt, als sie zusammen mit Freunden ihren Kummer in einem Nachtclub in Manhattan ertränken wollte. Zunächst traute sie ihren Augen nicht, doch dann erschien es ihr wie ein Wink des Schicksals, daß an diesem Abend auch Francis Taylor unter den Gästen dieses Etablissements zu finden war.

Sara wußte, daß sie nur über Francis ihre Ziele erreichen konnte. Doch er würde nie etwas tun, was seinen Onkel gegen ihn aufbrächte. Von nun an setzte sie alles daran, Francis und somit auch Young zu überzeugen, daß sie nicht nur kein *flapper girl* war, sondern auch noch eine gute Partie. Sie kaufte sich von ihrem letzten Geld elegante Kleider und teure Parfums und legte größten Wert auf ihr Äußeres. Das war nicht einfach, zumal sie gezwungen war, in dubiosen Spelunken zu arbeiten, um sich finanziell über Wasser zu halten. Als Adresse gab sie eines der teuren Nobelhotels an, das sie durch den Hintereingang betrat und nach einem Date auch wieder verließ. Francis war begeistert, da Sara der Kritik seines Onkels keine Angriffsflächen mehr zu bieten schien. Doch Howard Young wehrte sich entschieden gegen eine Verbindung zwischen seinem Neffen und dieser «Tingeltangeltante».

Als Francis ihr erzählte, Young habe ihm ein Ultimatum gestellt, suchte Sara ihn persönlich auf und erklärte ihm, sie sei von Francis geschwängert worden. Unmißverständlich machte sie ihm klar, daß sie sich vor einem Skandal nicht scheuen würde. Young erbleichte und versuchte, die Sache mit einem großzügigen Scheck aus der Welt zu schaffen. Doch er hatte Sara unterschätzt. Scheinbar ging sie auf seinen Vorschlag ein, doch als sie den Scheck in der Hand hielt, wurde ihm klar, daß er einen Fehler begangen hatte: jetzt hatte sie einen Beweis gegen ihn in den Händen. Nach stundenlangen Diskussionen einigten sie sich dahingehend, daß Young mit der Eheschließung einverstanden war, vorausgesetzt, Sara würde ihre Bühnenlaufbahn aufgeben und Francis eine treusorgende Ehegattin sein, die ihn auf allen Reisen begleiten würde. Sara gab dieses Versprechen ohne zu zögern. Sie hatte ihr Ziel erreicht. Francis, der von alldem nichts ahnte, führte sie wenige Wochen später, am 12. Mai 1926, vor den Traualtar und präsentierte seinen Eltern und Arkansas City stolz die junge Mrs. Francis Taylor.

Young, der das frischgebackene Paar besser unter Kontrolle haben wollte, kündigte an, daß Francis demnächst das Geschäft in St. Louis übernehmen sollte. Obwohl Sara von einem zukünftigen Leben in Europa geträumt hatte, stimmte sie seinem Vorschlag überraschend zu. Ja, sie schien begeistert zu sein von der Aussicht, in St. Louis zu leben. Doch schon wenige Tage später erreichte Young die Nachricht, daß Sara ihr Kind verloren habe. Da sie infolgedessen an schweren Depressionen leide, habe ihr der Arzt empfohlen, erst einmal für längere Zeit zu reisen, um über den Verlust hinwegzukommen. Zudem hatte Francis sich bereits bei den europäischen Händlern einen Namen gemacht und das Interesse an

Kunstgegenständen aus der Alten Welt war größer denn je. Young, der auf Saras Inszenierung hereinfiel – sie war weder schwanger gewesen noch hatte sie demzufolge einen Abgang haben können –, schickte das junge Paar auf Spesenrechnung nach Europa.

Die nächsten drei Jahre waren für die Taylors bezahlte Flitterwochen. Sie reisten nach London, Paris, Berlin, Mailand, Venedig, Rom, Wien, kurz überall dorthin, wo das Leben pulsierte und man zudem noch Geschäfte machen konnte, die Onkel Howard befriedeten. Sie kauften bei den Neu-Reichen und bei den verarmten Adeligen, aber auch bei anderen Kunsthändlern. Sie lebten in den teuersten Hotels und gaben sich kosmopolitisch. Ihnen öffneten sich die Pforten der High Society und der Beautiful People. Ein Leben, wie Hollywood es nicht besser hätte erfinden können.

Sara war glücklich. Endlich hatte sie erreicht, was sie wollte, und würde es unter keinen Umständen wieder preisgeben. Als sie bemerkte, daß Francis des Nomadenlebens und auch ihrer Gesellschaft überdrüssig wurde, wurde sie – diesmal wirklich – schwanger. Nun stellte sich die Frage nach dem zukünftigen Wohnsitz, denn mit einem Kind war es mit dem Leben im Hotel vorbei. Von vornherein stand jedoch für die beiden fest, daß eine Rückkehr in die USA nicht in Frage kam. Die Vorstellung, in unmittelbarer Nähe von Onkel Howard zu leben, ließ weder Francis noch Sara in Entzücken geraten. Seine Gegenwart machte ihnen allzu bewußt, daß sie nur die armen Verwandten eines reichen Mannes waren, von dessen Launen sie abhängig waren. Alarmierend genug, daß Francis sich angewöhnt hatte, im Beisein seines Onkels zu stottern. War dies der Fall, oder antwortete er auf eine Frage Youngs nicht schnell genug, schrie dieser, gleichgültig ob in Gegenwart von Kunden und Geschäftspartnern: «Mein Gott, für was bezahle ich dich eigentlich?»

Im Hinblick auf den Lebensstil war England für die Taylors erste Wahl. Den Unterlagen der Einwanderungsbehörde ist zu entnehmen, daß Mrs. Sara Taylor, Paßnummer 313, amerikanische Staatsbürgerin, am 5. Februar 1929 in England einreiste. Grund des Aufenthalts: Wohnungssuche. (Ihr Mann, Francis Taylor, Paßnummer 492, amerikanischer Staatsbürger, folgte ihr am 2. April 1929.)

Sara hatte gewisse Vorstellungen, wie ihr zukünftiges Heim aussehen sollte. Diese waren vor allem durch die Kinderbücher von A. A. Milne, Kenneth Grahame und Frances Hodgson Burnett geprägt. Nach einigen Besichtigungsterminen wurde Sara klar, daß sich die Suche schwieriger als erwartet gestalten würde. Die Häuser, die ihren Erwartungen entsprachen, standen entweder nur zum Verkauf oder die Miete war für die Taylors unbezahlbar. Als ein Makler Sara ein Haus in der Wildwood Road 8 anbot, lehnte sie zunächst ab, zumal das Haus in Golders Green lag, das in jenen Tagen nicht als allzu fein galt, da hier die Neureichen und Zugereisten wohnten.

Nachdem Sara weitere zahlreiche Häuser besichtigt hatte, griff sie doch noch das Angebot auf und vereinbarte einen Besichtigungstermin. «Als ich das Haus sah, war ich sofort verzaubert», erinnerte sie sich an ihren ersten Eindruck. «Die Tulpen waren sehr groß, und dann gab es im Garten noch lila und gelbe Veilchen, Vergißmeinnicht, Unmengen von roten Kletterpflanzen, die sich am Haus emporrankten, einen kleinen Rosengarten und in der Nähe des Hauses einen kleinen Wald mit einem Teich, den wir ‹The Sanctuary› nannten, obwohl er eigentlich ‹Turners Wood› hieß.» Zudem befanden sich auf dem Grundstück noch Beete und ein Tennisplatz. Der Besitzer, Mr. Kadesh, hatte das Haus, dessen solide Bauweise sich mit modernen Stilelementen verband, erst vor zwei Jahren nach seinen Vorstellungen erbauen lassen. Seine finanzielle Notlage nötigte ihn nun, es zu vermieten.

Da Sara darum wußte, und ihre anfänglichen Bedenken dadurch zerstreut wurden, daß ihre Kinder hier ideal aufwachsen konnten, setzte sie alles daran, den Mietpreis herabzudrücken, was ihr auch gelang. Noch am selben Tag unterzeichnete sie den Mietvertrag, ohne auf Francis' Einverständnis zu warten. Francis war alles andere als begeistert, als Sara ihn von ihrer Entscheidung unterrichtete, denn die Miete überstieg ihre Möglichkeiten noch immer bei weitem. Doch da er seine Frau und ihren «Dickschädel» kannte, machte er gute Miene zum bösen Spiel.

Kaum war Francis in London eingetroffen, setzte Sara alles

daran, Zugang zur englischen Gesellschaft zu finden. Was nun folgte, hätte jede alte MGM-Schnulze in den Schatten stellen können. Schon bald waren die Taylors bei allen wichtigen Ereignissen zur Stelle: Ob es nun um die Gleichberechtigung der Frau, Zionismus oder Armenküche ging, Sara, und in ihrem Schlepptau Francis, war präsent. Nebenbei besuchten sie noch die Treffen der Christian Scientists, wo Sara eines Abends von einem Laienprediger als jene Schauspielerin wiedererkannt wurde, die ihn vor Jahren in *The Fool* tief beeindruckt hatte. Sara nahm das Kompliment dankend an und lud den Prediger zum Tee ein. Eine folgenreiche Geste, denn dieser Prediger war Colonel Victor Cazalet.

Cazalet kannte jeder, und Cazalet hatte zu jedermann Verbindung. Er war ein reicher Landbesitzer, Mitglied des britischen Parlaments, Konservativer, ein begehrter Junggeselle, ein gerngesehenes Mitglied in Londoner Clubs, der gelegentlich als Vertrauter und Vermittler für eine Reihe von einflußreichen Leuten in und außerhalb der Politik agierte. Zudem war er ein alter Freund von Winston Churchill. Kurz, Cazalet war ein Mann für alle Fälle. Gutaussehend, durchtrainiert, von kleinem Wuchs (seine Freunde nannten ihn «Teenie»), bewunderte er nichts so sehr wie Charme. Und über diesen verfügten die Taylors, die schon bald von ihm und seiner Familie quasi adoptiert wurden.

Victors Mutter Maud (später von Elizabeth Tante Molly genannt) und seine Schwester Thelma Cazalet-Keir, engagierte Frauenrechtlerin und ebenfalls Mitglied des Parlaments, «nahmen die reizenden Amerikaner auf», da sie «geschickt all diese netten englischen Dinge taten».

Cazalet führte die Taylors in die Welt der Politik, Kunst, Literatur, Wirtschaft und des Adels ein. Während anderen Amerikanern, wie etwa Henry Adams, diese Gesellschaft ein gewisses Unbehagen bereitete, bewegten sich die Taylors in ihr mit unbeschreiblicher Unbefangenheit und Selbstverständlichkeit. Thelma nahm Sara nicht nur zu Versammlungen für Frauenrecht und Veranstaltungen für Zionismus mit, sondern auch zu den Krönungsfeierlichkeiten von Georg V. Und «Tante Molly» schickte die Taylor-Kinder in den Buckingham Palace, um die Geburtstagsgeschenke für Queen Mary abzugeben.

Zugang fanden die Taylors auch zu Cazalets Freunden, zu denen auch Prinz Paul von Jugoslawien, ein Studienkollege Cazalets aus gemeinsamen Oxford-Zeiten, zählte. (Elizabeth war sogar einige Zeit mit dessen Tochter Elisabeth befreundet, doch kam die Beziehung zu einem jähen Ende, als nach der ersten Taylor–Burton-Scheidung die Prinzessin für kurze Zeit mit Richard Burton verlobt war.)

Die Freundschaft zwischen den Cazalets und den Taylors beruhte auf ihrer gemeinsamen Leidenschaft für die Kunst. Während Howard Young jeglicher englischen Kunst mißtraute, die zeitlich nach «Landseer» kam, führte Victor Francis in die zeitgenössische Kunstszene in Chelsea und St. John's Wood ein. So lernte Taylor Laura Knight und Augustus John kennen und nahm deren Werke in seine Galerie auf. Als Cazalet und Taylor eines Tages John in dessen Heim in Fordingbridge besuchten, war dieser gerade schlecht gelaunt und zerriß einige seiner Zeichnungen. Francis holte sie heimlich wieder aus dem Abfalleimer, klebte sie und behielt einige von ihnen. Die anderen wanderten in die Sammlung Cazalets.

Vor allem aber wurden die beiden Familien durch die Kinder der Taylors zusammengehalten. «Ich sehe sie noch heute deutlich vor mir», erinnerte sich Thelma Cazalet-Keir. «Francis und Sara waren absolut charmant. Und diese beiden zauberhaften Kinder! Mit welcher Leichtigkeit und Eleganz sie sich bewegten. Als ob sie tanzen würden. Meine Mutter und mein Bruder bewunderten sie sehr. Wir alle taten es. Wir schlossen sie sofort in unser Herz. Sie wurden ein Teil von uns.»

Ende 1929 erblickte das erste Kind der Taylors, standesgemäß auch noch ein Junge, das Licht der Welt. Um Young günstig zu stimmen – Sara wollte, daß er die Mietkosten übernahm –, nannte man den Jungen nach seinem reichen, einflußreichen Onkel.

Der Rat ihrer Mutter, daß «schöne Gedanken während der Schwangerschaft etwas Schönes erzeugen würden», schien im Fall von Howard erfolgreich gewesen zu sein. «Baby Howard sah aus wie ein Botticelli-Engel», erinnerte sich Sara. «Überall auf seinem

Kopf waren Massen von blonden Locken. Seine Augen waren groß und sehr blau. Er war stark und sehr lebhaft. Er machte niemals Schwierigkeiten und bekam schon bald Zähne.»

Zweieinhalb Jahre später, am 27. Februar 1932, erblickte um 2 Uhr 30 das zweite Kind der Taylors das Licht der Welt: Elizabeth Rosemond.

2

«Ich wurde in Hampstead geboren!»

«Nein, Liebling, du wurdest in Hendon geboren!»

«Es war Hampstead, Richard!»

«Es tut mir wirklich leid, Liebes, aber es war und bleibt Hendon. Schau doch einmal in deine Geburtsurkunde.»

Solche Streitgespräche konnten zwischen den Burtons stundenlang weitergeführt werden, denn Richard, ein Kind der Arbeiterklasse, liebte es, seine Frau damit aufzuziehen, daß sie nicht auf der Sonnenseite der Londoner Wohngegend das Licht der Welt erblickte, sondern in dem Arbeiterviertel Hendon. Recht hatte eigentlich keiner von beiden, denn Elizabeth wurde in Golders Green geboren. Warum Sara als Geburtsort Hendon eintragen ließ, weiß heute niemand mehr. «Wahrscheinlich ein Schreibfehler», meinte sie lakonisch, als sie darauf angesprochen wurde.

Die Geburt von Elizabeth verlief unter der Leitung von Dr. Huggenheim ohne größere Komplikationen. Nachdem sie Gott für das Kind gedankt hatte, fiel die Mutter vor Erschöpfung in einen tiefen Schlaf. Als sie wieder aufwachte, mußte sie mit Schrecken feststellen, daß diesmal die Sache trotz aller schönen Gedanken nicht ganz «so glatt wie beim erstenmal verlaufen war»: Das Baby hielt seine Augen ständig geschlossen, was bei Neugeborenen eigentlich nicht außergewöhnlich ist. Doch Schultern und Arme des Kindes waren mit einem dichten braunen Fell bedeckt. Um sie zu beruhigen, erklärte ihr Huggenheim, es handle sich hier um eine chromosomal bedingte Form von Hypertrichosis, die nach einiger Zeit wieder verschwinden würde. Andererseits wies der Doktor Sara darauf hin, daß diese Erscheinung sich in unbestimmten Zeitabständen wiederholen könnte. Ein geringer Trost für Sara. Doch als das Kind auch in den folgenden Tagen die Augen nicht öffnete und keinen Laut von sich gab, wurde Sara unruhig. Gelegentlich öffnete Huggenheim die Augenlider des Babys, konnte dann aber nur das Weiße der Augäpfel entdecken. Während Francis seine Frau zu trösten versuchte, machte sich Sara schwere Vorwürfe, daß sie anscheinend nicht intensiv genug «schöne Gedanken während der Schwangerschaft gehegt» hatte. Sie betete und flehte zu Gott. Es dauerte mehr als zehn Tage, bis ihre Gebete erhört wurden. Sara hielt Elizabeth in den Armen, als diese plötzlich die Augen aufschlug. Zu ihrer Freude blickte Sara in zwei tiefviolette Pupillen. Das Glück war vollkommen, als das Baby krähte und seine Mutter anlächelte, eine Geschichte, die Sara auch heute noch gern und oft erzählt.

Dennoch schien nichts auf die spätere Schönheit von Elizabeth Rosemond Taylor, benannt nach ihrer Großmutter, hinzudeuten. Sie selbst verglich sich oft mit einem neugeborenen Vogel – «nur rosa Haut und keine Federn». Elizabeth wirkte als Kind plump. Ein riesiger Kopf ruhte auf einem gedrungenen Körper. Frederick Boydell-Barrington, der zu dieser Zeit mit Francis in der Galerie arbeitete, erinnerte sich, daß Sara die Kinder gelegentlich bei ihrem Mann ablieferte, wenn sie einkaufen ging. «Die Menschen, die in die Galerie kamen, waren entzückt über die Kinder und bewunderten ihre Schönheit. Aber die meisten lobten vor allem den Jungen.» Elizabeth schien dies bereits damals wahrzunehmen und blickte mürrisch in die Welt. «Meine früheste Erinnerung ist Schmerz», erklärte sie einmal in einem unbedachten Moment. Doch um keine Schwäche zu zeigen, fuhr sie nach einigen Minuten des Schweigens fort: «Schmerz vor allem im körperlichen Sinne. In unserem Haus in London hatten wir eines dieser elektrischen Kaminfeuer aus Drahtspiralen. Ich konnte damals nur kriechen und erinnere mich, wie ich sein wunderschönes Leuchten betrachtete und mich fragte: Soll ich? Soll ich nicht? Ich sollte. Vielen Dank, ein halber Finger verbrannte fast.»

Im weiteren Verlauf des Gesprächs bezeichnete Elizabeth Taylor ihre Kindheit als «idyllisch». Die Taylors liebten ausgedehnte Ausflüge, und zu Beginn der dreißiger Jahre kamen Wohnwagen groß in Mode. Natürlich waren sie eine der ersten Familien, die sich einen zulegten und an ihren Buick hängten. Zusammen mit den Kindern, ihrer Köchin Daisy, Elizabeths Kindermädchen Hilda und Monty, dem Mann für alles, machten sich die Taylors im Herbst 1932 auf den Weg. «Wir aßen, was wir auf unserer Reise kaufen konnten. Frische Hummer, noch warme Milch und Eier. Wo es uns gefiel, schlugen wir unser Lager auf.» Elizabeth dankte ihren Eltern die Reise auf ihre Art: in dieser Zeit verlor sie «ihr Fell und war nun eher zum Vorzeigen geeignet». Grund genug, das erste Weihnachtsfest in Amerika zu verbringen. Saras Vater hatte inzwischen in der Nähe von Pasadena eine Hühnerfarm gekauft. Sara wollte diese unbedingt in Augenschein nehmen, und so reiste die Familie zunächst nach Arkansas City, zu den Taylors, anschließend nach Kalifornien und zu guter Letzt auch noch nach New York, um «Onkel Howard» einen Kurzbesuch abzustatten.

In späteren Jahren sprach Elizabeth von Onkel Howard immer mit Respekt und Hochachtung. «Er wußte, was er wollte, und er holte es sich», beschrieb sie seine herausragendste Eigenschaft. Zunächst schien Young von der Tochter seines Neffen angetan, doch im Laufe der Jahre wurde es für ihn immer schwerer, den Lebensstil von Elizabeth zu tolerieren. Als er 1972 starb, hinterließ er ein Vermögen von mehr als 20 Millionen Dollar – allein seine Sammlung von impressionistischen Gemälden erzielte bei einer Auktion 1,8 Millionen Dollar. Doch kein einziger Cent fiel den Taylors zu. Freunde führten zwei Gründe an: zum einen war Francis bereits verstorben und Young hatte Sara immer noch nicht verziehen, daß sie ihn mit ihrer angeblichen ersten Schwangerschaft aufs Kreuz gelegt hatte. Zum andern mochte er nicht zusehen, wie Elizabeth sich mit ihrem «versoffenen Proleten» von seinem Geld schöne Tage machte. Aus diesem Grund hinterließ er den größten Teil seines Vermögens einem Krankenhaus in Woodruff, Wisconsin.

Der Aufenthalt in New York festigte Francis in der Gewißheit, daß er unter keinen Umständen mehr in der Nähe seines Onkels arbeiten konnte. Um so glücklicher war er, wieder in London zu sein. Das Geschäft blühte in den dreißiger Jahren, was Francis nicht zuletzt seinen Freunden Oswald und Diana Mosley verdankte, deren faschistische Ideologie auch auf ihn einen gewissen Reiz ausübte. Die Mosleys, aber auch Dianas Schwestern Unity und Nancy Mitford, führten Francis zahlreiche deutsche Kunden zu.

Auch Elizabeth begann sich zur Zufriedenheit ihrer Eltern zu entwickeln. Sie wurde dünner und dank ihrer violetten Augen und dichten schwarzen Augenbrauen zog sie nun auch die Aufmerksamkeit der Menschen auf sich, ohne Mitleid zu erregen. Sie war ein Kind, das sich dadurch auszeichnete, daß sie von allem begeistert war: sie liebte das Meer, die Sonne, den Gesang der Vögel und jegliche Nahrung, die man ihr vorsetzte. Der Rebell der Familie sollte Howard werden. Ihm fiel es schwer, sich für etwas zu entschuldigen. «Elizabeth versuchte dann immer zu vermitteln. ‹Sag, daß es dir leid tut, Howard!› flüsterte sie ihrem Bruder zu, wenn dieser wieder einmal bestraft werden sollte.»

Disziplin spielte im Haus der Taylors eine große Rolle. Francis und Sara achteten darauf, daß das Benehmen ihrer Kinder ihren eigenen hohen Ansprüchen genügte. War dies nicht der Fall, so straften sie diese, indem sie wochenlang nicht mehr mit ihnen redeten. «Ich ignorierte Howard oder Elizabeth. Das war das beste Mittel, das man sich vorstellen konnte», rühmte sich Sara. «Im großen und ganzen war Elizabeth ein einfaches, folgsames Kind. Ihr einziger Fehler war ihre Sturheit, die oft «der Dickköpfigkeit eines Esels glich. Das größte Problem meiner Tochter bestand und besteht darin, den Unterschied zwischen ‹Kann ich?› und ‹Darf ich?› zu kennen und zu akzeptieren.» Um das Schweigen ihrer Mutter wieder zu brechen, war es im Haus Taylor üblich, kleine Entschuldigungszettel unter das Kopfkissen zu legen. «Liz behielt diese Verhaltensweise bis zu ihrer zweiten Ehe bei. Ich glaube, dies ist mit ein Grund, warum meine Frau es bis heute ablehnt, kurze Briefe zu schreiben oder kleine handschriftliche Mitteilungen zu machen», erzählte Richard Burton 1973 in einem Interview. Im Gegensatz zu ihrem Bruder Howard gab Elizabeth als Kind sofort nach, wenn ihre Mutter sie ignorierte, gleichgültig, ob sie im Recht oder Unrecht war. «Daß man sie ignorierte, schmerzte sie mehr als wenn man sie geschlagen hätte. Sie kann und konnte es einfach nicht ertragen, wenn man ihr seine Liebe entzieht», sagte Burton.

Im Alter von drei Jahren entdeckte Elizabeth eine Möglichkeit, sich jeglicher Strafe zu entziehen und wieder von allen geliebt zu werden: eine plötzliche, unerklärliche, schwere Krankheit.

Als die Taylors zu einer Gesellschaft eingeladen waren, zu der Elizabeth wenig Lust hatte, zappelte sie derart herum, daß es ihrer Kinderschwester Hilda nicht möglich war, sie anzuziehen. Das Spiel endete erst, als Sara das Zimmer betrat und Elizabeth den Vorwurf machte, daß sie daran schuld sei, daß sie alle zu spät kämen. Wie üblich wurde sie mit Schweigen bestraft, doch als alle Versöhnungsversuche seitens der kleinen Elizabeth nicht fruchteten, wurde diese plötzlich krank. Zunächst war nur ihr Hals entzündet, doch innerhalb kürzester Zeit griff die Erkrankung auch auf die Ohren über. Im Gegensatz zu anderen Mitgliedern der Christian Scientists holte Sara sofort ihren Hausarzt Dr. Goodwin, der Elizabeths Ohren zweimal täglich reinigte und die Abszesse mit einer heißen Nadel öffnete. Doch alle Bemühungen waren erfolglos: die Temperatur schwankte zwischen 39 und 40 Grad.

Schließlich gestand Goodwin den Eltern, daß er ratlos sei. «Er fragte uns, ob wir religiös seien. Von da an wußte ich, daß Elizabeth sich nur noch selber heilen konnte.» Die Eltern wachten auch die nächsten Tage an ihrem Bett. Schließlich waren sie so erschöpft, daß sie Ruhe brauchten. «Ruf bitte aber vorher Onkel Victor und bitte ihn, bei mir zu bleiben», bat Elizabeth.

Francis telefonierte mit den Cazalets, die sofort die 90 Meilen von ihrem Landsitz in Kent zurücklegten, um an Elizabeths Seite zu wachen.

Cazalet hatte eine Rose mitgebracht. Er nahm Elizabeth in die Arme und begann sanft mit ihr zu sprechen. «Siehst du diesen Rosenzweig? Er kommt von Gott, wie alle lebenden Dinge. Dies ist Gottes Botschaft an dich, Elizabeth, weil Er sich um alles Leben kümmert. Ich möchte dich nun bitten, diese Rose von Ihm zu nehmen und wieder gesund zu werden. Versprichst du mir, daß du das tun wirst?»

Sie nahm die Rose in die rechte Hand und legte ihre linke in seine großen Hände. Ihre Augen waren auf sein Gesicht gerichtet und saugten jedes seiner Worte wie ein durstiger Schwamm auf. «Ja, Onkel Victor, ich will. Aber du mußt hier bei mir bleiben.» – «Ich bin dein Pate, Elizabeth. Und ich werde immer über dich wachen.» Sie seufzte und fiel zum erstenmal in einen tiefen Schlaf.

«Das Zimmer war erfüllt von einem wunderschönen Gefühl des Friedens. Ich legte meinen Kopf auf die eine Seite des Bettes und konnte das erste Mal seit drei Wochen wieder ruhig schlafen», erinnerte sich Sara an diesem Abend.

Zwei Stunden vergingen.

Zunächst glaubte Cazalet, sich zu täuschen, doch der dazugerufene Arzt bestätigte seine Hoffnung: das Fieber ging merklich zurück. Die Krise war überwunden. Er legte Elizabeths Hände unter die Bettdecke, stellte die Rose in eine Vase an ihrem Kopfende und verließ schweigend das Zimmer. Gefragt, wie er dieses Wunder vollbracht habe, meinte er nur: «Ich habe sie ein bißchen mit meiner privaten Philosophie eingelullt.»

Eingelullt oder nicht. Elizabeth lernte fürs Leben und stellte ihren Körper in den Dienst einer Strategie: Wann immer es notwendig war, setzte sie eine Krankheit ein, damit man ihr verzieh.

Im Gegensatz zur Kindheit anderer Hollywood-Stars spielte das Kino für Elizabeth Taylor keine Rolle. Kino, das war Unterhaltung, die ihre Mutter als nicht standesgemäß betrachtete. Statt dessen besuchte man Kinderpantomimen und Theaterstücke wie *Peter Pan*.

Es war die Kinderfrau von Elizabeth, Frieda Gill, die als erste Elizabeths schauspielerischen Fähigkeiten schulte. Gelegentlich bereitete Frieda Gill, die 1936 in den Haushalt der Taylors gekommen war, kleine Szenen vor, die den Eltern zum Nachmittagstee vorgeführt wurden. «Einmal spielte sie eine Eiche, Howard war ein Pilz, und ich spielte eine schöne Prinzessin. Ich war so ins Spiel versunken, daß ich natürlich versuchte, den Pilz zu essen, sehr zum Wehgeschrei meines Bruders, den ich in den Finger biß. Sofort veranlaßte sie, daß wir die Rollen tauschen mußten.»

Eigentlich wuchs Elizabeth als Einzelkind auf. Sie hatte nur wenige Spielkameraden und so gut wie keine Freunde. «Doch das war kein Problem für mich. Ich besitze eine lebhafte Einbildungskraft und verbrachte die meiste Zeit mit Tagträumen… Um ehrlich zu sein, ich tue das heute noch. Wenn ich mich anziehe, schminke oder beim Friseur sitze, stelle ich mir vor, was ich hätte tun oder sagen sollen. Oder ich erfinde Szenen, besetze die Rollen mit Leuten, die ich kenne, oder mit eingebildeten Figuren, und lasse dann die Szene nach meinen Vorstellungen ablaufen.»

Einen Grund für ihr Einzelgängertum sieht Elizabeth Taylor in ihrer unüberwindlichen Schüchternheit. «Ich war – und bin es auch heute noch – durch meine Schüchternheit stark gehemmt. Als Kind versteckte ich mich vor Fremden immer hinter dem Rücken von Frieda und steckte die Finger in den Mund. Hätte mich jemand aufgefordert zu tanzen oder zu spielen, dann wäre das für mich kein Problem gewesen, denn in der Schauspielerei hätte ich mich hinter die Maske eines anderen verstecken können.»

Das Erlebnis, im Rampenlicht zu stehen und den Beifall der Menge zu ernten, hatte die kleine Elizabeth 1935 bei einer Wohltätigkeitsveranstaltung in London. Inzwischen ranken sich die üppigsten Legenden um dieses Ereignis, in denen immer wieder König Georg V., Königin Mary und, als romantische Variante, Prinzessin Elizabeth und Prinzessin Margaret Rose eine Rolle spielen. In nahezu jeder Version taucht der Name von Madame Vacani auf, der zudem meistens falsch geschrieben wird (oft Vaccani), da man sich nur auf Saras Erinnerung, die im *Ladies Home Journal* veröffentlicht wurde, bezieht.

Wie jedes Jahr veranstaltete Madame Vacani (deren wirklicher Name eigentlich Mrs. Rankin war) eine Wohltätigkeitsveranstaltung im Hippodrom, bei der alle Schüler ihrer Tanzschule mitmachen durften. Die Vorstellung enthielt auch eine Darbietung, in der alle kleinen Eleven eingesetzt wurden. Die zahlenden Zuschauer – Eltern, Onkel, Tanten und Großeltern – sollten ihre kleinen Lieblinge wenigstens für einige Sekunden auf der Bühne zu sehen bekommen. Unter den Schülern befanden sich Howard und Elizabeth

Taylor, die, auf Drängen ihrer Mutter, in den Basisschritten unterrichtet wurden. Der Veranstaltung wohnte auch die Herzogin von York bei, die bald schon Königin werden sollte, sowie ihre zwei Töchter.

Für die Kleinen hatte Madame Vacani eine Phantasie mit Blumen, Elfen und Schmetterlingen einstudiert. Diese sollten kurz über die Bühne flattern, sich verbeugen und danach wieder verschwinden. Alle hielten sich an diese Absprache, bis auf einen Schmetterling namens Elizabeth Taylor. Als sich der Vorhang senkte, blieb sie unbemerkt auf der Bühne stehen, und als er sich wieder hob, stand sie allein auf der Bühne und funkelte die Zuschauer mit ihren magischen Augen an. Das Publikum klatschte freundlich, und Elizabeth begann auf der Bühne herumzuflattern. Unter dem Applaus der verständnisvollen Mütter improvisierte sie einen *pas seul*. Sie erntete noch mehr Applaus, bevor eilfertige Hände sie von der Bühne ziehen konnten.

Elizabeth Taylor: «Ich hatte ein wundervolles Gefühl auf dieser Bühne – das Alleinsein, die ungeheure Größe, das Gefühl von Weite, von endloser Weite, die Lichter, die Musik –, und dann der Applaus, der dich in den Blickpunkt rückt, dieser Lärm, der dir entgegenprasselt.»

Aber auch für Sara kam dieses Erlebnis einer Offenbarung gleich. «Ich hatte meine Karriere aufgegeben, als ich Daddy geheiratet habe, und niemand auf der Welt hätte mich dazu gebracht, wieder zu spielen. Aber vom Tag der Wohltätigkeitsveranstaltung an wußte ich, daß Elizabeth einen großen Teil meiner Leidenschaft für die Bühne geerbt hatte.» Oft scheint sich Saras Erinnerung an die Ereignisse zu verklären. Während sie behauptet, daß Madame Vacani sie beschwor, daß Elizabeths Zukunft der Bühne gehöre, sieht man das heute bei Madame Vacani anders. Die Schule existiert immer noch und Madame Vacani erfreut sich eines guten Gedächtnisses. Zwar bestreitet sie nicht, daß die Taylor-Kinder an einer Wohltätigkeitsveranstaltung teilgenommen haben, doch von einem «Bedrängen der Mutter kann nicht die Rede sein. Wahrscheinlich war eher das Gegenteil der Fall. Ich finde es unverantwortlich, ein Kind in diesem Alter dem Leben auf der Bühne auszusetzen», sagte Madame Vacani.

Kaum war Elizabeth in Hollywood, sorgte Sara dafür, daß ihre Version der Geschichte die Runde machte. Mit großem Erfolg. So notierte Bosley Crowthers in seinem MGM-Buch über Elizabeth: «…tanzte sie im Alter von drei Jahren vor den Prinzessinnen Elizabeth und Margaret Rose.» Diese Geschichte wurde von Jahr zu Jahr ausgebaut, bis es schließlich 1962 im *New York Telegramm* hieß, sie habe vor König Georg in einer «Profivorstellung ihren Mann gestanden».

Bill Adler wies darauf hin, daß es mit Frauen, die ihre Karriere aufgeben, eine seltsame Sache ist. «Die Antriebskraft für ihre Karriere scheint zu verschwinden, aber in Wirklichkeit taucht sie nur unter, um sich Jahre später in anderer Form zu manifestieren.» Dies war auch bei Sara der Fall. Zunächst hatte sie all ihre Energie darauf gerichtet, die soziale Stufenleiter zu erklimmen. Als dies erreicht war, entwickelten sich klare Vorstellungen, wie das Leben und die Karriere ihrer Kinder verlaufen sollten. Da Howard der Schwierigere von beiden war, konzentrierte sie ihre ganze Kraft auf Elizabeth. Während später in den USA niemand sie mehr stoppen konnte, gelang es in London Francis und Thelma Cazalet-Keir mit vereinten Kräften, Saras Interesse auf ein anderes Objekt zu lenken.

Die Taylors gehörten inzwischen so sehr zur Familie der Cazalets, daß Victor ihnen ein Landhaus aus dem 16. Jahrhundert kostenlos zur Verfügung stellte, das sich auf seinem Landsitz in der Nähe von Cranbrooke, Kent, befand. Während eines Wochenendaufenthalts in Kent hatte Sara das Haus bei einem Spaziergang entdeckt. Ursprünglich wohnte der Verwalter darin, aber es stand schon seit Jahren leer. Während die Dorfbewohner es nur das «verwünschte Haus» nannten, in dem es angeblich spuken sollte, taufte Sara es «Little Swallows». Den Sommer verbrachten die Taylors damit, die vierzehn Zimmer wieder herzurichten. Auf Auktionen erstanden sie antike Möbel und lösten in amerikanischer Pioniermanier alle Probleme, die sich ihnen stellten. Für Elizabeth war es eine unbeschwerte und glückliche, doch unwiederbringliche Zeit. Heute ist Little Swallows für sie ein Symbol für ein ruhiges, märchenhaftes Leben. «Mein Bruder und ich zähmten allerlei Tiere: Kaninchen, Schafe, Schildkröten, Ziegen und Hühner. Das war meine Vorstellung von wirklicher Seligkeit. Wenn die Erwachsenen Huhn essen wollten, mußten sie in die Stadt fahren und dort eines kaufen, da wir es einfach nicht duldeten, daß auch nur eines von unseren geschlachtet wurde.»

Eine besondere Zuneigung empfand Elizabeth zu dem Pony Betty. Das New Forest Pony hatte jahrelang den Wagen des Milchmanns gezogen und galt als träge und ruhig, so daß Cazalet glaubte, es sei das ideale Geschenk für sein Patenkind. Victor schenkte ihr das Pony Ostern 1937. Als erster mußte natürlich Howard das Geschenk ausprobieren. Er sprang auf und führte seiner Schwester vor, wie sie es anstellen mußte, auf dem Pony zu reiten. Schließlich kam Elizabeth an die Reihe. «Ich trug ein kleines Organdykleid. Vater hob mich auf Bettys Rücken, auf dem auch noch mein Bruder saß. Ich hatte schreckliche Angst und klammerte mich an seinen Rücken. Doch das schien dem Pony überhaupt nicht zu gefallen. Es sprang plötzlich wild herum, und – peng – landete ich in den Brennesseln.» Doch damit war die Sache noch nicht ausgestanden. Nachdem man sie mit einem nassen Tuch abgerieben hatte, um die Schwellungen abklingen zu lassen, nahm Elizabeth Betty bei den Zügeln und begann besänftigend auf das Pony einzureden. In der ihr typischen Art erklärte sie: «Betty, ich bin deine neue Herrin und ich habe dich sehr lieb. Unter einer Bedingung: ich will, daß auch du mich liebst.» (Eine Bedingung, die die Taylor zeitlebens an ihre Partner, Freunde und Fans stellen sollte.) Danach stieg sie auf eine Steinmauer und erklomm den Rücken des Ponys allein. Bäuchlings lag sie obenauf, doch von nun an hielt Betty sich an die Abmachung und warf die kleine Taylor nie wieder ab.

Einen Vorgeschmack auf das Leben in Amerika erhielt Elizabeth im Winter 1937. Da es Saras Mutter zusehends schlechter ging, bat Samuel sie, sie noch einmal zu besuchen. Francis verband mit dem

Besuch eine Geschäftsreise und blieb bei seinem Onkel in New York und Sara reiste mit den Kindern nach Arkansas City. Da Elizabeth bereits seit September 1937 Byron House besucht hatte – eine Vorschule in Highgate –, hielt Sara es für das beste, wenn ihre Kinder in der Zwischenzeit eine amerikanische Schule besuchen würden. Zudem hätte sie so mehr Zeit, sich um ihre Mutter zu kümmern. Während Elizabeth mit ihrem englischen Akzent und ihrer Schuluniform ihre neuen Klassenkameraden beeindruckte, war der Empfang, den man Howard und seinem roten Blazer und seiner grauen Flanellhose bereitete, deutlich kühler. Völlig zerfetzt kam er aus der Schule und bestand darauf, daß seine Eltern ihm lange Hosen und karierte Hemden kaufen sollten.

Anna Warmbrodt sollte nur noch kurze Zeit leben, und so kehrte die Taylor-Familie bereits im Frühjahr 1938 nach England zurück.

Elizabeth besuchte weiterhin Byron House. Ihre Mitschüler haben nur noch ein vages Bild von ihr, doch ihre Lehrerin Miss Terry erinnert sich, daß Elizabeth sehr offen und freundlich gewesen ist, vor allem Erwachsenen gegenüber. Ein Klassenfoto aus jener Zeit zeigt Elizabeth als verschlossenes Kind, das grimmig in die Kamera blickt. Im Vergleich zu ihren Klassenkameraden ist sie deutlich kleiner.

Mag sein, daß Elizabeths grimmiger Blick auf Probleme innerhalb der Familie hindeutet. Die Geschäfte von Francis hatten unter den veränderten Beziehungen zwischen England und Deutschland deutlich gelitten und sein Handel mit Italien war nahezu ganz erlegen. Auch seine Ehe mit Sara darf als glücklos gelten. «Er war immer sehr diskret», erinnerte sich ein Angestellter seiner Galerie. «Es gab keine anderen Frauen in seinem Leben. So sah er allein im Alkohol eine Fluchtmöglichkeit.»

Die Situation verschärfte sich zusehends. Hatten sich 1938 die Einnahmen und die Ausgaben noch ausgeglichen, so zeichnete sich bereits im Frühjahr 1939 ein deutlicher Verlust für das laufende Geschäftsjahr ab. Man sprach sogar von einem bevorstehenden Konkurs der Londoner Filiale.

Die Ostertage 1939 verbrachten die Taylors in Kent. Es herrschte regnerisches Wetter, doch das hielt Sara nicht davon ab, zusammen mit ihren Kindern durch den Wald zu wandern. Als sie von einem ihrer Spaziergänge zurückkehrten, wartete auf sie bereits Victor Cazalet mit tief besorgter Miene. Ruhig, aber bestimmt riet er den Taylors, England zu verlassen und in die USA zurückzukehren.

Nachdem Hitler mit seinem «Griff nach Prag» am 15. März 1939 die Vereinbarungen des Münchener Abkommens gebrochen hatte, erlitt die britische «Appeasement-Politik» einen schweren Schlag. Daß unsichere Zeiten bevorstanden, war kein Geheimnis, und viele rechneten mit einem Krieg.

Victor wies aber auch darauf hin, daß der drohende Konkurs der Londoner Filiale abwendbar sei, wenn Francis nach Amerika zurückkehren würde.

Während die *Times* ehrerbietig über Hitlers 50. Geburtstag berichtete, verabschiedeten sich Sara und die Kinder bei Victor und «Tante Mollie» in deren Heim am Belgrave Square. Francis brachte sie im Buick zur Victoria Station, vorbei an dem Haus in der Wildwood Road und dem Buckingham Palace. Er selbst hoffte, bis Weihnachten 1939 nachkommen zu können. So lange, glaubte er, würde es dauern, bis er seine Zelte abgebrochen hatte und den letzten Verpflichtungen nachgekommen war. Als die *Manhattan* Southampton verließ, hegten die Taylors immer noch die Hoffnung, eines Tages nach England zurückzukehren. Doch diese Hoffnung zerrann, als Victor Cazalet 1943 bei einem Flugzeugabsturz ums Leben kam. Cazalet befand sich an Bord derselben Maschine, mit der auch der polnische Exilpolitiker General Sikorski in den Tod flog. Die Ursache des Unglücks wurde nie aufgeklärt. Eine These präsentierte Rolf Hochhuth in seinem Theaterstück *Soldaten*. Hochhuth geht davon aus, daß Winston Churchill den Flugzeugabsturz bei Gibraltar veranlaßt habe, um den lästigen Sikorski ein für allemal loszuwerden.

3

Sara und ihre Kinder waren die einzigen an Bord der *Manhattan*, die aus England «flohen». Die meisten Passagiere kamen aus Deutschland und Frankreich. Obwohl die Stimmung an Bord deprimierend war, tröstete Sara sich mit der Vorstellung, daß ihr nur ein vorübergehender Aufenthalt in Amerika bevorstünde.

Zu den kurzweiligen Vergnügungen an Bord gehörten Vorführungen von Hollywood-Produktionen. Gezeigt wurde auch der Shirley Temple-Film *The Little Princess*, der auf dem Kinderbuch von Frances Hodgson Burnett basierte. Da Sara sicher war, daß bei einer derartigen Vorlage nichts Vulgäres oder Anstößiges gezeigt werden konnte, besuchte sie mit ihren Kindern diesen Film. Doch nun zu behaupten, Elizabeth sei vom Filmfieber gepackt worden, ist deutlich übertrieben.

Die Taylors fuhren nach Kalifornien, weil Saras verwitweter Vater dort auf seiner Hühnerfarm lebte. Sie reisten mit dem *Twentieth Century*, dem Zug, den auch zahlreiche Filmstars benutzten. 1939 war es üblich, daß man in Pasadena den Zug verließ und mit einem Studiowagen nach Beverly Hills gebracht wurde. So mußte man sich nicht durch die Menschenmassen quälen, die am Hauptbahnhof von Los Angeles lauerten, um einen Blick auf ihren Star zu erhaschen.

An diesem 1. Mai 1939 bekam Sara vor Augen geführt, was sie alles hätte erreichen können. Einen Chauffeur, eine Studiolimousine, Geld, Ansehen und vielleicht sogar Einfluß auf ihr Studio, wie Katharine Hepburn. Statt dessen stand sie nun hier mit zwei Kindern, acht Koffern und so gut wie keinem Bargeld. Müde und enttäuscht fuhren sie zu Samuels Farm, die in keiner Weise Saras Vorstellungen von einem Haus entsprach. Überdies machte ihr die Klimaveränderung zu schaffen. In den nächsten Wochen überlegte

Sara, wie ihr Leben weiter verlaufen sollte. Eine Scheidung kam nicht mehr in Frage, denn sie rechnete sich zu geringe Chancen aus, einen etablierten Hollywood-Star oder Regisseur heiraten zu können. Dennoch wußte sie, daß ihre Zukunft in Hollywood liegen würde. Da sie selbst es nicht geschafft hatte, mußte eben eines ihrer Kinder ihr diesen Traum erfüllen. So verhalf Sara ihrem kleinen Engel Elizabeth zu der Karriere, die ihr selbst versagt geblieben war.

Ende Mai 1939 telefonierte sie mit Howard Young und bat ihn, für Francis in Beverly Hills eine Galerie zu eröffnen. Sie machte ihm deutlich, daß all die reichen Stars und Filmleute begonnen hatten, ihr Geld außer in Pferde nun auch in Kunst zu investieren. Young wußte, daß Louis B. Mayer, Edward G. Robinson und Billy Wilder leidenschaftliche Kunstsammler waren und willigte schließlich ein. Gleichzeitig machte er Sara aber klar, daß sie sich in Zukunft an seine finanziellen Vorstellungen zu halten hätten, um ein erneutes Fiasko zu vermeiden.

Das nächste Problem, das Sara lösen mußte, bestand darin, daß in Kalifornien niemand ohne Auto auskommt. In England stand ihr ein Chauffeur zur Verfügung, doch hier war sie gezwungen, selbst Auto fahren zu lernen. Von ihrem letzten Geld kaufte sie einen gebrauchten Chevrolet, und ermutigt von Samuel, Elizabeth und Howard machte sie ihren Führerschein.

Die Kinder besuchten inzwischen die Willard Elementary School. Ihre Lehrer unternahmen alles, um die beiden in die Klassengemeinschaft einzugliedern. «Die Kinder verloren schnell ihren britischen Akzent», ist das einzige, was Sara über jene Zeit preisgibt. Was allerdings nicht wahr ist. Elizabeth war so unsicher und schüchtern, daß sie sich hinter der Maske einer kleinen englischen Prinzessin zu verstecken suchte. Auch hatte sie gewaltige Schwierigkeiten, sich auf das amerikanische Unterrichtssystem einzustellen. So behielt sie ihren Akzent bei, um sich wenigstens auf diese Weise von ihren Mitschülern zu unterscheiden. Hierdurch wurde die Stimme der Taylor geprägt, die in Amerika oft von den Kritikern bemängelt wird: hoch, piepsig, ohne Wärme und Humor. Ihrer Stimme fehlt das Charisma, das zum Beispiel die deutsche Synchronsprecherin Rosemarie Fendel ihr erst verleiht. «Elizabeths darstellerische Leistungen und eine gute Synchronisation hat manchem ihrer Filme im Ausland mehr Erfolg gebracht als bei uns in den Staaten», erinnerte sich Pandro S. Berman.

In der Schule erlebte Elizabeth auch ihren ersten «Flirt». «Da war ein besonders schöner Junge – für mich sah er aus wie ein Gott. Eines Tages stellte er mir ein Bein, und ich fiel vor ihm auf die Knie. ‹Hey, Schöne!› sagte er zu mir. Vor Begeisterung rannte ich auf die Mädchentoilette und saß dort und träumte vor mich hin. Sein Name war Derek Hansen. Später machte er daraus John Derek. Stellen Sie sich vor, er hätte mich später nicht wieder ignoriert, dann wäre ich wahrscheinlich blond gefärbt bei *Dynasty* gelandet.» Derek aber schien Eindruck auf Elizabeth gemacht zu haben, denn als andere Jungen Annäherungsversuche unternahmen, stieß sie diese nur herum und verprügelte sie. «Ein armer kleiner Junge versuchte mich zu küssen. Mein Gott, wie hab ich den verdroschen.»

In welchem Maße Saras Ehrgeiz, die Zukunft ihrer Tochter zu prägen, bereits Früchte trug, macht ein Zwischenfall deutlich, über den Elizabeth nur ungern spricht: «Auch in Hollywood war meine früheste Erfahrung Schmerz. Eines Tages ließ der Lehrer die Schüler nacheinander aufstehen und erzählen, was sie einmal werden wollten. Der eine wollte Pilot, der andere Feuerwehrmann, ein dritter Arzt und jemand anderes Krankenschwester werden. Als die Reihe an mich kam, stand ich auf und sagte: ‹Ich werde einmal Schauspielerin.› Und schon bereute ich es. Denn die Klasse brüllte vor Lachen. Es waren alles Kinder von Filmstars, Produzenten und Regisseuren, und ich merkte ihnen deutlich an, was sie dachten: Mein Gott, dieses arme kleine, gewöhnliche Ding will ein Filmstar werden! Das kann doch nur ein schlechter Witz sein. Ich wurde rot, hielt aber meine Tränen zurück. Als das Gelächter verebbte, funkelte ich sie mit meinen Augen an, was ich, laut Richard, besonders gut kann, und erklärte ruhig, das Kinn herausfordernd nach vorn gestreckt: ‹Ich will kein Filmstar werden, sondern eine ernsthafte Schauspielerin, wie meine Mutter.› Dieses Erlebnis habe ich nie ganz verwunden. Es war für mich oft der Antrieb, es diesen kleinen Arschlöchern zu zeigen.»

Da zu dieser Zeit, in der die Kinderstars in Hollywood Hochkonjunktur hatten, solange sie nicht in die Pubertät kamen, alle kleinen Stars zudem auch noch singen konnten – man denke nur an Judy Garland, Deanna Durbin und Shirley Temple, die in ihren Filmen alle zehn Minuten zu trällern begannen –, machte sich Sara daran, auch ihrer Tochter Gesangsunterricht zu erteilen. Da das Geld für einen Lehrer fehlte, übernahm Sara diese Aufgabe selbst, obwohl sie nicht einmal Klavier spielen konnte. Sie spielte eine Note, und Elizabeth versuchte diese zu singen. «Zunächst konnte ich das beim besten Willen nicht. Aber schließlich gelang es mir doch, und ich konnte ein kleines Lied singen.»

Francis Taylor stieß im Dezember 1939 zu seiner Familie. So gut er konnte, arrangierte er sich mit Sara. Das Weihnachtsfest verbrachte man zusammen auf der Hühnerfarm, wobei Sara sich bemühte, den Glanz vergangener Weihnachtsfeste wieder aufleben zu lassen. «Dies war ein großes Problem, denn bei 40 Grad im Schatten hat man nur wenig Lust auf Plumpudding, Früchtekuchen und Truthahn.»

Anfang der vierziger Jahre eröffnete Francis seine Galerie im Hotel *Château-Elysée*, damals eine Adresse, die etwas galt. Das Geschäft lief so gut, daß Taylor es ins *Beverly Hills Hotel* verlegen konnte. Schon bald gehörten Billy Wilder, Edward G. Robinson, George Cukor und David O. Selznick zu seinen Kunden. Die geschäftlichen Beziehungen öffneten ihm und seiner Familie die Türen der Filmstars. Und so gelang es Sara auch die ersten Kontakte zu knüpfen, die für Elizabeths Karriere wichtig waren.

Zu der Zeit, als die Taylors in Amerika eintrafen, war MGM gerade damit beschäftigt, die Dreharbeiten zu *Vom Winde verweht* vorzubereiten. Mit an Bord von Francis' Schiff war auch Vivien Leigh, die kurze Zeit später die Rolle der Scarlett bekam. Als dies im Dezember 1939 bekanntgegeben wurde, witterte Sara eine Chance. Gewiß, der Legende nach waren es Menschen auf der Straße, die Sara drängten, Elizabeth bei Selznick vorzustellen, da die Rolle von Bonnie, Rhett und Scarletts Tochter, noch unbesetzt war, und die kleine Taylor eine große Ähnlichkeit mit Vivien Leigh aufwies. Doch in Wahrheit war es Sara, die stundenlang mit Elizabeth vor

Selznicks Haus und Büro auf und ab schlenderte, um – dem Hollywood-Mythos entsprechend – auf der Straße von ihm entdeckt zu werden. «Ich hatte nie den Wunsch, meine Tochter beim Film unterzubringen», beteuert Sara noch heute mit Tränen in den Augen. Doch dieser Satz löst in Hollywood Befremden aus. Sam Marx, dem man zuschreibt, Elizabeth entdeckt zu haben, erklärt: «Ihre Eltern brachten Himmel und Erde in Bewegung, um ihr Kind beim Film unterzubringen.» Und Jules Goldstone, Elizabeths erster Agent, fügt hinzu: «Sprechen Sie nicht von Elizabeths *Eltern*, sprechen Sie nur von *Sara*. Francis war ein sehr liebenswerter, aber schwacher Mann.» Aus Selznicks Unterlagen geht hervor, daß er von Elizabeth Notiz nahm. Doch nach einem zufälligen Treffen in der Galerie ihres Vaters notierte er in sein Tagebuch: «Heute die kleine Taylor gesehen. Sieht ganz nett aus. Einziges Problem: Gesicht und Augen einer Erwachsenen. Für Bonnie ungeeignet.»

Zeitweilig erwog Sara sogar ernsthaft, selbst zum Film zu gehen, verwarf diese Idee jedoch wieder. «Saras Gesicht war nicht fotogen genug», erinnert sich ihre Freundin Ruth Hatfield. «Aber sie war eine geborene Schauspielerin, wie Mary Pickford. Elizabeth ist eine gute Schauspielerin, aber sie hat alles mühsam erlernt, während Sara es einfach im Blut hatte.»

Schließlich setzte Sara eine Trumpfkarte ein, die ihr Thelma Cazalet-Keir in die Hand gegeben hatte: ein Brief Thelmas an Hedda Hopper, eine der gefürchtetsten Klatschreporterinnen Hollywoods. Thelma und Hedda hatten sich 1937 während eines England-Aufenthalts der Hopper kennengelernt und angefreundet. Nachdem Hedda ihre eigene Filmkarriere aufgegeben hatte und sich der Klatschpresse widmete, hatte sie bei dem Zeitungs-Tycoon William Randolph Hearst eine Stellung erreicht, die der ihrer Konkurrentin Louella Parsons vergleichbar war. Auch stand sie ihrer Erzrivalin an Bösartigkeit und Witz in nichts nach. In ihrem Brief bat Thelma die Hopper, die Taylors unter ihre Fittiche zu nehmen und ihnen durch namentliche Nennung in ihrer Kolumne förderlich zu sein. Hedda erinnerte sich an die schöne Zeit in London, schaute bei der Eröffnung von Francis' Galerie im *Beverly Hills Hotel* vorbei und kaufte einen Augustus John für 150 Dollar. Hedda erwähnte die Eröffnung in ihrer Kolumne, erinnerte an Saras Erfolg in *The Fool* und fuhr fort: «Zudem gibt es hier eine Neuentdeckung – das wunderschöne Kind der Taylors, die achtjährige Elizabeth.» Hedda Hoppers Gefallen wirkte sich sofort auf den Umsatz der Galerie aus, nicht jedoch auf Elizabeths Karriere.

Obwohl es in der offiziellen Taylor-Legende heißt, daß Hedda Elizabeth den Filmvertrag bei Universal verschaffte, verhält sich die Sache anders. «Ich verstehe nicht, warum Sara das bis heute nicht klargestellt hat», meint Andrea Cowden, die Witwe des ehemaligen Vorsitzenden von Universal Picture, irritiert. Mrs. Cowden, damals noch Miss Berens, stammte aus einer reichen Bostoner Familie. Während eines Aufenthalts in London hatte sie Augustus John kennengelernt, der von ihrer Schönheit und ihrem flammendroten Haar derart begeistert war, daß er sie porträtierte. Als sie hörte, daß Francis in seiner Galerie auch Bilder von John verkaufte, beschloß sie, einmal vorbeizusehen. «Ich konnte mir vorstellen, daß das Kunstgeschäft in Los Angeles für die Familie seltsam und sehr schwierig war, denn allzu viele Kunstkenner gab es nicht.» Den Unterlagen der Galerie ist zu entnehmen, daß Miss Berens an einem Nachmittag für 21 000 Dollar Bilder kaufte. Obwohl sie auch heute noch eine nüchtern denkende Dame ist, gerät sie ins Schwärmen, wenn sie sich an Elizabeth erinnert. «Sie war das hübscheste Kind, das ich je gesehen habe. Sie ging nicht, sie tanzte. Sie war so reizend und erfüllt von Liebe zu jedem lebenden Ding, egal ob es ein Mensch, ein Tier oder eine Blume war. Sie hatte außerdem eine nette Gesangsstimme; ich verstehe bis heute nicht, daß man daraus nichts gemacht hat. Bereits damals spürte man, daß sie etwas Besonderes war. Sie hatte das gewisse Etwas.»

Als Miss Berens sich in der Galerie verabschiedete, sagte sie zu Sara, sie würde Elizabeth gerne ihrem Verlobten, Cheever Cowden, vorstellen. So arrangierte man eine Einladung zum Tee für den kommenden Sonntag in das neue Heim der Taylors in den Pacific Palisades.

Bereits nach acht Monaten hatte die Galerie so große Gewinne abgeworfen, daß Francis sich eine Villa in den Pacific Palisades leisten konnte. Zu ihren Nachbarn gehörten Darryl F. Zanuck und Norma Shearer. Elizabeth ging inzwischen in eine Ballettschule am La Cienega Boulevard, die auch Susan Gilbert, Tochter von John Gilbert, Judy und Barbara Goetz, L. B. Mayers Enkelinnen, und Evin Considine, Sohn von Produzent Johnny Considine, besuchten.

Wie vereinbart kamen Andrea Berens und Cheever Cowden zum Tee, bewunderten weitere Gemälde von Augustus John und nahmen schließlich Elizabeth in Augenschein. Von ihrer Mutter angehalten, sich so gut wie möglich zu benehmen, führte Elizabeth Cowden in den Garten und erzählte ihm von ihren Haustieren. Cowden war beeindruckt, doch die zuhälterische Art von Sara stieß ihn ab. «Cowden machte nie ein Geheimnis daraus, daß er nach Ethel Gumm, Mutter von Judy Garland, am meisten Sara Taylor verachtete.» Als er und seine Verlobte das Haus der Taylors verließen, machte er keinerlei Andeutung, ob er von Elizabeth Probeaufnahmen machen lassen wollte. Während die Taylor herumsprang und ständig fragte, ob sie nun ein Filmstar werden würde, war Sara weniger optimistisch. Nur Francis und Howard waren sichtlich erleichtert, daß ihre Pläne nicht zu funktionieren schienen.

Doch Sara ließ sich nicht beirren. In den nächsten Tagen lud sie einige Frauen von Hollywood-Produzenten und Regisseuren zum Tee ein. Anschließend präsentierte sie ihre Tochter, die einige Liedchen trällerte. Unter den Gästen war auch Carmen Considine, die von Elizabeth derart beeindruckt war, daß sie ihren Mann anrief und ihm von der kleinen Taylor vorschwärmte. «Sie hat eine Stimme wie Judy», war ihr letzter Satz, der zugleich das Interesse ihres Mannes weckte. Schließlich konnte es nie verkehrt sein, einen singenden Kinderstar an der Hand zu haben, zumal sich die Pubertät trotz aller Diäten und Medikamente nicht verhindern ließ. Wie die stimmliche Leistung von Elizabeth wirklich war, enthüllt ein Eintrag in Hedda Hoppers Tagebuch: «Diese schreckliche Mutter forderte sie auf: ‹Nun komm, Liebes, sing für Miss Hopper.› Mit einer quäkenden Stimme, die vor Angst auch noch zitterte, piepste sich das arme, scheue Wesen durch ihr Lied. Es war wohl eines der schmerzlichsten Erlebnisse, dessen ich Zeuge wurde. Dennoch konnte man es der Mutter nicht sagen, daß aus ihrem Kind niemals eine zweite Deanna Durbin werden würde; sie hätte es einfach nicht verstehen wollen. Der einzige Vorteil, den dieses kleine Geschöpf hat, sind ihre violetten Augen.» Hedda Hopper sollte recht behalten, denn es war schließlich das Aussehen, dem Elizabeth einen Filmvertrag verdankte.

Bereits am nächsten Tag ließ Considine bei den Taylors anrufen und einen Termin für Montag arrangieren. Kaum hatte Sara den Hörer aufgelegt, als sie ein Anruf von Universal erreichte. Dort sollte sich Elizabeth am Mittwoch vorstellen. Nach einer kurzen Denkpause sah Sara ihre Chance gekommen: wenn zwei Studios sich für ihren kleinen Engel interessierten, konnte man diese doch mit Leichtigkeit gegeneinander ausspielen.

Sara und Elizabeth wurden am Studioeingang abgeholt. «Das Gelände war riesig – zu dieser Zeit drehten sie vielleicht 30 Filme gleichzeitig, und es wimmelte nur so von Leuten in Kostümen von Griechen, Indianern, Rittern und Cowboys oder als Affen verkleidet. Und dann gab es dort noch leibhaftige Filmstars. Für mich sahen damals sogar die Statisten wie Stars aus», erinnerte sich Elizabeth. Considine brachte sie zunächst ins Direktionsgebäude, das die Taylor später die «Eiserne Lunge» taufte. «Die Direktoren befehlen einem sogar, wie man atmen soll.» Während sie warteten, kam ein Mann vorbei und bot Elizabeth einen Kaugummi an, der von Sara jedoch entschieden zurückgewiesen wurde (noch waren sie nicht derart amerikanisiert). Sara schenkte dem verdutzten Mann nur einen geringschätzigen Blick. Sie ahnte nicht, daß sie Benny Thau vor sich hatte, der die Nachfolge von Irving Thalberg angetreten hatte. In späteren Jahren sollte Thau einer der wenigen bei MGM sein, denen Elizabeth vertraute. Er verstand es, ihr durch Gesten zu zeigen, «daß sie geliebt wurde».

Glaubt man dem Mythos, so sang Elizabeth bei ihrem Vorstellungstermin nur die Tonleiter. Den Unterlagen des Studios aber ist zu entnehmen, daß sie *I love you, Mr. Mayer; you are simply mar-*

velous, Mr. Mannix» einstudiert hatte und von ihrer Mutter begleitet wurde.

Das erste Treffen zwischen Mayer, Sara und Elizabeth verlief alles andere als günstig. «Mayer erschreckte mich entsetzlich», erinnerte sie sich. «Er sah ein bißchen wie ein großer, dicker Pinguin aus. Er trug eine große Brille und hatte eine Art, einen anzusehen, daß man sich völlig zerquetscht vorkam. Man spürte seine Vitalität, aber auch seine unermeßliche Arroganz, seinen Egoismus und seine überwältigende, antreibende Persönlichkeit.»

Dennoch war Louis B. Mayer von der Kleinen begeistert. «Stimme schrecklich, Aussehen okay», lautete sein Urteil. Während der Besprechung mußten die Taylors vor der Tür warten, doch es sollte nur kurze Zeit dauern. Als Mayer herauskam, rief er seinen Angestellten zu: «Macht mit ihr den üblichen Vertrag. Ich muß weiter, damit ich mein Flugzeug nach New York noch bekomme.» So unterbreitete man Sara den üblichen Siebenjahresvertrag, doch in einem Moment «geistigen Größenwahns» erklärte sie: «Es tut mir leid. Wir müssen unseren Termin bei Universal wahrnehmen. Wir haben ihn bereits lange vereinbart und können erst unterzeichnen, wenn wir wissen, was meiner Tochter dort geboten wird.»

Zu Hause angekommen telefonierte Sara sofort mit Andrea Berens und informierte sie darüber, daß MGM ihrer Tochter einen großzügigen Vertrag angeboten hatte. Als Cheever Cowden, der sich gerade in New York aufhielt, dies erfuhr, riet er dem Studio, Elizabeth ohne Test unter Vertrag zu nehmen. Da er 17 Prozent der Anteile von Universal hielt, war sein Wunsch so gut wie ein Befehl. Doch die Studioleitung weigerte sich. Sie bestand darauf, daß der Vorstellungstermin am Mittwoch wahrgenommen wurde.

Der Termin bei Universal hätte kein größerer Gegensatz zu dem bei MGM sein können.

Am 15. März 1915 von dem deutschen Auswanderer Carl Laemmle gegründet, lag das Studio auf der 230 Acre großen Taylor-Ranch. Laemmle, der immer eine Nelke im Knopfloch trug und beim Lachen «sämtliche Zähne entblößte», war dafür bekannt, daß er immer die Hände in den Hosentaschen hatte. Zudem war er ein skrupelloser Diktator, der in seiner Firma vorzugsweise Verwandte und Freunde beschäftigte. Sein Sohn, Carl Laemmle Junior, von allen «Junior» genannt, war dafür berüchtigt, im ungünstigsten Moment ein Zimmer ohne Anzuklopfen zu betreten. Doch mit ihnen kam Elizabeth erst gar nicht in Kontakt, da beide bereits am 14. März 1936 entmachtet worden waren.

Haupteinnahmequelle des Studios waren zahlreiche Horror-Klassiker wie *The Hunchback of Notre Dame* (1923), *The Phantom of the Opera* (1925), *Dracula* (1931), *The Mummy* (1932) und *Frankenstein* (1932) sowie diverse Musicals mit Deanna Durbin in der Hauptrolle.

An diesem Mittwoch morgen war niemand zur Stelle, der die Taylors am Haupttor abholen kam. Mit einer kurzen Beschreibung in der Hand mußten sich die beiden allein den Weg zum Besetzungsbüro suchen. Bei dem Gespräch war keiner der Direktoren anwesend, und nach wenigen Minuten wurden die Taylors mit dem Versprechen hinauskomplimentiert, man werde von sich hören lassen.

«Bitte, laß es nicht zu, daß ich hier arbeiten muß», beschwor Elizabeth ihre Mutter. Doch Sara war anderer Meinung. «Laß dich doch nicht durch die Größe von Metro täuschen. Ich denke, ein kleines Studio ist für eine unbekannte Anfängerin besser.»

Aber auch Sara hoffte, daß ihre Tochter bei MGM unterkommen würde. Dennoch beging sie einen verhängnisvollen Fehler. Sie rief bei Metro an und ließ sich mit Johnny Considine verbinden. Ihm berichtete sie, wie erfolgreich das Vorsprechen verlaufen sei und daß man Elizabeth einen großzügigen Vertrag angeboten hätte. Johnny verband sie mit Benny Thau, der sofort erkannte, daß Sara hoch pokerte. Zu hoch für seinen Geschmack. «Dann kann ich Sie nur beglückwünschen, Mrs. Taylor», sagte er, bevor er auflegte. Sara war verzweifelt. Hatte sie doch gegenüber Cazalet geprahlt, daß Elizabeth auf dem besten Weg sei, ein Filmstar zu werden. Am 16. April 1941 notierte Cazalet in sein Tagebuch: «Man stelle sich die Freude der Taylors vor. Elizabeth hat soeben einen Siebenjahresvertrag mit einem großen Hollywood-Studio abgeschlossen.»

Doch das war taylorsches Wunschdenken und entsprach nicht der Realität – noch nicht.

Da sie MGM verloren hatte, mußte sie unter allen Umständen den Vertrag mit Universal unter Dach und Fach bringen. Sie rief Andrea Berens an, die schließlich Cowden drängte, Elizabeth nun endlich unter Vertrag zu nehmen. Doch nach den Gesprächsunterlagen waren weder der Präsident Nate J. Blumberg noch der Produktionsleiter Cliff Work davon begeistert. Schließlich erklärte sich Cheever bereit, das Risiko zu übernehmen.

Am 21. April 1941 unterzeichnete Elizabeth Rosemond Taylor einen der üblichen Standard-Verträge mit Universal Pictures. Sie sollte für mindestens zwanzig Wochen pro Jahr 100 Dollar erhalten. War ihre Mutter anwesend, zahlte man ihr ein Salär von 10 Dollar pro Tag. Weiterhin erklärte sich Universal bereit, für «einen Musiklehrer... alle Zahnarztrechnungen... Kleidung mit Ausnahme von Strümpfen und Unterwäsche» aufzukommen.

Doch Elizabeth ahnte instinktiv, daß sie bei Universal kein leichtes Leben haben würde. Als erste Probeaufnahmen von ihr gemacht wurden, maulte Dan Kelly, Leiter des Besetzungsbüros: «Das Kind hat nicht das geringste Etwas.» Sogar ihre Augen ließen ihn unbeeindruckt. «Ihre Augen sind zu alt, sie hat nicht das unschuldige Gesicht eines Kindes.»

Während Hedda Hopper in ihrer Kolumne den Vertragsabschluß mit Universal feierte und verkündete, «Elizabeth wird mit Sicherheit ein Hit» werden, war die kleine Taylor alles andere als begeistert. Die ersten Tage im Studio waren schlimmer als erwartet. Zudem war sie auf sich gestellt, da Cowden es Sara nahegelegt hatte, «Liz» erst einmal allein zu lassen. Murrend beugte sich Sara seinem Wunsch, wies ihn aber zurecht, er solle ihre Tochter bitte Elizabeth nennen, da die Abkürzung «Liz» ihr zu vulgär erschien. Eine Ansicht, die die Taylor bis heute teilt. «Mein Bruder Howard ist schuld daran, daß ich nicht gerne ‹Liz› genannt werde. Wie alle älteren Brüder neckte er mich gern und nannte mich Lizzy, die Eidechse, oder Lizzy, die Kuh. Auch heute nennen mich viele Leute ‹Liz›, weil es den Anschein einer gewissen Vertrautheit und oberflächlichen Bekanntschaft erweckt. Ich aber hasse diesen Namen, er klingt wie das abscheuliche Gezisch einer Schlange.»

Am ersten Drehtag begann die Legende von Elizabeth Taylor. Als sie das Studio betrat, sah ein Kameramann sie lange an. «Hey, Baby, geh zurück in die Maske und sag denen, sie sollen dir den Augenbrauenstift abwaschen.» Elizabeth mußte lachen. «Aber so bin ich», gab sie zur Antwort. «Ich war noch nicht in der Maske.»

Vom ersten Moment machte Regisseur Harold Young Elizabeth klar, daß er ihretwegen oder wegen Alfalfa Switzer, ihrem Co-Star, keinen Meter Zelluloid vergeuden werde. «Pariert ihr beiden nicht, schneiden wir euch einfach raus, und damit basta», buffte er die beiden Kinder am ersten Drehtag an. Daraufhin wurde Elizabeth so nervös, daß sie zu stottern begann. «Es war wirklich unmenschlich, wie die Kinder behandelt wurden», erzählte Catherine Doucet, die Elizabeths Mutter darstellte. «Aber das war eben der Ton, der bei Universal herrschte.»

Der Film trug den Titel *Man or Mouse* und beruhte auf einer Geschichte von Robert B. Hunt. Es war eine typische B-Screwball-Comedy, bei der Elizabeth «ein verzogenes Kind spielen mußte, das ständig herumrannte und mit Gummibändern auf die Hintern von dicken Ladies und Männern schoß». Ansonsten hatte sie wenig zu tun, und obwohl sie täglich Gesangsunterricht erhielt, forderte man sie auch nicht auf, ihr Können unter Beweis zu stellen. Der Film, der später den Titel *There's One Born Every Minute* erhielt, war innerhalb von drei Tagen abgedreht.

Elizabeth war nicht sehr glücklich über ihre Zeit bei Universal. Als sie mürrisch nach Hause kam, stellte Sara sie zur Rede. «Was ist los, Honey?» fragte sie. «Du warst es doch, die unbedingt zum Film wollte?»

«O Mummy!» sagte Elizabeth. «Ich möchte solche Filme machen, wie MGM sie produziert. Außerdem waren dort die Leute netter.»

Sara tröstete ihre Tochter: «Ich bin sicher, man wird demnächst eine schöne große Rolle für dich finden.»

Nach Beendigung von *Man or Mouse* wußte man bei Universal

nicht, was man mit seiner Neuentdeckung anfangen sollte. Zwar wurde Elizabeths Vertrag am 18. September 1941 verlängert, doch schon wenige Tage später, am 30. September 1941, schrieb der Produzent Edward Muhl in einer Aktennotiz an das Besetzungsbüro: «Oben genannte Schauspielerin [Elizabeth Taylor] wird mit sofortiger Wirkung, beginnend mit dem 29. September 1941, auf unbefristete Zeit ohne Bezahlung von Besetzungen ausgenommen.» Jahrelang schien es ein Rätsel, warum Universal Elizabeth nicht einsetzte, doch Muhl klärte es schließlich in einem Gespräch auf: «Wissen Sie, Elizabeth hätte bei uns damals schon eine Chance gehabt. Das einzige Handicap war ihre Mutter Sara. Da sie unzufrieden mit der Rolle ihrer Tochter war, machte sie mir und Cowden derart die Hölle heiß, daß wir einfach nicht anders konnten, als Elizabeth zurückzustellen.» Hoffte er, durch diesen Schritt Sara zur Raison zu bringen, trat genau das Gegenteil ein. Von nun an war sie davon besessen, gute Rollen für ihre Tochter zu erkämpfen. Dies führte letztendlich dazu, daß sie Studioverbot erhielt und Universal am 24. Februar 1942, drei Tage vor Elizabeths zehntem Geburtstag, bekanntgab, «daß der Vertrag mit Elizabeth Taylor nicht verlängert wird, der zum 23. März 1942 somit ausläuft».

Als Elizabeth dies erfuhr, warf sie sich weinend auf ihr Bett und schrie: «Ich will ein Filmstar werden.»

4

Hätte Sara wirklich gewollt, daß Elizabeth sich aus dem Filmgeschäft heraushielt, wie sie später immer wieder behauptete, jetzt wäre die ideale Gelegenheit dazu gewesen.

Doch statt dessen zogen die Taylors in das neue Heim am North Elm Drive 307, Bevery Hills. Ein niedriges Gebäude im spanischen Stil, mit rosafarbenen Stuckwänden und roten Dachziegeln. An das Haus schloß sich ein großer Garten mit Blumenbeeten und Bäumen an, jedoch fehlte ein Swimmingpool und ein Tennisplatz – schon damals in Hollywood ein absolutes Muß.

Ihre Nachbarn waren die Westmores. Mr. Westmore war ein gefragter Make-up-Spezialist. Mit seiner Tochter Anne schloß Elizabeth sofort Freundschaft. «Als ich eines Morgens das Haus verließ und die beiden Mädchen im Baum spielen sah, dachte ich: Gott sei Dank ist dieser Unsinn, daß Elizabeth ein Hollywood-Star werden soll, nun endgültig vorbei. Ich wollte nur, daß sie eine normale, glückliche Kindheit hat», erzählte Francis. Doch er irrte sich.

Als nach dem Angriff auf Pearl Harbor, der am 7. Dezember 1941 stattfand, ein japanisches U-Boot vor der Küste Santa Barbaras gesichtet wurde, geriet die Westküste in Panik. Sofort wurden Luftschutztruppen gebildet, die dafür zu sorgen hatten, daß alle Bewohner ihre Häuser verdunkelten, um kein Angriffsziel zu bieten.

«Eines Nachts», hieß es in einer Aktennotiz von MGM, «Francis Taylor versah wieder seine Streife auf dem Elm Drive, kam er ins Gespräch mit zwei anderen Männern, die ihren Dienst versahen: Dave Huyler und Sam Marx, Produzent bei MGM. ‹Wie geht es mit deinem Film *Lassie Come Home* voran?› fragte Huyler Marx. ‹Wir haben Schwierigkeiten ein kleines englisches Mädchen zu finden›, antwortete Marx. Huyler überlegte kurz. ‹Hast du schon einmal die Kleine von Taylor gesehen? Die ist absolut süß – und sie wuchs in England auf.› Francis Taylor, der sich bisher zurückgehalten hatte, willigte schließlich ein, einmal mit seiner Tochter bei Marx vorbeizuschauen.»

Weniger verklärend ist hingegen die Lesart, die Sam Marx bietet: «Wir waren zwar beim Luftschutz, aber da Beverly Hills weit vom eigentlichen Geschehen entfernt war, bestand unser Dienst nur in Treffen, die meistens in sinnlosen Besäufnissen endeten. Und bei jedem von diesen nahm Francis Taylor mich beiseite und erzählte mir von seiner wundervollen Tochter und wie geeignet sie doch für den Film wäre.»

Die Vorbereitungen zu *Lassie Come Home* (dt. *Heimweh*) hatten bereits im März 1942 begonnen. So telegrafiert Ted Butcher am 19. März 1942 an die Partnerfirma Loew Inc. in New York: «Sichern Sie Optionen auf alle Collies, die traurige, glückliche und auch sonstige Gesichtsausdrücke im Repertoire haben.» Die Dreharbeiten begannen im Sommer 1942 mit verschiedenen Hunden, die Lassie spielen sollten. «Jedermann schien sich in den Film, der allgemein nur ‹The Dog Movie› hieß, verbissen zu haben.» Für die Rolle der Priscilla hatte MGM bereits Maria Flynn verpflichtet, die für *Intermezzo* gute Kritiken bekommen hatte. Für Marx war es die erste Produktion. Auch der Regisseur Fred M. Wilcox war ein Novize, aber mit einem familiären Hintergrund, den Hollywood respektierte: er war mit der Schwester von Nicholas Schenck verheiratet, der Leiter der Loew Inc. war.» Mit anderen Worten: Wilcox hatte Narrenfreiheit.

Nebenbei: Wilcox' Schwester war mit dem Filmproduzenten Edgar Selwyn verheiratet. Dessen Bruder Archie war jener Impresario gewesen, der für *The Fool* verantwortlich gewesen war – und seither mit Sara befreundet.

Obwohl *Heimweh* zunächst als B-Produktion geplant gewesen war, durfte Wilcox in Farbe drehen und konnte von der 20th Century-Fox deren Kinderstar Roddy McDowall ausleihen.

MGM experimentierte mit dem neuen Farbfilmverfahren Monopak, das eine viertägige Entwicklungs- und Bearbeitungszeit erforderte. So waren bereits vier Drehtage verstrichen, ehe die ersten Rollen in Augenschein genommen werden konnten. «Wir bemerkten erst jetzt, daß Maria einen ganzen Kopf größer war als Roddy. Und das ging damals absolut nicht. Denken Sie nur daran, daß die Hepburn immer in die Knie ging, um Tracy nicht zu überragen, wenigstens körperlich nicht. Hinzukam, daß bei Monopak eine sehr starke Beleuchtung verwendet werden mußte, was bewirkte, daß Maria ständig wäßrige Augen hatte. Schließlich mußte ich ihr sagen, daß sie entlassen war. Sie erwiderte nur: ‹Danke, Mr. Marx.› Ich war völlig zerstört. Seither habe ich von ihr weder etwas gesehen noch gehört. Wenn mich danach jemand fragt, was die Aufgabe eines Produzenten ist, sage ich immer: Das ist der Mann, der kleinen Mädchen sagen muß, daß sie gefeuert sind.»

Bei einem Mittagessen mit Benny Thau besprach Marx diese Probleme und erwähnte auch, wie sehr Francis ihn wegen eines Filmvertrags löcherte.

Thau, der mit dem Namen sofort Elizabeths violette Augen verband, schlug Marx vor, sie doch einmal unverbindlich einzuladen. «Von Anfang an stand jedoch fest, daß, sollte es überhaupt einen Vertrag mit der Kleinen geben, ihre Mutter bei Metro kein Engagement bekommen würde.» MGM war dafür bekannt, daß sie einen Prozentsatz der Gage des Kindes auch der Mutter zubilligte, dafür, daß sie die ganze Zeit am Set war und auf ihren Star aufpaßte, so wie es ein Gesetz verlangte.

Marx rief Francis in der Galerie an, der ihm sofort versprach, seine Tochter vorbeizuschicken. «Das Problem war nur, daß die Taylors ihren Großvater in Pasadena besuchten», erzählte Sam Marx. «Zudem war es Samstagnachmittag, und das Gesetz verbot es, daß Kinder nach 18 Uhr am Wochenende arbeiten.» Doch nichts konnte die beiden Taylor-Damen stoppen. Während Sara mit Höchstgeschwindigkeit von Pasadena angerast kam, jubelte Elizabeth: «Ich bin wieder beim Film, ich werde nun doch ein Filmstar.»

Um 17 Uhr 45 waren die beiden im Studio. «Wir testeten gerade sechs kleine Mädchen für *Mrs. Miniver*, als sie eintrafen. Sobald Elizabeth das Zimmer betrat, schickten wir sie alle hinaus. Ihre Mutter musterte sie kritisch, und wir ließen sie in dem Glauben, daß die Kids ebenfalls für die Rolle vorgesprochen hätten.» Sara bekam den

Text, den sie mit Elizabeth durchging. «Ich sah sie scharf an. Sie schien völlig ruhig zu sein. Oder sie war nur so verschreckt.

‹Du brauchst keine Angst zu haben. Wir drehen gleich. Du mußt nur ein paar Zeilen Text sagen.›

Sie funkelte mich mit ihren violetten Augen an. ‹Ich bin nicht aufgeregt, Mr. Marx›, entgegnete sie fest.

Danach stellte ich ihr Fred vor, der ihr die Szene erklärte.

‹Der Mob hier ist ein Hund.›

‹Was für ein Hund, Mr. Wilcox?› fragte sie.

‹Ein schöner Collie. Ich bin dein Großvater und du antwortest das, was hier steht, wenn ich mit dir rede.› Da uns nur noch zehn Minuten blieben, ließen wir die Proben sein. Sie schien wie in Trance. Am Ende hob sie den Kopf und lächelte in die Kamera. Danach sah sie mich ängstlich an. Da ich noch nichts sagen konnte, rettete ich mich mit der üblichen Floskel, daß wir in einigen Tagen wieder etwas von uns hören lassen würden.»

Sam Marx räumt ein, daß seine Erwartungen betreffend Elizabeth sehr gering gewesen waren. «Ich hatte zuvor schon fünf andere Mädchen getestet und mich bereits für eines entschieden. Doch als wir die Probeaufnahmen sahen, waren wir alle gefesselt. Damals besaß sie noch das gewisse Etwas.»

MGM nahm Elizabeth unter Vertrag für 100 Dollar pro Woche. Für den männlichen Collie Pal zahlte MGM 90 Dollar. Doch bereits in der ersten Drehwoche bekam Pal eine Gehaltserhöhung: 250 Dollar wöchentlich. Dies machte ihn zur eigentlichen Neuentdeckung von *Heimweh*.

Heimweh erzählt die zu Herzen gehende Geschichte einer Tierfreundschaft. Eine mittellose Familie muß ihren Hund, den besten Freund des kleinen Sohnes, an einen Herzog verkaufen. Zwar kümmern er und seine Enkelin Priscilla (Elizabeth Taylor) sich rührend um den Hund, doch dieser will nur zu seinem ursprünglichen Herrn zurück. Nach langer Wanderschaft sind Hund und Junge wieder vereint, und dank des alten Herzogs kommt es auch noch zu einem Happy-End.

Die halbe britische Schauspielerkolonie war für diesen Film verpflichtet worden. Dame May Whitty, Ben Webster, Edmund Gwenn, Elsa Lanchester, Donald Crisp und Nigel Bruce, der Elizabeths Großvater spielen sollte. Hinzu kam die Neuentdeckung Roddy McDowall, der soeben bei 20th Century-Fox einen großen Erfolg mit *How Green Was My Valley* verbuchen konnte.

Elizabeth und Roddy verstanden sich sofort. Er erinnert sich, daß er sie damals «für vollkommen hielt. Sie war eine entzückende kleine Puppe, die sich ihrer eigenen Schönheit überhaupt nicht bewußt war.» Ihre Unsicherheit amüsierte ihn. «Wir hatten beide sehr starke Mütter, ich glaube, das verband uns am meisten.» Für Elizabeth ist dieser Film vor allem wegen der auch heute noch bestehenden Freundschaft mit McDowall bemerkenswert. «Er gibt mir das Gefühl, daß ich eine sehr nette, liebe und geliebte Person bin. Er lacht über deine Witze, und so kommt man sich ein bißchen witziger vor, als man wirklich ist. Er hält immer nach dem Guten im Menschen Ausschau. Bei ihm ist man solange unschuldig, bis deine Schuld bewiesen ist. Und dann verzeiht er einem meistens sehr schnell.»

Fred M. Wilcox ist einer der wenigen Regisseure, der sich gern an die Zusammenarbeit mit der Taylor erinnert. «Sie war eine der unkompliziertesten und einfachsten Schauspielerinnen, mit der ich je zusammengearbeitet habe.»

Elizabeth gab sich auch große Mühe, jedem zu gefallen. Nichts schien sie aus der Ruhe zu bringen – einige führen dies darauf zurück, daß Sara in jeder freien Minute mit ihr die Schriften der Christian Scientists durchging. Diese Ruhe schien sich auch auf die anderen zu übertragen.

Sara war allgegenwärtig. Sie wachte über ihren kleinen Engel und gab ihm mittels Handzeichen schauspielerische «Ratschläge».

Finger auf dem Herz: Spiel mit mehr Gefühl!

Finger auf der linken Wange: Lächle mehr!

Finger auf der rechten Wange: Lächle weniger!

Finger auf dem Bauch: Du übertreibst!

Finger am Hals: Senke deine Stimme! Sie klingt zu schrill.

Und willig folgte Elizabeth ihrer Mutter. «Damals begab sie sich ganz in Saras Hände, um bei MGM den sehnlichst begehrten Vertrag zu bekommen», berichtete Marx.

Ihre Disziplin schien grenzenlos zu sein. Als in ihrer letzten Szene das Pferd sie trat, ließ Elizabeth sich nichts anmerken. Erst als Wilcox «Cut» rief, brach sie vor Schmerzen ohnmächtig zusammen. «Ihr Fuß war derart geschwollen, daß wir sie aus dem Stiefel herausschneiden mußten. Aber sie hatte ausgehalten. Wahrscheinlich nur aus Angst vor ihrer Mutter», erinnerte sich Wilcox.

Heimweh wurde für das Studio ein kommerzieller Erfolg, der eine ganze Reihe von Lassie-Filmen und TV-Serien nach sich zog. Aber auch die Kritiker würdigten die Leistung der Crew und erwähnten Elizabeth lobend. Da auch Mayer von ihr begeistert war, nahm er Elizabeth Taylor in den «Sternenhimmel von Metro» auf.

MGM, eigentlich Metro-Goldwyn-Mayer, oft kurz Metro genannt, war von Louis B. Mayer, einem russischen Immigranten, der «Kommunisten, Homosexuelle, Intellektuelle und arbeitsscheue Schauspieler» haßte, zusammen mit anderen Filmschaffenden im April 1924 gegründet worden. Innerhalb kürzester Zeit erreichten die Produktionen einen Standard, der von den anderen Studios nur schwer erreicht werden konnte. Nicht zuletzt war dies dem Wunderknaben Irving Thalberg zu verdanken, der einen Riecher für den Geschmack des Publikums hatte. Der Werbeslogan, daß MGM «mehr Stars» unter Vertrag hatte als «der Himmel Sterne», traf zu Beginn der vierziger Jahre zu. Spencer Tracy, James Stewart, Lionel Barrymore, Hedy Lamarr, Mickey Rooney, Lana Turner, Katharine Hepburn, Myrna Loy, Judy Garland, Fred Astaire, Robert Taylor und Margaret Sullavan gehörten zu den MGM-Stars. Das Studiogelände erstreckte sich über 167 Acre Land und beherbergte neben den zahlreichen Studios auch eine eigene Schule, einen Privatzoo, ein Krankenhaus und eine Kantine, die auch Hühnersuppe nach dem Rezept von Mama Mayer und Matzoth-Knödel anbot.

Segensreicher als Mamas Hühnersuppe wirkte indes das Departement of Special Services, das Mayer zur Imagepflege seiner Stars ins Leben gerufen hatte. Die Öffentlichkeit sollte nur das erfahren, was dem Studio und seinen Stars zu Nutzen und Ehre gereichen. «Wir taten alles für sie», erinnerte sich Howard Strickling, ehemaliger Leiter der Abteilung. «Wir sagten den Stars, was sie bei Interviews sagen konnten und was nicht, und sie taten dies, weil sie wußten, daß wir es am besten wußten. Mein Gott, manchmal wünsche ich mir, daß Ron und Nancy jemanden von uns während ihrer Zeit im Weißen Haus verpflichtet hätten, dann wäre ihnen manche Schlappe erspart geblieben. Wir waren damals die einzigen, die das für ihre Leute machten. Die Mädchen mußten so rein sein und bleiben wie frisch gefallener Schnee. Metro-Girls rauchten nicht, tranken nicht und fluchten nicht. Außerdem gingen sie mit einem Mann erst nach ihrer Hochzeit ins Bett. Vielleicht hat deshalb die Taylor so oft geheiratet. Sie vermählte sich mit jedem, bevor sie mit ihm schlief.»

Entgegen allen Gerüchten, die nach Mayers Tod auftauchten, liebte er Kinder, vor allem MGM-Kinder. «Die Kinder waren es, die den Zauber von Unschuld und Reinheit ausstrahlten. Sie verkörperten alles Gute und Saubere, für das er ein Leben lang kämpfte, obwohl er ein harter Geschäftspartner sein konnte», erinnerte sich seine Tochter Irene Mayer Selznick. «Er sah sich als Big Daddy, der einerseits gütig, andererseits streng mit seinen Kindern sein konnte, aber er hatte für alle Sorgen seiner Stars immer ein offenes Ohr. Vorausgesetzt, man war im Gegenzug bereit, sein Letztes für die Metro und ihre Produktionen zu geben.»

Bevor Elizabeth jedoch den Vertrag am 5. Januar 1943 unterzeichnete, unterzog Sara ihre Tochter einem letzten Test. Am Abend zuvor gab sie ihr das Stück *The Fool* und bat Elizabeth, ihren damaligen Part zu lesen. «Es war wie eine Offenbarung. Da saß nun meine Tochter und spielte die Rolle perfekter, als ich es als erwachsene Frau, trotz aller Mühen, getan hatte.» Kritiker merkten an, daß Sara den Test nicht für sich vornahm, sondern hierdurch Francis' letzte Zweifel und Bedenken aus dem Weg räumen wollte. Den Vertrag, den Elizabeth und ihre Eltern am nächsten Morgen mit MGM abschlossen, garantierte ihr eine Gage von zunächst 100 Dollar wöchentlich. Am Ende der sieben Jahre sollte sie 750 Dollar wöchentlich erhalten. Garantiert waren 40 Wochen Arbeit im Jahr. Der Vertrag konnte jährlich gekündigt werden. So hatte das Studio ein Mittel in der Hand, die Eskapaden ihrer Stars in Grenzen zu halten.

Für eine Elfjährige war dies ein guter, aber kein sensationeller Vertrag. Sara selbst erhielt kein Gehalt von MGM. Erst seit dem 31. Juli 1944 billigte Pandro S. Berman ihr eine wöchentliche Gage von 100 Dollar zu, damit sie die Anstandsdame für Elizabeth spielen konnte. Elizabeth hatte ein Taschengeld von 25 Cents wöchentlich erhalten, das um 25 Cents erhöht wurde, als sie bei MGM unter Vertrag genommen wurde.

Kaum war der Vertrag unterzeichnet, begann Sara das Studio mit Rollenvorschlägen zu überschütten. Um jeden Preis wollte sie, daß Elizabeth in *Mrs. Miniver* an der Seite von Greer Garson mitwirken sollte. «Dies war unmöglich, da wir die Rolle bereits besetzt hatten, doch sie ließ nicht locker. Schließlich ging sie sogar zu Mayer, der ihr lange zuhörte und versprach, etwas Geeignetes für Elizabeth zu finden.»

Sara begann nun auch, die Klatschkolumnistin Louella Parsons zu umschmeicheln. Sie suchten sie auf unter dem Vorwand, daß Elizabeth gern den Cockerspaniel «Jimmie» von «Tante Lou» kennenlernen wollte. Louella war begeistert und berichtete von nun an nur noch in den höchsten Tönen von der «kleinen, charmanten, talentierten Elizabeth Taylor». Die Kolumnistin Sheila Graham wurde regelmäßig zum Tee eingeladen und ihre Kollegin Adela Rogers St. John erhielt von Sara einen rosa Rosenstock, da sie erfahren hatte, daß Adela eine leidenschaftliche Rosenzüchterin war. Auch mit dem Pressebüro arbeitete Sara gern zusammen, wobei Sara «wunderschöne» Geschichten über Elizabeths Kindheit in England aus dem Hut zauberte, die sofort verbreitet wurden.

In Hollywood sprach man von nun an nur noch von den «beiden Taylors», von Sara und ihrer Tochter. Francis zog sich leise aus dem Leben seiner Frau und Tochter zurück. «Es war kein allzu großer Verlust», kommentierte Elizabeth kühl. «Ich hatte mich seit Jahren vaterlos gefühlt. Ich sah zu Männern wie meinem

Agenten Jules Goldstone und Benny Thau auf und erkor sie als meine Väter. Wenn ich Rat oder Hilfe brauchte, ging ich zu ihnen.»

Howard blieb seinem Vater treu, der von nun an nur noch zu Repräsentationszwecken aus der Versenkung geholt wurde. «Ich verehre meinen Bruder», gestand Elizabeth. «Er ist so ein kluger, zärtlicher, außergewöhnlicher Mann. Im wahrsten Sinne des Wortes ist er unfügsam.» Heute lebt Howard mit seiner Familie auf Hawaii und ist dort Professor für Ozeanographie.

Elizabeths nächste Filmrolle war ein sehr kleiner Gastauftritt in *Jane Eyre* (dt. *Die Waise von Lowood*). In der Verfilmung des Romans von Charlotte Brontë spielte sie Helen Burns, die Freundin von Jane, dargestellt von Peggy Ann Garner. Der Waisenhausvorstand, Mr. Rochester, zwingt die beiden Mädchen, bei Eiseskälte Arbeiten im Freien zu verrichten. Infolgedessen erkrankt Helen an einer Lungenentzündung, die sie nicht überlebt. Jane wird von diesem Erlebnis traumatisch geprägt. Für diesen Part lieh MGM die kleine Taylor an 20th Century-Fox für eine Gage von 150 Dollar wöchentlich aus, was für das Studio einen Profit von 50 Dollar bedeutete. Elizabeth wurde weder im Vorspann noch in der Besetzungsliste genannt, und als sie einmal ihren Kindern den Film im Fernsehen zeigen wollte, mußte sie feststellen, daß ihre Szenen zugunsten von Werbeminuten endgültig aus dem Film geschnitten worden waren.

Eine weitere kleine Rolle folgte in *The White Cliffs of Dover* bei MGM. In dem sentimentalen Lichtspiel, das eine wahre Hymne auf die «armen, tapferen Briten» war, spielte sie wieder an der Seite von Roddy McDowall. Die Geschichte beruht auf einem Gedicht von Alice Duer Miller und erzählt das Schicksal einer Amerikanerin, die einen adeligen Engländer heiratet. Ihren Mann verliert sie im Ersten Weltkrieg und den Sohn im Zweiten. Elizabeth spielte Betsy, eine «Schönheit aus dem Dorf».

Elizabeth hätte wohl noch weiterhin kleine Britinnen gespielt, denn einer der wichtigsten Filmmärkte der MGM war England. MGM hatte in London ein eigenes Vertriebsbüro errichtet und ein Studio gebaut. Doch als die englische Finanzbehörde die Gewinne einfror, schien die Anglophilie der MGM spürbar gedämpft.

5

Kurz nachdem 1933 Enid Bagnolds Roman *National Velvet* erschienen war, erwarb Paramount die Filmrechte an dieser Geschichte. Zwar wußte man, daß die Geschichte von einem Mädchen, das als Junge verkleidet ein waghalsiges Rennen mit einem Pferd gewinnt, das sie in der Lotterie gewonnen hat, ein Erfolg werden würde, doch da man sich andererseits nicht vorstellen konnte, daß Marlene Dietrich unter der Leitung von Sternberg die Velvet Brown spielen würde, verkaufte Paramount die Rechte 1937 an MGM. Die Metro plante den Film als «Rooney-Vehikel», da schon vor dem Kauf feststand, daß kein anderer als Mickey Rooney den Ex-Jockey spielen sollte. Die weibliche Hauptrolle sollte mit einer unbekannten Darstellerin besetzt werden. Geplant war, das Buch in England zu verfilmen.

Doch der Krieg durchkreuzte die Pläne. Macht nichts, tröstete man sich bei der Metro, schließlich haben wir auch in Amerika genug Platz. Dieser Standardspruch fiel immer dann, wenn die Rede auf den Bau von Kulissen kam. Er stammte von L. B. Mayer, der ihn prägte, als er erfuhr, daß die Außenaufnahmen der ersten Fassung von *Ben Hur* (1925), die in Italien erstellt worden waren und Millionen verschlungen hatten, nicht zu gebrauchen waren. «Was wollen wir in Italien. Wir haben hier Platz genug. Also baut das Kollosum [sic!] hier auf.»

1945 wurde der Zentralbahnhof von New York auf dem Studiogelände für *The Clock* nachgebaut und in den frühen dreißiger Jahren Venedig und Paris. Als ein Besucher Thalberg darauf hinwies, daß der Widerschein des Mondes im Meer zwar sehr romantisch sei, die Hauptstadt Frankreichs aber nicht am Ozean liegen würde, entgegnete dieser nur: «Das ist doch egal, oder glauben Sie, das Publikum merkt den Unterschied?»

Für *National Velvet* (dt. *Kleines Mädchen, großes Herz*) wurde als Regisseur Clarence Brown verpflichtet. Er war ein humorloser, doch sentimentaler Mann und kam gut mit Kinderstars aus. Ob das Studio-Dorf Ähnlichkeit mit dem englischen Original aufwies, war ihm gleichgültig. Größere Sorgen bereitete ihm die Besetzung der Velvet. Am 17. Januar 1943 telegrafierte Ben Goetz an das englische Büro: «Bitte geben Sie Harold Huth das Buch zu lesen... er soll ein Mädchen zwischen 11 und 14 Jahren finden, das die Rolle der Velvet übernehmen kann... Huth soll von jedem in Frage kommenden Kind Probeaufnahmen machen... falls möglich, schickt es sofort zu uns herüber... macht den üblichen Siebenjahresvertrag, wenn die Aufnahmen erfolgreich waren.» Wenige Tage später teilte Sydney Wright Goetz mit, daß das englische Gesetz die Suche und vertragliche Bindung an ein Studio erschwere. Laut Jugendschutzgesetz durfte keine Person unter achtzehn Jahren das Land verlassen, um gegen Bezahlung zu arbeiten, ausgenommen, daß sie einen Antrag bei der zuständigen Behörde wegen einer Ausnahmegenehmigung gestellt hat. Goetz war darüber so erbost, daß er Wright befahl, sich zu erkundigen, ob man dieses Gesetz nicht abschaffen konnte. Am 1. Februar 1943 telegrafierte Wright: «Es tut mir leid Ihnen mitteilen zu müssen, daß weder die örtliche Behörde noch die Regierung das Gesetz wegen eines Films außer Kraft setzen können.» Doch Goetz ließ nicht locker. «Wir verstehen Ihre Situation, müssen aber dennoch darauf beharren, daß ein Mädchen gefunden wird, das älter als vierzehn Jahre ist, aber jünger aussieht, bzw. daß man eines findet, das jünger ist, aber zu Beginn der Dreharbeiten gerade vierzehn wird.»

Die Suche nach Velvet Brown dauerte weit länger als fünf Jahre und schuf in der Filmbranche einen Mythos, der vergleichbar dem der Suche nach Scarlett ist. MGM übertrug die Entscheidung schließlich einem Mann, der vor kurzem erst von RKO zu Metro übergewechselt war: Pandro S. Berman. Über Berman sagte Myra Breckenridge einmal: «MGM ohne Pandro S. Berman ist wie die amerikanische Flagge ohne Streifen.»

Berman: «Ich liebte die Geschichte. Eine der besten, die ich in meinem Leben hatte. Die Qualität ging von der Figur der Mutter aus. Denken Sie nur an die Szene, als sie Velvet das Preisgeld übergibt. Einfach, ehrlich, unbeschreiblich. Aber was jetzt oft geschrieben wird, von pubertärem Sexualtrieb und Masturbation auf dem Rücken des Pferdes ist für mich nur *bullshit*. An so etwas dachten wir damals gar nicht. O Gott, wirklich nicht.»

Berman erinnert sich, daß in der Zeit von 1939 bis 1943 fast jeder Star sich darum riß, in dem Film mitzuwirken. «Joan Crawford zeigte als erste Interesse, als bekannt wurde, daß der Film nicht länger ein reiner Rooney-Film, sondern ein Star-Vehikel werden sollte. Doch Joan war zu alt und schon lange nicht mehr bei MGM. Myrna [Loy] wollte die Mutter und Spence [Tracy] den Vater spielen, und schließlich kam Kate [Hepburn], damals auch schon über dreißig, und erklärte, sie sei die einzige Velvet Brown, die man sich vorstellen könnte. Zudem habe die Autorin sie im Hinterkopf gehabt, als sie das Buch schrieb. Das war eben typisch Kate. Ich behielt für mich, für was ich sie am besten geeignet hielt. Kaum war bekannt, daß die Hepburn sich für die Rolle interessierte, als Margaret [Sullavan] anrief und mich bat, nicht Kate, sondern ihr die Rolle zu geben. Es war zum Verzweifeln. Schließlich waren alle so weit, daß sie sogar das Pferd gespielt hätten, nur um in dem Film mitwirken zu können.»

Man testete eine Reihe von kleinen Mädchen, doch allen fehlte diese innere Besessenheit. «Wir aßen zu Mittag, als wir wieder auf dieses Thema kamen. Wir sprachen davon, daß Judy [Garland] die Idealbesetzung sei, da sie eine besessene Mutter hatte. Da meinte Clarence Brown: ‹Schlimmer als die Gumm ist die Taylor. Was die alles mit Liz anstellt geht auf keine Kuhhaut!› Ich hatte Liz ein- oder zweimal gesehen und konnte mich an ihre Augen erinnern. Die hatten genau das, wonach wir suchten. Und Clarence ermutigte mich, ihr die Rolle zu geben.»

Doch das erste Treffen verlief anders als erwartet. «Sie sollte zwar einen Jockey spielen, aber selbst dafür war Liz zu klein. Also machten wir noch zwei weitere Tests. Als sie davon erfuhr, kam sie in mein Büro gestürmt.

‹Mr. Berman, haben Sie nicht mir die Rolle der Velvet versprochen?› Ihre Augen funkelten. Und dann war da dieser Ausdruck in ihrem Gesicht: Sie war zu allem bereit.

‹Du bist zu klein, Elizabeth!› sagte ich.

‹Ich werde wachsen, Mr. Berman, ich werde wachsen. Geben Sie mir bitte nur ein Vierteljahr Zeit.›»

Berman verschob den Drehbeginn vom 11. September 1943 auf den 4. Januar 1944. «Ich wußte, wenn Gott wollte, daß ich Velvet Brown spielen sollte, würde er mir beistehen. Er würde mich wachsen lassen, was er dann schließlich auch tat.» Hollywood-Insider führen die Tatsache, daß Elizabeth wirklich größer wurde, nicht auf göttliche Fügung zurück; «schließlich sind wir hier in Hollywood und nicht in Lourdes», meinte Berman. Eher glaubt man, daß ihr Wachstum darauf zurückzuführen sei, daß Sara einen besonderen Speiseplan für ihre Tochter ausarbeiten ließ. Jeden Morgen verdrückte sie zwei große Farmerfrühstücke, bestehend aus vier Hamburgern, vier Eiern, gebratenen Kartoffeln und einem riesigen Berg von Pfannkuchen. Zum Mittagessen standen zwei Steaks und Salat auf dem Speiseplan. Was aber gerne verschwiegen wird sind die Hormonpillen, die Sara ihrer Tochter verschreiben ließ. Als diese zunächst nicht ansprachen, beschloß sie, ihre Tochter täglich strecken zu lassen. Obwohl diese orthopädische Tortur Elizabeth große Schmerzen bereitete, kannte Sara nur ein Ziel: Elizabeth mußte die Rolle der Velvet Brown bekommen. Berman: «Wahrscheinlich bin auch ich mit schuld daran. Denn eines Tages meinte ich naiv: ‹Es ist nicht weiter schlimm, wenn Liz es nicht schafft. Wir haben ja noch immer die Garland.›»

Um für die Rolle vorbereitet zu sein, erhielt Liz im Riviera Country Club Reitstunden. Ihr Lehrer war der australische Polospieler Sonny Baker. In dieser Zeit erlitt Elizabeth eine Reihe schmerzhafter Stürze, und obwohl sie große Schmerzen hatte, weigerte Sara sich, sie zu einem Arzt zu schicken. «Zu groß war die Angst, daß ihre Tochter die Rolle verlieren könnte.» Elizabeth war schließlich derart eingeschüchtert, daß sie nicht mehr darüber sprach. Fragte Sara sie, ob sie gefallen sei, meinte sie nur noch: «Ja, ich bin etwas hart gelandet.» Noch heute leidet Elizabeth unter peinigenden Rückenschmerzen, da bei diesen Stürzen zwei Rückenwirbel Schaden nahmen.

Als bei einem weiteren Sturz zwei ihrer Schneidezähne ausfielen, ließ Sara es zu, daß der Studiozahnarzt ihr zwei Ersatzzähne in die Lücken implantierte. Elizabeth erfuhr zum erstenmal, wie hoch der Preis für Schönheit sein konnte.

Der Taylor-Legende zufolge bewirkten die Gebete Saras, daß ihr Kind wuchs und die Rolle bekam. Gelegentlich wütete sie gegen Berman und seine sadistische Art, Elizabeth unter Druck zu setzen. «Alles Unsinn. Ich hatte ihr den Part versprochen und alles so arrangiert, daß sie genug Zeit hatte. Jeden Freitag kam sie und wir zeichneten ihre Größe mit Bleistift an meinem Türstock ein. Als ich ihr sagte, sie habe die Rolle, sank sie auf die Knie. Mein Gott! Was für ein Theater.» Für die Rolle von The Pie nahm MGM das Pferd unter Vertrag, auf dem Elizabeth die ganze Zeit trainiert hatte. «Es hieß King Charles und war meiner Ansicht nach eine lahme Mähre. Aber wieso zuviel diskutieren.»

Da die Rolle es erforderte, daß Elizabeth eine Spange tragen mußte, zog man ihr erneut zwei Milchzähne, die durch Implantate ersetzt wurden. Als auch noch ihre Haare für die Rolle abgeschnitten werden sollten, stellte sich Francis quer. Er wollte nicht länger mitansehen, wie seine Tochter zu leiden hatte. Nach langem Hin und Her wurde in den Studioakten vermerkt: «Sidney Guilaroff soll für die Taylor eine Perücke herstellen. Vater wies darauf hin, daß wir keinerlei Rechte haben, seine Tochter zu entstellen bzw. ihr Äußeres stark zu verändern. Ändern bei neuem Vertragsabschluß.» Es war das letzte Mal, daß Francis sich ins Leben seiner Tochter einmischte. Elizabeth war es peinlich, daß ihr Daddy «Ärger machte». Dankbar aber war sie Guilaroff, weil er eine «so schöne Perücke» für sie angefertigt hatte.

Saras Anwesenheit entwickelte sich schon bald zum Alptraum für die Mitglieder der Crew. Nach jeder Szene schrie sie mit ihrer schrillen, hohen Stimme: «O Elizabeth! Komm zu Mummy!», und die kleine Taylor eilte in ihre Arme. «Ich komme, liebste Mutter!» Da Sara die Ausbildung ihrer Tochter übernahm, erhielt Elizabeth auch niemals die geplante Stimmschulung bei Lucille Ryman. «Mit Sicherheit hätte ihr das sehr geholfen», meinte Margaret Kelly, die Elizabeths Lichtdouble war.

Zu Elizabeths traumatischen Erlebnissen bei den Dreharbeiten zu *Kleines Mädchen, großes Herz* gehörte die Erfahrung, daß jemand «gefeuert» werden konnte. «Eigentlich sollte zunächst Mona Freeman die Schwester von Elizabeth spielen, aber plötzlich wurde sie eines Morgens durch Angela Lansbury ersetzt. Wir fanden Mona auf den Treppen des Studios völlig in Tränen aufgelöst. Liz war wirklich geschockt. Bis zu diesem Moment hatte sie nicht gewußt, daß jeder ersetzbar und austauschbar ist. Und das machte ihr Angst», erzählte Margaret Kelly.

Noch während der Dreharbeiten stellte die Presseabteilung Überlegungen an, wie der kleine Star zu verkaufen sei. Sensationsmeldungen kamen in diesem Alter noch nicht in Frage. Zudem konnte Elizabeth weder gut singen noch tanzen. Elizabeth Taylor war ein Mädchen, das nett, unaffektiert, süß und talentiert war. Doch das Pressebüro entdeckte, daß sie wie der heilige Franz von Assisi die Fähigkeit besaß, mit Tieren zu reden, und setzte ganz auf diese Karte: das war einfach, sicher und wirkungsvoll. In Interviews aus dieser Zeit spricht Elizabeth über ihr Pferd mit dem gleichen Idealismus, den sie später bei ihren Männerdiskussionen an den Tag legte: «Das Studio hatte Angst, mich King Charles reiten zu lassen. Aber er liebt mich. Er würde mir nie weh tun. Man muß sich wirklich keine Sorgen um mich und King Charles machen. Er mag es, daß ich ihm die Sache überlasse – er ist der Boss, und ich vertraue ihm.» Noch während der Dreharbeiten begann das Studio Elizabeth vorzuschreiben, wie Elizabeth Taylor sein mußte.

Wie alle anderen auch, las sie, was in der Öffentlichkeit über sie geschrieben wurde, und begann schon bald, das Image mit der wirklichen Elizabeth zu verwechseln. Diesen Realitätsverlust hat sie sich bis heute bewahrt. Sie ist ihrem Image verfallen. Ein Witz, der in den achtziger Jahren in Hollywood kursierte, bringt diesen Zustand auf den Punkt – Elizabeth Taylor wird gefragt: «Wie geht es dir heute?»

Sie antwortet: «Tut mir leid, weiß ich nicht. Ich habe noch nicht die Klatschspalte gelesen.»

Bereits bevor *Kleines Mädchen, großes Herz* in die Kinos kam, war in den Filmmagazinen zu lesen, daß Bill Grady, Leiter der Presseabteilung, prophezeit habe, daß «Elizabeth dank ihres Temperaments und Talents schon bald ein großer Star» werde. Dennoch hielt das Studio an der bisherigen Strategie, sie in der Öffentlichkeit nur in Verbindung mit Tieren zu präsentieren, bis 1947 fest. «War sie Velvet, liebte sie Pferde, war sie Schneewittchen, liebte sie Vögel, und war sie Doktor Doolittle, redete sie mit allen Viechern», erläuterte ein ehemaliger Pressesprecher die Konzeption des Studios.

Für MGM stand bereits während der Dreharbeiten außer Frage, daß dieser Film ein Erfolg werden würde. Als die Premiere Weihnachten 1944 in der Radio City Music Hall stattfand, jubelten die Kritiker und *Pic Magazine* schrieb: «Dieser Film macht aus der zwölfjährigen Elizabeth Taylor einen Star.»

Und damit begannen die Probleme: «Denn auf den plötzlichen Starrummel um ihre Tochter waren die Taylors überhaupt nicht vorbereitet gewesen», erinnerte sich ein Freund. «Erst verlor Francis seine Frau und nun auch noch seine Tochter.»

Sara hatte Elizabeth jeden Morgen zum Studio gefahren und auch wieder nach Hause. Am Abend redeten sie nur über den Klatsch aus dem Studio und über Filmprojekte. Francis und Howard saßen schweigend dabei. Es war für sie eine Welt, die sie nicht kannten und verstanden. Die familiäre Krise erreichte ihren Höhepunkt, als Sara beschloß, zusammen mit Elizabeth in den Riviera Country Club zu ziehen, damit sie sich ungestört auf die Rolle der Velvet vorbereiten konnte. Böse Zungen behaupten, der eigentliche Grund sei bereits damals der Reitlehrer von Elizabeth gewesen, der sich sein Gehalt aufbesserte, indem er ältere Hollywood-Matronen umschmeichelte. Als das Studio davon Wind bekam, drang es darauf, daß Sara mit ihrer Tochter in den Elm Drive zurückkehrte. Sara fügte sich.

Nach dem Erfolg von *Kleines Mädchen, großes Herz* wurde das Haus am Elm Drive in eine Kultstätte verwandelt. «Ständig waren zwischen sechs und zwölf Fotografen anwesend, und die Räume enthielten nur noch Bilder von Liz: Entweder allein oder mit Tieren oder mit ihrer Mutter. Von den männlichen Taylors war im ganzen Haus keine Spur zu finden», erinnerte sich Sheila Graham. Diese waren auf Saras Drängen nach Wisconsin abgereist, wo ihnen Onkel Howard sein Haus zur Verfügung gestellt hatte. Die Familie war zerrissen: Männer auf der einen, Frauen auf der anderen Seite.

Kleines Mädchen, großes Herz spülte das Geld in die Kassen der MGM. Noch heute ist der Streifen auf der Liste der «einspielergiebigsten» Filme des Branchenblatts *Variety* zu finden. Auch Elizabeth erzielte Mehreinnahmen – durch Werbeverträge. Daß ihr Bild Lux-Seife zierte, ließen die Seifensieder sich 3000 Dollar kosten. Da mochten die Kosmetikproduzenten Max Factor und Woodbury Soap nicht nachstehen und nahmen die jugendliche Reinheit unter Vertrag. Einige tausend Dollar zahlte auch eine Papierfabrik, um Image und Imago der kleinen Aktrice für Glückwunschkarten, Papierpuppen und Malbücher nutzen und verwenden zu dürfen. Zusammen mit Anne Westmore zog sie durch die Nachbarschaft und verkaufte all die Lux-Seife, die man ihr kostenlos geschickt hatte. Und als Zigeunerin verkleidet verscherbelte sie die imitierten Silberservierplatten, die ihr eine Firma geschenkt hatte.

MGM brüstete sich damit, nach dem Erfolg von *Kleines Mädchen, großes Herz* Elizabeth das geliebte Pferd zum dreizehnten Geburtstag geschenkt zu haben.

Berman erinnerte sich, daß die ganze Sache anders ablief.

«Schon während der Dreharbeiten nervte mich die Göre ständig.» Berman äffte treffend Elizabeths Kinderstimme nach:

«‹Kann ich das Pferd haben? Kann ich das Pferd haben? Kann ich das Pferd haben?›

Und ich immer: ‹Ich kann dir das Pferd nicht schenken, es gehört L. B. [Mayer].› Doch die Taylor gibt keine Ruhe. Schließlich gehe ich zu L. B., schildere ihm die Sache, und er meint: ‹Gut, soll sie das Pferd haben, aber erst, wenn der Film fertig ist. Klär aber vorher die Sache mit Thau und der Rechtsabteilung ab, damit uns das Pferd für Nacharbeiten noch zur Verfügung steht.› Ich gehe wieder zurück, und sie: ‹Kann ich das Pferd haben? Kann ich das Pferd haben?› Und ich wieder: ‹Nein, ich muß erst noch mit Benny Thau reden.›

Doch Thau ist verreist, und als er wiederkommt, steht Liz schon vor seinem Büro und fragt, ob sie das Pferd haben kann. Thau will seinen Star glücklich machen und meint, ohne von mir und Mayer zu wissen, daß ihre Eltern es ihr kaufen könnten. Also beginnt sie, diese zu löchern. Wenige Stunden später erfährt Thau, daß Mayer Liz den Gaul eigentlich schenken wollte. Also rennt Benny in die Rechtsabteilung und läßt dort prüfen, ob Liz den Gaul versteuern muß. Diese prüft es, und da der Einkaufspreis – 800 Dollar – niedriger als der jetzige Wiederverkaufspreis – zwischen 500 und 600 Dollar – liegt, geht die Sache in Ordnung. Die Rechtsabteilung segnet die Aktion ab, und Thau ruft bei Liz an, um ihr zu sagen, sie bekomme das Pferd zum Geburtstag geschenkt.»

Elizabeth hatte ihre erste Lektion im Eintreiben von Geschenken gelernt.

Berman weiter: «Szenenwechsel. Es ist 1959. Wir bereiten gerade *Butterfield 8* (dt. *Telefon Butterfield 8*) vor, als Elizabeth das Büro betritt. Inzwischen ist sie die eiskalte Lady, die wir heute kennen. Sie kommt herein, sieht mich und meint frostig: ‹Sind Sie nicht der Kerl, der mir das Pferd geschenkt hat?› Vorsichtshalber bejahe ich die Frage, obwohl es nicht stimmte. Fängt sie zu schreien an: ‹Sie verdammter Hurensohn. Noch heute muß ich für den alten, verdammten Gaul zahlen. Er war lahm und bewegte, seit Sie ihn mir aufgehalst haben, seinen Arsch nicht einen Zentimeter weit.› Das ist die Liz, die ich so liebe.»

Auf der Leinwand gab Elizabeth Taylor ihre letzte Vorstellung als Kinderstar 1946 in *Courage of Lassie* (dt. *Held auf vier Pfoten*). Obwohl der Titel auf seinen Vorgänger Bezug nimmt, ist in dem ganzen Lichtspiel keine «Lassie» zu finden. Der Collie, der die Hauptrolle spielte, heißt Bill und wird angeschossen von Elizabeth Taylor im Wald gefunden und wieder gesund gepflegt. Er besteht eine Reihe von «Abenteuern», in deren Verlauf er auch die feindlichen Japaner und Deutschen austrickst. Offensichtlich war der Titel eine Mogelpackung und ein Rettungsversuch in letzter Minute – ursprünglich hieß der Film *Hold High the Torch*, kurze Zeit später *Blue Sierra*. Da der Streifen weder eine Komödie noch ein Durchhaltefilm, geschweige denn ein reiner Kinderfilm war, hoffte man, wenigstens die Lassie-Fans ins Kino zu locken. Elizabeths Darstellung wurde von A. H. Weiler von der *New York Times* als «erfrischend natürlich» gelobt und auch die anderen Kritiker fanden sie «charmant», «liebreizend» und «entzückend».

Elizabeth hatte immer noch Schwierigkeiten, mit ihrem Ruhm zurechtzukommen. Bei MGM wurde sie von Stars wie Hedy Lamarr, Judy Garland, Spencer Tracy, Lana Turner und Clark Gable nicht besonders beachtet. Man sagte «Hi» oder gab sich die Hand – was Elizabeth jedesmal «einen Schauder über die Haut jagte» –, aber mehr auch nicht. «Ich schleppte damals ein Autogrammbuch mit mir herum, auf das ich entsetzlich stolz war.» Eines Tages ging sie während der Mittagszeit auch an Katharine Hepburns Tisch. «Ich hatte Liz schon kommen sehen mit ihrem verdammten Buch», erinnerte sich Berman. «Immer wenn wir in der Kantine waren, kam sie an wie ein filmbesessenes Kind und piepste: ‹Schreiben Sie sich bitte in mein Buch? Schreiben Sie sich bitte in mein Buch?› Und wenn man es dann tat, stieß sie kleine, hohe Schreie des Entzückens aus. Nun, sie kam also auf Kate zu und fragte: ‹Schreiben Sie sich bitte in mein Buch ein, Ma'am?› Kate sah von ihrem Salat auf, mampfte einige Sekunden weiter, fixierte die Kleine und antwortete: ‹Nein.› Man sah, wie es Liz plötzlich heiß und kalt wurde. Aber dennoch fing sie wieder von vorne an. ‹Kind, hast du nichts Besseres zu tun?› fragte Kate schließlich genervt. ‹Das Sammeln von Autogrammen ist absolute Zeitvergeudung.› Elizabeth schob ihre Unterlippe nach vorne und ging. Ich glaube, das war das letzte Mal, daß sie jemanden um ein Autogramm bat. Heute muß das Buch ein Vermögen wert sein.»

Im gleichen Jahr, in dem *Held auf vier Pfoten* in die Kinos kam, trat die dreizehnjährige Elizabeth auch als «Schriftstellerin» an die Öffentlichkeit. Ihr Buch *Nibbles and Me* kostete einen Dollar, umfaßte 77 Seiten und enthielt auch einige selbstgezeichnete Bilder sowie zahlreiche Filmfotos aus ihren beiden letzten Filmen. *Nibbles and Me* ist ein Buch von einem Kind für Kinder, andererseits aber auch ein Stück Autobiographie, denn die Einblicke, die Elizabeth in den sechzehn Kapiteln über sich und ihre Sichtweise gewährt, sind wesentlich interessanter als ihre Geschichten über Nibbles, eines jener gestreiften Eichhörnchen, die in Amerika weitverbreitet sind. Elizabeth hatte, wie Brenda Maddox schrieb, «bereits mit dreizehn das innere Bedürfnis, sich der Öffentlichkeit zu erklären» und zu rechtfertigen, «in anderen Worten, aus ihrem Leben einen Mythos zu machen».

Während der Dreharbeiten zu *Held auf vier Pfoten* hatte Elizabeth wohl an die 25 Eichhörnchen, die sie aber alle wieder freiließ. Alle, bis auf das Eichhörnchen Nibbles, dem der Tiertrainer Curly Twyford während der dreimonatigen Drehzeit einige Kunststückchen beigebracht hatte. Elizabeth beschrieb nun ihre Phantasieabenteuer mit ihrem «kleinen Galan» in einem Aufsatz für die Schule. Es ist offensichtlich, daß Sara ihr dabei half, zu groß ist die Ähnlichkeit der Geschichte mit viktorianischen Kinderbüchern. Elizabeths Lehrerin gab den Text an die Presseabteilung der MGM weiter und schlug vor, es mit einer Reihe anderer Geschichten zu veröffentlichen. Die Idee kam in der Zeit allgemeiner Taylor-Euphorie gerade recht, und das angesehene Verlagshaus Duell, Sloan and Pearce zögerte nicht lange, das Buch zu verlegen. MGM hatte Elizabeth geraten, das Manuskript handschriftlich einzureichen. In einem Vorwort entschuldigt sie sich bei dem Herausgeber: «Lieber Herausgeber! Ich begann so schön zu schreiben, wie man es mir hier in der Schule beigebracht hat, doch als die Worte zu schnell aus mir herauspurzelten, konnte ich nicht mehr mithalten und meine Schrift wurde holterdipolter.»

Das Buch, heute nur noch eingefleischten Taylor-Fans bekannt, enthüllt, wie weit Elizabeth wirklich von jener ganz normalen Kindheit entfernt war, die ihre Mutter so gern in ihren Interviews darstellte. Bis zu ihrer Hochzeit sollte sie keine Nacht außer Haus oder ohne die Anwesenheit ihrer Mutter verbringen. Jeden Abend war sie um 19 Uhr 30 im Bett, nachdem sie eine halbe Stunde mit ihrer Mutter geschmust hatte. Über Seiten lobt Elizabeth «Mummys» Weisheit und zeigt, wie tiefbesorgt sie ist, wenn «Mummy» einmal krank ist. Als das Eichhörnchen einmal verschwand, erflehte Mummy Gottes Beistand, der auch sofort reagierte und das Eichhörnchen wieder auftauchen ließ. Kurz, Mutter ist die Beste, so wie man es damals in allen Zeitungsartikeln lesen konnte. Ja, sie sind so sehr Schwestern im Geiste, daß sie dies auch durch identische Kleidung ausdrückten («*Mummy size*» – «*Girlie size*»).

Modern Screen äußerte die Überzeugung, daß das Buch über die Tische der PR-Abteilung von MGM wanderte, da es huldvolle Verbeugungen vor Ida Koverman (Mayers Assistentin), Hedda Hopper und Louella Parsons enthält. Auch Mayer wird erwähnt, jedoch mit dem Zusatz: «Nibbles wußte sofort, daß er ihm gegenüber die besten Manieren zeigen mußte.» (Ein Zusatz, der in der Fortsetzungsserie für *Photoplay* gestrichen wurde.)

Anläßlich des Todes von Nibbles präsentiert Elizabeth der Welt ihre eigene Lebensphilosophie, die stark von den Christian Scientists geprägt ist und an der sie auch heute noch festhält: «Mein Herz war gebrochen. Mummy und ich gingen in den Wald und schrien unseren Schmerz hinaus. Wir gingen und gingen – und sprachen über das Leben. Und plötzlich wußte ich, wie ich es schon zuvor gewußt hatte, daß es in Wirklichkeit keinen Tod gab... Ich wußte, daß Nibbles immer in meinem Herzen weiterleben würde... und daß zwar ein anderer wieder in mein Leben treten würde... aber dieser könnte nicht seinen Platz einnehmen, wohl aber die gleiche Liebe in mir zu ihm erwecken.» Viele Jahre später, nach dem plötzlichen Tod von Ex-Ehemann Richard Burton, verwendete Elizabeth in einem Interview mit einer englischen Fernsehgesellschaft die gleichen Worte.

Brenda Maddox weist daraufhin, daß Elizabeth in ihrer Nibbles-Geschichte bereits ihre angebliche «Promiskuität» vorwegnimmt. Obwohl sie einen Mann liebt, wird es immer wieder neue Männer in ihrem Leben geben. «Als ich wieder ein Eichhörnchen traf, kannte ich es sofort und nannte es Nibbles – nicht Nibbles, der zweite, sondern einfach Nibbles – mein geliebtes Eichhörnchen.» Es wird deutlich, daß das Buch nicht von einem, sondern von einer ganzen Reihe von Nibbles handelt. Ähnlich gab es im Leben der Elizabeth Taylor-Hilton-Wilding-Todd-Fisher-Burton-Warner-Fortensky eine Reihe von Ehemännern, die, wie die Eichhörnchen, den Vorgänger ersetzten, der aber immer noch, wie ein Schatz, wegen seiner selbst in der Erinnerung der Taylor weiterlebt. Aber im Gegensatz zu Eichhörnchen waren Ehemänner etwas schwieriger zu handhaben. Hätte sie doch den Rat von Onkel Howard befolgt: «Solange du Pferde und Eichhörnchen liebst, bist du sicher.»

Miss Rich Bitch

Kaum hatte Dumbo, der fliegende Elefant, auf dem Cover von Walt Disneys *Mickey Mouse Weekly* vom 2. Juni 1945 die russische Flagge geschwungen, verfielen die USA in eine panische Angst. Allen Ernstes befürchtete man, von den Kommunisten unterwandert und entmachtet zu werden. 1947 erreichte diese Stimmung ihren Höhepunkt, und es endete damit, daß im Oktober des gleichen Jahres von J. Parnell Thomas das Komitee gegen unamerikanische Umtriebe (House Un-American Activities Committee – HUAC) ins Leben gerufen wurde. Dank der staatstragenden Umtriebe von Joseph McCarthy und Richard Nixon erlangte das Komitee schon bald traurige Berühmtheit.

Anfangs nahm Hollywood dieses Komitee nicht allzu ernst. Mit den Streiks und Demonstrationen der Studioarbeiter, die seit einiger Zeit die Selbstgefälligkeit der Filmfirmen erschütterten, glaubte man selbst fertig werden zu können. Diese Streiks jedoch als Anzeichen einer bevorstehenden kommunistischen Revolution zu deuten, fand man ausgesprochen albern. Doch mit einemmal schlug die Stimmung um. Kolumnisten wie Hedda Hopper, Jimmy Farantino, Westbrock Pegler und Victor Reisel forderten eines Morgens in ihren Spalten die Kinobesucher auf, «Rote» und deren Filme zu boykottieren. Schließlich ging man soweit und bat J. Parnell Thomas um Hilfe im Kampf gegen die «rote Gefahr in Hollywood». Dieser ließ sich natürlich nicht zweimal bitten und entsandte eine Abordnung der HUAC nach Los Angeles. Fest davon überzeugt, Mitglieder der kommunistischen Partei würden in Gestalt von Schauspielern, Regisseuren, Produzenten oder Drehbuchautoren durch verdeckte Botschaften das marxistische Gedankengut unter die Bevölkerung Amerikas bringen, begann man, jeden Verdächtigen zu verfolgen. «Die Studios waren verängstigt», erinnerte sich James

Stewart. «Es existierten Schwarze Listen. Wer auf ihnen stand, bekam keine Arbeit. Darunter sehr viele kreative und talentierte Autoren und Regisseure; einige Schauspieler wurden sogar boykottiert, obwohl sie sich nichts hatten zuschulden kommen lassen. Auf einmal wurde es sogar riskant, ja, sogar gefährlich, Demokrat zu sein.»

Im November 1947 spitzte sich die Situation zu. Die Studios gingen in die Offensive. Eine Konferenz der Studioleiter beschloß, gegen «alle subversiven und illoyalen Elemente in Hollywood» Stellung zu beziehen. Die Betonung lag hier auf «illoyal» – eine willkommene Möglichkeit für jedes Studio, sich von unbequemen und erfolglosen Schauspielern, aber auch von rebellischen Arbeitern zu trennen.

Daß dergleichen ihrer Tochter nicht widerfuhr, dafür sorgte schon Sara Taylor. «Ihrer Mutter trauten wir schon zu, daß sie denjenigen, der es wagte, sich ihr in den Weg zu stellen, bei der HUAC denunzieren würde», räumte Berman ein. Also ließ man sie zähneknirschend gewähren.

«Sie erlaubte Elizabeth nie, für sich selber zu sprechen», erinnerte sich George Stevens. «Es hieß immer ‹Elizabeth meint›, ‹Elizabeth denkt›, ‹Elizabeth ist der Ansicht›. Und eines Tages schrie ich sie an: ‹Mein Gott, warum lassen Sie Ihre Tochter nicht auch einmal etwas sagen?› Worauf Sara trocken erwiderte: ‹Weil es so für alle Beteiligten besser ist.›» Ivan Moffat, der Co-Produzent von *A Place in the Sun* (dt. *Ein Platz an der Sonne*), berichtet, daß er eines Tages am Drehort vorbeischaute, um Hallo zu sagen. «Ich hatte Glück, wenigstens schien es so, denn Mrs. Taylor war weit und breit nicht zu entdecken. Also gehe ich zu Liz und frage sie ganz unverbindlich, wie es ihr denn gehe. Plötzlich kommt ihre Mutter aus dem Nirgendwo und zwitschert mit ihrer schrillen Stimme los: ‹Hallo, Mr. Moffat, wie reizend, daß Sie uns besuchen kommen. Elizabeth geht es gut; ihr gefällt alles sehr gut…›»

Als Margaret Kelly einmal über Saras Verhalten witzelte, drehte sich Elizabeth zu ihr um: «Sie fixierte mich mit diesem typischen, eiskalten Taylor-Blick und zischte: ‹Es muß wirklich etwas Wunderbares sein, eine Mutter zu haben, die die anderen Leute mögen.» Langsam wuchs in Elizabeth ein Widerwillen gegen die ständige Bevormundung und Anwesenheit von Sara.

Ungefähr zur gleichen Zeit begann sie, die MGM-Schule zu hassen. «Ich haßte sie, weil es keine richtige Schule war.» Die Schule – sie befand sich in Irving Thalbergs ehemaligem Bungalow und wurde spöttisch Metro-Goldwyn-Mayer University genannt – war nicht schlecht. Sie entsprach den Standards des Los Angeles Board of Education and Californian Law und achtete strenger noch als die öffentlichen Schulen auf die Einhaltung der Vorschriften. Neben Elizabeth gehörten auch Lana Turner, Mickey Rooney und Judy Garland zu den Schülern. Da der Unterricht jedoch vor 16 Uhr gehalten werden mußte, wurde er oft während der Drehpausen erteilt. Notfalls mußte die vierzigköpfige Crew warten, bis eine Lektion abgeschlossen war, bevor weitergedreht werden konnte. Die Noten fielen zufriedenstellend aus, allerdings entsprachen sie nicht dem wirklichen Leistungsstand. Mayer hatte das Dogma aufgestellt, daß keiner seiner Stars schlechter als C beurteilt werden durfte, andernfalls hatte «der Lehrer versagt».

Doch Elizabeth sehnte sich nach einer richtigen Schule. «Howard erzählte mir, wie toll es dort war. Ich stellte es mir traumhaft vor, ein bißchen schwindeln und abschreiben zu können. Bei uns war das unmöglich, denn soweit ich mich erinnere waren wir nie mehr als sechs Kinder, und davon war jedes in einer anderen Stufe.»

MGM hatte inzwischen einige Schwierigkeiten, Elizabeth einzusetzen, denn entweder lehnte Sara die angebotenen Rollen ab oder ihre Wunschrollen für ihren «kleinen Engel» waren bereits besetzt. Zu diesen gescheiterten Projekten gehörten *Green Mansion, Shadow on the Wall, Unfinished Dance, Tenth Avenue Angel, Cass Timberlane, Green Dolphin Street* und *Young Bess*. So lieh MGM schließlich Elizabeth an Warner Brothers für *Life With Father* (dt. *Unser Leben mit Vater*) aus – für 3500 Dollar die Woche.

Seit 1942 hatte William Powell Mayer zu überreden versucht, diesen Broadway-Hit für ihn zu kaufen, doch Mayer war der Preis für die Filmrechte – eine halbe Million Dollar – zu hoch. Schließlich erwarb Warner die Rechte und bot Powell die Rolle des Familienvaters Clarence Day an. Ihm zur Seite stand Irene Dunne als dessen Ehefrau Vinnie. Und auf diese konzentrierte sich auch der Film. Elizabeth spielte die Cousine Mary Skinner, die während eines Besuchs das Herz des ältesten Day-Sprosses erobert.

Daß die Scheinwelt Hollywoods Wirklichkeit werden konnte, zeigte sich, als während der Dreharbeiten ein ganz anderes Frauenherz im Sturm genommen wurde. Nach dem Ende des Zweiten Weltkriegs hatte sich Sara einer radikalen «Glamour-Behandlung» bei Metro unterziehen lassen. «Sie nahm ab, veränderte ihre Frisur und färbte die Haare etwas heller. Zudem legte sie großen Wert darauf, ‹chic› angezogen zu sein», erinnerte sich ein ehemaliges Studiomitglied. Sie beschwor Berman, sie mit Gable bekannt zu machen. «Wie ein Schulmädchen schwärmte sie den King an, der zu dieser Zeit aber kein Interesse zeigte», meinte Berman. Während der Dreharbeiten zu *Unser Leben mit Vater* verliebte Sara sich unsterblich in den Regisseur ihrer Tochter: Michael Curtiz.

Curtiz, eigentlich Michael Kertész, wurde 1888 in Ungarn geboren. Nach großen Erfolgen in seiner Heimat arbeitete er für die Ufa in Berlin und für englische Studios, bevor er Ende der zwanziger Jahre nach den USA übersiedelte. Geschickt inszenierte er Action-Szenen, drehte einen erfolgreichen Gangsterzyklus, entdeckte Doris Day und ging, dank seines Klassikers *Casablanca* und seiner zahllosen Amouren, in die Ruhmeshalle Hollywoods ein.

Schon wenige Wochen nach Drehbeginn am 20. April 1946 war den meisten Beobachtern Hollywoods klar, daß sich zwischen den beiden etwas anbahnte. Von Curtiz hatte man eigentlich erwartet, daß er sich an Irene Dunne «ranmachen» würde, doch als er bei ihr abblitzte und Saras Interesse bemerkte, schwenkte er um und machte dieser den Hof. Sara sah ihre große Chance gekommen. Eines Abends erklärte sie Francis, sie werde die Scheidung einreichen, um frei für Curtiz zu sein. Francis Taylor stellte diesen am nächsten Tag zur Rede. Als Curtiz ihm bestätigte, daß es mehr als Freundschaft zwischen ihm und Sara gab, reiste Francis mit Howard wieder einmal nach Wisconsin, um von dort aus die Scheidung zu betreiben.

Zwar war es in Hollywood kein Geheimnis, daß es um die Ehe der Taylors nicht zum Besten stand, aber mit einem solchen Schritt hatte niemand mehr gerechnet. Hedda Hopper notierte in ihr Tagebuch: «Mein Gott, man müßte dieser Person einmal sagen, daß ein derartiges Verhalten für eine Frau weit über fünfzig nicht opportun ist.» Auch Howard Young war entsetzt. Bisher hatte es in der ganzen Familie keine Scheidung gegeben. Als seine Frau dem Alkohol verfallen war, hatte er sie zwar in einem Sanatorium untergebracht, eine offizielle Trennung aber hatte nie zur Diskussion gestanden. Auch MGM tobte. Mayer setzte Berman und Thau darauf an, die Sache sofort wieder in Ordnung und «dieses Weib zur Vernunft zu bringen». Doch alle Bemühungen schienen erfolglos zu verlaufen. Am 21. Juli 1946, dem letzten Drehtag von *Unser Leben mit Vater*, war Sara immer noch in Curtiz verliebt und sprach von einer baldigen Hochzeit. Die Beziehung sollte noch vier weitere Monate dauern, bevor sie Curtiz zu anstrengend wurde. Kurz vor seinem Tod, 1962, erklärte er: «Schaun's, was hätte ich denn mit ihr machen sollen. Ich war achtundfünfzig und sie war auch schon fünfzig, also, die besten Jahre war'n vorbei. Also hab ich zu ihr g'sagt: ‹Laß uns die Sache vergessen.› Joi, hat die an Aufstand g'macht. War doch eine dumme alte Kuh!»

Sara war erschüttert, und so nahm sie die Chance gern wahr, zusammen mit Elizabeth nach England zu reisen. Mit siebzehn Schrankkoffern und einem Studiofotografen im Schlepptau reisten die Taylors an Bord der *Queen Mary* in ihre «geliebte Heimat». Das Unternehmen war als Publicitytour geplant gewesen, doch eine Lebensmittelvergiftung zwang Sara und Elizabeth, die Überfahrt unter Deck zu verbringen. In England suchten sie das Haus in Hampstead auf, das dem Women's Voluntary Service als Hauptsitz diente, und besuchten die Cazalets in Kent. Elizabeth hatte nur wenig von der Reise und dem Aufenthalt in England. Mit hohem Fieber lag sie die meiste Zeit auf ihrem Zimmer im Hotel *Dorchester*. Freunde führten dies auf das Zerwürfnis zwischen ihrer Mutter und ihrem Vater zurück. Langsam begann es sich abzuzeichnen, daß sie immer dann, wenn ihr Privatleben von Problemen erschüttert wurde, schwer erkrankte. «Wahrscheinlich haben mich meine Eltern zu sehr geliebt und darüber vergessen, ihr eigenes Leben zu führen», vertraute sie der Presse an. «Dies stand im Widerspruch zu dem, was sie sonst über ihren Vater gesagt hatte», erinnerte sich Berman. «Sie hatte uns immer den Eindruck vermittelt, als ob er sich zum Teufel scheren könne.»

Erst als ihr Sara in die Hand versprach, sich wieder mit Francis auszusöhnen, wurde Elizabeth gesund. Über die Rückreise notierte ihre Mutter: «Unsere Reise nach Hause war sehr fröhlich. Wir trugen all die herrlichen Kleider, die wir auf der Hinreise wegen unserer Krankheit nicht hatten vorführen können.»

Im November 1946 söhnte sich Sara mit Francis aus. Die Welt schien wieder in Ordnung, ein Eindruck, den auch Hedda Hopper verbreitete. Sara hatte sie über die neueste Entwicklung informiert und Hedda willig die Schlagzeile geliefert: «Elizabeth Taylors Eltern wieder vereint». Auch MGM zeigte sich beglückt, ja, man war «ausgesprochen erfreut» und schickte Francis die Rechnung für den England-Aufenthalt seiner Frau und Tochter: 1500 Dollar für die Schiffspassage und 11 401 Dollar und 10 Cents für das Hotel *Dorchester*.

Elizabeths Rolle in *Unser Leben mit Vater* war klein gewesen, nicht mehr als ein kurzer Gastauftritt. Dennoch hatte er für MGM große Bedeutung. Ohne selbst ein Risiko eingehen zu müssen, konnte MGM testen, ob sie den Übergang vom Kinderstar zur romantischen Jugendlichen schaffen konnte. Als die Rohfassung des Films fertig war, sah MGM, daß die Taylor «angenehm weiblich» wirkte. (Ein ähnliches Urteil fällte schließlich auch der Kritiker des Branchenblatts *Variety*.)

Sara litt zwar unter den Veränderungen psychischer Art, die Elizabeths erwachende Pubertät mit sich brachte, aber wieder einmal sollte sie Glück im Unglück haben. Wurden andere Kinderstars in diesem Alter nicht nur störrisch, sondern auch hager und unansehnlich, bescherte Mutter Natur Elizabeth eine Wespentaille und einen Prachtbusen. Sie war nach ihrer Rückkehr aus England eine solche Attraktion, daß MGM ihr Äußeres nicht länger ignorieren konnte.

Die Schönheitsideale der USA der vierziger Jahre wiesen sich aus durch eine Reduzierung auf geschlechtliche Merkmale. Männer mußten Muskeln, Haare auf der Brust, ein markantes Kinn mit Stoppelbart, eine gutgefüllte Hose besitzen und «allzeit bereit sein». Frauen hingegen mußten den Zeichnungen des Malers Vargas entsprechen und brauchten Busen, breite Hüften und einen rotgeschminkten Kußmund. Verstand stand nur im Wege und wurde auch nicht benötigt. «Sie waren lediglich *fuck machines*», wie die Vorstellung der Männerwelt von Charles Bukowski auf den Begriff gebracht wurde. Die Idealverkörperung der amerikanischen Frau war Jane Russell, die jahrzehntelang nicht unter Beweis stellen durfte, daß sie eine großartige Komödiantin und Frau mit Grips war.

Elizabeth verfügte nun über eine Oberweite Größe 37 und stellte diese nach Möglichkeit zur Schau. «Eines Tages entdeckte sie diese schulterfreien Blusen», erinnerte sich Ann Straus. «Wann immer sie konnte, zog sie die Ärmel so weit wie möglich herunter, dann schminkte sie sich und zog ihren Gürtel enger. Danach wippte sie durch die Kantine und über das Studiogelände, um die Aufmerksamkeit auf sich zu ziehen. Aber, bei Gott, sie war damals erst dreizehn. Wahrscheinlich hing das mit den Hormonpillen zusammen.» In Wirklichkeit war sie ein Kind, verbrachte ihre Zeit zu Hause, lag auf ihrem Bett, träumte vor sich hin, spielte mit ihren Tieren oder übte verschiedene Blicke vor dem Spiegel und verschlang Filmzeitschriften und *Archie*-Comics.

Aber Jungen gab es im Leben der Elizabeth Taylor noch nicht, «obwohl sie sich nichts sehnlicher wünschte», meinte Ann Straus.

Auch Sara war über diesen Umstand schwer besorgt. «Wer würde es denn glauben, daß das schönste Mädchen der Welt keinen Partner für eine Verabredung findet?» jammerte sie Thau vor. Als ein Filmmagazin eine Geburtstagsfeier für Roddy McDowall ausrichtete, und Elizabeth wieder einmal niemanden finden konnte, der sie dorthin begleitete, schickte das Studio den fünfunddreißigjährigen Junggesellen Bill Lyon, der in der Presseabteilung arbeitete. «Es war eine lächerliche Situation», erinnerte sich Lyon. Liz war gerade fünfzehn, aber rein physisch sah sie aus wie eine Frau, für die jeder Mann seinen linken Arm gegeben hätte. Es waren auch viele an ihr interessiert, aber das Studio machte allen klar, wie alt sie war und welche Konsequenzen ein derartiger Sündenfall hätte. Und sie selbst machte es einem verdammt schwer, standhaft zu bleiben.» An diesem Abend tanzte Elizabeth überwiegend mit älteren Männern. Lyon schien es, als sei sie an Gleichaltrigen auch überhaupt nicht interessiert gewesen. «Sie gaben sich erst gar nicht mit ihr ab, da sie den Eindruck hatten, sie hätten sowieso keine Chance bei ihr.»

Daß die kleine Taylor ziemlich «ausgehungert» war, machte schon bald die Runde. Zu den Schauspielern, die sich um ihren Ruf weniger sorgten, gehörte Humphrey Bogart. Bogart, am 23. Januar 1899 in New York geboren, hatte sich im Laufe der Jahre zum höchstbezahlten Star des Jahres 1946 hochgearbeitet. Nach rund 40 Filmen zahlte Warner Brothers ihm eine Jahresgage von 432 000 Dollar. Doch der Zahn der Zeit und seine strapaziösen Ehen hatten Spuren hinterlassen. So meinte Jack L. Warner, als man ihn fragte, ob er seinen Star nicht versichern lassen möchte: «Ach wieso, was kann man an diesem Gesicht noch kaputtmachen?»

Eine weitaus größere Gefahr für den Ruf seines Stars sah das Studio in Bogarts unersättlicher Lust «nach jungem Gemüse. Das Image des grantigen, zynischen, polternden, saufenden Hurensohns konnten wir gut verkaufen. Aber wie sollte man vor dem Publikum seine triebhafte Neigung zu minderjährigen Frauen rechtfertigen?» gab ein Mitarbeiter der Presseabteilung von Warner Brothers zu bedenken. Das Studio war bereits 1945 vor dieses Problem gestellt worden, als Bogart am 21. Mai 1945 im Haus seines Freundes Louis Bromfield in Ohio eine Minderjährige mit dem Filmnamen Lauren Bacall heiratete. Kurzerhand ordnete Warner daraufhin an, daß man «Betty» einfach vier Jahre älter machte. Ihr Geburtsjahr (1928) wurde von nun an mit 1924 angegeben, in der Hoffnung, daß niemand den Betrug entdeckte. Doch der frischgebackene Ehemann Bogart streckte schon wieder seine Fühler nach «frischer Beute» aus.

Elizabeth entsprach seinem Typ. Um seinen Star glücklich zu machen, telefonierte Jack Warner mit Benny Thau und bot MGM an, Elizabeth erneut auszuleihen. Diesmal sollte sie in zwei Kriminalfilmen – *The Dark Passage* und *The Two Mrs. Carrolls* – mitwirken, wofür Warner der Metro 5000 Dollar wöchentlich bot. Thau zögerte, versprach aber, die Angelegenheit mit Elizabeth und ihrer Mutter zu besprechen. Schließlich verabredeten sie sich zu einem gemeinsamen Abendessen. Bacall und Mrs. Taylor blieben jedoch zu Hause, und nach vorgerückter Stunde zogen sich auch die Studiorepräsentanten zurück. Doch Elizabeth zeigte sich von Bogart wenig begeistert. Sie kicherte ständig über Bogarts Toupet, mit dem er seinen fortschreitenden Haarausfall zu kaschieren suchte, und als er sie küssen wollte, piepste sie: «Ich kann... ich kann es einfach nicht. Sie entsprechen überhaupt nicht meinem Ideal.»

«Als ich sie zu küssen versuche, spüre ich plötzlich ihre Hand zwischen meinen Beinen», vertraute Bogie später seinem Kumpel Spencer Tracy an. «Doch es kam anders als du denkst, denn plötzlich schlägt sie mir mit voller Wucht in die Eier und hüpft aus dem Wagen.» So gingen die Rollen an Barbara Stanwyck und Lauren Bacall.

Zusammen mit Sara – oder besser gesagt auf Saras Drängen – machte MGM sich daran, für Elizabeth ein neues Image zu kreieren, das auf die neue Zielgruppe der Jugendlichen abgestimmt war. War vor dem Krieg ein Jugendlicher hinsichtlich wirtschaftlicher Überlegungen uninteressant gewesen, so gewann er in den Nachkriegsjahren an Bedeutung und Kaufkraft. Plötzlich hatten die Kids Geld und konnten sich Dinge kaufen, von denen sie früher nicht einmal zu träumen gewagt hatten. MGMs neue Zielgruppe war jenes Heer von Minderjährigen, die man «Bobby Soxers» getauft hatte und die ihre Zeit in Kinos und Eisdielen oder stundenlang am Telefon verbrachten. Auch der Zeitschriftenmarkt entdeckte diese Altersklasse – in den USA *Seventeen*, in Deutschland *Bravo* – und führte die neuen Leitbilder vor. MGM stattete Elizabeth mit einer neuen Garderobe aus und auch ein neuer Ford mußte her. Doch Elizabeth fuhr niemals außerhalb des Studios, nur in der Parkzone des Geländes, wobei sie die anderen Angestellten fragte: «Wollt ihr einmal meine Hupe hören?» Berman: «In der Studioleitung witzelten wir: Warte nur einmal ab, bis diese ‹läufige Lassie› von zu Hause losgelassen wird.»

Glaubt man einem Telegramm von Howard Strickling, dem Leiter der Presseabteilung in Los Angeles, an seinen Chef Howard Dietz bei Loew's Inc., in New York, so spielte Elizabeth in *Cynthia* «eine moderne *teenage Camille*». Der Film erzählt die Geschichte des kränkelnden Teenagers Cynthia Bishop, die von übereifrigen Eltern behütet wird. Schließlich rebelliert sie und beweist allen, daß sie sehr wohl ein ganz normales Leben führen kann. *Cynthia* basiert auf dem Theaterstück *The Rich, Full Life*, das am Broadway gerade die 27. Vorstellung überlebte, bevor es von dort für immer verschwand. Insider sahen in der Besetzung eine Aufforderung an Elizabeth, sich die Filmfigur der Cynthia Bishop zum Vorbild zu nehmen. Denn der junge Star kränkelte, Aufmerksamkeit heischend, vor sich hin und seine Unpäßlichkeiten drohten Projekte zu Fall zu bringen. Die Studioakten von MGM führten akribisch Buch über Elizabeths gesundheitliche Irritationen:

«Elizabeth Taylor klagte über ein leichtes Kitzeln in ihrer Nase, als sie in der Maske war. Dr. Blanc wurde gerufen. Er untersuchte sie und entschied, daß es nichts Ernstes sei. Wahrscheinlich nur Puder.»

«Elizabeth Taylor erschien heute nicht zu den Dreharbeiten. Sie rief vormittags an und informierte das Studio, daß sie wegen eines Pickels den Dermatologen Dr. Chadwick in Los Angeles aufsuchen müsse. Sie habe Bedenken, es handle sich hier um eine seltene Form von Hautkrebs.»

«Um 9 Uhr unterrichtete uns Elizabeth Taylor, daß sie ein rotunterlaufenes Auge habe und wissen möchte, ob sie es im Studiokrankenhaus untersuchen lassen soll. Dr. Blanc fuhr zu ihr in die Maske und untersuchte das Auge. Zuvor hatte sie Rücksprache mit Regisseur Robert Z. Leonard gehalten, der entschied, daß ihr Zustand die Dreharbeiten nicht behindern würde. Um 11 Uhr wurde sie erneut von Dr. Blanc untersucht. Er gab ihr eine Augensalbe und wies sie darauf hin, daß es sich um nichts Ernstes handle.»

«Heute morgen wurde Elizabeth Taylor von Dr. Blanc untersucht, nachdem ein leichtes Kratzen in ihrem Hals sie irritierte. Nach einer Spülung entschied Dr. Blanc, daß sie voll einsatzfähig sei.»

«Am gestrigen Drehtag verletzte Elizabeth Taylor ihren Fuß an einem Nagel. Man brachte sie mit dem Krankenwagen in das Studiohospital, wo sie von Dr. Blanc untersucht wurde. Im Gegensatz zu Dr. Blanc entschied ein von Mrs. Taylor hinzugezogener Arzt, daß Elizabeth eine Woche nicht arbeiten kann. Soll Fehlzeit vom Gehalt abgezogen oder mit Auszeit verrechnet werden?»

Mary Astor, die ihre Mutter spielte, erinnerte sich an die gemeinsame Drehzeit in einer ihrer Autobiographien: «Früher hatte Elizabeth einen entschlossenen, ernsthaften Ausdruck in ihren Augen. Dieser war nun verschwunden, sie war nicht länger schüchtern, vielmehr war sie sich ihrer Schönheit sehr wohl bewußt. Sie war aufgeweckt. Sehr aufgeweckt... Für ein Kind konnte sie sich sehr gut auf die Arbeit konzentrieren – und ich mochte sie. Aber offen gesagt hatte ich eine andere Filmtochter noch lieber: Judy Garland. Denn Judy war ein herzlicher, großzügiger und überschwenglicher Mensch. Elizabeth dagegen war kalt und ein bißchen arrogant. Mehr als ein bißchen. In ihrem Blick lag etwas Kalkulierendes... so, als wisse sie genau, was sie wolle. Und sie wußte genau, auf welche Weise sie es durchsetzen konnte.»

Mit der Zeit nahmen auch Hollywoods Klatschkolumnisten Notiz von der physischen Veränderung der Taylor. «Busen 35 Inch, Hüfte 34 Inch und Taille 22 Inch», hielt Hedda Hopper in ihrem Notizbuch am 8. Oktober 1947 fest. «Elizabeth hat alle Qualitäten einer jungen Bergman», ließ Miss Hopper schließlich die Welt wissen.

Kurz bevor *Cynthia* in die Kinos kam, führte Louella Parsons am 13. Juli 1947 ein Rundfunkinterview, das vorher genau abgesprochen worden war. Gefragt, wie ihr erster Filmkuß gewesen sei, antwortete Elizabeth: «Oh, ein bißchen glitschig... Aber würde mich so ein Junge in meinem Privatleben küssen, würde ich ihm eine kleben.»

«Wie fühlt man sich, wenn man fünfzehn wird, Elizabeth? Wie lange dauert es noch?»

«Noch zwei Wochen, Miss Parsons, *gee,* es ist schrecklich. Ein Mädchen vergeudet so viele Dates dadurch. All die Vorbereitungen nehmen schrecklich viel Zeit in Anspruch... Die Kleider... Oh, es frißt einen einfach auf!»

«Du bist wirklich bezaubernd, Elizabeth!»

«Danke, Miss Parsons!»

«Nun, verrate mir, was du am liebsten machen würdest?»

«Am liebsten würde ich irgend etwas Sinnloses, total Verrücktes mit Männern um die neunzehn, zwanzig anstellen. Jungen in meinem Alter sind einfach zu kindisch. Aber am liebsten hätte ich, daß meine Hüfte nur 20 Inches messen würde. Ich nehme deswegen auch schon tapfer ab, aber ein Bonbonladen mit Pfefferminzbonbons ist eine zu große Versuchung für mich!»

«Was möchtest du erreichen, Elizabeth. Bitte, erzähl es uns!»

«Am liebsten wäre ich eine große Schauspielerin. Aber was ich erreichen möchte, ist, daß ich mir einen Ehemann angle.»

Obwohl dieser Satz geändert werden sollte, behielt Elizabeth bei der Livesendung diese Formulierung bei. Louella Parsons kicherte und verabschiedete sich mit den Worten: «Ich glaube, Elizabeth, du kannst in dieser Hinsicht gelassen sein. Ich bin sicher, daß du diesbezüglich keine Schwierigkeiten haben und ein Leben lang glücklich verheiratet sein wirst.»

«Danke, Mrs. Parsons», flötete die Taylor. «Das wäre sicher absolut traumhaft.»

Cynthia war von MGM in aller Eile produziert worden, um noch vor *Unser Leben mit Vater* in die Kinos zu kommen. Im Oktober 1947 drängte man Elizabeth, in einem Musical mitzuwirken: *A Date with Judy* (dt. *Wirbel um Judy*).

Aleen Leslies erfolgreiche Radioserie war das ideale Vehikel, um dem Publikum eine veränderte Taylor nahezubringen. Sie spielte

Carol Pringle, die beste Freundin von Judy (Jane Powell), ein typisch verwöhntes, reiches Balg, dem am Abend der Butler das Telefon reicht, während Carol in ihrem blauen Chiffonkleid auf dem Sofa liegt. Nach einigem Wirbel, wie der Titel schon sagt, schnappt sich die Taylor den Verlobten von Judy, die sich auf ihre alte Liebe, Carols Bruder, zurückbesinnt und ebenfalls glücklich werden darf. *Wirbel um Judy* ist ein sehenswerter Film, vor allem auch wegen Carmen Miranda, die in einer kleinen Nebenrolle den Stars oft die Szene stiehlt. Elizabeth verdankte den beiden Drehbuchautorinnen Dorothy Cooper und Dorothy Kingsley einige Textstellen, die unsterblich wurden. So verkündet sie: «Kennst du einen Mann, kennst du alle.» – «Männer wollen immer nur das eine.» (Als bei der Probevorführung die Studioleitung knapp einem gemeinsamen Infarkt entging, denn Elizabeth unterstrich diesen Satz mit einer eindeutigen Geste und einem Gesichtsausdruck, der selbst heute noch als provokant gilt, beschloß man hinzuzufügen: «Sie wollen immer nur küssen!» Dennoch verstand das Publikum, was gemeint war.) Ein anderes Bonmot lautete: «Wenn jemand ein Mann ist, kann man ihm auch nicht mehr helfen.» Der Rat «Heirate zeitig!» (die ursprüngliche Version: «Heirate oft!», die Elizabeth später nur allzu ernst nehmen sollte) fiel der Zensur zum Opfer.

MGM setzte Elizabeth nun auch in Filmen als Erwachsene ein – oder, wie es Sara ausdrückte, man begann sie «als Glamourstar aufzubauen». Dieser Wandel wurde vor allem von den Kritikern bemerkt und gewürdigt.

Variety lobte ihre «atemberaubende Schönheit… die durch den Einsatz von Technicolor unterstützt wurde». Und Otis L. Guernsey Junior von der *New York Herald Tribune* schrieb: «Hedy Lamarr muß nun aufpassen, denn Elizabeth Taylor ist da und versucht, ihr die Show zu stehlen.» Guernsey war es auch, der die Taylor als «vierzehnkarätigen Diamanten» beschrieb und ihr «hundertprozentige Sirenen-Qualität» bestätigte.

Bereits während der Dreharbeiten zu *Wirbel um Judy* (Oktober 1947 bis 14. Januar 1948) hatte man Elizabeth eine Rolle in *Julia*

Misbehaves (dt. *Julia benimmt sich schlecht; Glauben Sie, daß Julia sich richtig verhält?*) angeboten. Elizabeth akzeptierte unter der Bedingung, daß sie in dem geplanten Prestigeprojekt der Neuverfilmung des Hepburn-Klassikers *The Little Women* eine tragende Rolle erhalten würde.

Die Filmrechte von Margery Sharps Bestseller *The Nutmeg Tree* (1937) waren schon kurze Zeit nach Erscheinen von MGM gekauft worden. Zunächst sollte der Film mit Myrna Loy und William Powell besetzt werden. Anfang der vierziger Jahre zog man auch das Gespann Hepburn–Tracy für diesen Film in Erwägung. Dann aber bekam Greer Garson die Hauptrolle. MGM hoffte, daß Greer dem Publikum beweisen würde, daß sie nach fünf Dramen, die alle flopten, sich als Komödiantin behaupten könne.

Obwohl Metro seinem Altstar aus dem beruflichen Tief heraushelfen wollte, verzichtete man darauf, den Film in Farbe zu drehen. Man hoffte, daß es ausreichen würde, der Garson Walter Pidgeon und Elizabeth Taylor zur Seite zu stellen sowie den jugendlichen Peter Lawford, der vor allem die weiblichen Backfische ins Kino locken sollte.

Julia benimmt sich schlecht ist eine witzige Komödie über einen inzwischen verarmten Bühnenstar, der einst Ehemann und Tochter (Taylor) hatte sitzenlassen, um Karriere zu machen. Nun kehrt Julia (Garson) anläßlich der Hochzeit ihrer Tochter Susan zur Familie zurück. Doch schon bald entdeckt sie, daß Susan eigentlich den armen Künstler Ritchie (Lawford) und nicht ihren Verlobten (Cesar Romero) liebt. Nach einer Reihe von turbulenten Zwischenfällen sind Susan und Ritchie vereint und zwischen Julia und ihrem Mann William Packett (Pidgeon) entbrennt die alte Liebe erneut.

Die Kritiken über Greer Garson waren derart schlecht, daß «jede andere Schauspielerin sich sofort für immer von der Leinwand zurückgezogen hätte» (Alexander Walker). Elizabeth wurde durchgehend wohlwollend beurteilt und man lobte ihre Schönheit.

Für die Taylor hat der Film einen ganz besonderen Erinnerungswert. «Ich hatte mich unsterblich in Peter Lawford verliebt», gestand sie Jahrzehnte später. «Ohne daß meine Mutter es erst arrangieren mußte, führte er mich einige Male nach den Dreharbeiten aus. Dennoch wagte er es nie, mich zu küssen. Weder auf die Wange noch auf die Stirn. Er sah wirklich schrecklich gut aus. In einer Szene sollte ich ihn küssen und verzweifelt fragen: ‹O Ritchie, was sollen wir nur tun?› Ich war schrecklich nervös, und meine Wangen mußten stark gepudert werden, so glühten sie. Nun, bei der Probe lief alles gut, doch dann kam der Kuß… und Peter küßte mich wirklich… kein Film-, sondern ein richtiger Zungenkuß… mein allererster noch dazu. Ich war so verzückt, daß ich schließlich sagte: ‹O Peter, was soll ich nur tun?› Und die ganze Crew lachte sich halbtot, auch Peter. Was für ein affektiertes Arschloch er doch war. Das sind Momente, in denen ich am liebsten im Boden versinken würde.»

Während der Dreharbeiten feierte Elizabeth ihren sechzehnten Geburtstag. Den Abend ihres Geburtstags verbrachte sie im *Coconut Grove*. Fotos von diesem Ereignis zeigen sie in einem weißen Nerz, den sie sich aus dem Fundus der MGM ausgeliehen hatte. So hergerichtet, «ging sie glatt als Mitte Zwanzig, also gut zehn Jahre älter durch», erinnerte sich Bill Grady. Von ihren Eltern erhielt sie eine Karte und einen vergoldeten Schlüssel. Dieser paßte zu einem hellblauen Cadillac. Elizabeth freute sich «ungemein», vor allem in Anwesenheit der Fotojournalisten, doch als die Aufnahmen gemacht waren, gab sie den Wagen an ihre Eltern zurück – und behielt ihren Ford. Offiziell begründete sie diese Entscheidung damit, daß «die Zeit, die ich in meinem offenen Ford verbringe, jetzt die einzige Zeit ist, bei der ich sicher sein kann, frische Luft zu kriegen».

Nachdem Elizabeth am 14. Juli 1947 das erste Mal auf dem Titelbild von *Life* erschienen war (vierzehn weitere sollten bis 1992 folgen), widmeten anläßlich der Premiere von *Julia benimmt sich schlecht* auch *Time*, die *Saturday Evening Post* und *Photoplay* der Taylor eine Titelseite. Einige Wochen später stellte *Photoplay* in einer Serie über die kassenträchtigsten Stars Hollywoods Elizabeth erneut auf zwei Seiten vor. Neben ihr konnte man damalige Teenageridole wie Jane Powell, Barbara Bel Geddes, Diana Lynn, Coleen Gray und Jean Peters sehen. Zur gleichen Zeit nahm Sheila Graham sie in die Riege der «gefährlichsten Frauen Hollywoods» auf, in der sich bereits Lana Turner, Joan Crawford, Jane Russell, Ava Gardner und Rita Hayworth befanden. «Mein Verleger zog die Augenbrauen hoch, als er erfuhr, daß ich Liz mit aufgenommen hatte. Um eventuellen Protesten vorzubeugen, mußte ich in meinem Artikel deutlich machen, daß es sich hier immer noch um eine Minderjährige handelte. Mir war klar, daß sie weder geistig noch körperlich als minderjährig anzusehen war. Bereits mit sechzehn hatte sie diese Entschlossenheit, sich alles zu nehmen, was sie wollte. Egal, ob sie ihren Körper dazu einsetzen mußte oder nicht. Es war vor allem ihre Mutter, die sie in der Öffentlichkeit wie ein Kind behandelte. Ständig kommandierte sie sie beim Essen herum und fuhr ihr über den Mund. Wenn Mrs. Taylor dabei war, war sie das Sprachrohr ihrer Tochter. Man kriegte aus Liz dann kein Wort heraus.»

Aber die Fans schienen über das neue Taylor-Image verwirrt zu sein. Als eine Reihe von provokanten Bildern in der Fanpresse veröffentlicht wurden, schrieb ein Taylor-Fan namens Sally Winter aus Trentin, New Jersey: «Warum berät man Elizabeth Taylor nicht besser? Sie benimmt sich und kleidet sich wie eine Frau zwischen zwanzig und dreißig. Dabei ist sie doch erst sechzehn!» MGM war über diesen Brief verwirrt. Dies zeigen zahlreiche Aktennotizen, in denen die Überlegungen dokumentiert wurden, was man nun mit der Taylor machen sollte. Das Image des Kinderstars hatte Elizabeth endgültig verloren. Also brachte MGM in den nächsten Monaten erst einmal «zahmere» Fotos heraus. Zudem erwies es sich als Glück, daß Elizabeths nächstes Projekt *Little Women* (dt. *Kleine tapfere Jo*) war, in dem sie nur hochgeschlossene, sittliche Kostüme und eine blonde Perücke tragen mußte.

Kleine tapfere Jo war die Neuverfilmung des Selznick-Streifens von 1933 mit Katharine Hepburn in der Rolle der Jo, diesmal in Technicolor und mit June Allyson in der Hauptrolle. Elizabeth spielte die egoistische jüngere Schwester Amy, die sich Jos abgelegten Liebhaber als Ehemann schnappt.

Regisseur Mervyn LeRoy wurde von der Studioleitung angehalten, alle Kraft in das Projekt zu stecken, da dieser Film zur Feier des fünfundzwanzigjährigen Bestehens der MGM im Jahre 1949 herauskommen sollte. Deshalb war LeRoy auch bemüht, aus seinen Stars das Letzte herauszuholen. «Ich konnte mich aber noch so sehr anstrengen, bei der Taylor konnte ich nichts finden. Gewiß, sie hatte 33 unterschiedliche Gesichtsausdrücke und vierzehn Kostüme vorzuweisen, aber sonst war da nichts. Sie war meiner Ansicht nach nie eine Schauspielerin gewesen. Eine Kleiderpuppe, okay, aber keine Schauspielerin. Ich versuchte mit ihr zu arbeiten, aber es war einfach unmöglich.»

2

Nach Beginn der Dreharbeiten zu *Tapfere kleine Jo* zogen die Taylors in ein Haus am Strand von Malibu, das sie für den Sommer gemietet hatten. Damit es nicht zu still um Elizabeth wurde, placierte man zwei erfundene Geschichten in die Klatschspalten, die davon berichteten, wie einmal Elizabeth ihrem Bruder und ein anderes Mal Howard seiner Schwester das Leben rettete. Als eine weitere Geschichte folgen sollte, verbat sich Howard die Verwendung seines Namens. Doch zum Glück tauchte ein anderer Märchenprinz auf.

Da Elizabeth noch immer nicht über einen festen Beau verfügte, beschloß Doris Kearns von MGM die Sache in die Hand zu nehmen. Als ein junger Lieutenant und ehemaliger Footballstar sie besuchte, fuhr sie mit ihm und ihrem Mann Hubie zu den Taylors. «Natürlich war vorher alles mit dem Studio abgeklärt worden», erinnerte sich Mrs. Kearns. «Ich hatte Benny Thau darüber informiert, und er hatte sein Okay gegeben. Schließlich war Glenn der amerikanischen Öffentlichkeit auch kein Unbekannter. Er war ein gefeierter Footballstar von West Point und war in den Staaten als ‹Mr. Outside› bekannt.» Auch besaß Glenn Davis einige Filmerfahrung, hatte er doch im Vorjahr zusammen mit seinem Trainer ‹Doc› Blanchard (alias «Mr. Inside») in einer Billigproduktion für 20000 Dollar mitgewirkt, die die sportliche Ausbildung bei der Armee verherrlichte.

Davis fühlte sich in seiner Haut überhaupt nicht wohl, wie er sagte, «denn schließlich sollte ich einen der größten Stars Hollywoods treffen. Ich zögerte zunächst, doch um die Kearns nicht zu enttäuschen, willigte ich ein. Mein Gott, schließlich war damals jeder nach Elizabeth Taylor verrückt.»

Für Elizabeth und Sara muß das Eintreffen des jungen Lieutenants der Ankunft eines griechischen Gottes gleichgekommen sein.

«Als ich sein offenes, ehrliches Gesicht sah, wußte ich, das war der richtige Junge», erklärt Sara. «Ich fühlte mich schrecklich erleichtert. Endlich waren meine Sorgen nun vorbei.» Auch Elizabeth war von Davis angetan. Nach einer kurzen Vorstellung lud Howard ihn ein, mit ihm und seinen Freunden Football zu spielen. Davis zog sich also um, und was Elizabeth nun an Körper und Muskeln zu sehen bekam, schien ihr zu gefallen. Als sich die Kearns an diesem Abend verabschiedeten, fragte Glenn, ob er am nächsten Tag Elizabeth wieder besuchen dürfe.

«Frag meine Mutter», soll ihre Antwort gewesen sein, was Glenn dann auch tat. Begeistert willigte Sara ein. Glenn verbrachte mit Elizabeth jede freie Minute. «Ich war unsterblich in sie verliebt. Sie war das Mädchen, das ich heiraten und ein Leben lang glücklich machen wollte.»

Sie gingen Tanzen und ins Kino, trafen Freunde und Bekannte von Elizabeth oder spielten Football – und schmiedeten Hochzeitspläne.

Auch zu den meisten seiner sportlichen Verpflichtungen begleitete Elizabeth Glenn. So zum Spiel der Los Angeles Rams am 26. August 1948, bei dem durch Davis der Sieg errungen wurde. Elizabeth war überrascht und erstaunt, daß es ihr gelang, sogar die hartgesottensten Sportreporter zu bezaubern, die im Laufe der nächsten Wochen immer öfter auch ihren Namen in ihren Spalten erwähnten. Beim Benefizspiel der *Los Angeles Times*, bei dem Glenn nur auf der Zuschauerbank saß, schrien seine Fans: «Wir wollen Davis! Wir wollen Davis!» Elizabeth, von derartigen Zuneigungsbekundungen für ihren Liebhaber in Ekstase versetzt, sprang auf und schrie zurück: «Ich hab Davis! Ich hab Davis!»

«Unsere Beziehung war vollkommen unschuldig», beteuert heute der siebenundsechzigjährige Davis. «Wir tranken nicht, wir rauchten nicht. Alles, was wir in diesem Sommer wollten, war nur etwas Spaß zusammen haben. Ich habe Elizabeth Taylor niemals berührt!» Eine andere Lesart bot die Taylor, als sie ihren Freundinnen aus dem SLOB-Club anvertraute, daß Davis «über den größten Schwanz verfüge», den sie je gesehen habe. «Er ist einfach himmlisch und unglaublich. Nie hätte ich gedacht, was für raffinierte Tricks er auf Lager hat.»

Obwohl Elizabeth in späteren Jahren ihre Beziehung zu Davis als «kindliche Schwärmerei» abtat, war sie 1948 fest entschlossen, Mrs. Glenn Davis zu werden. Als Hindernis stellte sich zwar seine Militärzeit in Korea in den Weg, doch Elizabeth war davon überzeugt, daß sie es schaffen konnte, Glenn dieses Schicksal zu ersparen. Frank Farrell, ein Vertrauter Howard Youngs, erinnerte sich, daß Elizabeth eigens nach New York kam, um «rein zufällig» Glenns Trainer Red Blaik in einem italienischen Lokal über den Weg zu laufen. Sie hatte erfahren, daß die einzige Chance, aus dem Armeedienst auszuscheiden, darin bestand, einen Vertrag in einer Profimannschaft abzuschließen. Blaik gestand ihr, daß er in dieser Richtung wenig unternehmen konnte, schlug ihr aber scherzhaft vor, die Sache doch einmal mit Onkel Howard zu besprechen, der ein guter Freund Eisenhowers war.

«Es war als Scherz gemeint», erinnerte sich Farrell, «doch Elizabeth wollte nichts unversucht lassen. Howard willigte nach längeren Diskussionen ein, ihr diesen Gefallen zu tun.»

Obwohl Davis angibt, von dieser Intervention nichts zu wissen, steht fest, daß Young mit Dwight D. Eisenhower sprach. «Doch Ike wollte davon nichts wissen. Davis sei in erster Linie Soldat und danach erst Footballer. Wo käme man denn hin, wenn jeder, der einmal mit einem Hollywood-Girl ins Bett steigt, aus der Armee entlassen werden würde. Liz gegenüber formulierte Howard dies natürlich etwas anders, aber seine Intervention war vergeblich gewesen.»

Als der Tag näher rückte, an dem Davis nach Korea mußte, wollte Elizabeth vorher rasch noch heiraten. Sie dachte an eine Blitzhochzeit in Las Vegas, doch Davis konnte sich mit diesem Gedanken nicht anfreunden. Auch ihre Eltern waren entsetzt. «Wir dachten: ‹Sechzehn ist noch ein bißchen jung fürs Heiraten›», sagte Francis. «Aber wir haben es ihr niemals verboten. Wir baten Elizabeth nur zu warten, bis dieser nette Junge wieder zu Hause sein würde.»

Für die Presse und die Filmberichterstatter war der Abschied Elizabeths von Glenn das «Ereignis des Jahres 1948». Sie hing an ihm, während die Blitzlichter losgingen, und erklärte unter Tränen: «Dieser Football bedeutet, daß ich mit Glenn verlobt bin.» Stolz zeigte sie seinen goldenen All American Football, den sie an einer Kette trug. «Sobald ich meinen Film beendet habe, werde ich nach Korea fliegen, um bei ihm sein zu können. Ich werde auf Glenn warten, und wenn ich achtzehn oder neunzehn bin, werde ich diesen wundervollen Jungen heiraten. Ich liebe ihn.»

Doch statt nach Korea reiste Elizabeth auf Drängen des Studios im Oktober 1948 nach England, um dort an der Seite von Robert Taylor in *Conspirator* (dt. *Verschwörer*) vor der Kamera zu stehen. Thau hielt es für das Beste, wenn sein Star erst einmal beschäftigt wurde. «Alles andere wird sich dann von selbst finden.» Sie erhielt damals wöchentlich 900 Briefe und war kurze Zeit zuvor von den Freshmen der Harvard University zu ihrem ‹Girl We Would Never Lampoon› erkoren worden. «Sich jetzt ins Privatleben zurückzuziehen, wäre einem Suicid gleichgekommen», erklärte Thau.

Natürlich befand sich Sara in ihrer Gesellschaft. Francis, der gern mitgereist wäre, mußte zu Hause bleiben. «Ich weiß wirklich nicht, wie ich es hätte finanzieren sollen, zumal das Geschäft gerade nicht besonders gut lief, und es verdammt teuer ist, derart weit zu reisen.»

In letzter Minute jedoch schien das Vorhaben zu platzen. Das Los Angeles Board of Education wollte wissen, wie MGM sich den täglichen Schulunterricht der noch minderjährigen Elizabeth in England vorstellte. Als die Erklärung ungenügend ausfiel, entschied man, daß die Behörde selbst eine Lehrerin, die weißhaarige Miss Birdina Anderson, nach England reisen ließ.

Mit 24 Koffern, ihrer Mutter und ihrer Lehrerin bezog sie das *Claridge*. Dann gingen sie zum Westminster Food Office, um die Lebensmittelkarten für ihren Aufenthalt in London abzuholen.

Die Dreharbeiten begannen am 9. November 1948. *Verschwörer* ist einer jener Filme, die Elizabeth gerne vergessen würde. Der Inhalt des dürftigen Politthrillers ist schnell erzählt: junge Amerikanerin verliebt sich bei einem Besuch in London in einen britischen

Gardeoffizier, muß aber nach der Hochzeit entdecken, daß ihr Mann ein kommunistischer Verräter ist. Zunächst plant er, sie deswegen zu beseitigen, doch dann erschießt er sich selbst.

Robert Taylor war von seiner Partnerin sichtlich angetan, so sehr, daß in der Szene, in der Elizabeth ein Negligé trägt, die Totalaufnahmen von Robert Taylor durch neue ersetzt werden mußten. «Wäre sie drei Jahre älter gewesen, ich hätte nichts unversucht gelassen, sie zu verführen», erzählte er seinen Freunden. Doch damals war er noch einigermaßen glücklich mit Barbara Stanwyck verheiratet, der er glühende Liebesbriefe schrieb. Für Elizabeth war die romantische Liebe zwischen Taylor und Stanwyck genau das, was sie sich auch für sich und Davis erhoffte. Im Studio «tat sie, was man ihr sagte. Keinerlei Schwierigkeiten. Wenn man ihr sagte, sie sollte mich küssen, küßte sie mich. Alles, was ich ihr beibringen mußte, war, daß sie ihre Lippen pudern mußte, damit ich danach nicht allzu verschmiert war.»

«Er ist so wunderbar, wie man mir in Hollywood erzählt hat», erklärte Elizabeth der anwesenden Klatschpresse, die am zweiten Drehtag vorbeischaute. «Ich muß gestehen, ich war etwas nervös, als er mich das erste Mal küßte.»

Das Studio fabrizierte hieraus eine romantische Geschichte und legte der Taylor die Worte in den Mund: «Wie soll ich mich nur auf die Schule konzentrieren können, wenn mich kurze Zeit zuvor ein Mann wie Robert in den Armen hielt und mich liebte. Ich bin so erregt.» Was die Taylor in Wirklichkeit erklärte, war weniger romantisch: «Wie soll man sich auf Algebra und Geschichte konzentrieren, wenn kurz zuvor Robert Taylor einem seine Zunge in den Hals gerammt hat.»

Wie auch immer, MGM war zufrieden. Davis schien vergessen zu sein, und das Studio konzentrierte sich darauf, Geschichten über Elizabeths «erste erwachsene Liebesgeschichte» in den Kolumnen zu placieren. «Ich bin froh, daß ich endlich erwachsen geworden bin. Denn ich spiele nicht die Tochter von Robert Taylor, sondern seine Frau», gab Elizabeth der *Picture Post* zu Protokoll.

Die Beziehung zu Sara wies zu diesem Zeitpunkt erste Risse auf.

Thau hatte ihr in einem Gespräch klargemacht, daß Davis alles andere als der geeignete Mann für Elizabeth war. «Da Benny wußte, wie versessen Sara auf Geld war, sprach er das Zauberwort aus, daß Davis ein armer Hund sei», meinte Berman. Weil Sara weniger an dem Inhalt einer Hose als an dem Stand des Vermögens Interesse hatte, begann sie, Elizabeth zu bearbeiten, die Sache zu vergessen. Dies führte zu massiven Spannungen.

Ein Fotograf des Studios, der die Taylors begleitete, erinnerte sich an einen Vorfall während eines Fototermins beim Wechsel der Wache. «Ich mußte sie darauf hinweisen, daß ich ein Familienfoto machen wollte. Als sie endlich beieinanderstanden, wirkte Elizabeth durch ihre Gesten wie ein Pin-up-Girl und nicht wie die sechzehnjährige Tochter aus gutem amerikanischem Haus.»

Ansonsten aber langweilte sie sich in London. Sara erlaubte ihr nur einmal, abends auszugehen. Als Eskorte suchte sie den gut zwanzig Jahre älteren Presseagenten Morgan Hudgins aus, dessen Südstaaten-Akzent Elizabeth zum Lachen brachte und den sie später in *Cat on a Hot Tin Roof* (dt. *Die Katze auf dem heißen Blechdach*) erfolgreich imitierte. An diesem Abend trafen sie Gene Kelly und Peter Ustinov, die zwar versprachen, sie einmal abends auszuführen, sich dann aber doch eines Besseren besannen.

Natürlich traf man sich auch mit Freunden aus den «glücklichen alten Zeiten». Elizabeth lud Sheran Cazalet zum Mittagessen ins Studio ein. «Ich war damals ein übergewichtiges Schulmädchen, und sie war damals für mich schon dieser schöne Filmstar, den alle bewunderten. Jedenfalls schlug sie mir vor, ich solle einen Namen aus der Filmbranche nennen, und sie würde ein Treffen arrangieren. Damals war ich wahnsinnig in Michael Wilding verliebt. So sagte ich, ich würde gerne Michael Wilding kennenlernen. Sie kannte ihn zwar nicht, lud ihn aber zum Lunch ein.»

Elizabeth war sich zu diesem Zeitpunkt ihrer sexuellen Wirkung auf Männer voll bewußt. Wilding folgte zwar der Einladung, war aber überrascht, daß «die kleine Taylor etwas eigenartig war. Bevor man die Bedienung um Salz fragen konnte, stand sie auf, wackelte mit ihren Hüften in die Küche und wackelte schließlich wieder an unseren Tisch zurück.» Im Gegensatz zu ihren anderen Bewunderern traf er jedoch keine Anstalten, sich für die Einladung zu revanchieren. «Liz war darüber sehr verstört. Von nun an begann sie, Jagd auf Wilding zu machen. Sie lauerte ihm vor seiner Garderobe auf, saß in der Kantine immer in seiner Nähe, und wenn er das Studio verließ, lief sie ihm rein zufällig über den Weg und wünschte ihm eine gute Nacht.»

Michael Wilding war elegant, sah gut aus und besaß wasserblaue Augen, von denen Elizabeth fasziniert war. Glaubt man Charles Higham, war Wilding zunächst nicht an der Taylor interessiert, da er gerade mit Marlene Dietrich liiert war. Stewart Granger dagegen erinnerte sich, daß sein Freund von der «Kleinen» schon angetan war. Ihm gegenüber offenbarte er: «Ich weiß, es ist lächerlich, aber das Kind weckt in mir inzwischen ritterliche Gefühle. Sie hat es geschafft, daß ich sie sofort heiraten würde, wenn da nicht dieser gewaltige Altersunterschied wäre.»

«Warum erzählst du ihr das einfach nicht?» riet Granger. Wilding nahm allen Mut zusammen und offenbarte ihr seine Gefühle. Elizabeth war begeistert, Davis vergessen, und wieder einmal wurden Heiratspläne geschmiedet. Als Elizabeth diese frohe Botschaft ihrer Mutter überbrachte, war Sara einem Nervenzusammenbruch nahe. In der nun folgenden Telegrammschlacht zwischen Sara und MGM kam man überein, daß es für Elizabeth wohl das Beste sei, England für einige Zeit zu verlassen. Doch ein geplanter Trip nach Paris mußte in letzter Minute abgesagt werden, da dort gerade eine Grippeepidemie grassierte und dem Studio eine längere Unterbrechung der Dreharbeiten zu teuer gekommen wäre. Doch Elizabeth bestand nun auf eine Paris-Reise und versprach, daß sie «1. von nun an ein braves Mädchen sein würde, 2. jeglichen Kontakt mit Bazillen vermeiden und 3. keinen Kontakt mit laufenden Nasen aufnehmen» würde. Thau willigte schließlich ein, daß sie nach Beendigung der Dreharbeiten im Februar 1949 nach Frankreich reisen durfte. Sara dagegen hielt er an, die Beziehung ihrer Tochter zu Wilding so lange wie möglich vor der Presse verborgen zu halten.

«Elizabeth freute sich sehr darauf, über den Kanal zu fliegen», erinnerte sich ihre Mutter. «Sie war noch nie zuvor in Paris gewesen.» Nadia Markulescu, die MGM-Residentin in Paris, übernahm die Betreuung. «Überall wohin wir gingen, blieben die Leute stehen und starrten Liz an. Sie sah damals phantastisch aus, wog um die 100 Pfund und war schön wie eine Göttin.»

Auf der Rückreise machten die drei noch einmal Halt in London. «Ich wollte immer noch nicht wahr haben, daß ich ihr völlig verfallen war», gestand Wilding Jahre später. «Als ich erfuhr, daß sie aus Paris zurück war und nach Amerika weiterreisen wollte, schlug ich vor, sie zum Flughafen zu fahren. Ihre Mutter, Morgan Hudgins und ihre Lehrerin folgten uns in einem anderen Wagen. Elizabeth sah so blendend aus, daß ich enorme Schwierigkeiten hatte, den Wagen zu lenken. Kurz vor dem Flughafen tauschten wir die Wagen. Morgan hatte es so arrangiert, daß ich mit durch den Zoll konnte, um mich von Elizabeth allein zu verabschieden. Zudem mußten wir versuchen, daß die Presse nicht Wind von uns bekam. Wir waren allein. Plötzlich stellte sich Elizabeth auf die Zehenspitzen und küßte mich. Dann rannte sie über das Flugfeld zu ihrer Maschine. Ich hinter ihr her. Ich fing sie, als sie gerade an der Gangway stand. Ich küßte sie leidenschaftlich. Ich wußte, daß ich mich immer an diesen Kuß erinnern würde. Ich stand da und sah ihr Flugzeug in den Wolken verschwinden. Dabei hoffte ich, daß mein Kuß bei ihr das gleiche bewirken und sie mich nicht vergessen würde.»

3

Während Elizabeth in England drehte, wagte Hedda Hopper in ihrer Kolumne, die von der *Chicago Tribune – New York Daily News* an über 400 Zeitungen weiterverkauft wurde, drei Vorhersagen:

1. Elizabeth Taylor wird eines Tages die First Lady der Leinwand werden.
2. Sie wird ihren wahren Stellenwert solange nicht erreichen, bis sie das Studio verläßt, das sie entdeckt hat.
3. Sie besitzt die gleiche Ausstrahlung und Faszination wie Ingrid Bergman.

Hedda Hopper geriet in ihrer Kolumne ins Schwärmen: «Sie ist rein wie frisch gefallener Schnee.» An anderer Stelle zeichnete Hopper das Bild des «all american Sweetie», wie es von der Realität nicht weiter hätte entfernt sein können.

Wieder zu Hause, warteten eine Reihe von Verpflichtungen auf Elizabeth, die Wilding und seine Liebesschwüre schnell vergessen machten. Anläßlich ihres siebzehnten Geburtstags wollte *Life* ihr eine Titelgeschichte widmen, und MGM arrangierte einen Termin mit Starfotograf Philippe Halsman. «Du hast einen tollen Busen, also streck ihn raus», soll er während der Sitzung ausgerufen haben. Das Foto, auf dem Elizabeth wie eine Frau Mitte Zwanzig wirkt, erregte auch die Aufmerksamkeit eines anderen Bewunderers: Howard Hughes.

Hughes, Multimillionär, Genie, Flugzeugkonstrukteur, Regisseur, Produzent, ehemaliger Besitzer von RKO und Inhaber der Airline TWA, war in jungen Jahren dafür bekannt gewesen, daß er die Gesellschaft von schönen Frauen sehr schätzte. Neben kurzen Affären mit Lana Turner, Ava Gardner, Ginger Rogers und einer Beinaheehe mit Katharine Hepburn hatte er nach seinem Flugzeugabsturz 1946 damit begonnen, sich aus dem öffentlichen Leben zurückzuziehen. Einsam lebte er in einem Bungalow inmitten des tropischen Dschungels, den das *Beverly Hills Hotel* auf seinem Grundstück pflegte. Hier war es auch, wo er Elizabeth das erste Mal gesehen hatte, als sie ihren Vater in dessen Galerie besuchte. Hughes war, so sein Vertrauter Noah Dietrich, schon immer von riesigen Busen fasziniert gewesen. «Fragen Sie einen Psychologen, was dahinter steckt, aber Anfang der vierziger Jahre wurde diese Busensache eine wirkliche Besessenheit von Howard.» Als er nun Halsmans Bild von Elizabeth sah, beauftragte er seinen Angestellten Johnny Meyer, für ihn ein Treffen mit Francis Taylor zu arrangieren. Zunächst kaufte Meyer einige Gemälde bei Francis, dann brachte er bei einem weiteren Treffen Howards Wunsch zum Ausdruck, ihn und die Familie kennenzulernen. Sara war Feuer und Flamme, und so nahm man die Einladung zum Wochenende an. Zusammen verbrachte man einen netten Abend, und als Hughes die Taylors zu einem gemeinsamen Wochenende nach Reno einlud, konnte Sara es kaum erwarten zuzusagen. Obwohl die vier in den nächsten Wochen in diversen Nachtclubs und Lokalen zu sehen waren, hielt sich die Presse an das ungeschriebene Gesetz, daß über Hughes keine Story in der Klatschspalte erscheinen durfte. Während Hughes Elizabeth immer mehr verfiel, lehnte sie ihn entschieden ab. «Er hatte keinerlei Manieren, stocherte immer in seinen Zähnen herum und hatte Mundgeruch.» Wann immer sie in dieser Zeit eingeladen wurde, war ihre erste Frage: «Kommt Hughes auch?» Wenn ja, blieb sie zu Hause.

Hughes ahnte, daß sich die Eroberung der Taylor schwieriger als erwartet gestalten würde. Aber auf der anderen Seite erkannte er, daß der Schwachpunkt ihre Mutter Sara war. Während eines Ausflugs nahm er sie zur Seite und versprach ihr eine Million Dollar bar auf die Hand, sobald Elizabeth seine Frau werden würde. Sara schien von diesem Angebot fasziniert und begann ihrer Tochter Hughes schmackhaft zu machen. Kurze Zeit später unternahm der Millionär einen letzten Versuch. «Schließlich bot er auch mir eine Million Dollar auf die Hand, wenn ich ihm zwei Wochen Zeit geben würde, damit er alles für unsere Hochzeit vorbereiten könnte.

‹Aber ich liebe Sie nicht!› gab ich ihm zur Antwort, doch das schien ihn nicht weiter zu stören. Er meinte, jeder Mensch habe seinen Preis, und ich würde mich vielleicht doch noch in ihn verlieben. Darauf meinte ich, daß dazu eine Million Dollar mit Sicherheit nicht ausreichen würde.» Daß Howards Interesse an der Taylor zum Erliegen kam, führte Noah Dietrich auf den Umstand zurück, daß Elizabeth gedroht habe, öffentlich zu behaupten, er habe sich ihr unsittlich genähert. «Heute würde darüber jeder lachen, bei ihrem Ruf, aber damals galt sie noch als so rein und unschuldig, daß eine derartige Behauptung einen Sturm ausgelöst hätte, der selbst Howard und sein Imperium hätte vernichten können. Also ließ er die Finger von ihr.» Gleichwohl spielte er gelegentlich «Schutzengel» für Elizabeth. «Das war bei ihm normal. Wann immer eine seiner Ex-Frauen Geld, Hilfe jeglicher Art oder nur ein Flugzeug oder Auto brauchte, war er zur Stelle, um zu helfen. Auch bei Liz.»

Die standhafte Weigerung der Taylor, Hughes' Liebesschwüre zu erhören, mag auch darauf beruht haben, daß sie auf ihrer Geburtstagsfeier einen jungen, dunkelhaarigen, attraktiven Mann kennengelernt hatte: William Pawley Junior. Pawley hatte im Krieg bei der Air Force gedient, verwaltete dann zunächst einige Geschäfte seines Vaters, der früher amerikanischer Botschafter in Peru und Brasilien gewesen war, und machte sich nun daran, ein eigenes Imperium aufzubauen. Seine Eltern waren mit Young befreundet, in dessen Augen Pawley den idealen Ehemann für Elizabeth abgab. Aus diesem Grund hatte ihn Young auch für den nächsten Tag zum Tee eingeladen. Pawley verlor keine Zeit und führte Elizabeth noch am gleichen Abend aus. Als er sie beim Abschied küßte, waren Michael Wilding und Glenn Davis vergessen. Auch ihre Eltern waren von dem Gedanken entzückt, William als Schwiegersohn zu sehen. Allein Jules Goldstone, Elizabeths Agent, gab zu bedenken, was denn wohl die Öffentlichkeit davon halten sollte. «Schließlich war sie ja noch mit Glenn Davis verlobt. Das Bild von ihrem Abschied war in der Erinnerung der amerikanischen Öffentlichkeit noch immer präsent.»

Wie es der Teufel wollte, meldete sich Davis wenige Tage später bei Elizabeth und erzählte ihr, er habe ab März Heimaturlaub und wolle sie unbedingt sehen. Bei seiner Ankunft in Miami wußte Elizabeth, was sie ihrem Helden schuldig war. Sie rannte an die Gangway seiner Maschine und bedeckte das Gesicht ihres Verlobten mit Küssen, so daß es ziemlich lippenstiftverschmiert war. Als die Reporter wissen wollten, wann endlich die Hochzeit stattfinden würde, erklärte Davis, er habe für Elizabeth einen Verlobungsring im Gepäck. Elizabeth war reichlich verwirrt.

Die Pawleys hießen den jungen Mann mit einer Party willkommen. «Dies war ein genialer Schachzug, denn so konnten sie Elizabeth vor Augen führen, was für ein toller Fang ihr Sohn sein würde», erzählte ein Freund von Pawley, der nicht genannt werden möchte. Auf alle Fälle hatten sie damit bei Sara Erfolg, die schon bald leugnete, daß Elizabeth und Glenn jemals verlobt waren. Zudem bemerkte Glenn, daß sich Elizabeth verändert hatte. Die Zeiten des netten Mädchens waren endgültig vorbei. Davis verbrachte noch zehn Tage zusammen mit Elizabeth und ihrer Familie auf Howard Youngs Anwesen. «Liz' Familie besaß damals keinen Cent, und so war Pawley mit seinen Millionen natürlich die besser Wahl. Ich besaß gerade 20 000 Dollar und konnte da nicht mithalten. Ich wollte es auch nicht. Eines Morgens packte ich meine Koffer und reiste ab. Zu Liz sagte ich einfach: ‹Vergiß es!›» Den goldenen Football und die Perlenkette, die er ihr aus Korea zum siebzehnten Geburtstag mitgebracht hatte, überließ er Elizabeth. Als die Presseabteilung von MGM von der Trennung erfuhr, stand man vor einem riesigen Problem. Für die Oscar-Verleihung am 24. März 1949, bei der Elizabeth den Award für den besten Kostümentwurf vergeben sollte, war Davis' Anwesenheit bereits angekündigt. Schließlich rief Elizabeth Davis an und bat ihn, sie zur Verleihung zu begleiten. Davis sagte zu, «aber danach stellte ich jeglichen Kontakt zur ihr ein». Hatte W. R. Wilkerson vom *Hollywood Reporter* noch am 25. März 1949 gemeint, man «sehe Liz die junge Liebe an», gab die Presseabteilung von MGM drei Tage später bekannt, daß die Romanze zwischen dem Footballhelden und dem attraktivsten Teenager vorüber sei. Am treffendsten formulierte es *Time*: «Plötzlich war alles vorbei und Glenn verschwunden… und niemand schien darüber besonders betrübt zu sein.»

Am allerwenigsten Sara: «Von Anfang an wußte ich, daß dies nur eine vorübergehende Romanze war.» Um die negative Presse abzufedern, startete sie bei den Klatschkolumnisten Hollywoods einen Rundruf und versuchte, ihre Version der Beziehung unter das Volk zu bringen. Im Gespräch mit Louella Parsons kam sie zu dem Schluß, daß die ganze Sache «nur ein ganz normaler Teil des Erwachsenwerdens» gewesen sei. Kaum war dies erledigt, setzten sich die beiden Taylors in ein Flugzeug und flogen nach Florida, um drei Wochen mit den Pawleys zu verbringen. Bereits am Tag nach ihrer Ankunft waren Elizabeth und Pawley verlobt. «Elizabeth bettelte, daß sie ihre Verlobung bekannt geben und den Verlobungsring in aller Öffentlichkeit tragen konnte, aber das Studio wies uns an, wenigstens noch vier Wochen zu warten.»

Die Verlobung wurde am 5. Juni 1949 bekanntgegeben. Sara arrangierte eine Pressekonferenz. Elizabeth und William hatten wenig zu sagen – Sara ließ ihnen keine Chance, die Fragen selbst zu beantworten.

«Elizabeth wird nicht vor Februar 1950 die Metro-Goldwyn-Mayer-High School abschließen. Deshalb möchten wir mit der Hochzeit bis zum Frühjahr warten.» Die Frage, ob es Probleme geben werde, Beruf und Ehe unter einen Hut zu bringen, vermochte Sara nicht definitiv zu beantworten. Zwar erwartete William, daß Elizabeth ihre Karriere aufgab, doch war darüber noch nicht das letzte Wort gesprochen. Zu groß war Saras Angst, durch eine derartige Entscheidung jeglicher finanzieller Unterstützung beraubt zu werden. Francis' Galerie konnte ihnen unmöglich den jetzigen Lebensstandard erhalten, und die Eltern von Pawley hatten schon deutlich gemacht, daß die Kinder, und auch die Taylors, keinerlei finanzielle Hilfen von ihrer Seite zu erwarten hätten. «Elizabeth hätte ihre Karriere sofort aufgegeben, wäre da nicht Mrs. Taylor gewesen», erinnerte sich Marjorie Dillon, ein Lichtdouble von Elizabeth. «Tagein, tagaus redete sie davon, daß es, wenn Elizabeth aufhören würde, einem nie wiedergutzumachenden Verrat gleichkäme. Schließlich hätte sie doch alles für ihren kleinen Engel geopfert, der jetzt nicht derart herzlos sein konnte.»

Der einzige Satz, der bei dem Interviewtermin von Elizabeth vernommen wurde, war die Bitte an die Fotografen, sie und William so abzulichten, daß man «das nette Stück Eis» auch auf den Bildern sehen konnte. Gemeint war ihr Verlobungsring. Ihr erster Diamant – 3,5 Karat.

Elizabeth blieb die restlichen Wochen bis zum Drehbeginn ihres neuen Films in Miami. Schon bald aber mußte sie entdecken, daß es an ihrem Verlobten einige Dinge gab, die ihr gar nicht zusagten.

Pawley liebte das Meer. Die meiste Zeit verbrachte er auf seinem Segelboot oder ging fischen. Elizabeth dagegen war ein «Ausgehmensch». Keine Party, keine Tanzbar, kein Casino war vor ihr sicher. Pawley begleitete sie zwar nach Stunden kunstvoller Überredung, bestand aber darauf, daß sie spätestens um 22 Uhr wieder zu Hause war, zumal seine Braut noch «minderjährig» war. Ging sie freizügig mit ihrem Geld um, war für Pawley der Begriff «Geizig» noch eine Untertreibung. Zudem erwartete er, daß Elizabeth ihren Kleidungsstil änderte. «Sie liebte Kleider, die ihre Vorzüge zur Schau stellten. Als sie eines Morgens herunterkam, trug sie eine ihrer tiefdekolletierten Blusen. Doch kaum hatte sie sein wutverzerrtes Gesicht gesehen, wurde ihr der Fehler klar. Sie rannte nach oben und schloß die Bluse mit einer Sicherheitsnadel. Erst jetzt war Pawley zufrieden», gab Pawleys Freund zum besten. Um das Zusammenleben «zu erleichtern, überreichte er ihr eines Morgens eine Liste mit all ihren Fehlern. Am Rand hatte er markiert, welche Elizabeth bis zu ihrer Hochzeit abgestellt haben mußte. Darunter auch ihre Vorliebe, bis mittags zu schlafen oder den Vormittag im Bett zu verbringen.» Was Elizabeth aber am meisten irritierte, war, daß er ihren körperlichen Reizen zu widerstehen schien. Zwar küßte er sie und brachte sie auch abends zu Bett, aber weiter ging er nicht. Er wollte erst nach der Hochzeit mit ihr das Bett teilen. Das größte Hindernis aber war seine strikte Weigerung, sich für Hollywood zu interessieren, Kollegen von Elizabeth kennenzulernen oder einen Kontakt mit ihnen in seinem Haus zuzulassen.

Sam Marx bekam dies als erster zu spüren. Marx drehte in Miami *A Lady Without a Passport* – ein Versuch, Hedy Lamarrs Stern wieder aufzupolieren. Für die Unterstützung, die die amerikanische Einwanderungsbehörde der Produktion entgegenbrachte, bat man Marx, ein Treffen mit Elizabeth Taylor zu arrangieren. Marx rief sie an und fragte, ob sie mit ihm zum Tee ins Büro der zuständigen Leute kommen würde. Elizabeth war einverstanden, und man schickte einen Wagen mit Polizeischutz. Marx erinnerte sich: «Pawley kam zur Tür, und als ich ihm erklärte, ich käme, um Liz abzuholen, schrie er: ‹Den Teufel werden Sie tun. Sie geht mit mir fischen und damit basta!› Er ging zur Treppe und rief sie herunter. Als sie schließlich kam, stellte er sie vor die Wahl: Tee oder Fisch, und Liz sagte: ‹Mr. Marx hat mir meine erste Chance beim Film gegeben, und ich sagte ihm, daß ich die Einladung zum Tee annehme. Und das werde ich jetzt auch tun.› Ich liebte sie dafür. Doch den ganzen Nachmittag wirkte sie ziemlich angespannt. Als ich sie nach Hause brachte, war Pawley fort. Er war fischen und kam erst Tage später wieder zurück.»

Auch Hedda Hopper wurde Zeugin eines Ausbruchs von Pawley. Als Pawley eines Abends keine Lust hatte, mit Elizabeth auszugehen, bat Elizabeth einen seiner Freunde, sie zu begleiten. Weil sie jedoch um 22 Uhr noch nicht zu Hause war, stürzte sich Pawley ins Auto und raste los, um seine Braut zu holen. «Liz tanzte gerade, als er hereingestürmt kam. Er sah unglaublich wütend aus, und als er sie entdeckte, rannte er auf die Tanzfläche und riß sie von ihrem Partner los. Danach zerrte er sie hinter sich her und befahl ihr, sofort in den Wagen zu steigen. Wir alle waren entsetzt, und als Howard Johns versuchte, ihn zu beruhigen, schlug Pawley ihn nieder und raste davon. Ich glaube, es kostete Sara Taylor große Mühe, ihren Schwiegersohn in spe wieder zur Vernunft zu bringen», notierte Hedda Hopper über diesen Vorfall.

Verwirrt über Pawleys Verhalten reiste Elizabeth Anfang August nach Hollywood. Dort mußte sie feststellen, daß bei MGM ein neuer Wind wehte, denn seit Juli 1948 hieß der neue stellvertretende Produktionschef Dore Shary.

Mayer hatte bereits seit einiger Zeit Schwierigkeiten mit dem New Yorker Büro gehabt und suchte verzweifelt einen zweiten Irving Thalberg. Lilli Messenger machte ihn schließlich auf Shary aufmerksam, der es leid war, bei RKO ein besserer Laufbursche für Howard Hughes zu sein. Weil er in die laufenden Produktionen nicht mehr eingreifen konnte, plante er die Projekte, die 1949 realisiert werden sollten. Zusammen mit John Huston und Arthur Hornblow wollte er die Verfilmung des Romans *Quo vadis?* von Henryk Sienkiewicz in Angriff nehmen. Nero sollte große Ähnlichkeiten mit Adolf Hitler aufweisen und die Christenverfolgung ein Symbol für das Schicksal der Juden im Dritten Reich werden. Mayer bekam daraufhin beinahe einen Herzinfarkt, doch Shary setzte sich durch. Die Hauptrolle sollte von Clark Gable gespielt werden. Ihm zur Seite stellte man Elizabeth und Walter Huston als Petrus. Als Gable das Drehbuch las, lachte er laut auf und warf es in den Papierkorb – mit dem Resultat, daß Shary alles daran setzte, ihm in den nächsten Jahren nur noch drittklassige Rollen anzubieten. Als nächster wurde Gregory Peck für die Rolle getestet und verpflichtet. Er fiel jedoch wegen einer Infektion des linken Auges aus und Neuzugang Stewart Granger übernahm die Rolle, nachdem er eine Testaufnahme mit Elizabeth erfolgreich absolviert hatte.

Pandro S. Berman plante auch den Bestseller *Father of the Bride* von Edward Streeter zu verfilmen. Die Titelrolle sollte Spencer Tracy übernehmen. «Pan» hatte klar erkannt, daß die bevorstehende Hochzeit mit Pawley eine gute Reklame abgeben würde, für die «wir nicht einmal einen Cent zu bezahlen hätten». Außerdem sollte Elizabeth für einen Film unter der Regie von George Stevens an Paramount ausgeliehen werden. «Und wann kann ich heiraten?» soll Elizabeth entsetzt ausgerufen haben. «Wenn du deinen Vertrag erfüllt hast, Sweetie!» war Bermans Antwort.

Thau befürchtete, daß Elizabeth nur noch Mrs. William Pawley sein würde, und hatte die Order gegeben, aus der Taylor zuvor noch so viel Profit wie möglich herauszuholen, zumal sich bereits abzeichnete, daß *Verschwörer* kein allzu großer Erfolg werden würde. Deshalb legte man diesen Film erst einmal auf Eis. Ein ähnliches

Schicksal stand auch *The Big Hangover* bevor, dessen Dreharbeiten am 8. August 1949 begannen. Die Komödie von Norman Krasna schildert das Leben eines Ex-Fliegers (Van Johnson), der Probleme mit dem Alkohol hat. Elizabeth agierte als die Tochter seines Chefs, die alles daran setzt, ihren Geliebten von seiner Sucht zu befreien.

«Man sah es ihr deutlich an, daß ihre Gedanken ganz woanders waren», bemerkte Norman Krasna, der Regisseur, Produzent und Drehbuchautor von *The Big Hangover*. «Da sie unfähig war, eine Entscheidung zu treffen, fragte sie jeden, was sie nun tun solle. Aber wir konnten ihr alle nicht helfen.»

Elizabeth wurde zunehmend depressiver und klagte wieder über heftige Kopfschmerzen. Doch Shary ordnete an, auf keinen Fall «derartige Eskapaden» zu dulden. Der Drehplan mußte eingehalten werden, damit sie für *Quo vadis?* zur Verfügung stand. «Eines Tages ging ich an ihrer Garderobe vorbei. Sie saß da, über ihre Bücher gebeugt, und wirkte ziemlich verzweifelt. Als ich sie frage, was denn los sei, meinte sie: ‹O Van, ich bin so deprimiert. Ich würde am liebsten tot umfallen.› Es war wirklich nicht zum Lachen. Sie war mit ihren Nerven am Ende, weil sie keine klare Entscheidung treffen wollte und konnte», erinnerte sich Johnson.

Am vorletzten Drehtag von *The Big Hangover* teilte das Los Angeles Education Board MGM mit, daß für Elizabeth Taylor keine erneute Ausnahmegenehmigung in Anbetracht des bevorstehenden Rom-Aufenthalts bewilligt werde. Alle Interventionsversuche scheiterten, und schließlich ging die Rolle an Deborah Kerr. MGM kündigte nun an, daß Elizabeths nächster Film die Minnelli-Verfilmung des Romans von Streeter sein würde. Als Pawley davon erfuhr, rief er in Hollywood an und drängte Elizabeth, endlich ihre Entscheidung, die Filmkarriere aufzugeben, bekanntzugeben. Doch Elizabeth weigerte sich innerlich und versuchte ihren Verlobten zu vertrösten. Pawley setzte sich mit Thau und Berman in Verbindung, doch die machten «dem jungen Idioten klar, daß Liz einen Vertrag unterschrieben und nun zu erfüllen hatte. Zähneknirschend legte er auf.»

Die angespannte Situation verschärfte sich, als am 15. September 1949 offiziell angekündigt wurde, Elizabeth werde für Stevens'

A Place in the Sun (dt. *Ein Platz an der Sonne*) an Paramount ausgeliehen. Kurz entschlossen reiste Pawley nach Los Angeles, um die Angelegenheit endgültig zu klären. Elizabeth holte ihn vom Flughafen ab, und zusammen nahmen sie an der Trauung von Jane Powell teil. Nach der Trauung zog Pawley Elizabeth in eine Abstellkammer und stellte ihr ein Ultimatum. «Er erklärte ihr, er werde heute nachmittag die Maschine nach Virginia nehmen. Entweder sie sei am Flughafen, begleitet ihn und gebe ihre Hollywood-Karriere auf oder die Hochzeit sei geplatzt», erzählte Pawleys Freund. Elizabeth weinte, doch sie unterdrückte bei der anschließenden Hochzeitsfeier im *Mocambo* ihre Gefühle. Instinktiv ahnte sie, daß sie derartigen Ansprüchen nicht gewachsen sein würde. Dennoch fuhr sie zum Flughafen, kam aber unpünktlich wie immer erst in dem Moment an, als Pawleys Maschine startete. Kurz vor seinem Abflug hatte er Hedda Hopper informiert, daß die Verlobung mit Elizabeth Taylor gelöst sei. «Wir haben versucht, die Sache letzte Nacht am Telefon zu klären, aber da es Umstände gibt, für die wir beide nichts können, haben wir heute beschlossen, die Sache zu beenden.» Gleichzeitig erschien in der Presse ein Bild von der tränenaufgelösten Elizabeth Taylor im *Mocambo*, die von Vic Damone getröstet wird. Als Elizabeth am nächsten Abend in der Gesellschaft von Baseballstar Ralph Kiner in einem anderen Nachtlokal entdeckt wurde, spielte die Presse verrückt. Zwei geplatzte Verlobungen innerhalb eines halben Jahres waren einfach zuviel.

«Wenn ich gewußt hätte, daß etwas Derartiges passieren könnte, hätte ich es nie zugelassen, daß meine Tochter zum Film geht», sagte Sara gegenüber Louella Parsons, wobei diese süffisant anmerkte, daß «Elizabeth schnell einen neuen Ehemann finden muß, sonst könnte es sich für MGM als Problem erweisen, die bisherige Vermarktungsstrategie von *Father of the Bride* (dt. *Vater der Braut*) beizubehalten».

Zum erstenmal in ihrem Leben spürte Elizabeth die negative Macht der Presse am eigenen Leib. «Wenn ich wirklich so wäre, wie die mich schildern, müßte ich mich selbst hassen», sagte sie und erntete doch nur Hohngelächter. In den Augen der amerikanischen Öffentlichkeit war die Taylor noch schlimmer, noch verruchter, als die Zeitungen schrieben. Elizabeth war froh, daß sie wieder in die heile Welt des Studios entfliehen konnte und sich nun auf eine neue Rolle konzentrieren konnte: die eines verwöhnten, reichen Görs, das seinem Liebhaber Unglück bringt. William Pawley Junior aber sollte im Laufe der Jahre noch einflußreicher, noch reicher und noch konservativer werden. Er wurde der Führer einer Moral-Bewegung, die durch die Lande zog und das Fähnlein des Antikommunismus aufrechthielt: «Kommunismus ist nicht das Produkt von Armut, sondern von Gottlosigkeit, Unmoral und Alkohol.» Erst ein Vierteljahrhundert später sollte ihn das Eheglück ereilen. 1974 trat er vor den Traualtar.

Glenn Davis lebt heute in Kalifornien. 1951 heiratete er das Hollywood-Starlet Terry Moore, das ihn ein Jahr später verließ. Seit 1956 ist er mit einer Frau aus einer alten Familie Louisianas glücklich verheiratet. Auf seine bescheidene Weise legte er den Grundstein zu Elizabeth Taylors Schmucksammlung. Denn er wollte nach der Trennung weder die Perlenkette noch seinen Football zurückhaben. 1964 tauchte in Francis' Testament das Halsband wieder auf: «Unserer geliebten Enkelin, Liza Todd, hinterlassen wir die Perlenkette mit den 69 Zuchtperlen, die Elizabeth von Glenn Davis geschenkt bekam.»

Eigentlich wollte Elizabeth überhaupt nicht zu Paramount gehen. Sie fühlte sich unwohl und hatte wieder einmal starke Schmerzen. Doch als sie sich bei MGM krank meldete, teilte man ihr mit, daß sie «ihren Arsch gefälligst zu Paramount bewegen sollte, wo man auch schon auf sie wartete», gab die Diva zum besten. Das Studio stand seit Jahren unter der straffen Leitung von Adolph Zukor. Er war einer der ersten gewesen, die das Starsystem einführten. Er kannte den Geschmack des Publikums und baute eine große Kinokette auf, die die Interessen der Kinobesitzer und des Studios gleichermaßen wahrte. Zu den Stars, die damals bei Paramount arbeiteten, gehörten Dean Martin, Jerry Lewis, Barbara Stanwyck, Bing Crosby,

Jean Arthur, Marlene Dietrich, Burt Lancaster sowie der Dreh-buchautor und Regisseur Billy Wilder.

Elizabeth hatte sich wieder einmal verspätet und mußte nun, flan-kiert von ihrer Mutter und ihrer Lehrerin, allein den Weg zu Stevens und der Studioleitung finden. Als sie durch die Kantine «wackelte, blieb den meisten Männern der Bissen im Hals stecken. Alle starrten ihr nach. Man kannte ihr Gesicht zwar aus den Zeitungen, aber in Natura sah sie noch besser aus. Als sie am Tisch der Drehbuch-autoren vorüberging, pfiff Billy Wilder und tönte: ‹Was macht *die* denn hier? Hat sich wohl vom Sunset Strip hierher verirrt!› Die Anspielung, sie könne eine Nutte sein, trieb Liz die Tränen in die Augen, aber sie war tapfer und zeigte ihre Wut nicht. Erst Jahre später übte sie wiederholt Rache an Billy. Wann immer er sie als Star für einen seiner Filme haben wollte, lehnte sie ab. Sie konnte und wollte ihm seine geschmacklose Bemerkung von damals nicht ver-geben», erzählte Maurice Zolotow.

Während Elizabeth der Ansicht war, sie würde «nur eine weitere von diesen Reichen-Mädchen-Rollen» spielen, versuchte ihr Ste-vens im Büro den eigentlichen Gehalt von *Ein Platz an der Sonne* zu erläutern.

Der Film beruht auf dem Roman von Theodore Dreiser, *An Ame-rican Tragedy*, der 1916 erschien und ein großer Erfolg wurde. Die Geschichte des armen jungen Mannes, der die von ihm geschwän-gerte Fabrikarbeiterin ermordete, damit er eine reiche, entfernte Ver-wandte heiraten konnte, war bereits 1931 verfilmt worden. Doch weder Dreiser noch Stevens, damals noch nicht im Filmgewerbe tätig, waren mit dieser Umsetzung zufrieden. In langen Gesprächen überredete Stevens schließlich Dreiser, erneut seine Einwilligung für eine Verfilmung zu geben. Dreiser gefielen Stevens' Ideen, und schließlich willigte er ein. Für die Rolle des jungen Mannes wollte Stevens Montgomery Clift. Clift kannte und schätzte den Roman und willigte ein. In einem Brief an Stevens bemerkte er: «Aber wer zum Teufel soll Elizabeth Taylor sein?»

Stevens hatte Elizabeth ausgewählt, ohne je einen ihrer Filme ge-sehen zu haben. «Ich tat dies, weil sie genau das Mädchen war, von dem die damaligen Amerikaner feuchte Träume bekamen. Sie war das *all american girl* von der Keksschachtel und aus der Cadillac-Werbung, von der man träumte, die man begehrte. Ich war von ihr überrascht. In Anbetracht der damaligen Presse machte sie einen unbeschwerten, heiteren Eindruck. Ihre Mutter übernahm das Reden, ließ ihre Tochter nie zu Wort kommen, doch wenn man mit ihr allein war, mein Gott, sie war so unschuldig, so naiv, sie konnte wirklich kein Wässerchen trüben. Sie war eine der ersten Lolitas. Ein Kind im Körper einer Frau.»

Stevens erwartete, daß man sich völlig in seine Hände begab. Er allein wollte die Schauspieler für diesen Film formen. Da Elizabeth bisher keinerlei Erfahrungen mit derart engagierten Regisseuren gemacht hatte, war sie für ihn «ein unbeschriebenes Blatt», dem er allein seine Signatur aufdrücken konnte.

Die dritte im Bunde sollte Shelley Winters sein, die bis heute darunter zu leiden hat, daß sie, ungeschminkt und in alten, heruntergekommenen Kleidern, die Fabrikarbeiterin spielen mußte.

Bevor die Dreharbeiten Mitte Oktober 1949 mit den Außenaufnahmen am Lake Tahoe beginnen konnten, arrangierten die Pressebüros von MGM und Paramount ein Treffen ihrer Stars. «Von Anfang an stand für uns fest, daß wir aus diesen beiden ein Paar machen würden», erinnerte sich Strickling. «Sie sahen einfach traumhaft aus.» Die beste Gelegenheit, Elizabeth und Montgomery Clift der Öffentlichkeit zu präsentieren, bot die Premiere des Films *The Heiress*. Monty weigerte sich zunächst, gab aber schließlich nach. Elizabeth war recht unsicher, doch als sie vor dem Theater Montys Fliege zurechtrückte, wirkte sie glücklich. Ein Bild, das um die Welt ging. Doch während der Vorstellung erlebte Elizabeths die «dunkle Seite» des begnadeten Schauspielers. Er krümmte sich, zitterte, schwitzte und jammerte während der Vorführung und rutschte nervös auf seinem Sitz herum. Elizabeth mußte ihn trösten und ihm bestätigen, daß seine Darstellung hervorragend war.

Die Anspannungen der letzten Wochen waren Stevens deutlich anzumerken. Als er vor seiner Crew nach Lake Tahoe fuhr, mußte er feststellen, daß es dort bereits geschneit hatte und der See an jener Stelle, wo die erste Aufnahme die beiden Liebenden beim vergnügten Spiel im Wasser zeigen sollte, bereits zufror. Stevens löste dieses Problem, indem er den Schnee einfach wegspritzen ließ.

Elizabeth traf mit ihrer Mutter am Montagabend ein. Als sie am nächsten Morgen aufstand, stellte sie fest, daß ihre Menstruation zeitiger als erwartet eingesetzt hatte. Sara informierte Stevens, doch dieser hielt an seiner Drehplanung fest.

Elizabeth sah blendend aus, war aber weit davon entfernt, eine wirkliche Schauspielerin zu sein. Das blieb Stevens nicht verborgen, und er reagierte mit eisigem Schweigen. Er verlangte unzählige Takes, die Elizabeth im kalten Wasser planschend zeigten. Schließlich nahm Sara ihn zur Seite und erklärte ihm, ihre Tochter befände sich «in Grabes Nähe». «Warum?» fragte Stevens. «Kann sie nicht schwimmen?» – «Mit gesenkter Stimme erklärte ihm Sara, daß ihre Tochter ihre monatlichen Probleme hätte, die sich in schweren Krämpfen äußern würden. Stevens murrte und ordnete an, nun die Szene zu drehen, in der Monty Elizabeth auf den Boden werfen sollte. Als Sara das hörte, nahm sie ihre Tochter, fuhr ins Hotel zurück und verbot Liz, in den nächsten drei Tagen das Zimmer zu verlassen», erinnerte sich Shelley Winters. Die restliche Drehzeit jammerte Sara, Stevens sei schuld daran, daß ihre Tochter keine Kinder würde bekommen können, da er sie gezwungen hatte, in den kalten See zu steigen.

Elizabeth fühlte sich als Außenseiterin. Sie wußte, daß Monty ihr überlegen war. Zudem hatte er ihr erzählt, daß er die Rolle spielen wollte, seit er das Buch gelesen hatte. Auch Shelley Winters hatte um ihre Rolle kämpfen müssen. Elizabeth dagegen war der Part in den Schoß gefallen, und sie kannte nicht einmal das Buch. «Auch schien die Ausbildung des kleinen roten Schulhauses auf dem MGM-Studio wenig gebracht zu haben», mokierte sich Shelley Winters. «Ich schrieb einen Brief und fragte Elizabeth, welches Datum wir haben. Als sie meinte, sie wüßte es nicht, sah ich den *Hollywood Reporter* neben ihr auf dem Stuhl liegen. ‹Aber dort liegt doch die Zeitung!› sagte ich. Daraufhin rollte sie ihre Augen und meinte von Herzen entrüstet: ‹Mein Gott, Shelley, die ist doch von gestern!›»

Stevens war sich der Grenzen seiner Hauptdarstellerin bewußt und begann ihr wieder und wieder zu erzählen, was für ein Typ Mensch Elizabeth spielen sollte. Erreichte er dennoch nicht die Leistung, die ihm vorschwebte, konnte er ausfallend werden. Einmal schrie er, man drehe hier nicht *Lassie Comes Home to A Place in the Sun*. Für Elizabeth Grund genug, weinend den Drehort zu verlassen. Vielen erschien Stevens' Verhalten brutal und gemein, dennoch führte er Elizabeth zu einer ihrer besten darstellerischen Leistungen, die sie bis dahin erbrachte.

Auch Monty kümmerte sich um Elizabeth. Er versuchte, ihr die Zusammenhänge zu erklären und sie dazu zu bringen, daß sie ihre Rolle auch als Teil ihrer selbst verstand. Monty und Elizabeth bildeten schon nach wenigen Tagen eine engverschworene Gemeinschaft. Er personifizierte all das, was Elizabeth begehrte. Er war unabhängig von einem Studio, hatte sich von seinen Eltern losgesagt und war überhaupt nicht um seinen Ruf besorgt. Unter seinem Einfluß begann Elizabeth sich zu emanzipieren. Sie widersprach ihrer Mutter immer häufiger, sprach in Interviews selbst, ohne Sara zu Wort kommen zu lassen, und nannte sie hinter ihrem Rücken nur noch «meine gottverdammte Mutter». Monty kümmerte sich auch nicht um die Klatschreporter Hollywoods. Als eines Tages Hedda Hopper am Drehort erschien, scheute Monty sich nicht, Stevens und Elizabeth in ihrer Gegenwart vorzuwerfen, daß diese sich der «alten Hexe» gegenüber freundlich und unterwürfig verhalten würden. Hedda war zwar entsetzt, schilderte die beiden aber als «wunderschöne Turteltäubchen, die sich verliebt in den Armen» lagen.

Mit Kennerblick hatte «die alte Hexe» sofort erkannt, daß Elizabeth, wie zahllose andere Mädchen auch, in Monty verliebt war. Und für diese Liebe war sie auch bereit, Opfer zu bringen. Sie verzichtete auf Nachtclubs, Parties und Empfänge und aß mit ihm in kleinen, abgelegenen Lokalen. Sie schrieb ihm leidenschaftliche Liebesbriefe und machte ihm teure Geschenke. Auch Monty spielte den feurigen Liebhaber, doch immer dann, wenn «er seine sexuellen Hemmungen überwunden zu haben schien», machte er einen Rückzieher. Elizabeth wunderte sich zudem, daß ständig junge, attraktive Männer Monty zu den Dreharbeiten begleiteten. Als sie ihn eines Tages mit einem Geschenk in seiner Garderobe überraschen wollte, traf sie Monty mit einem dieser Jungen in einer eindeutigen Situation an. Tränenüberströmt verließ sie das Set. Montgomery Clift hatte damals neben seinen wechselnden Sexualpartnern eine dauerhafte Beziehung zu Rick. Ihm zeigte er Elizabeths Liebesbriefe, die er mit zotigen Randbemerkungen verziert hatte. Mit ihm witzelte er über ihre Dummheit und erklärte selbstverliebt: «Ich wundere mich, daß sie es überhaupt fertiggebracht hat, mir gegenüber ein Wort herauszubringen.»

Nach langen Gesprächen erreichte es Stevens, daß Elizabeth wieder zu den Dreharbeiten erschien. «Monty kreuzte auch jetzt noch mit irgendeinem jungen Mann auf, den er irgendwo aufgelesen hatte», erzählte Elizabeth. «Alles, was ich tun konnte, war hilflos dazusitzen und hinzunehmen, was er mir hinter seiner Garderobentür antat. Wenn der Junge dann wieder verschwunden war, benahm sich Monty mir gegenüber so, als wolle er gutmachen, was er mir angetan hatte. Er war dann die Zärtlichkeit in Person. Nachdem sich das einige Male wiederholt hatte, meinte ich: ‹Schau, Monty, ich werde stets für dich da sein.›» Bis zu seinem Tod sollten die beiden die engsten Freunde bleiben.

«Ich glaube, Liz hat so viele Schwule als Freunde, weil es für sie eine Erleichterung ist, daß die sie nicht ständig anstarren und was von ihr wollen», meinte Rock Hudson. «Die Beziehung zu Monty aber war etwas Besonderes. Ich glaube, sie hoffte immer noch, daß sie es schaffen würde, ihn wieder umzudrehen. Mein Gott, was wäre das für ein Erfolg für sie gewesen. Man konnte richtig sehen, wie sie dachte: ‹Wenn ich es schaffe, ihn umzudrehen, dann muß ich wirklich etwas ganz Besonderes sein.›»

Stevens verstand es, die Emotionen seiner beiden Stars in das Drehbuch einzubauen. So läßt er Elizabeth einmal sagen: «Du bist so seltsam, George, so unergründlich, unerreichbar, als ob du irgend etwas verbergen würdest.» Und in Anspielung an Montys ewige Muttersuche lautete Elizabeths Text: «Sag es Mama... sag Mama alles.»

Als Elizabeth den Text kurz vorher in die Hand gedrückt bekam, «weiteten sich ihre Augen. Sie fauchte wie eine Katze.

‹Verzeihung, aber was zum Teufel soll das nun wieder bedeuten?›

‹Das ist das, was du zu Monty in der Szene sagen wirst, wenn du seinen Kopf zu dir herunterziehst›, antwortete ich ihr.

‹Das werde ich nicht tun, George!›

‹Doch, das wirst du tun, denn wenn du es tust, wirst du nicht nur der größte Star in der Welt sein, sondern auch einen Oscar gewinnen.› Als sie das hörte, leuchteten ihre Augen und sie tat es.»

Nach dieser Szene war Elizabeth emotional erschöpft. Unter keinen Umständen wollte sie im wirklichen Leben in eine derartige Rolle schlüpfen, und dennoch war die mütterliche Rolle alles, was Monty ihr zugestand. Sie zitterte und ließ es zu, daß Sara sie in den Arm nahm. Ohne sich abzuschminken, verließ sie mit Sara das Studio. Als sie am Haupteingang standen, entdeckten sie beim Zeitungsstand eine Gazette, die die Schlagzeile trug: «Montgomery Clift heiratet Elizabeth Taylor».

Für die Taylor konnte es in diesem Moment keinen größeren Hohn geben. Sie lachte «jenes irre Lachen, das einem zeigt, daß jemand einem Nervenzusammenbruch nahe ist», erzählte Stevens. Während sie sich sorgte, daß Monty glauben könnte, sie stecke mit hinter diesem Publicity-Stunt, sorgte sich Sara um den Ruf ihrer Tochter. Zu Hause stand das Telefon nicht mehr still, und Sara erklärte allen, daß Elizabeth und Mr. Clift nur gute Freunde seien.

«Elizabeth hatte eine ziemlich unruhige Nacht verbracht und war innerlich aufgewühlt. Sie war genau in der richtigen Stimmung, die ich für den letzten Drehtag brauchte», erinnerte sich Stevens. Es war jene Szene, in der Angela ihren Freund kurz vor seiner Hinrichtung auf dem elektrischen Stuhl besucht, um sich zu verabschieden. «Ebenso wie Angela ihren Traummann verliert, war sich Liz darüber klar, daß sie Monty für immer als Mann verloren hatte. Nach dem ersten Take brach sie weinend zusammen, ich sprach ruhig mit ihr und fragte, ob sie die Szene noch einmal spielen könnte. Sie bejahte und zur Sicherheit drehten wir sie dann noch ein drittes Mal.»

Als alles vorbei war, zog sich Elizabeth «wie ein verwundetes Tier» in ihre Garderobe zurück. Sie war physisch und psychisch erschöpft. Am allerwenigsten war ihr bewußt, daß George Stevens sie einen Hauch von Schauspielkunst hatte spüren lassen. Sie konnte nur an Monty denken. Als sie sich wieder gefaßt hatte, wollte sie sich von allen verabschieden, konnte Monty aber nirgendwo entdecken. Von ihrer Mutter erfuhr sie, daß er sofort nach North Carolina aufgebrochen war, um dort seine Freundin, die Bluessängerin Libby Holman, zu besuchen.

Während Monty eine turbulente Zeit mit Libby verbrachte, kehrte Elizabeth zu MGM zurück. George Stevens verbrachte die nächsten zwei Jahre im Schneideraum. Da Anne Revere als Zeugin vor den McCarthy-Ausschuß geladen worden war, mußte er ihre Rolle aus dem Film schneiden. So kam *Ein Platz an der Sonne* erst 1951 in die Kinos. Zwar erhielt Elizabeth nicht den von Stevens versprochenen Oscar, ja, sie wurde nicht einmal dafür nominiert, dafür lobten die Kritiker sie wie nie zuvor.

The New York Examiner: «Von nun an kann sich Miss Taylor zu Recht nicht nur als große Schönheit, sondern als Schauspielerin bezeichnen.»

Boxoffice: «Elizabeth Taylor verdient einen Academy Award für ihre Leistung.»

The New York Times: «Elizabeth Taylors Verkörperung der reichen und attraktiven Angela ist die Krönung ihrer bisherigen Laufbahn.»

Variety: «Im Falle von Elizabeth Taylor... vollbrachte George Stevens ein wahres Wunder.»

Holiday: «Elizabeth Taylor war nur aus einem Grund in dieser Rolle gut: sie spielte sich selbst – Miss Ritch Bitch von 1951.»

4

Die letzte Szene des Films *Ein Platz an der Sonne*, und das Wissen, Monty verloren zu haben, hatten an Elizabeths Nerven gezehrt. Völlig aufgelöst war sie in ihre Garderobe zurückgerannt und hatte nicht bemerkt, daß dort Pete Freeman, der Sohn des Produktionschefs Frank Freeman, auf sie wartete.

«Sie entschuldigte sich dafür, daß ihr Gesicht tränenüberströmt war. Da ich wußte, daß sie das Essen in der Paramount-Kantine ebenso haßte wie ich, lud ich sie zu *Lucey's*, einem kleinen Café an der Ecke, zum Essen ein.»

Was Freeman zunächst verschwieg war die Tatsache, daß dort ein Freund auf sie warten würde. Als sie das Lokal betraten, bemerkte Elizabeth sofort einen jungen, dunkelhaarigen, attraktiven Mann mit dem «sympathischsten Lächeln, das man sich vorstellen konnte». Es war Freemans Freund Nicholas Hilton.

Obwohl sich die jungen Männer bemühten, Elizabeth ein Lächeln abzuringen, verfiel sie während des Essens oft in trübsinniges Schweigen. Ihr wollte es einfach nicht in den Kopf, daß ihr ein Mann widerstehen konnte. Hatte sie ihre Anziehungskraft verloren oder war Clift doch unwiederbringlich homosexuell veranlagt? Geistesabwesend verabschiedete sie sich von ihren Gastgebern und ließ sich, nachdem sie ihre Garderobe geräumt hatte, von einer Studiolimousine nach Hause fahren. Kaum hatte sie die Wagentür geöffnet, als Sara ihr begeistert entgegengelaufen kam. In ihrem Arm hielt sie eine Schachtel mit drei Dutzend gelber Rosen. «Elizabeth, Elizabeth, jetzt wird alles gut», jubelte ihre Mutter. «Weißt du, was das bedeutet? Du hast das große Los gezogen!» Elizabeth sah ihre Mutter verwirrt an und las die beigelegte Karte. «Um wieder ein bißchen Sonne in Ihr Leben zu bringen» stand darauf. Unterschrift: «Nicky Hilton». Erst jetzt wurde Elizabeth klar, mit wem sie zu

Mittag gegessen hatte. «Und ein breites Lächeln ging über ihre Lippen, und ihre Augen leuchteten wieder. Aller Kummer war vergessen, denn nun wußte sie, daß es einen Mann gab, der sie wirklich liebte», erzählte Sara.

Der Mann, der sie wirklich begehrte, hieß zwar Hilton, aber nicht Nicholas, sondern Conrad, Nickys Vater. Der Hotel-König Conrad Hilton war schon seit einiger Zeit ein begeisterter Taylor-Fan. Die Tänzerin Ann Miller plauderte aus, daß «Connie sein Büro eigens angewiesen hatte, jeden noch so kleinen Fitzel über Liz zu sammeln, aufzukleben und abzuheften. Er war über jeden ihrer Schritte informiert und war von ihr so begeistert wie ein Backfisch von einem Hollywood-Star.» Hilton hatte schon immer eine Vorliebe für «Glamour-Girls» gehabt und Zsa Zsa Gabor, die «Queen of Diamonds», geehelicht. Doch diese Ehe war vorbei, Zsa Zsa war zu sehr seinem Sohn Nicky zugeneigt gewesen, und so schaute sich Hilton nach etwas Neuem um. «Connie stand wirklich kurz davor, der Taylor den Hof zu machen», erinnerte sich eine Vertraute Hiltons, die ungenannt bleiben möchte. «Nur gab es das Problem des Altersunterschieds. Zudem war er sehr um sein Image in der Öffentlichkeit besorgt. Nach längeren Diskussionen sah er schließlich ein, daß ihm eine Verbindung mit der kleinen Liz nur schaden konnte.» Statt dessen tröstete er sich mit dem Showstar Anne Miller. Dennoch ließ er die Taylor nicht aus den Augen, zumal sein ältester Sohn Nicholas noch immer solo war. Vater Conrad hegte bereits die Befürchtung, daß sein Sohn «kein richtiger Mann» sei.

Dies stand eigentlich im Widerspruch zu der Meinung, die die amerikanische Öffentlichkeit von dem dreiundzwanzigjährigen Hilton-Sproß hatte, denn Nicky war als leidenschaftlicher Spieler und Playboy bekannt, der keine Chance ungenutzt vorübergehen ließ.

Seit er vierzehn Jahre alt war, hatte Nicky seine Ferien damit verbracht, in den Hotels seines Vaters zu arbeiten. Die fehlende Mutter ersetzte Connie ihm durch materielle Güter und eine Lebensphilosophie, die in der Anhäufung von Geld und Besitz die größte Erfüllung sah. Nachdem Nicky seinem Vaterland in der Navy gedient hatte, war er in die Schweiz gegangen, wo er das Hotelfach von der Pike auf lernte. Inzwischen war er Vizepräsident und Manager des Hotels *Bel Air*, das nicht zu der Kette seines Vaters gehörte.

Elizabeth hatte er zum erstenmal persönlich gesehen, als diese sich, nach der Trennung von Pawley, von Vic Damone im *Mocambo* hatte trösten lassen. Sie entsprach seinen Vorstellungen einer «idealen Gefährtin».

Um sich für die Rosen zu bedanken, lud Elizabeth Nicky am nächsten Tag zum Abendessen ein. Das Essen verlief in entspannter Atmosphäre, und Nicky schien von den Taylors angetan zu sein. Er revanchierte sich und lud die Taylors zu einer Dinnerparty ein, die am nächsten Samstag von seinem Vater gegeben wurde. Sara sagte sofort zu. «Man merkte ihr richtig an, wie sie Blut leckte», erinnerte sich Ann Miller an diesen Abend. «Als Nicky sie durch die Räume führte, stieß Liz kleine Schreie des Entzückens aus, während Sara schelmisch an Conrad Hiltons Arm hing und ihn zu betören versuchte. Connie war erfreut darüber, daß Liz seine Schwiegertochter werden würde. Er musterte sie den ganzen Abend lang, und ich sah ihm an, wie sehr er seinen Sohn um sie beneidete. Er hatte schon immer eine Vorliebe für kleine Mädchen gehabt, und Liz war die perfekte Lolita seiner Träume.»

«Was Connie am meisten an Liz bewunderte, war die Tatsache, daß sie einen Haufen Geld in der Woche verdiente», meinte Zsa Zsa Gabor. «Das war eigentlich das einzige, was ihm wirklich wichtig war: Geld, Geld, Geld.»

Nach dem Abendessen führte Hilton seine Gäste noch ins *Mocambo*. Es blieb natürlich nicht aus, daß die Taylors hier von Hedda Hopper entdeckt wurden. Hedda telefonierte gleich am nächsten Morgen mit Sara und notierte, «daß das Entzücken von Sara keine Grenzen zu kennen scheint. Obwohl sich Liz und Nicky erst dreimal getroffen haben, spricht sie schon von Heirat.» Hedda war das Fiasko der letzten Verlobungen noch in lebendiger Erinnerung, und so mahnte sie Sara, daß zu diesem Zeitpunkt nichts an die Öffentlichkeit dringen durfte. «Erst wenn sich die Beziehung zu Nicky als beständig erwiesen hat, riet ich ihr, sollte sie mich informieren, damit wir es zusammen der Öffentlichkeit mitteilen konnten.»

Das junge Glück verbrachte die meiste Zeit im Elm Drive oder in der Bellagio Road. Am Wochenende ritt man aus oder spielte Tennis, und gelegentlich flog man nach Arrowhead Springs und verbrachte ein verschwiegens Wochenende zu zweit. Die Presse bekam von alldem nichts mit, auch Hedda Hopper schwieg eisern.

Zu Beginn des Jahres 1950, wieder zu Hause, wartete ein neues Filmprojekt, *Vater der Braut*, auf Elizabeth. «Wir hatten zwei Probleme», erinnerte sich Pandro S. Berman. «Zum einen wollte Jack Benny unbedingt die Hauptrolle spielen und hatte diese schon von Shary zugesagt bekommen, zum andern fehlte uns die Taylor–Pawley-Hochzeit, die wir als eigentlichen Werbeaufhänger eingeplant hatten.» Berman wehrte sich gegen Jack Benny mit Händen und Füßen. «Dies war die Geschichte eines Mannes, der seine Tochter und einen großen Teil seines Geldes wegen der Hochzeit verliert. Ich wollte hier keine derbe Komik, sondern Spencers leise Töne. Als ich vorschlug, Probeaufnahmen von beiden machen zu lassen, sprach Jack kein Wort mehr mit mir. Unsere Freundschaft zerbrach, weil ich den Film so machen wollte, wie ich ihn mir vorgestellt hatte.»

Spencer Tracy war weniger begeistert, als er erfuhr, daß Elizabeth Taylor seine Filmtochter spielen sollte, und erklärte Berman, daß er für die Rolle nicht länger zur Verfügung stünde. «Er redete sich damit heraus, daß er beleidigt darüber sei, daß wir Benny überhaupt für den Part erwogen hatten, aber in Wirklichkeit hatte er Angst, daß Liz mit ihrem Sex-Appeal ihm die Schau stehlen würde. Vincente, Kate und ich redeten stundenlang auf ihn ein, bis er schließlich doch einlenkte.»

Vom ersten Drehtag an war Tracy auf der Hut. Wo er konnte, stahl er ihr die Szene. «Ich war nach außen nett, mußte ich ja sein, ließ mir aber keine Chance entgehen, gegen sie zu sticheln. Und sie war zu blöd, es zu merken. Sie schmolz dahin. ‹Ja, Mr. Tracy! Sofort, Mr. Tracy.› Kate hätte ihre reinste Freude daran gehabt, wenn sie dabei gewesen wäre.»

Tracy ging aber noch einen Schritt weiter. Mit seinem alten Kumpel Clark Gable schloß er die Wette ab, daß das «Hühnchen innerhalb von zwei Tagen gar sein würde», wenn er nur seinen Charme ein bißchen spielen lassen würde. Gable hielt dagegen, und Tracy ging in den nächsten Tagen «der kleinen Taylor gewaltig um den Bart. Schließlich war sie soweit: Spence führte sie zum Essen aus, und sie schmachtete ihn an. Der alte Fuchs hatte es wieder einmal geschafft. Er kassierte die Prämie von Clark, und als Liz ihm am nächsten Tag tiefe Blicke schenkte, nahm er sie beiseite und erklärte ihr, daß sie doch etwas zu jung für ihn sei. Heulend rannte sie davon, und Spencer amüsierte sich köstlich. Sein Erfolg war nur von kurzer Dauer, denn als Kate davon erfuhr, machte sie ihm die Hölle heiß.»

Innerhalb von 28 Tagen war *Vater der Braut* abgedreht, und Elizabeth konnte bereits nach 22 Tagen entlassen werden, um sich auf ihr Examen vorzubereiten, das am 25. Januar 1950 stattfand. Dank des Einsatzes von Miss Anderson und der Direktive von Mayer waren Elizabeths Noten annehmbar.

«Ich stand vor der Wahl, ins College zu gehen, um mir eine richtige Bildung anzueignen, oder zu heiraten», bekannte die Taylor Jahre später. Sie entschied sich für letzteres.

Den Abend ihrer Abschlußfeier verbrachte sie mit Nicky im *Mocambo*. Nicky nahm allen Mut zusammen und fragte Elizabeth, ob sie ihn heiraten wollte. «Liz stieß einen schrillen Schrei aus, und Sara war den Tränen nahe.» Stolz steckte ihr Nicky einen vierkaratigen Verlobungsring an den Finger, ein weiteres exquisites Stück in Elizabeths Sammlung. Wenige Monate zuvor hatte sie ihrer Kollektion ein Diamantendiadem hinzugefügt, als sie Ehrengast bei dem diamantenen Jubiläum der Jewellery Industrie Council of America gewesen war. Das Diadem, das sie während den Feierlichkeiten trug, war damals gut 22000 Dollar wert. Dennoch ließ man sich nicht lumpen und machte es ihr zum Geschenk, als sie mit unschuldigem Augenaufschlag beim Abschied fragte, ob sie es behalten dürfe.

Nicky hatte den Ring für 10000 Dollar versichern lassen, da er wußte, wie sorglos Elizabeth mit ihrem Schmuck umging. Die ersten, die von der Verlobung erfuhren, waren die Mitglieder des SLOB-Clubs, dessen Präsidentin Elizabeth inzwischen geworden war. Weitere SLOB-Mitglieder (= Single Lonely Obliging Babes) waren zu diesem Zeitpunkt Betty Sullivan, Terry Moore, Marjorie Dillon und Barbara Long Thompson. Jane Powell, ehemaliges Mitglied und eine der wenigen wahren Freundinnen Elizabeths, witzelte, daß sie anscheinend ihren Rat befolgt habe: «Während meiner Verlobungsfeier hatte Elizabeth den Abwasch übernommen. Anschließend war mein Geschirr um etliche Tassen, Teller und Gläser ärmer, so daß ich zum Spaß meinte: ‹Liz, du mußt entweder einen Hotelbesitzer heiraten, wegen des vielen Geschirrs, das du brauchen wirst, oder einen sehr, sehr reichen Mann, der dir ein Hausmädchen bezahlt.› Sie hatte beides in der Person von Nicky gefunden.»

Eine baldige Vermählung paßte auch der MGM ins Konzept. «Sie können sich nicht vorstellen, wie erleichtert alle waren. Ob der Bräutigam nun Pawley oder Hilton hieß, war doch scheißegal. Hauptsache, sie kam unter die Haube, und wir konnten die geplante Werbekampagne für *Vater der Braut* durchziehen», sagte Berman. Der Hochzeitstermin wurde auf den 6. Mai 1950 festgelegt. «Es freute sich wohl niemand mehr über die Verlobung als Sara», erinnerte sich Helen Rose. «Francis war unsicher, da er seine Tochter noch für zu unreif hielt. Doch alle Bedenken, die er einwarf, fegte Sara mit einer kurzen Handbewegung vom Tisch.»

Während die Presseleute von MGM noch daran tüftelten, das bevorstehende Ereignis mediengerecht zu präsentieren, plauderte Conrad Hilton den Hochzeitstermin aus. Auf der Rückreise nach New York fragte ihn ein Reporter, ob die Beziehung zwischen Nicky und Elizabeth etwas Ernstes sei. «Ernst? Du lieber Gott, das ist mehr als etwas Ernstes. Die beiden heiraten am 6. Mai», rief Conrad aus. Schon kurze Zeit später wurden die Taylors von einer Presselawine überrollt. Hedda Hopper rief verärgert an und wollte wissen, warum sie es nicht als erste erfahren habe, daß Liz und Nicky heiraten. Schließlich habe sie doch wochenlang stillgehalten. Wütend wetterte sie in ihrer Kolumne, daß Hilton «viel zu verwöhnt sei, als daß diese Ehe funktionieren könne». Louella Parsons dagegen schlug andere Töne an. Zwar war sie sich einer Einladung zur Trauung sicher, aber durch ihr Gegurre wollte sie sich einen Exklusivbericht über die Flitterwochen sichern. Gladys Culverson, Elizabeths Kindermädchen und jetzige Haushälterin vom Elm Drive, erklärte der Presse: «Elizabeth liebt und respektiert Mr. Hilton. Er fühlt dasselbe für sie. Deshalb wird dies ihre erste und zugleich auch die letzte Ehe für beide sein.» Unisono flötete Sara: «Sie denken und handeln beide wie eine Person.»

Was Elizabeth sich unter Hochzeit vorstellte, war stark geprägt von Minnellis Film, doch schon bald entpuppte sich alles als «Alptraum».

Kaum war die Hochzeit bekanntgegeben worden, da meldete sich die katholische Kirche zu Wort. Solange Elizabeth sich nicht bereit erklärte, ihre Kinder katholisch zu erziehen, wollten die Hüter der wahren Heilslehre dem Paar die kirchliche Trauung verweigern. Anfangs begehrte Elizabeth auf, fügte sich jedoch bald und versprach sogar, zum katholischen Glauben überzutreten. Conrad Hilton und Nicky waren begeistert, und Elizabeth bekam Religionsunterricht.

MGM stellte zunächst alle Projekte zurück, bat aber Elizabeth um einen kurzen Gastauftritt in dem Howard Keel-Film *Callaway Went Thataway* (dt. *Der Cowboy, den es zweimal gab*). Sie folgte dieser Aufforderung ebenso wie auch Clark Gable. Elizabeth reiste mit ihrer Mutter nach New York, wo sie ihre Aussteuer kaufen wollten. Unterwegs machten die Taylors eine dreitägige Zwischenstation in Chicago, wo sie alles daran setzten, Marshall Field leerzukaufen. Das Silber, das Wedgewood-Porzellan, das italienische Leinen und schwedische Kristall ließen sie nach Hollywood schicken, während sie New York unsicher machten. Damit sich seine «kleine Schwiegertochter wie zu Hause fühlte, als sie das *Waldorf Astoria* betrat, hatte Connie ihr einen Anteil an dem Hotel geschenkt». Grund genug für Elizabeth, zu heulen, als sie erfuhr, daß ihr Agent Jules Goldstone, der zur gleichen Zeit in New York war, im *Sherry Netherland* wohnte.

«O Jules», flennte sie ins Telefon. «Wie kannst du Connie und mir etwas Derartiges antun?»

Goldstone, sich keiner Schuld bewußt, fragte, was er denn verbrochen habe.

«Du hast uns verraten. Du wohnst nicht im *Waldorf*, in unserem Hotel, sondern bei der Konkurrenz.»

«Ich redete mit Engelszungen, bis sie sich wieder beruhigt hatte», gab Goldstone zum Besten.

Elizabeth bat Montgomery Clift, ihr Trauzeuge zu sein, doch Monty lehnte ab. «Er erklärte ihr, daß Hilton nicht sein Typ sei, und er bezweifle, ob er der Richtige für Liz sei», wußte sein damaliger Lebensgefährte zu berichten. «Darüber war sie so verunsichert, daß es einiger Bemühungen von Mrs. Taylor bedurfte, damit Liz nicht in letzter Minute die Hochzeit abblies.»

Selbst wenn sie es gewollt hätte, sie hätte nicht mehr zurückgekonnt. Ein Hauptargument Saras waren die Geschenke, die bergeweise in den Elm Drive strömten. Fast jede Minute wurde ein neues Paket geliefert. Schließlich war das Haus derart überfüllt, daß die Taylors sämtliche Möbel bei MGM unterstellten, bis die Hochzeit vorbei war.

Von ihrem Vater bekam sie das Gemälde von Frans Hals und einen Nerzmantel geschenkt. Sara überreichte ihr eine weiße Nerzstola. Onkel Howard schickte einen Ring aus Platin mit Diamanten im Wert von 65 000 Dollar. Connie präsentierte eine dreimonatige Hochzeitsreise nach Europa sowie 100 Aktienanteile seiner Hotelkette. Sara rümpfte zunächst die Nase und machte dem «lieben Connie den Vorwurf, sparsam zu sein. Schließlich kostete damals eine Aktie 13 Dollar 50 Cents.» (Heute sind diese Aktien 250 000 Dollar wert.) Geschenke kamen aus allen Himmelsrichtungen. So bot die Gorham Silver Company ein fünfundvierzigteiliges Silberservice als Geschenk, wenn Elizabeth sich mit einer Gorham-Tasse fotografieren lassen würde. Und Elizabeth öffnete ihre Arme und nahm, was sie bekommen konnte. «Ich erinnere mich, daß Patricia Neal unbedingt eingeladen werden wollte», berichtete Marjorie Dillon. «Sie erzählte das ihrem Lichtdouble, die es wieder mir erzählte. Ich ging schließlich zu Liz und erzählte ihr davon. Sie sagte: ‹Das ist okay, wenn sie ein Geschenk mitbringt.›»

Was Wunder, daß die Gästeliste schließlich über 500 Personen umfaßte. Als besondere Hochzeitsüberraschung kündigte MGM die Premiere des Films *Vater der Braut* für den 6. Juni 1950 an. Nach dem eigentlichen Hochzeitsgeschenk gefragt, erklärte das Studio, es werde für die Ausstattung der Braut, der Brautjungfern und deren männlichen Begleitern aufkommen. Das Brautkleid sollte Helen Rose entwerfen, und schon waren die Taylors in Schwierigkeiten. Sara hatte voreilig Edith Head gebeten, für Elizabeth ein Brautkleid zu entwerfen. Doch Edith war nicht nachtragend und fertigte das Kostüm für die Abreise des Brautpaars. «Elizabeth wollte das Kleid unbedingt sehr tief ausgeschnitten haben», erzählte Helen Rose. «Ich mußte sie immer wieder daran erinnern, daß sie in der Kirche und nicht in Las Vegas heiraten wollte. Doch schließlich einigten wir uns dahingehend, daß es zwar tief ausgeschnitten war, aber durch Chiffon ein allzu freizügiger Eindruck verhindert wurde.»

Wie es in den USA üblich war, reihte sich nun eine Feier an die andere. Die erste Party wurde vom SLOB-Club veranstaltet. Der Kuchen präsentierte eine Braut aus Vanilleis und einen Bräutigam aus Schokolade. Noch bevor das Werk angeschnitten wurde, hatte jemand dem Schokoladenbräutigam den Kopf abgebissen. Böse Zungen behaupten, Zsa Zsa Gabor hätte das Naschwerk enthauptet, die aber war gar nicht anwesend. Die SLOB-Mitglieder schenkten Elizabeth ein Zigarettenetui mit eingebauter Musik und einen Glücks-Penny.

Derweil versuchte Nicky seine Braut mit Schmuckgeschenken bei Laune zu halten. Als er bei George Headley vorbeischaute und von dem bekannten Juwelier «etwas Nettes zu sehen» verlangte, fragte dieser scherzhaft: «Blond oder brünett?» – «Platin und Diamanten», war Nickys trockene Antwort.

Sorgen ganz anderer Art hatte Sara. Ein Mitglied des Studios hatte bei der Leitung angefragt, ob man sie noch länger auf der Gehaltsliste belassen sollte. Schließlich war es nach einer Eheschließung nicht mehr nötig, daß sie Elizabeth chaperonierte. Shary entschied spontan, daß hierzu kein Grund mehr bestehe. Doch als Benny Thau aus New York zurückkehrte, kritzelte er an den Rand des Memos: «Behaltet sie bis auf weiteres auf der Gehaltsliste.» – «Benny ahnte, daß es nur gut für das Studio sein konnte, wenn man Sara auch weiterhin auf seiner Seite wußte», erinnerte sich Berman.

Francis waren inzwischen die Hochzeitsarrangements überlassen worden. Ursprünglich sollte der Hochzeitsempfang im *Beverly Hills Hotel* stattfinden, doch durch die ungezügelte «Einladlust» seiner Frau und Tochter hatte sich die Zahl der Gäste verdreifacht, so daß der Empfang in den *Bel Air Country Club* verlegt werden mußte. Bei der Besprechung der Speisekarte soll Francis auf die Frage, ob man als *hors-d'œuvres* geräucherten Lachs reichen könne, ausgerufen haben: «Bei der Hochzeit meiner Tochter braucht niemand kalten Fisch zu essen.»

Die Hochzeit sollte am 6. Mai 1950 um 17 Uhr beginnen. Doch bereits am Abend vorher versammelten sich Fans um das Haus der Braut und um die Kirche und bezogen mit Schlafsäcken und Klappstühlen Position, um einen Blick auf sie zu erhaschen. MGM stellte ihren Sicherheitschef Whitney Hendry sowie 200 Mann ab, die für Ruhe und Ordnung sorgen sollten. Unterstützt wurden sie von drei Hundertschaften der Polizei, was dem damaligen Polizeichef von Beverly Hills die Bemerkung entlockte: «Ich ziehe einen Bandenkrieg einer weiteren Hilton–Taylor-Hochzeit vor.»

Elizabeth schlief an diesem Morgen länger. Gegen 10 Uhr erwachte sie und frühstückte noch im Bett. Als es gegen 11 Uhr an der Haustür läutete, verschwendete sie keinen Moment ihre Aufmerksamkeit darauf. Wahrscheinlich war es nur ein weiterer Bote, der ein Geschenk brachte. Inzwischen türmten sich diese im ganzen Haus, das einem Warenlager glich. Elizabeth verfügte über beinahe 500 Gläser und Tassen, die ausgereicht hätten, ein Hilton-Hotel auszurüsten. Um so überraschter war sie, als plötzlich William Pawley Junior in ihrem Zimmer stand, sie an ihr Eheversprechen erinnerte und beschwor, es nicht zu brechen. «Pawley drohte, er werde sie verklagen, doch Liz bockte. Daraufhin begann er zu toben und die Schattenseiten von Hilton deutlich zu machen. Wahrscheinlich wäre es zu Handgreiflichkeiten gekommen, hätte Francis nicht beruhigend auf ihn eingeredet. Nach zwanzig Minuten verließ er das Haus wieder, stand aber vor der Kirche gut sichtbar für jeden, der zur Messe ging», erinnerte sich Gladys Culverson.

Elizabeth hatte die ganze Zeit über ihre Fassung behalten, doch als Pawley wieder gegangen war, «weinte sie hemmungslos. Wir mußten ihr Gesicht mit Eis kühlen, so geschwollen war es.»

Gegen 15 Uhr erschien Sidney Guilaroff, der für die Frisur der Braut verantwortlich war, gefolgt von der Leiterin der Studioschneiderei Mrs. J. A. Ryan und Helen Rose, die Elizabeth beim Anlegen ihres Brautkleids helfen sollten.

Die Brautjungfern trafen sich im Haus der Familie Westmore gegenüber dem Taylorschen Anwesen: Jane Powell, Anne Westmore, Marilyn Hilton (Nicks Schwester), Barbara Thompson, Marjorie Dillon und Mara Regan, die kurze Zeit später Elizabeths Bruder Howard heiratete.

Am Arm ihres Vaters verließ Elizabeth gegen 16 Uhr 45 das Elternhaus. MGM hatte alles perfekt arrangiert, und sogar die Sonne tauchte diese Szene in Technicolor.

Als Elizabeth in der Limousine vorfuhr, wurde sie vom tosenden Applaus der Menge begrüßt. Sie winkte und warf ihren Fans Kußhände zu. Daß William Pawley unter den Zuschauern war, schien Elizabeth nun nicht weiter zu stören. Nicky war das Aufsehen, das die Ankunft seiner Braut verursachte, sichtlich unangenehm. Auch sonst machte er den ganzen Tag über einen gestressten und entnervten Eindruck.

Während die Braut sich vor der Kirche feiern ließ, warteten die geladenen Gäste in der Kirche: Spencer Tracy, Joan Bennett sowie – ein genialer Einfall des Publicitymanagers der MGM – alle weiteren Filmeltern von Elizabeth. Zudem William Powell, Fred Astaire, Ginger Rogers, Van Johnson, Peter Lawford, Roddy McDowall, Ricardo Montalban, June Allyson, Dick Powell, Walter Pidgeon, Ann Miller, Mickey Rooney und viele andere.

Mary Jane Smith eröffnete die Feierlichkeit mit dem *Ave Maria*, während sich vor der Kirche Elizabeths Kleid in der Wagentür verfangen hatte und ein Teil davon abriß. Doch die Braut kümmerte sich nicht darum, als sie unter tosendem Applaus der Eheschließung entgegeneilte. Sobald die Orgel den Hochzeitsmarsch anstimmte, wiederholte sich für Elizabeth die Zeremonie, die sie schon während der Dreharbeiten von *Vater der Braut* «durchlebt hatte», wie sie Elsa Maxwell anvertraute. Als sie den Gang am Arm ihres Vaters hinabschritt, glühten ihre Augen. «Keine Szene, die Elizabeth in Zukunft spielen wird, wird den Glanz dieses Augenblicks haben», schrieb Hedda Hopper am nächsten Tag. «Dies war Hollywoods Hochzeit aller Hochzeiten.»

Die Trauung wurde von Monseigneur Patrick J. Cancannon vollzogen. Nachdem er sie zu Mann und Frau erklärt hatte, riß Elizabeth Nicky an sich und gab ihm einen langandauernden Kuß, der erst durch ein Räuspern Cancannons unterbrochen wurde. Lächelnd mahnte er sie: «Ich glaube, das ist lang genug gewesen, Liebes.» Sheila Graham fühlte sich hierdurch eher an eine Studioaufnahme erinnert, «wobei das Wort des Priesters dem ‹Cut› des Regisseurs entsprach».

Hedda Hopper, Louella Parsons und Sheila Graham, die in sicherer Entfernung voneinander in der Kirche placiert worden waren, notierten minuziös den Verlauf der Zeremonie und die Reaktionen der Anwesenden. Nachdem Elizabeth ihre Eltern umarmt hatte, rannte sie mit Nicky vor die Kirche und bettelte: «Küß mich, Nicky, bitte, küß mich noch einmal. Ich bin es meinen Fans schuldig.» Und unter dem Jubel der Massen küßte er seine Braut. Die Polizei und Hendrys Männer hatten große Schwierigkeiten, die Fans zurückzuhalten; dennoch gelang es dem Brautpaar, unbeschadet in die wartende Limousine zu kommen.

Im *Bel Air Country Club* standen mehr als 600 Menschen Schlange, um die Braut zu küssen und den Bräutigam zu beglückwünschen. Elizabeth erklärte jedem, wie «glücklich» sie sei. Daß inzwischen die Eisplastik von zwei turtelnden Tauben dahinschmolz und die *hors-d'œuvres* durchweichten, schien niemand zu stören. Elizabeth warf ihren Brautstrauß aus weißen Orchideen in die Menge, jedoch ist nicht überliefert, wer ihn fing. Danach rannte sie mit Nicky im Schlepptau zu Sheila Graham und vertraute ihr an: «Allein das Herz weiß es, wenn man den richtigen Mann für einen getroffen hat. Es gibt keine Zweifel, daß Nicky derjenige ist, mit dem ich mein ganzes Leben verbringen werde.» Weniger poetisch sagte sie zu Louella Parsons: «Ich weinte vor Freude, als Monseigneur Cancannon uns zu Mann und Frau erklärte.» Und zu Hedda Hopper: «Ich bin überglücklich, daß ich auf Nicky gewartet habe.» Danach zog Elizabeth sich um und verließ in Edith Heads Kreation die Feierlichkeiten. Mit einer blaugrauen Nerzstola über dem Arm – es war einfach zu heiß, sie zu tragen – rannte man durch Konfetti und Reis zu dem wartenden Wagen.

5

«Ich glaube, ich nahm mir nie genug Zeit, um herauszufinden, ob eine Beziehung wirklich Liebe oder nur Verliebtheit war. Da ich immer geliebt werden wollte, zog ich es vor, anzunehmen, daß es Liebe sei. Ich hatte keinen eigenen Maßstab. Da ich von jeher sehr streng und anständig erzogen wurde, war Liebe für mich in den meisten Fällen gleichbedeutend mit Ehe, was dazu führte, daß ich heute im Ruf einer hemmungslosen Hure stehe», gestand Elizabeth einmal selbstkritisch.

Doch auf dem Weg nach Carmel, der ersten Station ihrer Hochzeitsreise, lehnte sie sich an Nickys Schultern und träumte von «einem Leben in einem weißen Landhaus mit Staketenzaun, Rosenbeeten» und sah sich dort schon «in einem Organdyschürzchen».

Doch diese Illusion zerbrach, als Nicky sich weigerte, sich vor dem Hotel *Del Monte* am Pebble Beach mit seiner Frau fotografieren zu lassen. Inzwischen war es drei Uhr morgens, und er wäre zu erschöpft, sagte er. Während Elizabeth den wartenden Reportern Rede und Antwort stand, ging er nach oben und wartete ungeduldig. Als seine Braut auch noch nach 30 Minuten nicht erschienen war, ging er nach unten, nahm sie auf den Arm und trug sie ins Brautgemach. Am nächsten Tag blieben sie bis zum Nachmittag auf dem Zimmer. Das Hotelpersonal glaubte heftigen Streit zu hören. Als sie schließlich zum Essen gingen, warteten bereits wieder Reporter und Fans auf die Taylor. Und erneut kam sie Fotowünschen und Autogrammbitten nach, was Nicky rasend machte. Zudem telefonierte sie ständig mit ihrer Mutter. «Jedes noch so kleine Detail wurde erst mit Sara besprochen», erinnerte sich ein Freund von Nicky.

«Schließlich schrie er: ‹Frag sie, wie man am besten fickt, sie weiß doch immer alles besser.› Entsetzt legte Liz auf. Im stillen hoffte sie, daß Sara den Ausbruch ihres Mannes nicht mitbekommen hatte.»

Natürlich hatte der junge Hilton genaue Vorstellungen von dem, was ihm eine Frau sexuell angedeihen lassen sollte. «Nicky war entsetzt, als er bemerkte, wie unersättlich Liz' Appetit auf Sex war. Ihr *sex drive* verschüchterte ihn, zumal er gewohnt war anzuordnen, was zu tun sei.»

So hatte die Ehe schon einen ersten Knacks, als das Paar zehn Tage später wieder in Hollywood war. Pflichtbewußt verbrachte Elizabeth den Muttertag bei Sara. Nicky war auf der Jagd. Als Hedda Hopper nachfragte, ob es Streit zwischen den Jungvermählten gegeben habe, erklärte Sara: «Nein, aber wir haben noch nie einen Muttertag getrennt voneinander verbracht.»

Am 20. Mai 1950 erschienen Mrs. und Mr. Hilton am Flughafen von Los Angeles. Sie wollten nach New York fliegen und von dort am 23. Mai die *Queen Mary* nach Europa nehmen. Achtzehn Koffer und zwei große Schrankkoffer hatten sie im Schlepptau (vier gehörten Nicky). Gefragt, was sich in diesen alles befände, bekannte Elizabeth: «Das weiß ich nicht. Mutter hat sie gepackt.»

Mit der *Queen Mary* reisten auch der Herzog und die Herzogin von Windsor. Elizabeth war fasziniert von dem Mann, der ein Königreich für eine Frau aufgegeben hatte, und wollte die beiden unbedingt kennenlernen. Nicky war dem Herzog schon einmal bei einem Dinner seines Vaters begegnet. Für ihn wäre es ein Leichtes gewesen, ein Treffen zu arrangieren, doch aus einer Laune heraus lehnte er dies ab. Jenseits jeder Etikette sprach Elizabeth die beiden einfach an, als diese ihre Kabine verließen, stellte sich vor und lud sie zum Tee ein. «In späteren Jahren merkte die Herzogin an, daß Mrs. Taylor während dieser Zeit einen sehr einsamen Eindruck auf sie gemacht hatte», erinnerte sich eine Vertraute der Herzogin.

Die Herzogin von Windsor erwiderte die Einladung zum Tee und erwählte Elizabeth zudem als Canasta-Partnerin. Der Herzog lud das junge Paar auch zu einer Gesellschaft ein, die er am 31. Mai 1950 in Paris gab. Unter den Gästen fand sich auch die Klatschkolumnistin Elsa Maxwell, deren Jagdrevier Zentraleuropa war.

Sie beobachtete, daß «Liz zu stottern begann, wenn man sie ansprach, was Hilton wütend machte. Er sprang ziemlich hart mit ihr um, aber sie erklärte mir, er sei der einzige Mann, den sie auf der ganzen Welt haben wollte.»

Elsa Maxwell nahm die Flitterwöchner unter ihre Fittiche. Sie wollte ihnen die Schönheit Europas nahebringen, «doch die beiden waren nur an Essen und Einkaufen interessiert». Als Elsa Elizabeth die Kunstschätze von Paris zeigte, brach die Taylor die Tour mit den Worten ab: «Es ist gut, Elsa, mir kommt die Kunst schon aus dem Arsch wieder heraus.» Bei einer Party, die sie für die Hiltons im *Maxim's* veranstaltete, begrüßte Nicky kaugummikauend die Gäste und packte das Kaugummi kurz vor dem Essen sorgfältig ein, um es hinterher weiterkauen zu können. Auf dieser Party trafen sie Orson Welles, der den Hiltons vorschlug, ihn nach Rom zu begleiten. Nicky stimmte zu. Zuvor aber ging die Reise nach London, wo Elizabeth, wie versprochen, an der Premiere ihres Films *Vater der Braut* teilnahm.

Die Kritiken waren euphorisch, ließen aber keinen Zweifel daran aufkommen, daß dies ein Spencer Tracy-Film war. Die Taylor fand oft nur in einem Nebensatz Erwähnung. In London verfiel Nick seiner Spielleidenschaft und verbrachte seine Zeit in Casinos. Elizabeth konnte diese Situation nicht ertragen, packte ihre Koffer und floh zu alten Freunden und Vertrauten, der Familie Cazalet. In stundenlangen Telefonaten mit den USA wies Sara sie an, die «Ehe am Leben zu erhalten». Schließlich entschuldigte sich Nicky, und glücklich vereint kehrte man im Juli nach Frankreich zurück. Doch in Monte Carlo schien Nicky seine Liebesschwüre wieder vergessen zu haben und verbrachte die meiste Zeit im Casino.

Inzwischen hatten auch die Reporter von den Spannungen Wind bekommen und machten Jagd auf Nicky und Elizabeth. Nicky ertappte man wiederholt mit attraktiven Damen im Arm. Von der Taylor fehlte jede Spur.

Von Monte Carlo ging die Reise gemeinsam mit Orson Welles nach Rom. Elizabeth wußte, daß dort gerade *Quo vadis?* gedreht wurde und rief den Regisseur Mervyn LeRoy an und fragte, ob sie nicht eine Christin spielen könne, die von Löwen gefressen wird. LeRoy gefiel der Gedanke, und er lud die Hiltons zu den Dreharbeiten ein. «Ich erschrak, wie erschöpft und abgemagert sie aussah», erzählte LeRoy. «Sie schien am Ende ihrer Kraft zu sein. Als wir die Szene fünfmal wiederholt hatten, konnte sie nicht mehr. Sie wollte nach Hause, war krank vor Heimweh, aber Hilton wollte weiterreisen.»

Venedig, Florenz und Verona markierten die weitere Reiseroute, bevor es wieder nach Rom ging. Hier, in der Heiligen Stadt, gelobte Elizabeth während einer Audienz beim Papst, eine «gute Katholikin» zu werden.

Derweil plante MGM eine Fortsetzung des Erfolgsstreifens *Vater der Braut*. Nach Elizabeths Rückkehr sollte *Father's Little Dividend* (dt. *Ein Geschenk des Himmels*) in Angriff genommen werden. Schon jetzt sondierte MGM, ob Elizabeth vielleicht auch im wirklichen Leben ein Kind erwarten würde. Als sie davon erfuhr, rief sie Berman an «und machte mir die Hölle heiß. Sie schrie ins Telefon, und mir war klar, daß sie am Rande eines Nervenzusammenbruchs stehen mußte.» Mit großer Sorge verfolgte das Studio die Ereignisse in Europa. Hilton spielte und trank, und Elizabeth saß im Hotel und wartete. Als sie eines Abends versuchte, Nicky aus einem Casino herauszuholen, waren Fotografen zur Stelle. Das Bild von einer verheulten Taylor, die von ihrem Mann unwillig ins Hotel begleitet wird, ging um die Welt.

Auch die Taylors zu Hause waren besorgt. Sara rief ihre Tochter an, doch Elizabeth wiegelte ab: «Das erste Jahr ist das schwerste, aber wir schaffen das, Mummy, bitte, reg dich nur nicht auf.» Aber Sara ließ sich nicht beruhigen, und zusammen mit Connie entwarf sie eine Strategie, die Ehe zu retten. Hilton rief seinen Filius an und befahl ihm, sofort in die Staaten zurückzukommen. Nicky fügte sich.

Das Ende der Hochzeitsreise sollte durch eine letzte Party in Paris gekrönt werden. Elizabeth lieh sich zu diesem Anlaß Juwelen im Werte von 150000 Dollar und sah bezaubernder denn je aus. Doch Nicky war mehr an den Spieltischen interessiert und ließ seine heulende Braut und Hunderte von Reportern zurück, um seiner Leidenschaft zu frönen.

Die Überfahrt verlief in eisigem Schweigen. Elizabeth verließ nur selten ihre Kabine. Hinter vorgehaltener Hand sprach man davon, daß sie aus Angst, ihrer Mutter das Scheitern der Ehe eingestehen zu müssen, einen Nervenzusammenbruch erlitten hätte. Als sie den wartenden Reportern gegenübertrat, lenkte sie das Gespräch auf ihren neuen Gefährten: einen weißen Pudel namens Bianco, den sie, wie sie betonte, von ihrem eigenen Geld gekauft hatte.

Weder von den Hiltons noch von den Taylors war jemand gekommen, um die Flitterwöchner abzuholen. Elizabeth zog ins *Plaza Hotel*, Nicky ins *Waldorf Astoria*. Eine Freundin Saras erinnerte sich: «Sara hatte mich gebeten, mich mit Liz in Verbindung zu setzen. Ich rief sie im Hotel an, und wir vereinbarten, uns zum Lunch zu treffen. Es war ein schrecklich heißer Tag. Jedermann schwitzte und war so leicht wie möglich bekleidet. Doch Elizabeth trug eine weiße Bluse, die bis unters Kinn geschlossen war. Außerdem hatte die Bluse lange Arme. Dennoch konnte ich die blauen Flecken an ihren Handgelenken sehen. Nein, es sah nicht so aus, als ob sie sich die Pulsadern geöffnet hätte, ich kannte das lächerliche Gerücht. Eher sah es danach aus, daß jemand sie sehr hart angepackt hatte. Aber ich sprach sie nicht darauf an. Sie wirkte zu verwirrt.» Als Sara vom Zustand ihrer Tochter erfuhr, rief sie Elizabeth sofort an, ermahnte sie aber eindringlich, die Ehe mit Nicky Hilton aufrechtzuerhalten. «Dies war der endgültige Bruch zwischen Liz und ihrer Mutter. Sara legte nur Wert darauf, daß sie auch weiterhin Nickys Schwiegermutter blieb und zur Familie von Connie Hilton gehörte.»

Ihr Leben war in Scherben zerbrochen, und so wandte sich Elizabeth an MGM und bat um Hilfe. Thau versprach ihr, daß er ihr jemand zur Unterstützung schicken würde. Eine Stunde später verließ Elizabeth das *Plaza* und flog nach Chicago, wo Bill Lyon auf sie wartete.

Bill sprach beruhigend auf sie ein und führte sie in die VIP-Lounge. Zunächst war Elizabeth entsetzt, doch dann erleichtert, denn dort wartete Nicky auf sie und bat sie, es noch einmal mit ihm zu versuchen. «Nachdem Thau von den Problemen seines Stars erfahren hatte, setzte er sich sofort mit Hilton in Verbindung», erzählte Berman. «Dieser nahm seinen Sohn ins Gebet und orderte eine Maschine, die ihn nach Chicago brachte.»

Gemeinsam flogen die jungen Hiltons am nächsten Tag nach Los Angeles, wo sie von Connie und den Taylors erwartet wurden. Taktvoll vermieden sie es zu bemerken, daß Elizabeth während ihrer Hochzeitsreise 20 Pfund abgenommen hatte. Um so überraschter waren die Eltern und der Ehemann, als Elizabeth ihnen unter dem Siegel der Verschwiegenheit anvertraute, daß sie schwanger sei. Nicky war begeistert, und gemeinsam suchten sie ein Haus in Beverly Hills. Zunächst aber wohnten sie in einer kleinen Suite im *Bel Air Hotel*, von dem Nicky 41 Prozent erworben hatte. Um den Trennungsgerüchten entgegenzuwirken, gab Elizabeth eine Reihe von Interviews. Auf Hedda Hoppers Frage, ob Nicky ihr in Frankreich im Casino Pokerchips ins Gesicht geworfen hätte, antwortete Elizabeth: «Das ist Unsinn, Hedda, sie spielen dort nicht einmal Poker.» Und sie warb um Verständnis für ihre Situation: «Andere junge Paare können streiten, aber bevor wir Gelegenheit haben, uns wieder zu versöhnen, steht alles bereits in den Schlagzeilen.»

Die nächsten zwei Monate gelang es ihnen, das Bild eines glücklichen Ehepaars abzugeben. Nicky spielte Golf und leitete das Hotel, und Elizabeth stand für *Ein Geschenk des Himmels* wieder vor der Kamera. Sie mußte zwar Szenen spielen, die stark an ihre eigenen Probleme erinnerten, aber in bester Hollywood-Manier nahm alles ein gutes Ende. In Wirklichkeit hatte sie jedoch immer noch große Schwierigkeiten mit Nicky. Sie aß wenig und begann zu rauchen.

Nicky schleppte sie abends zu Gesellschaften und Parties. Elizabeth war von den Dreharbeiten und der Schwangerschaft erschöpft, fügte sich jedoch seinen Wünschen. Wenn sie Glück hatte, waren sie gegen Mitternacht wieder zu Hause. Bestenfalls hatte sie fünf Stunden Schlaf, denn um sechs mußte sie wieder im Studio sein.

«Wir drehten gerade die Szene, in der Liz auf ihre Wehen wartet, als sie plötzlich ohnmächtig wurde. Der Studioarzt brachte sie sofort nach Hause, doch bis ihr Arzt kam, hatte sie das Baby schon verloren», erzählte Joan Bennett, die in diesem Film ihre Mutter darstellt. Nicky jedoch kümmerte sich nicht um seine Frau, sondern ging fischen. Elizabeth selbst gönnte sich keine Ruhe und stand schon wenige Tage später wieder vor der Kamera. Alle wußten um ihren Verlust, dennoch zeigten sich ihre Partner alsbald entnervt von ihren ständigen Überlegungen, wie ihre Ehe mit Hilton weitergehen sollte. «Sie jammert mir den ganzen Tag die Ohren voll, ob sie bei ihrem Tunichtgut bleiben oder ihn verlassen soll. Am besten wäre es, wenn beide zur Hölle fahren würden», berichtete Spencer Tracy.

Nachdem die Dreharbeiten beendet waren, rauften Elizabeth und Nicky sich wieder zusammen. Im Dezember kauften die Hiltons ein Haus in den Pacific Palisades, doch schon kurze Zeit nachdem sie ins neue Heim gezogen waren, packte Elizabeth ihre Koffer und fuhr nach Palm Springs ins *Miramar*. Wieder gelang es Nicky, sie zurückzuholen. Doch das Spiel wiederholte sich. Da Elizabeth wußte, daß Sara auf Nickys Seite stand, floh sie einmal zu Marjorie Dillon, ein anderes Mal zu Helen Rose. Immer wieder holte Nicky sie zurück. Eines Abends tauchte sie schließlich bei Jules Goldstone auf, und diesmal schien es endgültig aus zu sein. Nicky schickte täglich zwei Dutzend rote Rosen und versuchte stündlich, telefonisch mit ihr zu reden. Doch Elizabeth ließ ihn abblitzen. Sie wollte die Scheidung und lud ihn zu einem Gespräch ein und erklärte ihm die Lage. Nicky war wütend, hatte er doch eine Aussöhnung erhofft, und begann sie zu beschimpfen. Die Goldstones warteten im Nebenzimmer, und Jules griff erst ein, als die Geräusche Grund zu der Vermutung gaben, daß es zu einer gewaltsamen Auseinandersetzung gekommen war. Kurzerhand warf Jules Nicky aus dem Haus. In den nächsten Tagen kümmerte sich Goldstone um alles. Er informierte MGM, die nun die Kleider der Brautjungfern zurückverlangten. «Wir mußten sie sogar noch vorbeibringen, nachdem wir sie hatten reinigen lassen müssen», klagte Marjorie Dillon. «Sie hatten nicht einmal jemand vorbeischicken können.»

Elizabeth wollte ein Appartement mieten, doch Goldstone gab zu bedenken, daß dies in der gegenwärtigen Situation nicht ratsam sei. «Sie wäre dem Rudel Wölfe hilflos ausgeliefert gewesen, denn, ehrlich gesagt, zu diesem Zeitpunkt war sie nicht einmal fähig, einen Scheck auszuschreiben. Ich kannte ein nettes junges Ding, Peggy Rutledge. Sie war die Sekretärin der Frau von Bob Hope, und ich dachte, sie wäre für Liz geeignet, denn unter keinen Umständen wollte sie Sara länger um sich haben.»

Goldstone unterbreitete Elizabeth diverse Vorschläge. Zunächst lehnte sie diese heftig ab, doch nach einem längeren Vortrag wunderte er sich, daß sie nicht widersprach. Als er sich umdrehte, entdeckte er, daß sie ohnmächtig geworden war. Der hinzugezogene Arzt diagnostizierte ein Magengeschwür und verordnete Elizabeth, sich von Babynahrung zu ernähren.

«Kaum war in Hollywood bekannt geworden, daß Liz wieder solo war, begann ein Strom von Männern, meistens älter als sie, um ihre Gunst zu werben», beobachtete Hedda Hopper. Unter ihnen befanden sich Ted Briskin, Orson Welles, der Millionärssohn Lin Howard Junior, Tommy Breen, Ray Milland und William Holden. Ohne sich viel dabei zu denken, nahm Elizabeth ihre Einladungen an. Die Presse ließ schon bald wieder den Titel «Liz the Fickle» aufleben, aber die Taylor scherte sich nicht um ihren Ruf. Ja, sie war sogar bereit, Einladungen von Howard Hughes anzunehmen.

«Howard war in letzter Zeit deutlich abgesackt», erzählte Noah Dietrich. «Er trug zerknitterte Kleidung und hatte dringender denn je ein Bad nötig», beschrieb die Taylor ihren Eindruck von Hughes. Dennoch genoß sie seine Avancen. Nicky schickte indes täglich frische Blumen und machte auch gegenüber der Presse klar, daß ihm viel an einer Versöhnung mit seiner Frau lag, die sich «wie die letzte Hure in der Stadt aufführt. Aber ich verzeihe ihr.» Es gelang ihm, die Öffentlichkeit auf seine Seite zu ziehen, die Elizabeths Verhalten verurteilte.

Auch L. B. Mayer und Benny Thau machten sich Sorgen um Elizabeths Ruf. «Deshalb beschlossen wir, daß das Beste für Liz ein neuer Film sei.» Doch weil kein geeignetes Projekt zur Hand war, gaben sie ihr schließlich die Hauptrolle in der B-Produktion *Love Is*

Better Than Ever – ein ironischer Titel angesichts ihres damaligen Privatlebens. Regisseur des Films war Stanley Donen, dessen Ehe mit Jean Coyne zur gleichen Zeit zerbrochen war. Donen hatte mit *On the Town* sein Hollywood-Debüt gegeben und vor kurzem *Singin' in the Rain* beendet. Der siebenundzwanzigjährige Choreograph und Regisseur war Elizabeth vom ersten Augenblick an sympathisch. Schon am ersten Drehtag tauschten sie ihre Adressen aus und verabredeten sich zum Abendessen. In den nächsten Wochen sah man die beiden regelmäßig in der Öffentlichkeit.

Von der Scheidung ihrer Tochter erfuhr Sara aus der Zeitung, als sie am 7. Dezember 1950 die Kolumne von Louella Parsons las. Gegenüber Hedda Hopper meinte sie zuversichtlich: «Wenn man sie nur ein bißchen in Ruhe lassen würde, könnte sie schon noch alle Schwierigkeiten bereinigen.» Im Dezember stellte Elizabeth den Antrag auf Scheidung, ein Anhörungstermin wurde für Ende Januar 1951 festgesetzt. Am 17. Dezember 1950 ließ sie durch MGM verlauten, daß eine «Versöhnung nicht mehr möglich ist». Nicky befand sich zu diesem Zeitpunkt auf der Jagd. MGM war wütend über das Verhältnis zwischen Elizabeth und Donen, sah sich aber außerstande, seinen Star zurückzupfeifen. Mayers Stern befand sich im Sinken, und Shary kümmerte es wenig, wie es um den Ruf seiner Darsteller stand, solange die Filme erfolgreich waren. Ebenso entsetzt waren die Taylors, als Elizabeth eines Abends Donen mitbrachte. Empört verwies Sara ihn des Hauses. Weil Elizabeth sie deswegen anschrie, verlor auch Sara die Kontrolle über sich, und der Abend endete in einem erbitterten, lautstark geführten Streit, den nicht einmal Francis schlichten konnte. Tränenüberströmt rannte Elizabeth zu Donen, der im Wagen vor dem Haus auf sie gewartet hatte.

Stumm weinend verfiel Elizabeth in eine Apathie, aus der Donen sie nicht zurückholen konnte. Da er es mit der Angst zu tun bekam, fuhr er sie ins Krankenhaus. Der diensthabende Arzt diagnostizierte einen Nervenzusammenbruch und verordnete absolute Ruhe. In den nächsten Tagen war nur Donen der Zutritt zu ihrem Zimmer gestattet. Als es ihr wieder besser ging, nahm er sie unter seine Fittiche. «Ich konnte ihm eine Menge Fragen stellen», erinnerte sich die Taylor. «Ich war fasziniert von seiner Religion [Donen war Jude]. Er brachte mir viele Bücher, die ich las und mit ihm besprach und identifizierte mich mit ihm als ein Prügelknabe.»

Wieder genesen kehrte Elizabeth ins Studio zurück und beendete *Love Is Better Than Ever*, die seichte Geschichte von einer Tanzlehrerin aus New Haven, die sich in einen Agenten aus New York (Larry Parks) verliebt. Zunächst wollte MGM den Film noch im Frühjahr 1951 herausbringen, doch als Parks vor den McCarthy-Ausschuß geladen und als Kommunist angeklagt wurde, verschob man die Premiere. Schließlich kam der Film 1952 in die Kinos. Parks durfte nur noch zweimal in seinem Leben (1955 und 1963) vor die Kamera treten.

Nach Abschluß der Dreharbeiten zog sich Elizabeth erneut in ein Krankenhaus zurück. Unter dem Namen Rebecca Jones lag sie vom 9. bis 16. Januar 1951 in einem Einzelzimmer im Cedars of Lebanin Hospital. Offiziell war sie an einer Grippe erkrankt, aber die hohe Krankenhausrechnung läßt auf einen weiteren Zusammenbruch schließen. Immer wieder sollten sich diese Fluchtversuche in Elizabeths Leben wiederholen, sobald sie dem Stress und den Alltagsproblemen nicht mehr gewachsen war.

Sichtlich mitgenommen betrat Elizabeth am 29. Januar 1951 das Gericht von Santa Monica, wo die Anhörung stattfand. Um ihr ein Verhör zu ersparen, hatte es Jules Goldstone arrangiert, daß er die Hauptfragen stellte. Er sagte: «Mrs. Hilton, seit Beginn Ihrer Ehe zeigte Ihr Ehemann ein nicht zu zügelndes Temperament und verhielt sich ohne Grund sehr streitsüchtig und gewalttätig. Auch setzte er dieses Verhalten während des weiteren Verlaufs der Ehe fort. Hinzu kommt, daß er sehr viel Zeit ohne Sie verbrachte und dieses Verhalten auch beibehielt, als Sie wieder in Los Angeles waren.»

Richter: «Entspricht das der Wahrheit?»

Elizabeth: «Ja, Euer Ehren.»

Mr. Goldstone: «Mrs. Hilton, ist es richtig, daß Sie über ein Einkommen verfügen und keine Unterhaltsforderungen stellen werden?»

Elizabeth: «Ja!»

Mr. Goldstone: «Stimmt es weiter, daß Sie Ihren Mädchennamen wieder führen möchten?»

Elizabeth: «Ja, das stimmt.»

Elizabeth schlug ihre weißbehandschuhten Hände vors Gesicht und begann zu weinen. Der Richter nahm sie mit in sein Büro und bot ihr eine Zigarette an. Als sie wiederkamen, ging es ihr besser, so daß sie für die Fotografen posieren konnte. Die Papiere wurden am 1. Februar 1951 ausgestellt und die Scheidung trat ein Jahr später in Kraft. Nicky war bei der Anhörung nicht anwesend. Obwohl sie auf eine Unterhaltszahlung verzichtet hatte, bestand sie darauf, die Hochzeitsgeschenke und andere Kleinigkeiten, darunter der Verlobungsring im Wert von 50000 Dollar, die Hilton-Anteile am *Waldorf Astoria* sowie die 100 Aktien, eine weiße Nerzstola und einen Cadillac behalten zu dürfen. Der Kampf um jeden einzelnen Gegenstand zog sich über Monate hin, und Elizabeth Taylor siegte.

Kaum war die Anhörung vorüber, sah man Elizabeth abwechselnd in der Gesellschaft von Howard Hughes und Stanley Donen. Busenfetischist Hughes bot ihr sogar einen Vertrag an, der es ihr erlaubte, sechs Filme selber zu produzieren. Hätte Elizabeth akzeptiert, wäre sie Stars wie Burt Lancaster und Kirk Douglas um Jahre voraus gewesen. Doch sie lehnte ab, da sie eine zu enge Bindung an Hughes scheute. «Zudem hätte das bedeutet, daß sie ihre Rollen selber aussuchen mußte, und dazu war sie nicht imstande», merkte Berman an.

Immerhin war ihre Scheidung von Nicky die erste erwachsene Tat der Elizabeth Taylor. Entgegen der Bitten des Studios traf sie sich auch weiterhin mit Donen. Er begleitete sie zur Premiere des Films *Ein Geschenk des Himmels,* man sah sie im *Mocambo* tanzen, im *Brown Derby* essen oder in diversen Nachtclubs in Palm Springs.

«Als Donens Frau die Scheidung einreichte, ich glaube, es war im April 1951, dachten wir, es sei das Beste, wenn Liz erst einmal von der Bildfläche verschwände. Wir gaben ihr die nächstbeste Rolle in einer englischen Produktion und packten sie ins Schiff. Sie stampfte mit dem Fuß auf und tobte, zumal der Part ziemlich klein war. Aber es half alles nichts. Zunächst war sie außer Reichweite, und was konnte sie in England schon groß anstellen?» sagte Berman lächelnd.

6

Hollywood hatte sich verändert. Die Streiks, die die Filmstadt seit 1947 erschütterten, kosteten 78 Millionen Dollar. Weit größere Verluste entstanden den einzelnen Studios durch ein plötzlich erwachtes Desinteresse an der Filmunterhaltung. MGM wurde von dieser Entwicklung am stärksten getroffen.

Als Hauptgefahr machten einige Studiobosse die ausländischen Filme aus, die von kleineren Verleihfirmen nach den USA importiert wurden. Nur allzu gern übersah man dabei, daß diese Filme, darunter Werke von Federico Fellini und Sir Laurence Olivier, sich zwar großer Beliebtheit bei den Kritikern und der Gunst eines kleinen, großstädtischen Publikums erfreuten, die Kinobesitzer auf dem Land aber waren nicht an ihnen interessiert und nahmen sie auch nicht in ihr Programm auf.

Auch der Siegeszug des Fernsehens paßte ins Feindbild der darbenden Tycoons. 1948 kam in den USA auf 250 Haushalte ein Fernsehgerät. 1951 waren es bereits 160 Haushalte. Erst Jahre später entdeckten die Studios, daß sie diesem Medium gewinnbringend Lizenzen alter Filme verkaufen konnte, ja, einige fürs Fernsehen produzierten Filme und Serien verhinderten sogar den bevorstehenden Ruin.

Eine weitere Schuldzuweisung traf die Regierung. Nicht etwa wegen der «Kommunisten»-Verfolgung klagte Hollywood sie an, sondern wegen der Entscheidung des Obersten Gerichtshofs, derzufolge die bisherigen Filmverleihpraktiken gegen das Monopolgesetz verstießen. 1948 verdonnerten die Monopolwächter die Studios dazu, sich von ihren Lichtspieltheatern zu trennen. Nun konnten Kinobesitzer, die bislang gebunden waren, frei entscheiden, welchen Film sie von welchem Studio zeigen wollten. Doch die gesetzten Fristen wurden von den meisten Studios geschickt umgangen. MGM trennte sich 1958 von seinem letzten Kino, Warner Brothers erst 1961.

Die wahren Ursachen für die wirtschaftliche Misere der Branche wollten die meisten Studiobosse jedoch nicht erkennen. Sie hielten an dem Vorkriegskonzept der Traumfabrik fest. Daß sich das Bewußtsein der Frauen, die in den Kriegsjahren die Arbeit der Männer übernommen hatten, ebenso geändert hatte wie das der heimkehrenden Soldaten, wollte niemand wahrhaben. Die «süße Traumwelt Hollywoods» war durch die erlebten Schrecken und Entbehrungen ad absurdum geführt worden. Das Durchschnittsalter der Kinobesucher sank auf 21 Jahre, und die schätzten Billigproduktionen, die noch immer nach demselben Schema abliefen. Den wenigen, die den neuen Publikumsgeschmack erkannten, wie etwa John Huston und Henry Hathaway, verweigerte man die Realisierung von Projekten, die die Rettung bedeutet haben könnten.

Ein typischer Vertreter jener «Erwachsenenfilme», der in keiner Weise mehr dem damaligen Publikumsgeschmack entsprach, war *Ivanhoe* (dt. *Ivanhoe, der schwarze Ritter*), den die Taylor als «mittelalterlichen Wild-West-Film» bezeichnete. Ohne daß eine einzige Szene gedreht war, kostete der Film bereits 100000 Dollar. Robert Taylor spielte Ivanhoe, Joan Fontaine die weibliche Hauptrolle Rowena und Elizabeth sollte die Jüdin Rebecca darstellen. Doch sie weigerte sich. «Sie stampfte mit dem Fuß auf und tobte in meinem Büro herum», erinnerte sich Berman. «Zudem bekam sie nicht die Hauptrolle, was sie am meisten ärgerte. Doch wir bestanden darauf, daß sie sich am 7. Juni 1951 für Kostümtests und Probeaufnahmen bereithielt. Dann teilte uns einer ihrer Ärzte mit, sie sei arbeitsunfähig, wegen eines kürzlichen Nervenzusammenbruchs, eines Dickdarmkatarrhs und eines Magengeschwürs. Wir sagten, wir werden gut auf sie aufpassen.»

In der Suite von Onkel Howard im *St. Regis* hatte die Fluggesellschaft eigens einen Mitarbeiter abgestellt, der dafür sorgen sollte, daß Elizabeth nicht verschlief und pünktlich zum Flughafen kam. «Wir vermuteten, daß ihr kein Trick zu billig sein würde, um die Abreise zu verhindern oder zu verzögern», erzählte Berman.

Kaum war Elizabeth in England angekommen, wurde sie von Lord und Lady Mountbatten zu einem Ball eingeladen. Sie tanzte lange mit Prinz Philip und war seither ein gerngesehener Gast auf zahlreichen Parties.

Was Wunder, daß sie noch völlig erschöpft war, wenn sie morgens um 5 Uhr 15 das *Savoy Hotel* verließ, um gegen 6 Uhr in Borehamwood im Studio zu sein. «Ich fürchtete, sie würde jeden Moment zusammenbrechen», sagte der Regisseur Richard Thorpe. «Auch schien sie kein großes Interesse an der Rolle zu haben. Sie sprach ihren Dialog leise und unverständlich. Als ich mit Pan telefonierte, meinte er: ‹Hol alles aus ihr heraus, was du kriegen kannst. Die Lady war schon immer gut darin, ihre Rolle im Studio nachzusynchronisieren.› Was wir schließlich auch tun mußten.»

Wenn sie den Mund auftat, jammerte sie über ihre Diät und ihre Perücke, die sie bekam, damit sie nicht stundenlang beim Friseur herumsaß. «Das Ding wog zwei Pfund und war voller Nadeln, die mich ständig stachen. Abends hatte ich zusätzlich zu meiner Migräne auch noch Nackenschmerzen von dem blöden Gerät.»

Nur in ihrer Freizeit schien Elizabeth aufzublühen. Denn da war noch Michael Wilding zur Hand, der sie vom Flughafen abgeholt hatte. Während eines kurzen Gastspiels in den USA – Wilding drehte 1950 an der Seite von Greer Garson *The Law and the Lady* – hatten er und die Taylor gelegentlich miteinander telefoniert. «Die Sache schien vorüber zu sein, bevor sie überhaupt begonnen hatte», meinte er lakonisch – und war in die Arme von Marlene Dietrich geflohen, seiner Partnerin aus Hitchcocks *Stage Fright*. Doch kaum sah er Elizabeth wieder, war es um ihn geschehen. «Sie setzte alles daran, Michael zu erobern», wußte Anne Neagle, deren Mann Herbert Wilcox Wilding entdeckt und protegiert hatte. «Zudem entsprach sie auch seiner Vorstellung, wie eine Frau im Bett zu sein hatte. Sein Problem war ein unstillbarer Hunger nach Sex, und Herbert Wilcox erklärte ihm, wie verheerend sich ein Bekanntwerden dieses Problems auf seine Karriere auswirken würde.» Wildings Promiskuität hatte seine erste Ehe scheitern lassen. Für die Taylor aber war Wilding ein Quell des Lebens. Der Presse gegenüber bekannte sie: «Ich wurde durch ihn von all meinen Beschwerden geheilt.»

Nachdem am 14. September 1951 die Dreharbeiten des Films *Ivanhoe, der schwarze Ritter* beendet waren, sah man die beiden zusammen im *Savoy Grill,* im *Mirabelle, The Ivy* oder im *Caprice.* Michael Wilding erinnerte sich: «Eines Morgens rief sie mich an und bat mich, gegen 11 Uhr in die Bond Street zu kommen. ‹Schau, Liebling, welcher von den beiden Ringen gefällt dir am besten›, sagte sie zu mir. Es waren die dunkelsten Saphire, die ich je gesehen hatte, und sie paßten gut zu ihren Augen. Nun, ich wollte sie ärgern und meinte, sie sollte die kleineren nehmen. Wütend stampfte sie mit ihrem Fuß auf. ‹Keine Angst, ich bezahle die Klunker selbst›, tobte sie, und ich wußte, warum ich sie so liebte. Sie kaufte dann doch die größeren Exemplare. Danach fuhren wir im Taxi zu Rules. Sie streifte sich ihre Ringe ab und befahl: ‹Du darfst mir den Ring anstecken.› Ich tat es, und sie jubilierte: ‹Jetzt sind wir verlobt!› Es ging alles so schnell, daß ich nicht mehr zurück konnte. Aber in diesem Moment war es mir egal.»

Am Abend gingen Elizabeth und Wilding zusammen mit seiner Presseagentin Malvina Pumphrey und deren Mann Kenny aus. Sie tanzten, aßen und tranken und beschlossen mitten in der Nacht, Sara ein Telegramm zu schicken: «Wir denken an Euch und wünschten, Ihr könntet bei uns sein. Wir feiern hier unser Wiedersehen und sind sehr glücklich. Kann es kaum abwarten, Euch in Beverly Hills wiederzusehen. In Liebe Elizabeth, Malvina, Kenny und Michael Wilding.» Sara war glücklich, zumal es das erste Lebenszeichen ihrer Tochter nach der Affaire mit Donen war. Doch Francis war skeptisch: «Wer zum Teufel ist dieser Michael Wilding?» Michael Wilding und Tab Hunter brachten Elizabeth im Oktober 1951 gemeinsam zum Flughafen. Die frisch Verlobten hatten vereinbart, mit der Bekanntgabe der Verlobung so lange zu warten, bis Michael von Kay Young geschieden und Elizabeth volljährig sein würde. Sie küßte Michael zweimal und verschwand in der Maschine.

In New York wurde sie von Montgomery Clift und von ihren Eltern, die ihren 25. Hochzeitstag in New York feiern wollten, am Flughafen abgeholt. Sara hatte zusammen mit Conrad Hilton einen Plan geschmiedet. Wie der behutsam gesteuerte Zufall es wollte, lief Nicky im *Plaza Hotel*, wo Elizabeth sich eingemietet hatte, seinem verlorenen Glück über den Weg. Die Zeichen standen auf Versöhnung – Conrad Hilton hatte Elizabeth 5 Millionen Dollar in Aussicht gestellt für den Fall, daß das re-animierte Eheglück mit Nachkommenschaft besiegelt würde. Also fuhr Elizabeth am 18. Oktober 1951 mit Nicky zum Anwesen ihres Onkels nach Pidgefield, Connecticut. Auf dem Weg dorthin gab Nickys Wagen seinen Geist auf. Ein Polizist, der vorbeikam, brachte die beiden zu Youngs Haus und wußte zu berichten: «Sie saß auf seinem Knie und küßte ihn leidenschaftlich. Ich bin überzeugt, die beiden haben sich versöhnt.» Doch die alten Streitereien ließen nicht lange auf sich warten, und nach drei Tagen war die neuerwachte Liebe zu Ende. Nicky suchte Trost bei Betsy von Fürstenberg. MGM rief, und Elizabeth mußte zurück nach Hollywood. Zu ihrer Überraschung präsentierte das Hotel ihr eine Rechnung über 2500 Dollar. Elizabeth war entsetzt, glaubte sie doch, Gast des Hauses gewesen zu sein. Die Taylor revanchierte sich auf ihre Weise. Sie rief Montgomery Clift und Roddy McDowall an, die zusammen mit Kevin McCarthy kamen und das Zimmer verwüsteten. Der Schaden belief sich auf mehr als 3000 Dollar. MGM zahlte zähneknirschend, um einen Skandal zu vermeiden, und Elizabeth mußte einen Entschuldigungsbrief an die Hotelleitung schreiben.

Während Elizabeth 80 Prozent von *Ivanhoe, der schwarze Ritter* nachsynchronisierte, leitete Wilding seine Scheidung ein. Er telefonierte täglich mit Elizabeth und kam im Dezember 1951 nach Kalifornien, um Anne Neagle und Herbert Wilcox bei der Publicity-Tour für deren Florence Nightingale-Drama *The Lady With the Lamp* behilflich zu sein. Er wohnte bei Stewart Granger und dessen junger Frau Jean Simmons und hoffte, daß seine Ehe mit Elizabeth ebenso glücklich verlaufen würde wie die seines Freundes. «Eigentlich hatte ich gehofft, daß Michael Marlene heiraten würde. Er war in mancherlei Hinsicht hilflos, und Marlene war die ideale Frau für ihn: jemand, der auf sein Wohl bedacht ist, ihn bemutterte und ihm den Haushalt führt», merkte Stewart Granger an. «Aber sie war verheiratet und wollte sich nicht scheiden lassen. Liz hingegen? Sie paßte überhaupt nicht zu ihm. Aber ich wollte Michael nicht weh tun und schwieg.»

Bei einem Abendessen im Haus der Grangers traf Elizabeth erneut auf Howard Hughes. «Er stierte den Frauen, die wohl die schönsten auf der Welt waren, in den Ausschnitt. Er war von Liz' und Jeans Titten wie besessen. Aus Spaß fragten wir ihn, welche von beiden er gern hätte, und er antwortete ehrlich, daß er sich nicht entscheiden könne.» Wie sehr Hughes noch immer von der Taylor fasziniert war, davon geben auch die Erinnerungen von Jules Goldstone Zeugnis. «Hughes machte ihr das Angebot, daß er für sie eine eigene Produktionsgesellschaft ins Leben rufen wollte. Elizabeth lehnte wiederholt ab, doch er machte einen letzten Versuch und versprach ihr eine Million Dollar pro Film… Erst jetzt zögerte Liz.» Hughes geriet in Ekstase, sobald nur der Name der Taylor fiel. Auf der anderen Seite versuchte er jedem zu schaden, der mit ihr in Verbindung gebracht wurde. «Über Hunter brachte er das Gerücht in Umlauf, er sei schwul. Andere denunzierte er als Kommunisten. Wenn er nicht sogar noch zu übleren Methoden und Mitteln griff. Aber das Gerücht, er sei am Tod von Todd schuldig gewesen, halte ich für zu weit hergeholt», sagte Noah Dietrich.

Durch einen Versprecher erfuhr Hughes, daß Wilding vorhatte, Elizabeth zu heiraten. Wütend verließ er die Grangers und machte sich sofort daran, diese Ehe zu torpedieren. Er ließ das Gerücht verbreiten, Michael Wilding und Stewart Granger seien eine Zeitlang Liebhaber gewesen. Hedda Hopper griff dieses Gerücht auf und nahm Elizabeth ins Gebet. Sie hielt ihr einen Vortrag darüber, daß Wilding keinerlei Rechte habe, sie zu heiraten, zumal sein Herz schon Stewart Granger gehöre. Michael Wilding konnte darüber nur lachen und Granger schickte Hedda zur Hölle. Dennoch wiederholte Hedda Hopper ihre Vorwürfe in einem ihrer Bücher, das

1962 auf den Markt kam. Wilding verklagte sie auf 3 Millionen Dollar, und man einigte sich außergerichtlich auf eine sechsstellige Summe und eine öffentliche Entschuldigung.

Aber auch von anderer Seite wurde Elizabeth vor einer Ehe mit Wilding gewarnt. Doch je größer der Widerstand ihrer Umgebung wurde, desto überzeugter war die Taylor, daß Wilding der einzige Mann sei, der sie glücklich machen konnte.

Während Wilding einen neuen Film drehte, schlug sich Elizabeth mit der Entscheidung herum, ob sie ihren Vertrag bei MGM verlängern sollte. Die meisten Stars waren dem Beispiel James Stewarts gefolgt, der 1946 mit *Winchester 71* den Weg in die Unabhängigkeit eingeschlagen und dank einer Beteiligung am Gewinn Millionen verdient hatte. Doch Elizabeth wußte nicht, was sie wollte. «Sie war so verliebt in Kleider», erzählte Goldstone. «Wann immer ich es bei Metro erreicht hatte, daß man über eine Gehaltserhöhung nachdachte, kam sie und fragte nach irgendeinem Fummel aus ihren Filmen, und alle Anstrengungen gingen so den Bach hinunter. Sie aber war zufrieden.»

Mitten in die Vertragsverhandlungen platzte Wildings Anruf, er werde Ende Januar 1952 kommen, um seine «kleine Braut» zu holen. Die Taylor stieß einen kleinen Schrei des Entzückens aus und machte sich ans Packen.

Zusammen mit Wilding kehrte sie am 17. Februar 1952 im Alter von neunzehn Jahren nach London zurück. «Ich möchte nur mit Michael zusammensein und seine Frau sein. Er liebt es, zu Hause zu sitzen, seine Pfeife zu rauchen, zu lesen und zu malen. Und genau das gleiche will ich auch tun – alles, mit Ausnahme der Pfeife», gab sie zum besten.

Am 21. Februar 1952 wurde das Paar in Caxton Hall getraut. Neben Wildings Eltern waren auch Anne Neagle und Herbert Wilcox sowie zehn enge Freunde Wildings anwesend. Die Taylors waren nicht eingeladen worden. Helen Rose hatte erneut ein Hochzeitskleid entworfen, diesmal passend zum englischen Klima, aus grauer Wolle. Die Zeremonie selbst dauerte knappe zehn Minuten, in denen die Taylor die meiste Zeit kicherte, weil der Standesbeamte eine ähnliche Stimme hatte wie der englische Komiker Richard Hayden.

Dem offiziellen Empfang im *Claridge's* folgte ein intimerer in Michaels Wohnung in der Burton Street 2. Zu Elizabeths Enttäuschung beschränkte sich die Hochzeitsgeschenke auf einen Cocktailshaker, ein Paar Diamantohrringe und eine Ausgabe des *Oxford English Dictionary*. Die Hochzeitsnacht, die wegen Michaels angespannter finanzieller Situation von Wilcox bezahlt wurde, verbrachte das frischvermählte Paar im nahegelegenen *Berkeley Hotel*, wo man als Hochzeitsmenü Erbsensuppe, Schinken mit Ei und eine Flasche Champagner bestellte. «Der Ober, der die Bestellung aufnahm, fiel beinahe tot um, als er das hörte», erinnerte sich die Taylor. Am nächsten Morgen reisten sie nach Val d'Isère und verbrachten dort achttägige Flitterwochen. Elizabeth wäre noch gern länger geblieben, doch Michael hatte Herbert Wilcox zugesagt, die Hauptrolle in *Trent's Last Case* zu übernehmen, und mußte am 2. März wieder in London sein. Während Michael das letzte Mal für Wilcox vor der Kamera stand, genoß Elizabeth ihr Leben. In einem Interview mit David Lewin erklärte sie: «Für mich stand die Karriere nie an erster Stelle. So besonders wichtig war sie für mich nie gewesen. Ich möchte nun vor allem eine gute Ehefrau sein, und ich möchte gern ein Baby haben. Wo wir einmal leben werden, liegt bei Michael. Ich mag Kalifornien sehr, aber ich könnte auch in London oder Rom glücklich werden.»

Von derartigen Ansichten aufgeschreckt – Elizabeth hatte ja noch immer nicht ihren Vertrag unterzeichnet –, telegrafierte MGM, daß der Drehbeginn von Elizabeths nächstem Film, *The Girl Who Had Everything*, auf den 25. März 1952 angesetzt sei. Elizabeth telegrafierte an Goldstone, daß sie nur in Begleitung ihres Ehemanns nach den USA zurückkehren werde und daß sie den Vertrag nur unterzeichnen werde, wenn auch Michael bei MGM einen Vertrag bekomme. Goldstone unterbreitete Thau Elizabeths Wunsch, und zähneknirschend rang MGM sich dazu durch, auch Wilding zu beschäftigen.

Nach zähen Verhandlungen erreichte Goldstone folgenden Abschluß: Elizabeth wurden wöchentlich 4700 Dollar auf fünf Jahre (mit jeweils 40 Wochen) garantiert. Sara sollte auch weiterhin 300 Dollar in der Woche erhalten, sobald ihre Tochter vor der Kamera stand. Für Wilding hatte man eine Gage von 3000 Dollar pro Woche auf drei Jahre (mit 40 Wochen garantiert) vorgesehen. Bei einer Vertragsverlängerung sollte sich diese auf 4000 Dollar pro Woche erhöhen. Als Elizabeth dies hörte, forderte sie für Michael bei Vertragsverlängerung 5000 Dollar wöchentlich, was man ihr auch zugestand.

Elizabeth aber ließ sich mit der Unterzeichnung des Vertrags Zeit – bis Juli 1952. Thau, Berman und Goldstone waren gleichermaßen verzweifelt. «Langsam begann Liz sich in die eiskalte Lady zu verwandeln, der wir alle so gern einmal in den Arsch treten würden», sagte Berman.

Nach zähen Verhandlungen unterzeichnete die Taylor den Vertrag erst, als MGM auch noch ein Darlehen von 50 000 Dollar für ein Haus lockergemacht hatte. «Ich habe erneut mit MGM abgeschlossen, weil ich schrecklich sentimental bin und Benny Thau und all die anderen netten Menschen dort sehr ins Herz geschlossen habe. Außerdem können Michael und ich gemeinsam lunchen», sagte sie gegenüber der Presse.

Daß sie schwanger war, erfuhr Elizabeth während der Dreharbeiten zu *The Girl Who Had Everything*, dem Remake des Gable–Shearer-Klassikers *A Free Soul* von 1931 (Tochter eines Anwalts verliebt sich in Klient des Vaters, den sie auch heiraten will, bevor sie im letzten Moment doch noch zur Besinnung kommt). Zuerst rief sie ihre Mutter an, später ihren Mann Michael. Wilding unterbrach seine Dreharbeiten, holte Elizabeth ab und fuhr mit ihr zu I. Magnin, dem teuersten Spielwarengeschäft von Beverly Hills, und kaufte für das ungeborene Baby zwei riesige Teddybären.

«Dem Kind war es auch zu verdanken, daß Liz ihre Krallen nicht nach Fernando Lamas ausstreckte, obwohl ihr seine körperlichen Vorzüge nicht entgangen waren», bemerkte Sheila Graham. Fernando Lamas, der in *The Girl Who Had Everything* den Gangster Victor Ramondi spielte, war für Elizabeth Anreiz genug, in der neunundsechzigminütigen Schwarz-Weiß-Produktion mitzuwirken. Nun aber stand ihr der Sinn nach Familienglück.

Ein trautes Heim mußte her, und Elizabeth hatte genaue Vorstellungen davon, wie das Haus aussehen sollte: ein riesiger Garten sollte es umgeben, und es sollte weit von der Hollywood-Kolonie entfernt sein. Nach längerer Suche fand Elizabeth schließlich ihren Traum: das Anwesen am Summitridge Drive 1771, Beverly Hills. Elizabeth wollte das Haus ganz neu einrichten und benötigte dafür weitere 60 000 Dollar. Das Haus selbst kostete 75 000 Dollar. Elizabeths Einkommen belief sich bei einem voll ausgeschöpften Arbeitsjahr auf 190 000 Dollar, Michaels auf 120 000 Dollar. Nach Abzug der Geschäftskosten (60 000 Dollar), der Steuer (185 400 Dollar), den Lebenshaltungskosten (35 000 Dollar) verblieben ihnen 29 600 Dollar, von denen der MGM-Kredit noch zurückgezahlt werden mußte. Für Hollywood-Verhältnisse gehörten sie also zu den armen Leuten.

Elizabeth ging ganz in ihrer Mutterrolle auf. Nachdem die Dreharbeiten zu *The Girl Who Had Everything* (ein ironischer Titel, wenn man an Elizabeths finanzielle Situation denkt) am 4. August 1952 abgeschlossen waren, zog sie los und kaufte sich Umstandskleider. «Das Baby war überhaupt nicht zu sehen. Ich konnte leicht noch die Kleider tragen, die eine Taillenweite von 23 Zoll hatten. Doch sofort nach Drehende fing ich an, mit einwärts gestellten Füßen und herausgestrecktem Bauch herumzustolzieren. Wenn ich mich setzte, stieß ich einen Seufzer aus. Um einen dicken Bauch zu bekommen, gab ich all meinen Schwangerschaftsgelüsten nach und war entzückt, als ich es auf 150 Pfund gebracht hatte. Ich habe mich in meinem ganzen Leben nie so bedeutend und wichtig gefühlt wie zu der Zeit meiner Schwangerschaften.»

Am Morgen des 6. Januar 1953 stellte ihr Arzt, Dr. Aaberg, fest, daß sich das Baby gedreht hatte. Gegen 17 Uhr wurde sie ins Krankenhaus von Santa Monica eingeliefert und erklärte den wartenden Reportern: «Ich bin es nun leid, noch länger darüber zu rätseln, was ich produziert habe. Also laß ich es jetzt mit einem Kaiserschnitt herausholen.» In Wirklichkeit hatte sie vor der Operation wahnsin-

Elizabeth Taylor in der Sam Spiegel-Produktion
Plötzlich im letzten Sommer *(1959)*

Oben links: Sara und Elizabeth Taylor, 1932
Oben rechts: Elizabeth und ihr Bruder Howard, 1936

Elizabeth, 1935

Kleines
Mädchen
großes Herz,
MGM, 1944

Held auf
vier Pfoten,
MGM, 1946

Elizabeth, 1947

Elizabeth als atemberaubende Sechzehnjährige, 1948

Rechts: Autogrammfoto, 1951

*Elizabeth Taylor
in London,
1949*

Rechts:
Ivanhoe,
der schwarze
Ritter, *MGM,*
1952

Publicityaufnahme, 1953

Grace Kelly und Elizabeth Taylor, 1953

Elizabeth und James Dean während einer Drehpause, 1955

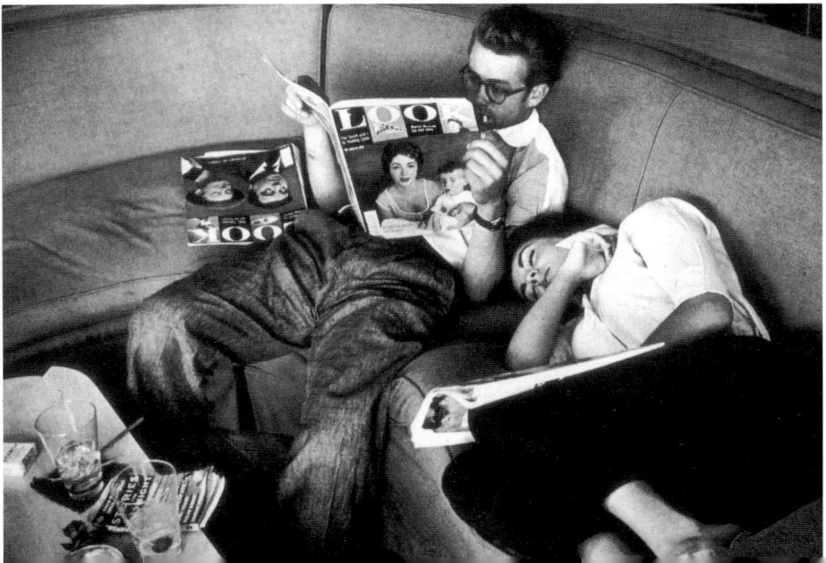

*Mike Todd, Elizabeth und ihr drittes Kind,
Elizabeth Francis, 1957*

Die Katze auf dem heißen Blechdach, *MGM*, 1958

Autogrammfoto, 1960

Muttertag 1962 – Sara, Francis und Elizabeth Taylor in Rom während der Dreharbeiten von Cleopatra

Regisseur Joseph L. Mankiewicz legt letzte Hand an (1962)

Billy Carter und Elizabeth, 1982

*Elizabeth an der Seite
von George Hamilton, 1986*

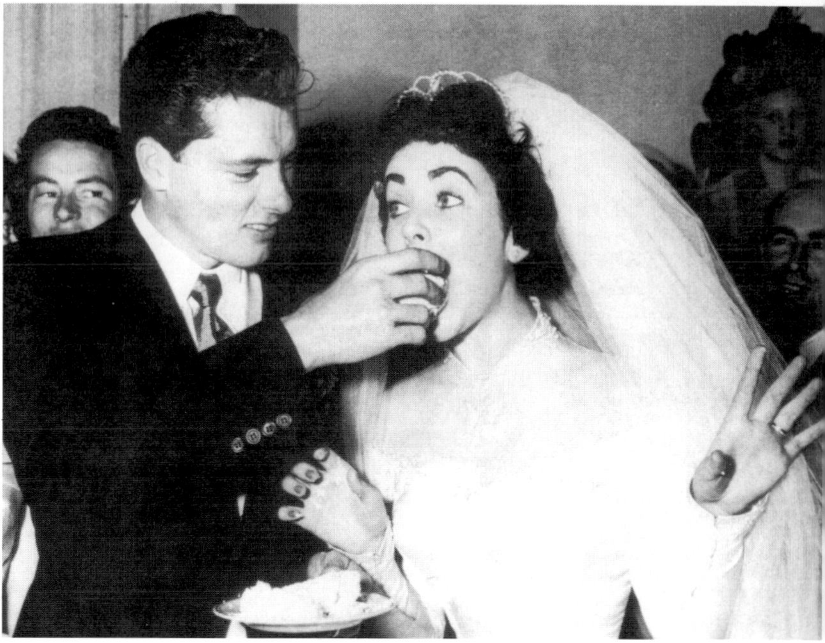

Oben: «Shut up Liz!»
(Nicky Hilton und Elizabeth
am 6. Mai 1950)

Rechts: Mike
Todd und
Elizabeth, 1958

*Das offizielle Hochzeitsfoto:
Elizabeth und Eddie Fisher, 1959*

*Elizabeth und Richard Burton
bei ihrer ersten Hochzeit am
15. März 1964 in Montreal*

*Rechts: Elizabeth und
Larry Fortensky, 1992*

Plötzlich im letzten Sommer, *Horizon, Columbia, 1959*

nige Angst und schrie noch in der Narkose nach ihrem Ehemann. «Als ich meinen Sohn das erste Mal sah, war er violett, das ist meine Lieblingsfarbe. Ich war glücklich und schlief sofort ein. Als ich wieder erwachte, war er inzwischen rosa und nicht mehr so verschrumpelt. Seine Augen waren blau, und er hatte einen wunderschön geformten Kopf. Es war das größte Glück meines Lebens.»

Nach drei Tagen verließ Elizabeth auf eigene Verantwortung und ohne Rücksicht auf ihren Gesundheitszustand die Klinik, um die Hauptrolle in *All the Brothers Were Valiant* an der Seite von Robert Taylor und Stewart Granger zu spielen. Doch als sie sich im Studio meldete, war man entsetzt: Sie sah sterbenselend aus, obwohl sie 132 Pfund wog. Als sie am 9. Januar wegen starken Blutungen ihrer Narbe das Studio nach zweieinhalb Stunden verlassen mußte, ordnete Thau an, die Dreharbeiten um vier Wochen zu verschieben. Um sie vor ihrer selbstzerstörerischen Karrierebesessenheit zu schützen, nahm Thau ihr Übergewicht als Vorwand und befahl ihr, sich einer strengen Diät zu unterziehen. Elizabeth verlor nur 6 Kilogramm und bekam die Rolle nicht. Floyd Hendrickson schrieb in einem Memo am 27. Februar 1953: «Sie wird ins Studio kommen, damit Mr. Thau sie sehen und entscheiden kann, ob ihr physisches Erscheinungsbild es ihr erlaubt, ihren Vertragsverpflichtungen nachzukommen.»

Thau war der Ansicht, daß Elizabeth noch einige Wochen benötigen würde, ihre «alte Form wiederzuerlangen». Doch bereits am nächsten Tag erreichte ihn ein unwiderstehliches Angebot von Paramount: Das Studio wollte die Taylor für 150 000 Dollar für *Elephant Walk* (dt. *Elefantenpfad*) ausleihen.

Der Film war in Ceylon bereits mit Vivien Leigh, Dana Andrews und Peter Finch begonnen worden. Vivien Leigh hatte jedoch während der Dreharbeiten einen Nervenzusammenbruch erlitten und war, mit starken Medikamenten ruhiggestellt, nach den USA zurückgebracht worden. Paramount konnte und wollte nicht alle Szenen mit ihr nachdrehen und fragte bei MGM an, ob die Taylor zur Verfügung stehe. Eine gewisse Ähnlichkeit war gegeben und sämtliche Außenaufnahmen in Ceylon könnten verwendet werden. Thau zögerte, gab aber dem Drängen von Shary und Schenck nach und lieh Elizabeth aus. Allerdings fehlte ihr der Pathos der Leigh, um in der Rolle einer Frau, die von einem Pflanzer nach Ceylon gebracht wird und erst dort die Schattenseiten ihres Mannes kennenlernt, zu überzeugen.

William Dieterle erinnerte sich, daß der weitere Verlauf der Dreharbeiten nicht ohne Turbulenzen verlief. «Finch, der eine Affaire mit Vivien hatte, versuchte diese mit Elizabeth fortzuführen. Als sie ihn wegen seines schlechten Mundgeruchs abblitzen ließ, soff er bis zum Exzeß.» Zusammen mit Dana Andrews gründeten Finch und die Taylor den «Fuck You Club», der für den lautstarken Verzehr von Mahlzeiten in *Lucy's El Adobe* berüchtigt wurde. «Wenn man mir den Ausdruck verzeiht: sie rülpsten und furzten um die Wette», verriet John Lee Mahin, der Drehbuchautor.

Während der abschließenden Aufnahmen der Standfotos flog Elizabeth durch eine Windmaschine ein winziger Metallsplitter ins Auge. «Meine Liebe, Sie haben einen Fremdkörper in Ihrem Auge», erklärte der Studioarzt, den sie wegen eines kratzenden Schmerzes im Auge aufsuchte. «Jemand, den ich kenne», fragte die Taylor scherzhaft. Die anschließende Operation gehört auch heute noch mit zu Elizabeths Lieblingsgeschichten. Clift bemerkte neidlos: «So wie Liz erzählt niemand über seine Krankheiten und Operationen. Darin ist sie unschlagbar.»

«Der Splitter war tief in mein Auge eingedrungen und begann zu rosten. Man kann in solchen Fällen keine Narkose geben, da die Augen offen bleiben müssen. So starrte ich auf einen bestimmten Punkt an der Decke. Bei der Operation wird eine Nadel mit einem winzigen Messerchen am Ende benutzt, und man hört, wie sie im Auge herumschneidet. Das klingt so, als ob man eine Wassermelone ißt.»

Wieder zu Hause stieß das Baby sein Fäustchen in das frisch operierte Auge. Elizabeth mußte sofort ins Krankenhaus und die Ärzte fürchteten um das Augenlicht der Jung-Diva. Mit verbundenen Augen verbrachte Elizabeth mehrere Wochen in völliger Dunkelheit. Sie war verzweifelt. Weniger über die Gefahr, in der sie schwebte, als über den Verlust ihres Partners in ihrem nächsten Film. In *Rhapsody* (dt. *Symphonie des Herzens*) sollte Hollywoods neuester Liebling Richard Burton an ihrer Seite stehen. Elizabeth hatte ihn bereits einmal auf einer Party getroffen. «Jeder hatte mir vorgeschwärmt, was für ein toller Mann er sei, doch ich war zunächst enttäuscht. Er war ziemlich von sich eingenommen, und ich hatte den Eindruck, daß er überhaupt nicht mehr zu reden aufhören würde. Ich warf ihm nur einige eisige Blicke zu.» Burton notierte in seinen Tagebüchern über ihr erstes Zusammentreffen: «Sie war so ungewöhnlich schön, daß ich am liebsten laut herausgelacht hätte... Sie war üppig. Sie war ein dunkles, unnachgiebiges Himmelsgeschenk. Sie war, kurz gesagt, eine unglaubliche Wucht.» Doch während er seine Anekdoten erzählte und wie immer den armen Bergarbeitersohn spielte, wandte sie sich ab. Später belauschte er ein Gespräch zwischen ihr und der Dame des Hauses und war erstaunt, «was für ein vulgäres Vokabular dem Mund dieser Schönheit entströmte».

Von Thau erfuhr Elizabeth, daß Burton durch Vittorio Gassmann ersetzt worden sei und sie sich nun Zeit lassen könne, gesund zu werden. Sara wich nicht von ihrer Seite, und Michael kam sofort nach Beendigung der Dreharbeiten zu ihr. Er stand gerade als Partner von Joan Crawford in *Torch Sony* vor der Kamera, wo er einen blinden Pianisten spielte. «Ich glaubte fest daran, daß ich wieder gesund werden würde», meinte die Taylor Jahre später. «Wenn nicht, hätte es eben das Ende meiner Karriere bedeutet, nicht aber meines Lebens.»

Im Juni 1953 stand Elizabeth für *Symphonie des Herzens* vor der Kamera. Der Film zieht sich für den Zuschauer endlos hin. Dies lag unter anderem daran, daß das Drehbuch von Fay und Michael Kanin aus Budgetgründen stark gedehnt wurde. «Wir hatten doppelt soviel veranschlagt, wie wir wirklich brauchten», erinnerte sich Produzent Lawrence Weingarten. «So drehten wir in Technicolor, und Liz mußte in unzähligen Kostümen darüber unsicher sein, ob sie nun den Pianisten John Ericson oder den Violinisten Gassmann heiraten wollte.»

Als der Film im März 1954 in die amerikanischen Kinos kam, schrieb *Monthly Film Bulletin*: «Elizabeth Taylor ist ausgesprochen dekorativ anzusehen.» Während der Dreharbeiten wurde offensichtlich, daß sich die Ehe von Michael und Elizabeth in einer Krise befand. Erst jetzt erfuhr sie, daß Michael Epileptiker war. Den Anblick des sich in Krämpfen windenden Wilding konnte und wollte sie nicht ertragen. Thau machte Elizabeth klar, daß eine Scheidung, die von ihrer Seite ausging, derzeit nicht in Frage kam. Liz fügte sich. Man ging also gemeinsam aus und lebte nebeneinander her. «Warum ich eigentlich Michael Wilding geheiratet habe, weiß ich nicht mehr», gestand die Taylor einmal. «Ich kann mich an unsere Ehe auch kaum noch erinnern. Schließlich war sie nur noch rein platonisch.»

MGM glaubte, Elizabeth würde eine Luftveränderung gut tun und gab ihr die Rolle der Lady Patricia in *Beau Brummell* (dt. *Beau Brummell – Rebell und Verführer*). Elizabeth verabscheute historische Kostümfilme, aber ihre Mitwirkung an diesem Lichtspiel wurde durch die Aussicht versüßt, auf Studiokosten mit Michael um die halbe Welt reisen zu können. Gleich bei ihrer ersten Station in New York wurde Elizabeth Schmuck im Werte von 17 000 Dollar geraubt. Sie meldete den Schaden ihrer Versicherung und zog sofort los, um sich bei Bulgari mit neuen Juwelen einzudecken. Als sich aber die Versicherung weigerte, den Schaden augenblicks zu begleichen, konnte sie den Schmuck nicht bezahlen. Sie schickte an Thau ein Telegramm: «Lieber Benny, bitte sei so lieb und schicke die Erlaubnis nach New York, an mich 1600 Dollar auszuzahlen... extra... ich benötige das Geld für Juwelen. Ich würde vor Scham sterben, wenn der Juwelier käme und ich ihn nicht bezahlen könnte. Alles Liebe. Elizabeth.» Thau kam ihrer Bitte sofort nach. Nach einem kurzen Abstecher in England reisten die Wildings nach Kopenhagen, wo Elizabeth an der Premiere von *The Girl Who Had Everything* teilnahm. Und wieder schickte sie an Thau ein Telegramm: Sie benötigte warme Kleidung und erinnerte sich daran, wie «herrlich die Kostüme von Helen [Rose] in *Symphonie des Her-*

zens gewesen waren. Bitte veranlasse, daß man sie mir hierher schickt, sonst erfriere ich.»

Der Europatrip führte sie weiter über Stockholm nach North Zeeland und nach Madrid, wo sie zum erstenmal einen Stierkampf sah und ihr eine Zigeunerin ein reiches und erfülltes Leben prophezeite. Später reisten sie nach Capri.

Im September kehrten sie nach England zurück, wo bereits der Regisseur Curtis Bernhardt wartete. «Sie absolvierte den Film, als ob sie schlafwandeln würde», meinte Sam Zimbalist, der Produzent. «Sie war sichtlich gelangweilt.» Elizabeth selbst hielt nicht viel von dem Werk: «Ich sah den Film erst, als ich schon mit Richard verheiratet war. Er kam im Fernsehen, aber nach fünf Minuten mußten wir umschalten, da mir schlecht wurde.»

Ähnlich erging es auch einem Komitee, das den Film für die königliche Familie vorab sichtete. «Zunächst war man der Meinung, daß königliche Hoheiten nichts so sehr interessiere wie andere Hoheiten königlichen Geblüts. Doch als Robert Morley als Georg III. mich in einer höchst realistischen Szene zu erwürgen versuchte», erzählte Peter Ustinov, «kamen den Komiteemitgliedern Zweifel, ob der Anblick eines gar nicht so weit entfernten Vorfahren, der einen anderen ebenfalls nicht so weit entfernten Verwandten in einem Anfall geistiger Umnachtung umbringen will, wirklich die geeignete Unterhaltung für Ihre Majestät sein könnte.» Was Wunder, daß die Szene für einen Skandal in England sorgte und dem Film zusätzlich Publicity bescherte.

Im Oktober 1953 kehrten die Wildings nach New York zurück. Michael reiste weiter nach Hollywood zu den Dreharbeiten des Films *The Egyptian*. Er hatte eine «typische Nachthemdenrolle», die er auch nach wenigen Tagen niederlegte. Erst ein angedrohtes Gerichtsverfahren und zahllose Rechnungen, die in ihrer Abwesenheit eingetroffen waren, zwangen ihn zur Weiterarbeit.

Elizabeth traf sich in der Zwischenzeit mit Richard Brooks, dem Regisseur ihres nächsten Films *The Last Time I Saw Paris* (dt. *Damals in Paris*). «Auf den ersten Blick war sie die schönste Frau der

Welt», erinnerte er sich. «Was mich aber am meisten beeindruckte war, daß sie überhaupt nicht ihrem Image entsprach. Sie war absolut ehrlich und konnte sehr zynisch sein. Zu ihrer Enttäuschung sah man sie immer nur als Schönheit und nicht als Schauspielerin.»

Brooks gab Elizabeth in *Damals in Paris* die Chance zu zeigen, daß sie eine talentierte Schauspielerin war. «Er war schrecklich in sie verliebt», erinnerte sich Marjorie Dillon. «Doch zu uns anderen war er unausstehlich.»

Der Film, der auf der short story *Babylon Revisited* von F. Scott Fitzgerald basiert, erzählt die Geschichte von Helen Ellswirth und Charles Wills. Wills, ein amerikanischer Autor, kehrt nach Paris zurück, um sein Kind wiederzusehen, das er nach dem Tod seiner Frau bei seiner Schwägerin (Donna Reed) gelassen hatte. In Rückblicken wird erzählt, wie er Helen während des Zweiten Weltkriegs kennenlernte, sich in sie verliebte und sie schließlich heiratete. Charles treibt als erfolgloser Schriftsteller in die Alkoholsucht. Am Tod seiner Frau, die an Lungenentzündung stirbt, trifft ihn eine Mitschuld. Großen Wert legte Brooks auf die Gestaltung der Todesszene, da er wußte, daß ein gut inszenierter Tod den Film dem Oscar näherrückte. Nach einem heftigen Streit mit ihrem betrunkenen Mann wird Helen (Elizabeth) aus der Wohnung gesperrt. Elizabeth trug ein rotes Chiffonkleid, das eine beeindruckende Spur im Schnee hinterließ – wie eine Blutspur.

«Obwohl der Film nicht besonders gut ist, fühlte ich mich zum erstenmal als wirkliche Schauspielerin», erinnerte sich die Taylor. Ihre Leistung wurde nach der Premiere auch von den Kritikern gewürdigt. *The Film Dailey* jubelte, dies sei «von allen ihren bisherigen Rollen die Beste», und *Variety* feierte ihre Darstellung als «einen Meilenstein». Aber es gab auch Besprechungen, die sie als «langweilig», «dumm» und «untalentiert» bezeichneten.

Elizabeth setzte Maßstäbe, war ein Leitbild für andere Frauen, wurde nachgeahmt. Die *Picture Post* brachte das Taylor-Phänomen auf den Punkt: «Jeden Morgen entwertet Elizabeth Taylor mein U-Bahn-Ticket. Zum Lunch serviert mir Elizabeth Taylor den Drink. Am Nachmittag kommt Elizabeth Taylor in mein Büro, um mit mir über einen Artikel zu sprechen... Wenn Imitation die höchste Form von Schmeichelei ist, ist Elizabeth Taylor die umschmeicheltste Frau der Welt... Seit dem Krieg, wo jedes Mädchen versuchte, wie Veronica Lake auszusehen, haben sich die Frauen Amerikas nicht mehr so sehr bemüht, jemandem ähnlich zu sehen.» Gleichgültig, wie sie sich kleidete, was sie tat oder sagte, am nächsten Morgen war es bereits in tausendfacher Kopie zu sehen. «Ich finde es langweilig, immer mich selbst zu sehen», rief sie eines Abends aus, als sie auf einer Party mehrere Taylor-Kopien gesehen hatte.

1954 wurde Elizabeth erneut schwanger und machte sich auf die Suche nach einem neuen, größeren Haus. Durch Zufall entdeckte sie auf dem Gipfel eines Hügels ein Haus des Architekten George MacLean. «Wir kletterten über die Mauer und gingen in das Haus hinein – ein Arbeiter hatte vergessen, die Glasschiebetür wieder zu schließen. Das ganze Haus war mit weißem Teppich ausgelegt, es hatte fließendes Wasser, und eine ganze Wand war mit Rinde verkleidet, an der sich Farne und Orchideen hochrankten. Die Bar war aus Steinen gefertigt, und der Kamin hatte keinen Schornstein, sondern eine Einrichtung, durch die der Rauch unter dem Haus abgeleitet wurde und über den Grillrost im Freien aufstieg. Es sah aus wie eine Schneewittchen-Dekoration von Walt Disney, und wir waren davon augenblicklich begeistert. Ich wollte es unter allen Umständen haben. Als ich Mutter davon erzählte, war sie entzückt. Die Frau des Architekten war eine alte Freundin von ihr. Daher wußte sie, daß MacLean immer einen besonderen Anhaltspunkt haben mußte, ein Bild oder einen Menschen, für den er dann sein Haus entwarf. Mutter meinte: ‹Hast du es denn nicht gewußt? Er hat dieses Haus für dich gebaut, Liebes.›» Das gab den Ausschlag. Obwohl Thau ihr von dem Kauf abriet, erwarben die Wildings das MacLean-Haus für 150000 Dollar. «George wurde ein guter Freund von uns und der Taufpate von Christopher. Wir machten eine Menge Schulden und mußten notgedrungen ein sehr zurückgezogenes Leben führen, denn wir hatten ständig Angst, daß uns der Gerichtsvollzieher besuchen würde.»

Natürlich zogen auch ihre Tiere mit in das Heim am Beverly Estate Drive 1375 ein. Peggy Rutledge überwachte nun den Haushalt und sorgte für eine gewisse Ordnung. «Ihr anderes Haus mußte von Grund auf renoviert werden», erinnerte sie sich. «Es wäre sonst unverkäuflich gewesen.» Um sich einigermaßen über Wasser halten zu können, verlängerte Elizabeth Ende 1954 ihren Vertrag mit MGM um ein weiteres Jahr. Im Gegenzug übernahm Thau einen Teil ihrer Schulden, denn zu den bisherigen Kosten kamen weitere 2200 Dollar für die monatliche Abzahlungsrate des neuen Hauses.

Wenn Wilding Elizabeth anhielt, sparsam zu sein, fluchte sie nur, daß er «ein richtiger, kleinkarierter Engländer sei». Die finanzielle Belastung, Elizabeths Schlamperei und ihre chronische Unpünktlichkeit nervten Wilding. «Meine Frau kommt mit aller Regelmäßigkeit gut zwei Stunden zu spät», vertraute er Hedda Hopper an. «Die meiste Zeit verbringt sie im Badezimmer vor einem großen Spiegel, wobei sie sich ihre Nägel poliert, ihre Augenbrauen zupft oder ihr Haar kämmt. Dabei versinkt sie in Tagträume…» Montgomery Clift, der in Hollywood *From Here to Eternity* drehte, wurde ein häufiger Gast bei den Wildings. «Monty versuchte zu schlichten. Er hörte sich Liz' Argumente an und ging dann zu Michael, um sich dessen Version anzuhören. Er war der Bote der zwei zerstrittenen Parteien.»

Elizabeth steckte in einer tiefen Krise und war sich über die Zukunft ihrer weiteren Karriere im ungewissen. Sie war unglücklich über die Rollen, die MGM ihr anbot. An *Quentin Durward*, *The Bad and the Beautiful*, *Plymouth Adventure* und das Musical *Deep in My Heart* konnte sie keinen Gefallen finden. Billy Wilder wollte Elizabeth für *Sabrina* gewinnen. Doch sie lehnte ab, da sie weder Wilder noch ihren Partner Humphrey Bogart ausstehen konnte. Fieberhaft suchte sie mit Jules Goldstone nach einem geeigneten Drehbuch, doch *Roman Holiday* ging an Audrey Hepburn, *The Country Girl* und *Rear Window* an Grace Kelly, *How to Marry a Millionaire* an Lauren Bacall, *Desirée* an Jean Simmons, *I'll Cry Tomorrow* an Susan Hayward. *The Snows of Kilimanjaro*, *Mogambo*, *Pandora and the Flying Dutchmen*, *Bhowani Junction* und

The Sun Also Rises verlor sie ebenso wie *The Barefoot Contessa* an Ava Gardner. Obwohl die Taylor erklärte, «Ava ist um ein Vielfaches schöner als ich», tobte sie, daß sie die meisten Rollen an sie verlor. «Wir machten uns bald einen Scherz daraus», erzählte Ava. «Wann immer es hieß, ich solle eine Rolle spielen, rief Liz an und verlangte den Part für sich.»

Bei einer Party kam die Rede auf Ava. «Kauft mir ein Ticket nach New York», schrie die Taylor, «damit ich mit Schenck ficken kann, um endlich die Rollen zu kriegen, die ich verdiene.» Natürlich erfuhr auch Schenck davon. Mit dem ihm eigenen Humor ordnete er an, daß Elizabeths nächster Film das Projekt mit dem Titel *Lassie's Mother* sein würde, sobald sie entbunden hätte. «Benny mußte ihr diese Nachricht im Krankenhaus überbringen. Es war einer seiner schwersten Gänge. Zunächst tobte sie und schmiß eine Vase zu Bruch, doch dann heulte sie stundenlang. ‹Wenn ich jetzt einen Abgang habe, ist das nur die Schuld von diesem verdammten Schenck›, schluchzte sie, nur daß sie nicht ‹verdammt› sagte», wußte Berman zu erzählen.

Am 27. Februar 1955 erblickte Christopher Edward Wilding das Licht der Welt. Diesmal jedoch hatte es die Taylor kaum erwarten können, die Schwangerschaft hinter sich zu bringen, denn George Stevens hatte angefragt, ob sie die Titelrolle in *Giants* (dt. *Giganten*) übernehmen wollte. Nachdem sie das Drehbuch gelesen hatte, war sie sich sicher, daß sie für diese Rolle für einen Oscar nominiert werden und dann endlich mit zu den Topstars zählen würde. Laut *Screenworld* waren dies James Stewart, Gary Cooper, John Wayne, Marilyn Monroe, William Holden, Bing Crosby, Jane Wyman, Alan Ladd, Lauren Bacall, Grace Kelly, Marlon Brando, Judy Garland, Danny Kaye, Debbie Reynolds, Rock Hudson und Audrey Hepburn. Elizabeth tauchte erst auf Platz 138 auf.

Für die Rolle der Leslie Lynnton Benedict wollte Stevens ursprünglich Grace Kelly. Sie war cool, elegant und sah reich und verwöhnt aus. Grace Kelly war an der Verfilmung des Romans von Edna Ferber auch interessiert, doch da sie das Studio von ihrer bevorstehenden Heirat informiert hatte, wollte MGM das Potential seines Stars für zwei eigene Produktionen – *The Swan* und *High Society* – nutzen. Andererseits wollte MGM aber James Dean für zwei Filme von Warner Brothers ausleihen. Mitte Mai kam man überein, daß Warner an MGM für Elizabeth 175 000 Dollar zahlte, und außerdem «alles Erdenkliche tun würde, Dean von einem Projekt für Metro zu überzeugen».

Für den Part des Bick Benedict wählte Stevens Rock Hudson aus. Hudson war zwar bereits ein Publikumsliebling, in der Branche aber sah man ihn nur als «attraktiven Muskelmann».

«Gary Cooper wollte die Rolle, James Stewart wollte die Rolle, jeder große männliche Star Hollywoods wollte die Rolle, und dann nahm George mich», erinnerte sich Hudson. «Ich war schrecklich unsicher, doch George war so intuitiv, daß ich bis zum Drehbeginn reich und arrogant war. Ich mußte überhaupt nicht mehr spielen. Er ließ mich die Farbe des Hauses aussuchen und schließlich auch noch meine Frau. Er fragte, ob ich Grace Kelly oder Elizabeth Taylor heiraten wollte, und ich sagte, Elizabeth, weil sie eine so außergewöhnliche Schönheit war. Hätte ich Grace Kelly gesagt, ich glaube, George hätte Liz trotzdem genommen.» Elizabeths Dankbarkeit gegenüber Rock Hudson war die Basis einer lebenslangen Freundschaft. Zunächst wurde ein Teil der Innenaufnahmen in Hollywood gedreht. «Da wir noch nie zusammen gearbeitet hatten», erzählte Hudson, «lud Liz mich und Phyllis zum Abendessen in ihr neues Haus ein. Am nächsten Tag sollten wir die Szene drehen, in der ich meine Frau zurückhole, die zur Hochzeit ihrer Schwester geflohen ist. Wir tranken bis fünf Uhr früh und waren völlig blau, als Liz gegen sechs ins Studio geholt wurde. Später schrieb ein Kritiker, man habe uns unseren inneren Schmerz deutlich angesehen, dabei war das nur der Kater von der vorherigen Nacht.»

Im Juli 1955 reiste die Crew nach Marfa, Texas, um die Außenaufnahmen zu drehen. Sofort begann die Presse Vermutungen anzustellen, was zwischen Dean und der Taylor passieren würde, nachdem man zuvor Elizabeth und Rock eine Affaire angedichtet hatte. Anders als Rock Hudson war James Dean Elizabeth gegenüber kalt, zurückweisend und grausam. Er imitierte ihre hohe Stimme perfekt und machte sich über sie lustig. Wenn er merkte, daß Elizabeth ihm die Show stahl, rief er mitten in einer Szene: «Schnitt, ich habe die Sache versaut.» Doch Dank des Riesenerfolgs von *East of Eden*, der im März 1955 Premiere hatte, hielt Stevens trotz der Klagen seiner anderen Stars an James Dean fest. «George hatte Jimmy irgendwie gern», sagte die Taylor.

Stevens war überaus besorgt, sein Teenageridol könnte die Dreharbeiten nicht unbeschadet überstehen. Die Geschichten über seine Liebe zu schnellen Autos sind bereits Legende, doch Stevens fürchtete vor allem, daß publik würde, daß Dean gelegentlich schwule Lederbars besuchte, in denen harter S-M-Sex praktiziert wurde. «Die Narben und Brandwunden konnten wir oft nur schwer abdecken», erinnerte sich eine Maskenbildnerin. «Häufig war er aber so hergenommen worden, daß er weder stehen noch sitzen konnte, geschweige denn filmen.»

Elizabeth versuchte zunächst, Dean gegenüber nett zu sein. Stevens' Freund Russ Meyer, der damals für die Standfotos zuständig war, schilderte die Atmosphäre: «Es war manchmal so, als wäre ich ein Löwenbändiger. Das Studio wollte Bilder, die Eintracht und Harmonie am Drehort zeigten, doch in Wahrheit wären sich alle am liebsten an die Gurgel gesprungen.»

James Dean, ein Neuling unter lauter Profis, war überaus nervös. Wann immer er mit dem Star Elizabeth Taylor drehen mußte, wurde er verkrampft. «Er spielte diese Szene mit Elizabeth, in der er das Gewehr über der Schulter trägt und sie zum Tee einlädt», erinnerte sich Dennis Hopper, der den ältesten Sohn von Benedict darstellte. «Sie machten eine Aufnahme nach der andern und es klappte einfach nicht. Plötzlich verließ er den Drehort und ging dorthin, wo sich die Zuschauer drängelten. Er ging einfach zu ihnen, stand da, öffnete seine Hose, nahm seinen Schwanz raus und pinkelte. Dann ging er zurück und meinte: ‹Okay, Aufnahme!› Auf dem Heimweg fragte ich ihn, warum er das gemacht hätte. ‹Ich bin ein methodischer Schauspieler›, antwortete er. ‹Wenn es mir gelänge, vor fremden Leuten zu pinkeln, würde ich auch die Szene schaffen.›»

«Die Dreharbeiten zu dem Film waren mörderisch», erinnerte sich Elizabeth. «Ständig gab es Krach, auch wegen der Kostüme. George wollte, daß ich verzweifelt, traurig und einsam aussah. Deshalb steckte er mich in dicke, derbe Schuhe, dicke Strümpfe und einen langen Rock, setzte mir einen alten Männerhut auf und verbarg meine Haare in einem dicken Knoten. Ich konnte nicht begreifen, daß ich auf einmal wie eine lesbische Schlampe oder Charlie Chaplin aussehen sollte.» Vor versammelter Mannschaft fing die Taylor deswegen einen Streit an. George Stevens macht ihr klar, daß sie niemals eine große Schauspielerin werden würde, wenn sie nur «bezaubernd» aussehen wollte. Wütend wischte sie sich die Schminke ab, machte ihr Haar ohne Spiegel zurecht und stampfte wild herum. Stevens seufzte erleichtert auf. Er hatte erreicht, was er wollte.

Rückblickend urteilte Stevens über die Begabung seiner Hauptdarstellerin: «Sie hatte ihr ganzes Leben mit älteren Menschen verbracht und kannte deren Verhalten. Sie mußte sogar eine Großmutter spielen. Bedenken Sie, wie alt sie damals war. Doch sie brachte es fertig und war sehr überzeugend. Sie wußte mehr über das Leben und seine Abgründe als ich.»

Im Verlauf der Dreharbeiten ging es mit ihrer Gesundheit bergab. Noch immer hielt sie strikt ihre Diät ein, doch «sie naschte Schokolade. Sie aß sie aber nicht, sondern spuckte sie wieder aus, damit sie zwar den Geschmack im Mund hatte, nicht aber die Kalorien auf der Hüfte», gab Rock Hudson zum besten. Zu dieser Zeit plagte sie wieder ihr altes Rückenleiden, so daß sie vor Schmerzen schrie. Doch Stevens nahm die Sache nicht ernst, obwohl Elizabeth einige Zeit im Rollstuhl verbringen mußte.

«Liz übertrieb die Sache manchmal ein bißchen», meinte Rock Hudson. «Da saß sie nun im Rollstuhl, mit einer Krankenschwester an ihrer Seite und jammerte, welche Schmerzen ihr jeder Schritt bereiten würde. Doch sobald die Dreharbeiten abgeschlossen waren, rief sie mir zu: ‹Hey, warte!›, sprang aus dem Rollstuhl und war lustig und vergnügt, als wäre nichts gewesen. Kein Wunder, daß George ihr nicht mehr glaubte.»

Im Studio mußten nur noch wenige Szenen gedreht werden. Stevens versammelte seine Crew und seine Stars im Vorführraum und diskutierte mit ihnen die bereits abgedrehten Szenen. Am 30. September 1955 erreichte Stevens im Vorführraum ein Anruf. In knappen Worten teilte man ihm mit, daß James Dean an den Folgen eines Autounfalls gestorben sei. «Ich kann es nicht glauben», schrie Liz. «Aber ich», sagte Stevens.

«Deans Tod traf Liz sehr hart», bemerkte Hudson. «Sie ist eine extreme Person; wenn sie jemanden mag, liebt sie ihn, wenn jemand ihr unsympathisch ist, haßt sie ihn. Im Augenblick des Todes begann sie, Dean zu lieben. Vergessen war, wie schlecht er sie behandelt hatte. Und George war auch nicht besonders nett. Er bestand darauf, daß sie am nächsten Tag im Studio erschien und die letzte Einstellung drehte. Liz weinte so sehr, daß Stevens sie nur von hinten aufnehmen konnte.» Nach einer erbitterten Diskussion schickte Elizabeth Stevens zur Hölle und verließ das Studio. Am Nachmittag wurde sie mit Magenkrämpfen und Darmverschluß ins Krankenhaus eingeliefert. Die Crew mußte vierzehn Tage pausieren, bis die letzte Szene gedreht werden konnte.

«Ich glaube, das war ihre ganz persönliche Rache an George», meinte Edna Ferber, die Autorin der Romanvorlage *Giant*. «Stevens stand unter einem gewaltigen Erfolgsdruck. Nun mußte er vierzehn Tage auf Miss Taylor warten, und die Produktionskosten stiegen beträchtlich, was Stevens beinahe das Genick gebrochen hätte.» Die Geschichte von Bick Benedict (Hudson), der von einer Reise nach Maryland eine junge Frau (Taylor) mit nach Texas bringt, entsprach dem damaligen Zeitgeschmack. In drei Stunden und achtzehn Minuten (Originallänge) wird geschildert, wie sich Leslie mit dem harten Leben auf der Reata Ranch und ihrem veränderten Mann, einer eifersüchtigen Schwägerin, dem Rassenkonflikt zwischen Texanern und Mexikanern und einem wilden Cowboy (Dean), der später Millionär wird, herumschlagen muß. Im Laufe der Jahre bekommen die beiden zwei Kinder und werden, wie auch Jett Rink, dank ihrer Ölquellen zu Millionären, müssen sich mit einer Mischehe auseinandersetzen und schaffen es, schließlich doch ihre Eheprobleme zu lösen.

Die Kritik jubelte. Der Film wurde für insgesamt zehn Oscars nominiert: James Dean, Rock Hudson, Mercedes McCambridge, das Drehbuch, die Kostüme, die Musik, der Schnitt und die Ausstattung. Aber allein Stevens gewann den Oscar als bester Regisseur. Elizabeth ging leer aus, gleichwohl gelang ihr der Sprung in die Riege der Kassenstars. Im ersten Jahr spielte der Film sieben Millionen Dollar ein, und Elizabeth zierte das Titelblatt von *Life* – mit einem Foto, das der Lichtbildner Russ Meyer auf die Platte gebannt hatte.

Das wirkliche Leben der Taylor verlief indes anders als im Kino. Ihrer Ehe mit Michael Wilding war kein Happy-End vergönnt. Während sie in Texas drehte, berichtete das Magazin *Confidential* über Wildings angebliches Treiben zu Hause. Unter der Überschrift *«When Liz Taylor's Away, Mike Will Play»* berichtete das Magazin, das sich auf reißerische Enthüllungsgeschichten spezialisiert hatte, wie Michael zwei Stripperinnen zu Hause bewirtete. MGM schickte Wilding und Anita Ekberg zu Dreharbeiten von *Zarak Khan* nach Marokko – das damalige Sibirien Hollywoods. «Gleichgültig, ob es wahr ist oder nicht, das reicht nicht aus, um unsere Ehe zu zerstören», sagte Elizabeth, und demonstrativ reiste sie ihrem Gatten hinterher. Nach einem heftigen Streit kehrte sie nach den USA zurück und checkte sich für vier Wochen in ein New Yorker Krankenhaus ein.

Doch Wildings Liebe zu Elizabeth war ungebrochen. «Er hätte alles dafür gegeben, daß Liz sich mit ihm versöhnte», meinte Stewart Granger. Sie jedoch distanzierte sich immer stärker von ihm. «Sie waren in New York», erinnerte sich Frank Farrell. «Liz rief mich an, und bat mich, sie zum Essen zu begleiten. Ich dachte, Michael sei in Hollywood, doch als ich im Hotel *St. Regis* eintraf, sah ich Wilding, Clift und McDowall auf dem Sofa sitzen. Ich war verwirrt, doch dann kam Liz und meinte, das sei okay. Sie wolle den Abend mit mir verbringen. Wir gingen los und überließen die drei Männer sich selbst. Es war wirklich eine eigenartige Szene.»

Elizabeths Bedarf an Wilding war erschöpft.

Skandale

«Liz litt sichtlich. Sie beherrschte dies bis in die kleinste Nuance. Wenn ich sie in der Kantine sah», sagte Berman, «hockte sie meistens allein an einem Tisch, zog einen Schmollmund und klimperte traurig und weltschmerzverloren mit den Augen. Da wußten wir, daß neues Unheil nahte.»

Elizabeth hatte um einen Termin bei Benny Thau gebeten. «Irgendwie ahnte er, daß es sich nicht um eines der üblichen Wehwehchen, Problemchen oder welterschütternden Tragödchen handelte, und so rief er mich an und bat mich, gleich zu ihm zu kommen. Sie sah wirklich schlecht aus. Offenbar schlief sie wenig und soff viel. Als sie nun da saß, in ihrem kleinen grauen Schneiderkostümchen, konnte sie einem wirklich leid tun. Sie fing an bitterlich zu schluchzen und drückte ihr zerknülltes Taschentuch melodramatisch an ihr ach so leidendes Herz, das jeden Moment zu zerspringen drohte.

‹Mit 24 Jahren bin ich eine alte Frau›, schluchzte sie. ‹Ich weiß wirklich nicht, warum und wofür ich noch lebe. Für mich gibt es nur noch Regentage, kein Sonnenschein erhellt mehr mein trübes Dasein. Ich möchte doch nur geliebt werden, ist das zuviel verlangt? Nein, natürlich nicht. Wenn ich morgens aufwache, liegt immer ein Fremder neben mir.›

Thau, der nicht sicher war, auf was das Ganze hinauslaufen sollte, erwiderte diplomatisch: ‹Nun, dann würde ich vorsichtig sein, mit wem ich mich da einlasse.›

‹Seid ihr denn nur alles Arschlöcher?› keifte sie und ihre Augen funkelten wütend. ‹Die Ehe mit Michael ist vorbei. Ich halte diesen elenden Langweiler nicht mehr aus und reiche deshalb demnächst die Scheidung ein.›

Thau stand der Mund offen, und triumphierend trabte Liz aus dem Zimmer.»

Berman freute sich, denn zuvor hatte er mit Thau um ein Monatsgehalt gewettet, daß sie wieder auf der Suche nach einem neuen «Schoßtier» war, wie die Taylor ihre Männer zu nennen pflegte.

In Wirklichkeit hatte sie dieses auch schon gefunden. Frank Sinatra hieß das Objekt ihrer Begierde – nicht nur, weil er mit ihrer Rivalin Ava Gardner verheiratet war, sondern auch, weil ihm der Ruf vorauseilte, daß er ein «pferdegleiches Gehänge» habe.

Um ihn näher kennenlernen zu können, wollte sie in seinem nächsten Film die weibliche Hauptrolle haben. Thau, der ihr keinen Wunsch ausschlug, war nun in einer prekären Situation, zumal die Besetzung für *High Society* bereits feststand: Grace Kelly, Celeste Holm und Bing Crosby. Deshalb schlug er Liz vor, ihr die Hauptrolle in dem Film *Some Came Running* zu geben, für den Frank bereits unterzeichnet hatte. Die Taylor war erfreut. Auf ihrem Plattenspieler liefen nun nur noch Sinatra-Songs.

Über verschlungene Studiowege erfuhr Sinatra, daß die Taylor an einem Stelldichein mit ihm interessiert war. Frank, verheiratet, aber deshalb noch lange nicht monogam, zeigte Interesse. Doch auch Ava Gardner hatte von der Sache Wind bekommen. «Ich rief Frank an und erklärte ihm, ich wüßte, daß Liz, the Fickle, hinter ihm her war. Wir beide hatten damals eine ziemlich schwierige Phase in unserer Ehe. Ich sagte ihm, daß eine Nummer mit der Taylor für uns das endgültige Aus bedeuten würde. Kleinlaut zog er seinen Schwanz ein.» Über Berman ließ Sinatra Elizabeth mitteilen, daß er derzeit keine Chance sehe, mit ihr zusammenzuarbeiten. Die Rolle in *Some Came Running* ging schließlich an Shirley MacLaine, und Elizabeth tröstete sich mit Kevin McClory.

Erst Jahre später kam die Taylor bei Sinatra zum Zuge und mußte dieses «erstaunliche physische Erlebnis» teuer mit einer Abtreibung bezahlen.

Elizabeth Taylors Interesse an Wilding war endgültig erloschen. Auch MGM sah nun keinen Grund mehr, seinen Vertrag, der im Frühjahr 1956 auslief, zu verlängern.

Elizabeths nächster Film, *Raintree County* (dt. *Das Land des Regenbaums*), ein Bürgerkriegsepos, wurde mit einem Etat von

5,3 Millionen Dollar ausgestattet und sollte ein würdiger Nachfolger des Kassenschlagers *Vom Winde verweht* werden. Einige Filmhistoriker wie Sheridan Morley, Richard Schickel und Alexander Walker entdeckten in diesem Film Parallelen zum Privatleben der Taylor. Mit weiblicher List zwingt Susanna, eine Südstaatenschönheit, einen jungen idealistischen Mann (Montgomery Clift) sie zu heiraten. Als Susanna entdeckt, daß «Negerblut» in ihren Adern fließt, verliert sie den Verstand. Erst nach acht Jahren wird der Ehemann «befreit» und kann zu seiner Jugendliebe (Eva Marie Saint) zurückkehren.

Elizabeth hatte auf Monty als Partner bestanden, der nach seinem Triumph in dem Lichtspiel *From Here to Eternity* wieder zu den Topstars Hollywoods zählte. MGM hatte große Bedenken, denn Clift sorgte in letzter Zeit für Schlagzeilen. In New York war er verhaftet worden, weil er einen Mann auf der 42nd Street sexuell belästigt hatte. In New Orleans hatte er einen minderjährigen Knaben bevorzugt und wanderte hinter Gitter.

Indes war Berman erleichtert: «Monty hatte sich ein Haus gemietet und studierte zusammen mit Liz die Rollen ein. Wir waren darüber froh, denn so wurde sie bei Laune gehalten.» Bereits während des Rollenstudiums wurde beiden klar, daß die deprimierende Geschichte in keiner Weise dem Roman von Margaret Mitchell das Wasser reichen konnte. So endeten die Proben im «Krähennest» oft in wilden Besäufnissen.

Die Dreharbeiten zu *Das Land des Regenbaums* begannen am 3. April 1956. In Hollywood munkelte man, daß nicht nur berufliche Interessen das Trio Wilding–Taylor–Clift verbinden würde. In einer eilig verfaßten Presseerklärung verkündete MGM, wie dankbar das Studio für Wildings Unterstützung sei, der den beiden Hauptdarstellern in einer sehr schwierigen Zeit beistehe.

«Hätte Wilding doch auch mir beigestanden», witzelte Produzent Robert Vogel. «Der ungezügelte Alkoholgenuß hatte Monty und Liz deutlich gezeichnet. Ich hätte besser ein Drama über Säufer machen sollen, nicht ein Südstaatenepos.»

Die Taylor war launisch, Monty debil, Dmytryk verzweifelt. Der

Regisseur Edward Dmytryk mußte jeden Augenblick damit rechnen, «wegen Unfähigkeit» ersetzt zu werden. Doch damit nicht genug. Am Abend des 13. Mai erlitt Clift auf dem Nachhauseweg einen schweren Unfall. Eine Viertelmeile von den Wildings entfernt war Clift gegen einen Telegrafenmast gerast. «Monty war kaum noch am Leben», erzählte Rock Hudson, der an diesem Abend im «Krähennest» zu Gast war. «Als wir ankamen, lag Monty in dem Autowrack und spie Blut und Zähne. Elizabeth kletterte in den Wagen und versuchte, ihn herauszuziehen. Doch er war hinter dem Lenkrad eingeklemmt. So nahm sie seinen Kopf in ihren Schoß und sprach mit ihm. Als sie bemerkte, daß er an seinen eingeschlagenen Zähnen zu ersticken drohte, langte sie in seinen Mund und entfernte sie.» Es dauerte ewig, bis die Ärzte kamen. Und dann auch die Reporter. Vergeblich versuchte Elizabeth, die Fotografen abzudrängen. «Ihr Hurensöhne», schrie sie. «Ein Bild, und ich trete euch in die Eier!»

«Erst als die Ärzte ihn weggebracht hatten, empfand ich es als schrecklich, mit fremdem Blut beschmiert zu sein», erzählte die Taylor und fuhr detailbesessen fort: «Der schwere, süßliche Geruch verursachte mir Brechreiz. Später hatte ich Alpträume, in denen sein Gesicht auftauchte. Es stieg wie ein Ballon vor mir auf. Sein Kinn war an vier Stellen gebrochen, seine Nase zweimal, und rings um die Augen hatte er tiefe Schnittwunden. Seine Oberlippe sah aus, als hätte man mit einem Löffel ein großes Stück davon zusammen mit den Zähnen herausgerissen.»

Montgomery Clift war inzwischen so debil, geschmacklos und makaber, daß er Elizabeth ein Collier schenkte, das er aus seinen ausgeschlagenen Zähnen hatte fertigen lassen. Elizabeth Taylor war so dankbar, geschmacklos und makaber, daß sie dieses Collier in der Öffentlichkeit trug. Am Morgen nach dem Unfall informierte Elizabeth MGM, daß sie nur zusammen mit Monty den Film beenden würde. In weiser Voraussicht hatte Dore Shary, Chef der MGM, Clift mit seinen Alkohol- und Drogenproblemen gegen Arbeitsunfähigkeit versichert. Mit den ausgezahlten 450 000 Dollar in der Tasche konnte MGM den Wunsch der Taylor erfüllen.

Monty konnte sich erholen, und Elizabeth perfektionierte derweil ihren Südstaaten-Akzent unter Anleitung von Marguerite Littman.

Eine neue Wendung erfuhr Elizabeths Leben, als sie im Mai 1956 den Produzenten Mike Todd kennenlernte. Todd war als Sohn eines Rabbis am 22. Juni 1907 in Minneapolis geboren worden. Sein erstes Vermögen verdiente er mit Stripshows, Musicals und Komödien. «Die Leute wollen kleine Komödien und große Weiber mit riesigen Titten sehen», lautete sein Leitspruch. Er hatte zweimal sein Vermögen verloren und sich zweimal seiner Frauen entledigt. Nach zwanzig Ehejahren wollte er sich von seiner Frau Bertha scheiden lassen. Obwohl sie wußte, daß er bereits mit dem Starlet Joan Blondell zusammen lebte, weigerte sie sich, in die Scheidung einzuwilligen. «Ich laß mich nicht wie einen alten Schuh wegwerfen», erklärte sie in aller Öffentlichkeit. «Wenn er mich loswerden will, muß er mich schon abmurksen.» Wenige Tage später war Bertha tot. Angeblich hatte sie sich bei der Hausarbeit mit einem Messer geschnitten. Als Todd seine Frau in die Klinik brachte, hatte sie bereits das Bewußtsein verloren und lag im Sterben. Berthas überraschender Tod gab Anlaß zu Spekulationen. Hartnäckig hielt sich das Gerücht, Mike Todd hätte dem Anästhesisten Geld zugeschoben und ihn angestiftet, das Leben seiner Frau zu verkürzen. Glaubt man einer anderen Geschichte, so hatte die Mafia diese Aufgabe übernommen.

Todd suchte sofort Trost in einer Ehe mit Joan, die nach zwei Jahren geschieden wurde. Todd hatte inzwischen nicht nur Joans gesamtes Vermögen verspielt, sondern darüber hinaus auf ihren Namen Schulden in Höhe von 1,1 Millionen Dollar gemacht.

1945 stieg Todd ins Filmgeschäft ein und gründete 1951 zusammen mit Lowell Thomas die Thomas-Todd Productions. Ursprünglich war er Teilhaber an dem Breitwandverfahren Cinerama, doch einer Laune folgend, ließ er sich auszahlen und gründete eine eigene Firma, die ein verfeinertes Wide-Screen-Verfahren, Todd-AO, auf den Markt brachte. «Ich hatte Mike bereits einmal in der Kantine von MGM gesehen. Jemand machte mich auf ihn aufmerksam und sagte, dies sei der ‹allmächtige Todd›, wie ihn Hollywood damals nannte. Ich fand, daß er für einen Produzenten ziemlich gut aussah. Er warf mir einen Blick zu, der alles verhieß. Zuvor hatte ich ihn einmal auf einem Bild in *Life* gesehen, umringt von nackten Mädchen, und dachte, wie schrecklich vulgär er wirkte.»

Auch Todd war von dem Treffen beeindruckt und lud die Wildings am 30. Juni 1956 zu einem Wochenende auf seiner Yacht ein.

Anfangs war Todd von der Taylor enttäuscht. «Sie jammerte ständig herum, soff den Champagner literweise und kommandierte ihren Mann herum», erinnerte sich Evelyn Keyes, Todds Lebensgefährtin. «Liz war genau die Art von Frau, die Mike verabscheute. Laut, ordinär, betrunken.» An diesem Wochenende vereinbarten Mike und Michael, daß dieser und Elizabeth in einer Broadway-Inszenierung von Noël Cowards *Private Lives* die Hauptrollen übernehmen sollten. Einer Freundin vertraute die Taylor an, sie könne nicht verstehen, daß dieser «vulgäre Mensch keinerlei Notiz» von ihr nahm.

Erst als Todd die Wildings zu einem Barbecue und später zu einem Dinner zu Ehren von Edward R. Murrow einlud, kam Elizabeth zum Zuge. Nachdem Todd «die Torte kurz im Schlafzimmer getestet» hatte, schickte er Evelyn auf eine lange Reise durch Südamerika und Europa, um die Premiere der Verne-Verfilmung zu arrangieren. «Als ich in Paris ankam, erklärte mir Mike am Telefon, daß er sich in Elizabeth verliebt hätte. Unschuldig fragte ich: ‹Welche Elizabeth?›» Es war wahrscheinlich das letzte Mal, daß irgend jemand aus der Filmindustrie diese Frage stellen sollte. Dezent verließ Evelyn Mike und erhielt 5 Prozent seiner Todd-Company.

Elizabeth und Todd sahen sich nun regelmäßig. «Unsere Treffen erinnerten an einen billigen Spionagefilm», gestand die Diva. MGM hatte sie gewarnt: Sollte man sie, die Mutter von zwei Kindern, mit einem anderen Mann erwischen, hätte dies verheerende Folgen für ihre Karriere. Die Kinder waren ein Problem. Wie würden sie auf Mike reagieren? Würden sie ihn mögen? Anfang Juli verbrachte die gesamte Wilding-Familie einen herrlichen Tag an Todds Pool. Die Kinder verstanden sich mit Mike, also bereitete Liz ihre Scheidung vor. In einer Nacht-und-Nebel-Aktion zog sie von zu Hause aus. Doch plötzlich wollte Michael seine Ehe retten. Als die Taylor ins Wanken geriet, übernahm Todd das Ruder. In einem Gespräch von Mann zu Mann machte er Michael klar, daß er ihn ruinieren würde, wenn er einer Trennung nicht zustimmte. Todd plante, die Klatschpresse mit fingiertem Material zu versorgen, das Wilding als Homosexuellen «outen» sollte. Um sich und seinen Kindern eine derartige Verleumdungskampagne zu ersparen, willigte Michael ein. «Wenn er für Elizabeth bis dahin noch etwas empfunden hatte, so waren seine Gefühle auf einen Schlag ausgelöscht», erinnerte sich Peggy Rutledge.

Am Morgen des 19. Juli erreichte ihn ein Anruf seiner Frau. «Ich rufe dich nur an, damit du nicht aus der Zeitung erfährst, daß ich die Scheidung einleiten werde.»

«Das ist lieb von dir», erwiderte Wilding. «Doch ich ziehe es vor, es in der Zeitung zu lesen. Bei dem Schmutz, der jetzt geschrieben werden wird, gibt mir das die Möglichkeit zu glauben, es handle sich hierbei um zwei Fremde.»

Elizabeth mied die Reporter, doch Wilding zeigte sich der Presse gegenüber kooperativ. «Liz und ich haben beschlossen, daß wir unser Haus verkaufen und das eingenommene Geld teilen werden. Auch das Sorgerecht für unsere Jungs werden wir uns teilen. Liz wird sie neun Monate im Jahr bei sich haben, ich drei. Ich bin keineswegs verbittert. Ich bin erwachsen genug, mich auf veränderte Lebensbedingungen einzustellen... Ich möchte deutlich sagen, daß Todds Einfluß nicht ausschlaggebend für unsere Trennung war.»

Solch noble Worte hörte man in Hollywood selten. Und auch Liz flötete. «Selbst bei der Scheidung gab es nichts Häßliches zwischen uns. Sie war, soweit man dies überhaupt von einer Scheidung sagen kann, ausgesprochen freundlich. Wir hatten beide versagt. Ich gab ihm auch nie Schuld daran.»

Für den 20. Juli hatte Thau Liz und Mike zu sich bestellt. Thau verspätete sich, und die Taylor wartete allein in seinem Büro. «Sie saß da, Füße auf seinem Schreibtisch, mit einer Cola in ihrer Hand, als Mike ins Zimmer gestürmt kam. Er nahm sie bei der Hand, zog sie zum Aufzug und brachte sie zu einem Büro, das er gelegentlich benutzte. Er drückte sie in einen Sessel und setzte sich ihr gegenüber. ‹Und nun hörst du gut zu›, befahl er ihr. ‹Den einen Kerl bist du los. Von nun an gibt es nur noch einen Mann, den du heiraten und mit dem du ins Bett gehen wirst. Mike Todd!›» Diesem Macho-Gestus konnte die Taylor einfach nicht widerstehen und sprang quietschend in seine Arme. «Komm, laß mich mal dein Getriller hören», forderte Todd, und Liz kam seinem Verlangen willig nach. Man konnte sie bis in Sharys Büro hören, wußte ein Beobachter, der ungenannt bleiben möchte, zu berichten.

Die Scheidung der Taylor war für die Klatschpresse ein gefundenes Fressen. Elizabeth war das erste Opfer und zugleich die erste Begünstigte dieses neuen, aufstrebenden Mediums.

MGM zog die Taylor aus der Schußlinie. Clift war einigermaßen genesen, und das Team konnte mit den Außenaufnahmen in Danville, Kentucky, beginnen. Dort, im tiefen Süden, stand das Telefon nicht mehr still. «Mike und ich lernten uns praktisch erst am Telefon kennen», erzählte Liz. Todds Telefonrechnung, die sich immer im Tausend-Dollar-Bereich bewegte, verdreifachte sich während der nächsten fünf Wochen. «Dies ist mir das Projekt Liz schon wert», erklärte er lachend seinen Freunden.

Die beiden Telefonvermittlerinnen von Danville bekamen heiße Ohren, wenn sie den Gesprächen von Todd und Taylor lauschten. Noch heute kursieren in Danville die tollsten Geschichten. Zur großen Freude der verschwiegenen Telefonistinnen erzählte Todd ohne Hemmungen seiner kleinen «versauten Nutte», was er alles mit ihr anstellen werde, wenn sie erst wieder in New York und in seinem Bett sein würde.

Todd verfolgte das «Projekt Liz» nicht nur am Telefon. Gleich nach Ankunft in Danville überreichte Monty in Todds Namen einen Perlenring. Diesen «Freundschaftsring» wollte er schon bald durch einen richtigen Verlobungsring ersetzen. Blumensträuße folgten auf Blumensträuße, in einer Dramaturgie, die in 200 roten Rosen, eingeflogen mit einem Charterflugzeug, ihren Höhepunkt fand. Liz war von derartigen Aktionen überwältigt, und Todd brachten sie Schlagzeilen. Am Labor Day entführte er sie nach Atlantic City, wo er ihr einen mit Granatsplittern verzierten Goldring überreichte. «Liz trug diesen Ring stolz wie eine Kriegstrophäe. Nur während der Dreharbeiten mußte sie ihn abnehmen, da er Monty Sprachschwierigkeiten verursachte», gab Berman zum besten.

Danville blühte dank dieser Geschichten auf. Auch Monty und das Team sorgten für Gesprächsstoff. Der delirierende Clift wurde nackt auf den Straßen gesichtet – wenn er nicht damit beschäftigt war, die hübschen Knaben von Danville anzubaggern. Elizabeth selbst veranstaltete wilde Trinkgelage.

«Eines Abends war ich derart besoffen, daß ich über der Toilette die Besinnung verlor», gestand Kameramann Robert Surtees. «Sie ließ mich in diesem Zustand fotografieren und drohte mir, sie werde das Bild veröffentlichen lassen, sollte ich einmal über sie lästern. Deshalb kann ich Ihnen über diese Zeit in Danville nichts erzählen.»

Fünf Wochen Drehzeit hatten das verschlafene Danville in «Sodom und Gonorrhö» (Berman) verwandelt. Montgomery Clift brüstete sich damit, daß er Elizabeth, während diese mit Mike Todd telefonierte, vorgeführt habe, auf welch vielfältige Weise es Männer miteinander treiben können.

Fünf Wochen, die noch heute lebendige Stadtgeschichte sind. Als «Hurrikan Liz» aus ihrem Bungalow ausgezogen war, pilgerten Heerscharen von Dörflern und Taylor-Fans dorthin, um sich von den Verwüstungen selber ein Bild zu machen. «Im ganzen Haus stank es nach Schnaps, der Teppichboden war ruiniert. Die Tapeten und Wände waren fettverschmiert. Bei einer Party war eine Sofalehne abgebrochen und sämtliche Innenfüllungen herausgerissen worden. Die Bettlaken waren von Sperma und Make-up verschmiert. Es war einfach widerlich.» Die Schadensersatzforderung belief sich auf 800 Dollar. Generös übernahm Elizabeth 385 Dollar und 25 Cents und kündigte an, sie werde sich ins Privatleben zurückziehen.

Die Nachricht vom Ende ihrer Karriere schlug nicht nur bei

MGM wie eine Bombe ein. Eine Vertragsauflösung bedeutete für Sara, daß sie ihre wöchentliche Apanage verlieren würde.

Sara hatte den «netten Italiener» Todd erst zweimal getroffen. Zwar lächelte sie und fand ihn «charmant», doch in ihrem Innersten lehnte sie ihn ab. Als sie erfuhr, daß der «nette Italiener» ein Jude war und hörte, auf welche Weise er sein Vermögen gemacht hatte, traf sie beinahe der Schlag. «Die Ehe mit Todd war der beste Streich, den Elizabeth ihrer Mutter je gespielt hat», unkte Burton. «Wenn Todd Liz meine kleine, jiddische, fette Braut nannte und ihr dabei an die Brust griff, war Sara jedesmal einem Herzschlag nahe.»

Am 4. Oktober 1956 gab das Studio bekannt, daß Elizabeth sich von Wilding scheiden lassen werde. «Ich hoffe, sie nimmt sich viel Zeit und überdenkt ihren nächsten Schritt», mahnte Hedda Hopper öffentlich. Doch Todd zögerte nicht und erwarb für 92 000 Dollar einen Diamantring, dessen Stein die Größe eines Eiswürfels hatte. Da die Premiere von *Around the World in 80 Days* bevorstand, hielt sein Werbeagent Bill Doll wegen des «wirklichen Verlobungsrings» eine Pressekonferenz ab. «Der Diamant hat nur 29,5 Karat, da Mr. Todd der Ansicht ist, 30 Karat seien ordinär», erklärte er vor versammelter Presse. Stolz präsentierte Liz ihren Diamanten. Als einer der Reporter den hühnereigroßen Stein für Modeschmuck hielt und fragte, was das an ihrer Hand sei, schrie die Taylor: «Was ist das, fragt dieses Arschloch. Das ist der Stein, du Hurensohn!»

Am 17. Oktober 1956, dem Tag der Premiere, wurde ihre Verlobung offiziell bekanntgegeben. Liz war inzwischen Todd so hörig, daß sie zugunsten seines Films *Around the World in 80 Days* nicht zur Uraufführung ihres eigenen Films *Giganten* erschien, die am gleichen Tag in Los Angeles stattfand. Obwohl die Kritiker Todds Werk als «eine herrliche Unterhaltungskiste» verrissen, die «an Cecil B. DeMille und Kaiser Nero» erinnert, heimste Todd sämtliche Filmpreise ein. Der Streifen spielte in der ersten Woche 30 Millionen Dollar ein, und Todd begann sofort, das Geld wieder unter die Leute zu bringen. Er mietete ein Flugzeug, eine luxuriöse Lockheed Lodestar, und taufte es *Lucky Liz*. Die reale *lucky* Liz wurde mit Geschenken überhäuft. «Am besten schien ihr ein Diamantdiadem zu gefallen», prahlte er vor einem Freund. «Als ich es ihr gab, rannte sie sofort ins Schlafzimmer und setzte es auf. Dann kam sie splitternackt zurück und vollführte Freudensprünge, bis sie endlich quietschend auf mir landete. Nackt, nur mit dem Diadem.»

Rückhaltlos stellten sie ihre Liebe und sexuelle Besessenheit zur Schau. «Während einer Party fingen die beiden Streit an», erinnerte sich Debbie Reynolds. «Sie schrien und verwünschten sich, als Mike plötzlich Liz' Kleid zerriß und herzhaft in ihren Busen biß. Er hob sie auf und in einem Nebenzimmer nahm er sie unter lautem, orgiastischem Stöhnen, während ich den Gästen den Nachtisch servieren ließ. Als ich sie später bat, derartige Szenen zu unterlassen, lachten sie mich aus und nannten mich einen ewigen Pfadfinder.» Auf die Frage des Regisseurs Silvan Simon, wie es sei, in die Taylor verliebt zu sein, antwortete Todd: «Jede Minute, die diese Frau nicht mit mir im Bett verbringt, ist verlorene Zeit.»

In Hollywood glaubte man seinen Ohren nicht zu trauen, als Todd in aller Öffentlichkeit Liz als Lizzie Schwarzkopf bezeichnete und ihr dabei kräftig auf den Hintern klatschte. «Joi, bist du fett geworden», machte er seine Braut nieder, was diese nur mit einem Kichern quittierte. Die Frage, wann endlich die Hochzeit stattfinden sollte, konnte er nicht beantworten. «Lizzie Schwarzkopf hat mich noch nicht gefragt!»

Im November 1956 besuchten Liz und Todd Lord Beaverbrook auf den Bahamas. Auf der Rückreise glitt die Taylor bei hohem Seegang auf der Gangway aus und fiel auf den Rücken. Die Schmerzen waren so stark, daß sie nicht mehr laufen konnte. Todd trug sie in die Kajüte und wollte einen Arzt hinzuziehen. «Das braucht es nicht», beschwichtigte die Taylor. «Ich weiß genau, daß mit meinem Rücken nichts Ernsthaftes los ist. Ich hatte schon immer Schwierigkeiten damit. Zudem sind wir zu einer Party eingeladen, irgend etwas schrecklich Vornehmes, und ich habe mir dafür extra ein neues Kleid gekauft.»

Am nächsten Morgen wurde Elizabeth ins Columbia Medical Center, New York, eingeliefert. Die Ärzte stellten fest, daß drei Bandscheiben völlig fehlten. Eine sofortige Operation schien geboten, doch die Taylor weigerte sich. Schließlich rief Todd an und sagte: «Du hältst jetzt erst einmal deine Klappe und bleibst dort!»

Innerhalb von Tagen verschlechterte sich der Gesundheitszustand der Taylor. «Ich spürte überhaupt nichts mehr. Ich war vollkommen gelähmt.» Die aufwendige Operation dauerte fünf Stunden. Als Liz aus der Narkose erwachte, schrie sie sofort: «Verdammt noch mal, wo sind mein Ring und meine Juwelen?»

Todd hielt Liz bei Laune, indem er ihr Krankenzimmer in ein Museum verwandelte. Neben einem van Gogh zierten ein Pissarro, ein Monet, ein Renoir und jener Frans Hals die Wände. Der Presse gegenüber präsentierte er sich als deren Besitzer und als sachverständiger Kunstkenner. Kurz vor seinem Tod im Jahre 1958 überließ er die Bilder großzügig dem Los Angeles County Museum. «Todd schenkt Museum seltene Gemälde», titelte die *Los Angeles Tribune*. Doch aus den Unterlagen des Museums ist klar ersichtlich, daß die Gemälde allesamt Elizabeth Taylor gehörten, die ein Jahr später ihre Gemälde wieder abholte. Auch die «dekorativen Bilder des Krankenzimmers» stammten aus ihrer Sammlung. Wobei sie es hinnehmen mußte, daß ihr van Gogh von «Kunstkenner» Todd während des Transports mit einem Bleistift durchbohrt worden war.

2

Am 14. November 1956 hatte Liz in Santa Monica die Scheidungsklage gegen Wilding eingereicht. Doch Todd wollte den langsamen
Verlauf einer kalifornischen Scheidung nicht abwarten. Zwei Tage
nachdem die Taylor aus der Klinik entlassen worden war, flogen sie
ins Scheidungsparadies Mexico City. Dort wurde die Scheidungsklage aber abgelehnt. «Ich mag diese übereilten Scheidungen und
Hochzeiten nicht und werde dies auch nicht unterstützen», sagte
der zuständige Richter. Die Taylor weinte sich die Augen aus, und
Todd verfluchte den Richter.

Von Mexico City ging die Reise nach Acapulco. Auch Michael
Wilding hatten sie dorthin bestellt, der bei neuerlichen Schwierigkeiten zur Hand sein sollte. Wilding traf am 24. Januar 1957 dort ein
und beantwortete die Reporterfrage, ob er auf eine Aussöhnung mit
Liz hoffe. «Guter Gott, nein! Die beiden verdienen einander.»

Auch in Acapulco wurde die Scheidungsklage abgelehnt. In Anbetracht der bevorstehenden Wahlen wollte kein Richter oder Poli-
tiker die römisch-katholischen Gemüter erzürnen. Erst nach langer
Suche fand sich ein Richter, der kurz vor der Pensionierung stand.
Am 31. Januar 1957 unterzeichneten Elizabeth Taylor und Michael
Wilding die Scheidungspapiere. Todd bestellte das Aufgebot und
lud 34 Gäste ein.

Die Hochzeit selbst sollte in der Villa von Fernando Hernandez
in Puerto Marquez stattfinden. «Den ganzen Tag über trafen Last-
wagen mit kostbarer Fracht ein», erinnerte sich Debbie Reynolds.
«Es war eine typische Todd-Produktion. Tausende weißer Gladio-
len und Orchideen, Dutzende Kisten Champagner, Körbe mit
Krabben und Hummer. Kaviar wurde kiloweise aus dem nahen
Havanna eingeflogen. Aus Mexico City importierte er eine Maria-
chi-Band und aus New York wurde eine Jazzband eingeflogen.

Der mexikanische Komiker Cantinflas plante als besondere Überraschung ein Feuerwerk, das die Initialen der Braut und des Bräutigams am Himmel erstrahlen lassen sollte.»

Während Todd den Tag damit verbrachte, die Feier zu organisieren, saß Liz mit Debbie Reynolds und Eddie Fisher am Pool und sprach ausgiebig dem Champagner zu. Die Reynolds: «Mike wollte unbedingt von einem Rabbi getraut werden, fand aber keinen und erteilte die große Ehre kurzerhand dem Bürgermeister von Acapulco. Als die Sonne unterging, lief ich mit Elizabeth aufs Zimmer und versuchte, sie wieder einigermaßen nüchtern zu machen. Ihr Hochzeitskleid war ein Cocktailkleid von Helen Rose in Hyazinthenblau. Den Kopf bedeckte ein Schleier. Kurz vor der Trauung präsentierte ihr Mike ein Diamanthalsband, die dazu passenden Ohrringe und einen Ring. Gesamtwert 250000 Dollar.»

Liz war so betrunken, daß sie weder laufen noch stehen konnte. Todd setzte sie in einen Sessel und ließ sie zur Trauung tragen. Den Hochzeitsgästen blieb der Zustand der Braut nicht verborgen. Der Presse gegenüber, die von 60 Bodyguards der mexikanischen Regierung vor der Villa in Schach gehalten wurde, ließ man verlauten, die Sänfte sei erforderlich, damit Liz sich nicht den Rücken verrenke.

Der Bürgermeister vollzog die Trauung in schlechtem Spanisch, von dem die Taylor kein Wort verstand. Gelegentlich warf sie an unpassender Stelle ein: «Oh, wie interessant!» Ihr Ja-Wort beschränkte sich auf ein herzhaftes Rülpsen. Sie sprang ihrem frischangetrauten Ehemann in die Arme.

Am nächsten Morgen wurden die Gäste kurzerhand hinauskomplimentiert. Die Flitterwochen sollten nur kurz sein – Todd bereitete die weltweite Premiere seines Filmwerks vor. Zur Unterhaltung engagierte er das Ballet Africain.

«Ich bin mit einem Roulettetisch verheiratet», verriet die Taylor Hedda Hopper am Telefon, worauf diese Todd den Rat gab: «Verwöhne sie nicht zu sehr, sie ist verdorben genug.» Doch genau das war sein Plan. Er war ein moderner Pirat, der die Welt dazu auserkoren hatte, von ihm geplündert zu werden. Elizabeth war jene

Herzdame, der er den Erfolg seiner Raubzüge zu Füßen legen wollte.

«Warum ich die Heirat so vorantrieb?» meinte Todd zu Hedda Hopper. «Nun, ich wollte aus meiner kleinen, fetten Lizzie Schwarzkopf endlich Lizzie Todd machen, damit ich sie guten Gewissens vögeln kann.» Doch Hedda Hopper vermutete, daß andere Gründe dahinterstecken und behielt recht. Bereits im Columbia Medical Center in New York hatten die Ärzte festgestellt, daß Elizabeth schwanger war. «Wegen meiner Rückenprobleme schlugen die Ärzte mir vor, das Kind abtreiben zu lassen.» Todd war dagegen.

Am 26. März 1957 gab die Presseabteilung von MGM bekannt, daß Elizabeth ein Kind erwarte.

Anfang April reisten die Todds mit der *Queen Elizabeth* nach Cannes zum Filmfestival. Begleitet wurden sie von Liz' Söhnen Mike und Christopher, einer Kinderfrau, einer japanischen Sekretärin und drei weißen Pudeln. Todds Rolls-Royce wartete bereits in Cherbourg.

Für drei Monate hatte Todd die Villa Fiorentina in der Nähe von St. Jean-Cap-Ferrat gemietet. «Sie bot der schwangeren Liz die erforderliche Ruhe und Abgeschiedenheit», erinnerte sich Mikes Sekretärin. Für die Premiere mietete er das elegante «edwardianische» Winter-Casino auf der Croisette und lud tausend Gäste und das gesamte Pressecorps des Festivals ein. Den angemessenen Rahmen dieses Spektakels schuf ein eingeflogener Zirkus, so daß die Gäste zwischen Löwen- und Tigerkäfigen ihren Kaviar und geräucherten Lachs verzehren konnten. Über dem Casino schwebte die Nachbildung des Ballons, und Todd produzierte in einer «zweistündigen Pressekonferenz derart viel heiße Luft, daß sie ausgereicht hätte, den Ballon zu betreiben». Im Casino waren die Todds, anders als vormals die Hiltons, gerngesehene Gäste, da Todd «immer etwas Taschengeld in Höhe von 10000 Dollar bei sich trug und verspielte».

Die Premiere in Paris nutzte Liz zu ausgiebigen Einkäufen bei

Balenciagia und Dior, während Todd für insgesamt 71 428 Dollar einen Degas, einen Utrillo und einen Vuillard aus der Sammlung Ali Khans erwarb. Für Liz kaufte er ein Smaragdcollier und Diamantohrringe.

Für jede Gunstbezeigung überschüttete Liz ihren «mächtigen Mike» mit Küssen, und auch sonst trennten sich ihre Lippen nur selten. Sie wälzten sich auf dem Boden, und während er stöhnte, stieß Liz schrille Schreie des Entzückens aus. Darüber berichteten die Reporter ebenso begeistert wie über ihre Streitereien, Beschimpfungen, Flüche und aussagekräftigen Handzeichen, die um die Welt gingen.

Am 2. Juli 1957 trafen sie in London ein. Seit der Krönung von Elizabeth II. hatte England kein aufsehenerregenderes Spektakel erund überlebt.

«Wir verdienen soviel Geld, wie du ausgibst, Dad», telegrafierte Mike Todd Junior seinem Vater nach London. Und Todd strahlte.

Die Premierenfeier stand unter der Schirmherrschaft der Herzogin von Kent und ihrer Tochter Alexandra, und zum erstenmal in ihrem Leben war Liz pünktlich. Sie trug ein korallenrotes Chiffonkleid, das ihre Schwangerschaft vorteilhaft unterstrich, sowie eine dazu passende Rubinkette von Van Cleef & Arpels. Als die Herzogin sie fragte, ob sie sich einen Jungen oder ein Mädchen wünschte, antwortete Liz: «Ein Mädchen. Die Welt ist für einen zweiten Mike Todd noch nicht reif.»

Für die Premierenfeier hatte Todd Battersea Gardens gemietet. Als die 1500 Gäste eintrafen, spielten sieben Kapellen gleichzeitig verschiedene Melodien. Die Kellner steckten in viktorianischen Kostümen. Der Champagner floß reichlich, und wohin man auch blickte, entdeckte man die Reichen und die Berühmten, die sich wie Kinder amüsierten. Laurence Olivier und Vivien Leigh vergnügten sich auf dem Karussell, Douglas Fairbanks und seine Frau rammten wie Kamikazepiloten mit ihren Autoscootern andere. Die Herzogin von Marlborough aß Hamburger vom Pappteller. Sir Hartley Shawcross schob mit flotten Tangoschritten Debbie Reynolds durch die Gegend und Michael Wilding lernte an diesem Abend seine zukünftige Frau Susan Nell kennen. Das Essen, die typischen Fish and Chips, wurde in Ausgaben der *Times* von 1893 serviert, dem Jahr, in dem Phileas Fogg seine Weltreise startete. Zusätzlich aber wurden Köstlichkeiten aus jenen Ländern gereicht, die Fogg bereist hatte.

Todd schien an alles gedacht zu haben. Als es anfing zu regnen, ließ er an seine Gäste Regenmäntel und Regenschirme verteilen, die in riesigen Lettern seinen Namen trugen.

Nur eines hatten die Todds vergessen: ihre Pässe. Da Mike unbedingt am 4. Juli seine Heimreise antreten wollte, öffnete das Konsulat seine Pforten trotz des hohen Feiertags.

Während der Überfahrt setzten plötzlich bei Elizabeth die Wehen ein. «Ich hatte bereits zwei Kaiserschnitte hinter mir, weil eine normale Geburt für mich unmöglich war. Die Wehen kamen zunächst alle zwanzig, dann alle fünfzehn, alle zehn, alle fünf Minuten. Der Schiffsarzt hatte keine Ahnung. Ich hatte das Gefühl, er nehme an, die Babies kämen aus der Nase. Mike wurde völlig verrückt, und schließlich erreichte er meinen New Yorker Gynäkologen. Dieser riet, mich zu betäuben, um so die Wehen zu stoppen. Es wirkte.»

In New York angekommen, wurde die Taylor sofort ins Krankenhaus gebracht. Die elastischen Träger, die über ihren Bauch gingen und zur Entlastung des Rückens das Baby tragen helfen sollten, hatten das Kind unter ihren Brustkasten gedrückt und ihr Herz einige Zoll verschoben. Am 6. August entschieden die Ärzte, das Kind mit einem Kaiserschnitt zu holen. Liz weigerte sich, doch Todd gab sein Einverständnis.

Das Kind schien tot zu sein. Es atmete nicht. Die Ärzte sagten zu Mike: «Wir hoffen, Ihre Frau durchzubringen, aber das Baby ist tot.» Doch dann gelang es einem Arzt, das Baby wiederzubeleben.

Der stolze Vater erklärte der Presse: «Liz und ich sind dankbar, daß unser Wunsch in Erfüllung gegangen ist.» Und seiner kleinen, 4 Pfund schweren Tochter schenkte er eine goldene Haarbürste von Tiffany mit der Inschrift: «Liebe Liza, ich wollte dir eigentlich Platin kaufen, aber Mutti sagte, ich solle dich nicht verwöhnen.»

Schon in den nächsten Tagen gebärdete Todd sich wieder wie ein Großmaul. «Ich habe den besten Film des Jahres, die tollste Braut des Jahres und nun auch noch das Baby des Jahres… Verglichen mit ihrem Kind sieht die Mutter aus wie Frankenstein.» (Die Reporter vermuteten, daß Todd das Monster meinte.) «Das einzige, was ich über Kinder weiß, ist, daß sie überall zum halben Preis reinkommen.»

Eine Woche nach der Geburt von Elizabeth Frances Todd, die von nun an Liza genannt wurde, telegrafierte Mike dem italienischen Porträtfotografen Annigoni, er solle nach Amerika kommen, um ein Familienbild «zu schießen». Annigoni, der erst vor kurzem Elizabeth II. porträtiert hatte, kabelte zurück, Mutter, Vater und Kind müßten sich schon bequemen, nach Florenz zu reisen. Zwei Monate später reisten sie. Das Familienporträt wird von Elizabeth Taylor, der «Erdmutter», dominiert.

Nach der Geburt seiner Tochter wandte Todd sich wieder wichtigeren Dingen zu: Die Premiere von *Around the World in 80 Days* jährte sich am 17. Oktober, und er plante eine verschwenderische Geburtstagsfeier. Todd mietete den Madison Square Garden, «den einzigen Ort der Welt, an dem Liz und ich uns noch nicht gestritten haben». Todd lud nur die engsten Freunde ein, 18000 an der Zahl. Die riesige Halle wurde von Vincent Korda ausgeschmückt, den er eigens aus London einfliegen ließ. An der Stirnseite der Halle erhob sich eine acht Meter große Nachbildung von Todds Oscar, den Korda aus goldenen Chrysanthemen kreiert hatte. In der Mitte stand die viereinhalb Meter hohe, hellblau glasierte Geburtstagstorte. Der CBS schwatzte Mike 300000 Dollar ab, dafür durfte der Sender die Feier live in 50 Millionen amerikanische Haushalte bringen. Landauf, landab erbettelte er von Firmen Sachspenden. Im Gegenzug wurden diese als Sponsoren im Nachspann der Fernsehübertragung genannt. So brachte Todd sechs Autos, eine Cessna, 25 Hifi-Geräte, 20 Toaster, 500 Schallplatten, 400 Kisten Zigarren, 50 Harmonikas, sechs Motorräder, 100 Fotoapparate, sechs Schreibmaschinen, 40 Nerzstolen, 250 Flaschen Wodka, 100 chinesische Elfenbeinstäbchen, 2000 Flaschen Champagner, sechs Pistolen und 40 Siamkatzen zusammen, letztere stammten vom König von Thailand. Für kulinarische Gaumenkitzel sorgten 15 000 Hot Dogs, 10 000 Pizzas, 15 000 Doughnuts und 10 000 hartgekochte Eier.

Zu den geladenen Stars gehörten Shelley Winters, Ginger Rogers, Sir Cedric Hardwicke, Tony Curtis, Janet Gaynor und viele andere. Die Kosten wurden auf 250 000 Dollar geschätzt, doch dank seines Organisationstalents konnte Mike am Ende des Abends die gleiche Summe als Gewinn verbuchen.

Als am 17. Oktober 1957 George Jessel, der Gastgeber des Abends, die Feier für eröffnet erklärte, ging alles schief, was schiefgehen konnte. «Anarchie triumphierte», rekapitulierte *Variety*. Die Kellner verdünnten den Champagner und verhökerten die Flasche für 10 Dollar. Die Entertainer stürzten sich als erste auf das Essen. Als die geladenen Gäste sich beschwerten, begann eine hitzige Schlacht. Eiscreme, Pizza und Doughnuts flogen durch den Saal. Ein Bonbonwagen beschoß die Gäste mit Süßigkeiten.

Dies gefiel dem Mann am Hot-Dog-Stand derart gut, daß auch er begann, die Gäste mit senfverschmierten Hot Dogs zu bewerfen. Aber auch den Stars, die die Geburtstagsparade durch den Madison Square Garden bestritten, erging es nicht besser. Sir Cedric, der auf einem Elefanten reiten sollte, «wurde beinahe das erste Elefantenopfer innerhalb eines geschlossenen Raums» (*Variety*).

Elizabeth erklomm schließlich die Torte, in die sie ihre Hand tief eintauchte. Mit einem lauten, vernehmlichen «Mmmm» befand sie sie für gut und schnitt sie an. Die Fernsehkommentatoren wurden von ihren Kameras verdrängt, und als der Gastgeber einen Blick auf das Spektakel warf, ließ er bei Todd nachfragen, ob er den Madison Square Garden zum Notstandsgebiet erklären solle. Todd lehnte lachend ab.

«In den Tagen jener berüchtigten römischen Bankette, die dem Fall des römischen Reichs vorausgingen, waren die Teilnehmer es gewöhnt, sich in einem eigens dafür vorgesehenem Raum zu übergeben, um sich danach wieder mit Essen vollstopfen zu können. Trotz seines Organisationstalents hat es Mike Todd versäumt, dergleichen für seine Feier vorzusehen, so daß sich die meisten der Teil-

nehmer vor laufenden Kameras einfach auf den Boden erbrachen.»
(*Variety*) Die Mehrzahl der Stars floh nach wenigen Stunden und
die Zaungäste fanden Einlaß.

Als die Party so sehr aus dem Ruder lief, daß selbst der sturmer-
probte Todd das Fest abbrechen wollte, rief George Jessel von seiner Empore: «So einen Abend wird es nie wieder geben. Keiner
kann so was zweimal überleben.»

Die Medien tobten. Die Angriffe gegen Todd setzten sich fort, bis
das Paar auf Welttournee ging. Doch bereits in Sydney gerieten die
beiden Anfang November 1957 in Schwierigkeiten, als sie sich in
aller Öffentlichkeit ungehemmt und leidenschaftlich küßten und
Todd seiner Frau an den Busen grapschte. «Die primitivsten Leute,
die je diese Stadt besuchten», urteilte die Presse.

In Hongkong versuchte Todd negativer Presse vorzubeugen. Er
lancierte die rührende Geschichte, er hätte einer armen chinesischen
Familie ein Wohnboot gekauft, weil deren kleine Tochter die Taylor als «Göttin» verehrte. Doch die Geschichte ging nach hinten los.
Todds Größenwahn war in der britischen Kronkolonie nicht gefragt. Enttäuscht über die schlechte Presse flüchtete die Taylor sich
in heftige Leibschmerzen und bestand darauf, unter einer akuten
Blinddarmentzündung zu leiden. Eilig flogen die Weltenbummler
in die Staaten zurück, und Liz ließ sich den Blinddarm entfernen.
«Eigentlich war der Eingriff nicht nötig gewesen», erinnerte sie sich
Jahre später. «Aber ich wollte endlich einmal wieder mit Mike allein
sein.» Als sie das Krankenhaus wieder verließ, erklärte Mike: «Dies
war die letzte Operation in unserer Ehe.» Freunden vertraute er an,
daß er über Elizabeths Hypochondrie und Operationssucht be-
fremdet sei. «Ist doch ein gesundes Mädchen, weiß überhaupt nicht,
was das alles soll.»

Von New York ging es wieder weiter nach Rußland. «Dies ist der
einzige Platz auf der Welt, an dem ich nicht Mr. Taylor bin», freute
sich Todd. In Rußland war die Taylor unbekannt. Auf einem Ban-
kett fragte Chruschtschows Frau ganz interessiert, welchen Beruf
die «attraktive junge Dame» denn ausübe. Um so glücklicher war
Liz, daß auf dem Roten Platz ein Mädchen auf sie zugerannt kam

und um ein Autogramm bat. Es hatte Liz für Marilyn Monroe gehalten.

Die Taylor war vom amerikanischen Botschafter gewarnt worden, daß ihr Zimmer mit Mikrofonen gespickt sei. «Laut sagte ich in unserer Suite: ‹Ich wünschte, wir könnten Karten für das Bolschoi-Theater bekommen.› Am nächsten Tag hatten wir zwei Karten.»

Ein anderer Trick aber funktionierte nicht: «Ich hatte gehört, daß es typisch russisch sei, einem das zu schenken, was man lange und bewundernd anschaut. So ging ich ins Museum und bewunderte die russischen Kronjuwelen. Ich stand da und bewunderte und bewunderte, doch nichts passierte. Als ich die Juwelen sah, die der Zar zum Schmuck seiner Pferde gekauft hatte, wünschte ich mir aus tiefstem Herzen, eines jener Pferde gewesen zu sein.»

Nach ihrer Ankunft in Paris ließ Todd nichts unversucht, die Aufmerksamkeit der Presse auf sich zu ziehen, und verkündete, er werde Tolstojs *Anna Karenina* mit Elizabeth verfilmen. «Es war mir nicht möglich, die russische Armee für die Verfilmung von *Krieg und Frieden* anzuheuern, deswegen machen wir nun den anderen Tolstoj. Ich habe bereits mit ihm telefoniert, und er hat mir die Rechte daran zugesagt. Züge sind leichter zu handhaben als Soldaten.»

Wieder zu Haus begann Todd Verhandlungen mit MGM. Obwohl Liz betont hatte, sie werde nie wieder für Metro arbeiten, hielt Mike es für angebracht, sich mit dem großen Studio gutzustellen.

«Ich wollte unbedingt, daß Liz die Rolle der Maggie in *Cat on a Hot Tin Roof* (dt. *Die Katze auf dem heißen Blechdach*) spielen sollte», erzählte Berman. «Doch Liz meinte, das Ganze sei hochkarätiger Schwachsinn. Also traf ich mich zufällig mit Mike und erzählte ihm von Williams' Erfolgsstück und was für eine schöne Rolle die Maggie für Liz doch sei. Bereits am nächsten Morgen rief sie mich an und meinte, sie würde sich freuen, wenn dies ihre letzte Rolle für MGM werden würde.» Sofort machte sich Kurt Frings, Elizabeths neuer Agent, daran, den Vertrag auszuhandeln. Für *Die Katze auf dem heißen Blechdach* sollte sie 125 000 Dollar erhalten. Weiterhin wollte sie für 4850 Dollar (bei 40 garantierten Wochen) in der großen Studiofamilie verbleiben. Der neue Vertrag sollte gleich am 1. Juni 1958 in Kraft treten, einen Tag nach Ablauf des bisherigen. Mit Elizabeth in der Hauptrolle wurde das Budget für *Die Katze auf dem heißen Blechdach* auf 2 Millionen Dollar erhöht.

«Williams hatte davon bereits 450 000 Dollar für die Filmrechte, und Fox 25 000 Dollar für Paul Newman erhalten», erzählte der Regisseur Richard Brooks. «Dies bedeutete, daß wir den Film in Schwarz-Weiß hätten drehen müssen. Stellen Sie sich einmal diesen Irrsinn vor: die lila Augen der Taylor und die blauen von Paul und dann nur Schwarz-Weiß. Ich klagte Berman mein Leid, doch Pan meinte nur, ich solle doch einmal zu Todd gehen. Noch am gleichen Nachmittag kamen die drei ‹Krähen› der Studioleitung bei mir vorbei: Benny Thau, Eddie Mannix und Lawrence Weingarten. ‹Warum wollen Sie den Film eigentlich in Schwarz-Weiß drehen?› fragten sie mich. ‹Okay›, rief ich, ‹dann drehen wir ihn eben in Farbe.› Und dann fragten sie: ‹Was wird es kosten, die Dekoration und die Kleider neu in Farbe herzustellen?› Sehen Sie, die dachten wirklich, daß alles Schwarz-Weiß aussehen müßte bei einem Schwarz-Weiß-Film.»

Für den aufreizenden Satinunterrock, ein Complet aus Rock und Bluse und das weiße Kleid war Helen Rose verantwortlich. «Alles gefiel Liz, bis auf das weiße Kostüm. Also zog sie den Unterrock an, wackelte in Richards Büro und verdrehte ihm den Kopf», erinnerte sich Helen Rose. «Erhitzt kam er zu mir gerannt und erließ die Order, daß Liz das anziehen konnte, was ihr gefiel.»

Über Nacht, die erste Szene sollte am nächsten Morgen gedreht werden, entwarf Helen ein kurzes Chiffonkleid mit tiefem Décolleté und enger Taille. «Als Todd am 5. März 1958 seine Frau zu den Dreharbeiten brachte, war er derart hingerissen von Liz in diesem Kleid, daß sie die nächsten zwei Stunden erst einmal in ihrer Garderobe verbrachten.»

Todd verlegte seine Geschäfte ins Studio und wich nicht mehr von ihrer Seite. Er plante als nächste Produktion *Don Quijote*, mit Liz als Dulcinea. Liz und Mike waren während der ersten Drehtage ein Herz und eine Seele, Todd «platzte vor Stolz über die schauspielerischen Fähigkeiten seiner Frau». Paul Newman dagegen hatte gewisse Schwierigkeiten und war überrascht, wie wenig von der Rolle in der Taylor zu finden war. «Sie ist absolut leer», beklagte er sich bei Richard Brooks. «Keine Sorge, Paul, wenn wir beginnen, wird sie hundertprozentig da sein», tröstete Brooks ihn.

Für den Film waren nur 34 Drehtage eingeplant, und Brooks mußte auf die sklavische Einhaltung des Drehplans achten. «Eines Tages tauchte Mike auf und meinte: ‹Ich habe eine tolle Idee. Wir alle fliegen über das Wochenende nach New York und essen gemeinsam im *Club 21*.› Ich wußte, daß Mike an diesem Wochenende vom *Friars Club* im *Waldorf Astoria* als Showman des Jahres geehrt werden sollte. Zur Tradition des Clubs gehört es aber auch, daß man sein Opfer gnadenlos verarscht. Mit Sicherheit wollte er das nicht allein durchstehen müssen. Ich mußte absagen und Mike beibringen, daß Elizabeth bereits während der Dreharbeiten erhöhte Temperatur hatte und wahrscheinlich eine Erkältung ausbrütete. Da unsere Zeit ausgesprochen knapp bemessen war, mußte ich darauf bestehen, daß sie sich am Wochenende auskurierte, um am Montag wieder fit zu sein.» Nachdem Todd sich auch von Warren Cowan, Kurt Frings und Joseph L. Mankiewicz einen Korb geholt hatte, flog er zusammen mit seinem Biographen und Kumpel Art Cohn. Bei dieser Gelegenheit konnte man gleich Cohns nächstes Projekt, eine Biographie über Elizabeth, besprechen.

«Mike gab mir einen Abschiedskuß», erzählte Elizabeth. «Am Nachmittag war ein heftiges Gewitter aufgezogen, aber er glaubte, das würde nichts machen. ‹Ich bin so glücklich, ich habe soviel erreicht, daß ich befürchte, daß mir demnächst etwas Schreckliches passieren wird›, sagte er. Ich glaube, wir weinten beide. Irgendwie ahnt man das Unheil bei den Menschen voraus, die man liebt. Dann ging er, doch er kam noch fünf- oder sechsmal zurück, um sich erneut zu verabschieden.»

Mike hatte ihr versprochen, sie bei einer Zwischenlandung in Albuquerque anzurufen. «Das würde so etwa Ortszeit gegen sechs Uhr sein. Ich schlief ausgesprochen schlecht. Gegen fünf Uhr rieb mir Bea den Rücken mit Alkohol ein, denn ich war kochend heiß. Als der Anruf nicht kam, dachte ich, er würde denken, ich schliefe. Die Kinder schliefen. Sechs Uhr, sechs Uhr dreißig – nichts. Sieben Uhr – nichts. Ich geriet in Panik. Ich hatte so ein Vorgefühl, versuchte es aber mit Vernunft zu bekämpfen. Er ruft nicht an, dachte ich, weil er annimmt ich schlafe, und er will mich nicht wecken. Und ich wartete und wartete.»

Es war Jim Bacon, ein Reporter der Associated Press und Freund Todds, der als erster informiert wurde, daß die Maschine abgestürzt war. Auf dem Weg nach Tulsa geriet die *Lucky Liz* in einen heftigen Sturm und stürzte über den Zunibergen in New Mexico ab. Bei der Explosion kamen alle Insassen ums Leben und verbrannten bis zur Unkenntlichkeit. Todd konnte nur noch an Hand seines Eherings und der Zähne identifiziert werden. Jim informierte Todds Sekretär, Dick Hanley, der zusammen mit Dr. Rex Kennamer Elizabeth die Nachricht überbringen mußte. Brooks, den Hanley gebeten hatte vorbeizukommen, erinnerte sich: «Als ich beim Haus ankam, hörte ich nur diesen entsetzlichen, wilden Schrei. Vor dem Haus hatten sich die Nachbarn und viele Schaulustige versammelt. Kennamer hatte zwar versucht, Liz ruhigzustellen, doch kurz vor mir waren Mannix und Benny Thau eingetroffen und hatten allen Ernstes gefragt, wann Liz glaube, weiterdrehen zu können. Mein Gott, die Krähen dachten nur an ihren Verlust. Das gab Liz den Rest. Als ich das Zimmer betrat, schrie sie: ‹Bist du auch nur gekommen, um mich zu fragen, wann ich wieder drehen werde?›, und sie überschüttete mich mit einer Flut wüster Beschimpfungen und Flüche. Doch ich sagte ihr nur, daß sie sich ihre Kraft für das bevorstehende Begräbnis aufheben sollte. ‹Laß den Film Film sein. Wir werden ohne dich drehen, und wenn du überhaupt nicht mehr kommen willst, werden wir für dich einen Ersatz finden.›»

Debbie Reynolds holte die Kinder zu sich. Als Elizabeths Eltern und ihr Bruder Howard mit seiner Frau Mara eintrafen, hatte sie sich noch immer nicht beruhigt. «Sie sah aus wie ein Geist. Eine Figur aus einer griechischen Tragödie, und wir befürchteten, daß sie jeden Moment völlig durchdrehen würde», erzählte Sara. Da zu befürchten war, Elizabeth würde Selbstmord begehen, beschlossen einige Freunde, bei ihr zu bleiben. Außer Helen Rose und Sidney Guilaroff kam auch Michael Wilding. «Doch als sie Michael sah, begann sie erneut zu toben», erinnerte sich Debbie Reynolds. «Michael war am Boden zerstört. Er verstand es nicht, warum sie seinen Beistand ablehnte. Die nächste Woche verbrachte er an unserer Bar. Er war sicher, daß sie ihn bald sehen wollte und sie sich dann vielleicht mit ihm aussöhnte. Doch ich wußte, daß das das Letzte war, was Liz im Sinn hatte.»

Mehr als 3500 Telegramme trafen ein, die man in riesigen Schachteln sammelte und Liz ins Schlafzimmer stellte. Das Schreiben von Präsident Eisenhower gab man ihr als erstes zu lesen. In einem klaren Moment bat sie, statt Blumen und Kränze zu kaufen und das Geld dem Children's Hospital zu spenden. Dann versank sie wieder in ihren Kummer und drohte mit Selbstmord. Dies ärgerte ihre Schwägerin Mara derart, daß sie ihr gewaltig den Kopf wusch. «Du hast drei Kinder. Mike wäre wütend, wenn er dich so sehen würde.» Doch das trieb Liz nur noch in größere Hysterie.

Am Nachmittag teilte Mikes Bruder David Goldbogen der Presse mit, daß das Begräbnis nur im engsten Familienkreis stattfinden werde. Die Familie habe ein Grab in Chicago erworben. Als Liz davon erfuhr, tobte sie. Sie wollte Mike in der Erde Hollywoods begraben wissen. Doch dann besann sie sich eines andern. Sie riß das Fenster auf und erklärte der wartenden Presse, man solle den Platz neben Todd für sie freihalten, sie werde ihm bald nachfolgen. Unsicher darüber, wessen die sechsundzwanzigjährige Witwe noch fähig sei, kaufte David Goldbogen vorsichtshalber die ganze Gruft und machte sie Todds Witwe zum Geschenk. «Etwas anderes hatte Liz auch nicht erwartet», war der trockene Kommentar ihrer Mutter.

3

«Kaum war die Nachricht bekannt geworden, begannen die Geier schon über Liz' Witwenhaupt zu kreisen», schilderte Berman die Situation. «Jeder wollte der nächste Mr. Taylor werden.»

Auch Howard Hughes witterte neue Chancen. Über Noah Dietrich kondolierte er der Taylor und bot ihr an, für den Flug nach Chicago eine DC-7 zur Verfügung zu stellen. «Zudem sollte ich ihr signalisieren, daß sein Angebot noch immer stand. Als ich es ihr sagte, weiteten sich ihre Augen, und sie warf den nächstbesten Gegenstand nach mir», erinnerte sich Dietrich. Doch die DC-7 nahm sie.

Zusammen mit ihrem Bruder Howard, Eddie Fisher, Dr. Kennamer, Dick Hanley und Helen Rose sowie einigen Reportern und Freunden von Mike trat Liz, benebelt von starken Beruhigungsmitteln und Whiskey, die Reise an.

In Chicago mußte sie aus dem Flugzeug getragen werden. Mike Todd Junior holte sie ab. Als die wartende Menge den Wagen sah, versperrte sie ihm die Durchfahrt. «Es schien, als seien wir Teil eines surrealistischen Alptraums», erinnerte sich Richard Hanley. Es dauerte Stunden, bis die Trauergemeinde das *Drake Hotel* erreichte, wo man ein ganzes Stockwerk gemietet hatte. Acht Sicherheitsmänner bewachten Elizabeth Tag und Nacht.

Am Morgen des 25. März 1958 setzte sich der Trauerzug, flankiert von zwei Polizeiwagen, in Bewegung. 22 000 Menschen waren gekommen, um die Witwe Todd zu sehen. Sie kletterten auf Bäume und Grabsteine, standen entlang des Wegs und verstreuten Bierdosen und Papierabfall. «Es erinnerte an ein überdimensionales Picknick. Es war ein stürmischer Chicagoer März. Ich erinnere mich an Kartoffelchipstüten, die im Wind flogen, leere Coca Cola-Flaschen, die herumlagen, und Kinder, die laut lachend über die Grabsteine kletterten. Als die Wagen vorfuhren, ließen sie alle ihr Picknick im Stich und kamen schreiend auf die Autos zugerannt, als sei hier eine Filmpremiere», erzählte die Taylor später.

Über dem Grab war ein Zelt errichtet worden, das etwas Schutz bot. Als die Taylor den Sarg sah, brach sie zusammen. Während sie zusammengesunken in einem Stuhl die Trauerfeier an sich vorüberziehen ließ, schrie die wartende Menge: «Liz! Liz! Liz! Liz!»

Die Fahrt zurück nach Chicago erinnerte Eddie Fisher an eine Szene aus *A Star Is Born*: «Als Liz das Zelt verließ, stürzte sich die Menge auf sie. Sie rissen ihr den Schleier und den Hut vom Kopf und versuchten noch mehr Kleidungsstücke zu erhaschen. Rex, Mike, Howard und ich wollten sie beschützen. Endlich gelangten wir zu dem Wagen, doch wir konnten nicht losfahren, da sich zu viele Menschen darum versammelt hatten. Sie schaukelten den Wagen hin und her, so daß wir befürchteten, er werde jeden Moment umkippen.»

In Hollywood hielt George Jessel die Trauerrede: «Vor vielen Jahren konnten wir Mikes Stimme beim World Fair in Chicago rufen hören: ‹Kommt herauf, schaut euch die kleinen Mädchen im Aquarium an› – kostete nur einen Dime. Und innerhalb von zwei Jahrzehnten konnte er unschuldig verlangen: ‹Picasso? Pack mir die Bilder ein. Es wird ein nettes Sonntagsgeschenk für Elizabeth.›»

Elizabeth Taylor zog sich in ihr Haus zurück. «Das Hemd, das Mike getragen hatte, bevor er ging, die Pyjamas, die er angehabt hatte, bewahrte ich unter meinem Kopfkissen auf. Ihnen haftete noch ein leiser Geruch von Mike an und ich erlaubte wochenlang nicht, die Bettwäsche zu wechseln. Ich ließ alles in den Schränken so wie es gewesen war. Plötzlich konnte ich all das Zeug nicht mehr sehen. Ich ließ es wegpacken.»

MGM war um seinen Film in Sorge. «Doch die Probleme lösten sich von selbst, als Mikes Testament eröffnet wurde und klarwurde, daß der Witwe Todd außer Schulden nicht viel bleiben würde», erinnerte sich Berman. Von der Versicherungssumme von 3 Millionen Dollar blieben nach Abzug aller Verpflichtungen gerade noch 13 000 Dollar, die Liz mit Mike Junior teilen sollte. Die Häuser und die Autos waren nur gemietet. Von den 250000 Dollar Bargeld mußte noch die Steuerschuld von mehreren Jahren bezahlt werden. Die 35 Millionen Dollar, die *Around the World in 80 Days* eingespielt hatte, waren verjubelt worden. Auf zukünftige Einnahmen waren bereits Darlehen aufgenommen und wieder ausgegeben worden. Für die Rechte an *Around the World in 80 Days* und an dem Breitwandverfahren Todd-AO bot Paramount der Taylor 10 Millionen Dollar, doch sie lehnte ab. Zudem hatte MGM sofort nach ihrer Abwesenheit vom Set die wöchentliche Zahlung eingestellt. Der einzige Ausweg hieß *Die Katze auf dem heißen Blechdach*.

Richard Brooks und Paul Newman kamen gerade ins Studio zurück, als «diese Japanerin [Todds Sekretärin] am Set erschien. Sie sagte, daß Liz mit mir sprechen wollte. Ich sagte, Liz solle mich anrufen. ‹Sie wartet schon draußen›, bekam ich zur Antwort. Vor dem Studio stand eine riesige schwarze Limousine mit zugezogenen Vorhängen. Der Chauffeur öffnete die Tür und drinnen saß Elizabeth», erzählte Brooks.

«‹Was soll ich nur tun?› fragte sie mich. Sie sah schrecklich aus. Sie hatte sich die ganze Zeit nur von Alkohol und Tabletten ernährt. Also riet ich ihr, daß sie erst einmal nur zuschauen sollte. Sie stieg gleich mit aus und setzte sich auf einen großen Stuhl. Als sie ging, versprach sie, wiederzukommen.»

Das Spiel sollte sich noch mehrmals wiederholen. Elizabeth kam in einer Limousine, fragte Brooks, was sie tun solle und blieb für einige Zeit am Set. «Eines Morgens meinte ich: ‹Schau, Mike sagte, daß du in den ersten Aufnahmen einfach wundervoll aussiehst. Er war überzeugt davon, daß du einen Oscar gewinnen wirst. Nun ist es an dir.› Sie schaute mich lange an und antwortete: ‹Gut, komme zurück. Ich schulde es Mike.› – ‹Wann?› fragte ich. ‹Warum nicht jetzt gleich!› war ihre Antwort.»

Brooks gab ihr das Drehbuch zu lesen. Sie drehten gerade die Szene, in der Big Mama erfährt, daß Big Daddy sterben wird. Liz mußte nur dastehen – die Kamera fing sie von hinten ein – und sich auf Big Mama konzentrieren. «Als Judith den Satz sagte: ‹Ich nehme an, die Dinge entwickeln sich nicht so, wie man es sich erträumt›, mußte ich wieder an Mike denken. Wir hatten soviel vorgehabt. Wir wollten zusammenbleiben, bis wir hundert Jahre alt sein würden. An den Tod haben wir nie gedacht. All der Schmerz der letzten Zeit kam nun zum Ausbruch. Ich weinte. Mir liefen die Tränen in Strömen herunter. Ich konnte einfach nicht mehr aufhören zu heulen. Und Brooks ließ die Kamera weiterlaufen.»

Brooks wollte Elizabeth dazu bringen, daß sie wieder Nahrung zu sich nimmt. So legte er das Geburtstagsessen Big Daddys auf den 15. April, den nächsten Drehtag. «Gewöhnlich sind die Speisen mit Insektenspray eingesprüht und ungenießbar. Doch Brooks und das Team sorgten dafür, daß das Essen frisch war, und so aß ich das erste Mal wieder richtig. Sie wiederholten die Szene, und ich aß und aß und aß und aß.»

Elizabeth hatte wieder eine Aufgabe. Die Arbeit tat ihr gut. Dennoch versank sie immer wieder in tiefsten Kummer. Anfang Mai trug sie sich mit dem Gedanken, aus dem Leben zu scheiden. Am 12. Mai 1958 rief Dr. Kennamer gegen sechs Uhr morgens den Regieassistenten an und teilte ihm mit, daß Liz nicht zu den Dreharbeiten erscheinen könnte. Nach außen drang nur die Nachricht, sie sei die ganze Nacht über sehr krank gewesen, in Wahrheit aber hatte sie versucht, sich mit Schlaftabletten das Leben zu nehmen. Kennamer selbst gab Jahre später zu: «Durch den Tod von Mike hatte sie einfach ihren Lebenswillen verloren und ließ nichts unversucht, sich umzubringen.»

Überraschenderweise hatte MGM kein neues Projekt zur Hand, als Elizabeth sich weigerte, die Hauptrolle in *Two for the Seesaw* zu übernehmen. Sam Marx, der die Eifersüchteleien seiner Stars virtuos handhabe, gab schließlich vor, die Rolle mit Jennifer Jones zu besetzen.

Wütend kam die Taylor in sein Büro gestürmt. «Wieso nimmst du mir die Rolle weg?» tobte sie.

«Nun, weil ich mir dich nicht als jüdisches Mädchen vorstellen kann, das eine Affaire mit einem Vertreter hat, der am Schluß doch wieder zu seiner Frau zurückkehrt.»

«So ein Unsinn», rief Liz. «Ich habe doch erst in meinem letzten

Film eine Frau gespielt, deren Mann nicht mit ihr schlafen will. Also kann ich jetzt jede Charakterrolle spielen.»

«Aber er war homosexuell, Elizabeth. Darum ging es in dem Film.» Sie schaute «mich mit großen Augen an. Erst jetzt schien sie zu verstehen, wovon das Werk handelte.»

«Und ich habe mich schon immer gewundert, was mit dem Kerl nicht in Ordnung ist.»

1963 ging die Rolle an Shirley MacLaine.

Elizabeth war aus dem Schuyler Drive 1330 ausgezogen und wohnte zunächst bei ihrem Bruder Howard in La Jolla, der dort als Ozeanograph arbeitete.

Elizabeth erholte sich rasch und faßte den Entschluß, nicht länger allein zu bleiben. Der Reigen der Galane wurde von Arthur Loew Junior eröffnet. Arthur, als internationaler Playboy verschrien, lud sie und ihre Kinder auf seine Ranch nach Arizona ein. «Zwischen mir und Liz wäre alles gutgegangen, wenn sie fünfzig gewesen wäre», erzählte er. «Doch sie war unruhig. Sie wollte das Leben in vollen Zügen genießen.»

Im Juni ließ sie die Kinder bei ihm und seiner Schwester Jane und reiste nach Las Vegas, wo sie an einer Show von Eddie Fisher teilnahm. «Zu diesem Zeitpunkt verband uns nichts außer einer herzlichen Freundschaft», meinte Fisher. Bereits am nächsten Tag kehrte sie nach Los Angeles zurück. Fisher: «Nachts um drei erreichte mich ihr Anruf. ‹Wann kommst du zurück?› fragte sie mich. ‹Ich muß dich unbedingt sehen!› Ihre Stimme hatte einen Unterton, der mich erschaudern ließ. Ich wunderte mich, was es so Dringendes gab.»

Um so überraschter war Eddie, als Liz nicht zu der Party anläßlich seines 30. Geburtstags erschien. Debbie Reynolds hatte eine Überraschungsparty im *Romanoff* vorbereitet, zu der auch Liz eingeladen war. Fisher war verletzt und gekränkt, eingedenk des nächtlichen Anrufs, doch mitten in der Feier erreichte ihn Liz' Anruf. «Eddie, es tut mir leid, aber ich habe meine schreckliche Periode.»

«Ach, Liz», sagte Fisher. «Das einzige, was du hast, ist ein schrecklicher Kater.» Sie lachte, und sie vereinbarten, daß er sie am nächsten Tag in Loews Haus besuchte.

«Sie saß mit Liza am Pool. Als sich unsere Augen trafen, war es um mich geschehen. Es wurde kein Wort gesprochen. Ich hatte mich in Elizabeth verliebt. Und als ich den Ausdruck in ihren Augen sah, wußte ich, daß sie auch in mich verliebt war.»

«So ein Unsinn», empört sich Debbie Reynolds noch heute. «Ich liebte meinen Mann. Ich dachte, wir hätten unsere Probleme endlich gelöst. Zudem war er überhaupt nicht ihr Typ. Sie hat ihn nie geliebt.»

Und die Taylor selbst räumt ein: «Irgendwie wurde mir Mike durch Eddie lebendig. Vielleicht wollte ich aber nur durch Eddie feststellen, ob ich noch lebte oder tot war. Aus irgendeinem idiotischen Grund glaubte ich zudem, daß er mich brauchte. Es war der offensichtlichste Mißgriff meines Lebens.»

Immerhin gelang es jenem «Mißgriff», sie von einer Europa-Reise abzubringen. Mitte August bereitete Elizabeth ihre Reise von New York aus vor. Fisher hatte ebenfalls in New York zu tun, und so verbrachten sie viel Zeit zusammen. «Damals versuchte Cary Grant, eine Verabredung mit Liz zu arrangieren, und ich war geschmeichelt, als sie ihm meinetwegen einen Korb gab», erzählte Fisher. Die beiden waren in den nächsten Tagen ein Herz und eine Seele. Als die Zeitungen über sie zu berichten begannen, glaubte Debbie Reynolds zu Hause ihren Augen nicht zu trauen: «Schön, dachte ich. Er hat sich mit Liz arrangiert. Früher nannte er sie ‹Brechmittel› und jetzt tröstete er sie über den Verlust von Mike hinweg.» Doch als die Berichte immer deutlicher wurden, beschloß sie, der Sache auf den Grund zu gehen. «Ich war bei Dean [Martin] und seiner Frau gewesen. Obwohl sie mit Eddie befreundet waren, rieten sie mir, ich solle mich um meinen Mann kümmern. Also fuhr ich heim und versuchte, ihn im *Essex* zu erreichen, wo er gewöhnlich wohnte. Dort erfuhr ich, daß er bereits seit sechs Tagen nicht mehr dort gewesen war. Also rief ich im *Plaza* an, wo die meisten MGM-Stars abzusteigen pflegten. Ich wartete und wartete und überlegte, was ich sagen würde, wenn Liz abheben würde. Doch der Portier teilte mir mit, daß niemand in Miss Taylors Suite sei. Da wußte ich es. Sie hatten schon alles arrangiert, damit der Anruf der Ehefrau nicht durchgestellt wurde. Zehn Minuten später rief ich erneut an.

‹Guten Abend, *Plaza Hotel*.›

‹Ferngespräch für Mr. Eddie Fisher›, sagte ich wie ein Profi. ‹Mr. Dean Martin aus Hollywood.›

‹Einen Moment, bitte›, bekam ich zur Antwort.

Fünfzehn Sekunden später hob Eddie ab.

‹Hi, Dean, was bringt dich dazu, mich mitten in der Nacht anzurufen?›

‹Hier ist nicht Dean, Eddie. Hier spricht Debbie!›

Es herrschte Totenstille. Dann begann er zu schreien, und im Hintergrund maulte Liz. Da merkte ich, wie es mir die Beine wegzog. Ich legte einfach auf.»

Bereits am nächsten Morgen, es war der 8. September 1958, flog Eddie zurück nach Los Angeles. Debbie wollte die Ehe retten, doch Eddie hatte sich bereits entschieden: für Liz. So folgte dem Eheberater schließlich der Scheidungsanwalt, und Debbie überbrachte der Presse die Botschaft. Das Bild der leidenden Mutter in Jeans und mit den kleinen Kindern auf dem Arm ging um die Welt. «Ich bin zutiefst erschüttert und kann noch nicht mehr dazu sagen», lautete ihr knappes Statement.

Elizabeth wollte ebenfalls an Labour Day zurückfliegen, doch wegen eines Maschinenschadens war sie gezwungen, die Nacht im Flughafenhotel zu verbringen und sich den Fragen der Reporter zu stellen. «In den letzten beiden Wochen bin ich seit dem Tod von Mike das erste Mal wieder glücklich gewesen.»

Die Gerüchte über eine Beziehung mit Fisher tat sie als «Scheiße» ab. Jahre später aber gestand sie Max Lerner: «Damals verbrachte ich mit Fisher vier Tage und vier Nächte im Bett. Wir haben uns geliebt bis zum Umfallen. So hat er mich meinem Schmerz entrissen.»

In Los Angeles trat sie mit einem Yorkshire-Terrier der wartenden Menge entgegen. «Sie trug einen Vampturban, der in Kontrast zu diesem unschuldigen Peter-Pan-Kragen stand», notierte Louella Parsons in ihr Tagebuch. Der Presse hatte sie nur ein kurzes «Hello» zu sagen – ihre einzige Antwort auf die zugerufenen Fragen.

Die Bombe aber brachte Hedda Hopper zum Platzen. In einem Telefonat versuchte sie herauszubekommen, was die «ganze Fisher-Scheiße» sollte. Doch Liz war gegenüber ihrer alten Freundin und Gönnerin ungeduldig. «Mein Gott, ich liebte Mike, ich liebte ihn mehr als mein Leben. Aber Mike ist tot, und ich lebe, und die einzige Person, die wirklich gewollt hat, daß ich glücklich bin, ist Mike gewesen.»

«Aber du kannst Debbie nicht derart verletzen, ohne dir selbst zu schaden», warnte die Hopper.

«Was erwartest du von mir? Soll ich von nun an allein schlafen?» antwortete die Taylor harsch.

Aus den Tagebüchern von Hedda Hopper geht hervor, wie schwer ihr die Entscheidung fiel, die Geschichte zu drucken. Zum einen war dieses Exklusivinterview bare Münze, zum andern war sie immer eine loyale Freundin und Gönnerin der Taylor gewesen. Die Story ging in Druck. Hedda Hopper brachte Elizabeths Satz auf die Formel: «Mike ist tot, und ich lebe noch.» Diese tiefe Weisheit war nichts anderes als eine Sentenz aus *Die Katze auf dem heißen Blechdach*. Dort ruft Maggie aus: «Skipper ist tot, aber ich lebe noch.»

Als Heddas Kolumne erschien, glaubte man bei MGM, die ganze Sache würde schnell in Vergessenheit geraten, das Interesse der Öffentlichkeit erlahmen und die Reporter würden sich ein anderes Opfer suchen. Doch man täuschte sich. Amerika wurde ergriffen von einem gewaltigen Aufschrei des Entsetzens und der Empörung. Tausende von Briefen forderten den Kopf von Eddie Fisher und der «Witwe Todd», die von Debbie Reynolds’ Mutter öffentlich als «größte Hure Hollywoods» beschimpft wurde. «Wir mußten alle unsere Pläne ändern», sagte Berman. «Liz war nun als Unschuld nicht mehr glaubwürdig. Am meisten ärgerte es uns, daß wir sie nicht für *The Nun’s Story* an Warner Brothers ausgeliehen hatten.

Stellen Sie sich einmal vor, was dieser Skandal für Warner bedeutet hätte. Ich hätte zu gerne Jacks Gesicht gesehen.»

«Die Traumehe Fisher/Reynolds wurde gestern aus einigen scharfen Kurven geschleudert – denen von Elizabeth Taylor», hämte die *New York Daily News*. Doch die Befürchtungen der MGM bewahrheiteten sich nicht.

Die Katze auf dem heißen Blechdach spielte allein in Amerika 10 Millionen Dollar ein. Und entgegen aller moralischen Entrüstung und angedrohtem Arbeitsverbot wurde Liz für die Rolle der Maggie für den Oscar nominiert. Der einzige Leidtragende schien Eddie Fisher zu sein. Seine Platten wurden von den meisten Radiostationen boykottiert, und seine Sponsoren ließen seine Fernsehsendung sterben. Die Verkaufszahlen seiner Lieder sackten dramatisch in den Keller.

Zunächst flohen die Verfemten zu Kurt Frings und seiner Frau Ketti. Später mieteten sie das Haus von Linda Christian an der Copa de Oro Road, Bel Air. Obwohl Fisher offiziell in seinem Appartement am Sunset Boulevard seiner Scheidung entgegensah, verbrachte er die meiste Zeit mit Elizabeth. Mit Schrecken stellte er fest, daß sie extrem starke Beruhigungsmittel nahm. «Doch als ich sie darauf ansprach, meinte sie nur, das sei okay. Der Versuch, sie zu einem Besuch bei einem Psychiater zu bewegen, endete damit, daß ich zu einem ging.»

Während der nächsten Wochen bereitete sich Elizabeth darauf vor, Eddie eine würdige Braut zu werden. Nachdem sie mit ihm die jüdischen Schriften und das Alte Testament studiert hatte, teilte sie Rabbi Max Nussbaum mit, daß sie zum jüdischen Glauben konvertieren wolle. Nussbaum bat sich Bedenkzeit aus, doch nachdem er einige Gespräche mit Elizabeth geführt hatte, willigte er ein. «Sie war eine gute Schülerin», erinnerte er sich. «Sie hatte ein gutes Verständnis für das jüdische Leben und war in der jüdischen Geschichte sehr belesen. Sie ist sehr intelligent.» Am 2. März 1959 wurde der Übertritt in Anwesenheit ihrer Eltern, Dick Hanleys und Dr. Kennamers vollzogen und aus Liz wurde Elisheba Rachel. «Ich bin stolz darauf, eine Jüdin zu sein», verkündete sie der Presse, was dazu führte, daß ihre Filme in Ägypten und allen arabischen und afrikanischen Ländern verboten wurden.

Ein wirkliches Problem bereiteten indes die 100 000 Dollar, die Liz israelischen Wohlfahrtsorganisationen versprochen hatte. Als sie Eugene Black, den Präsidenten der Weltbank, fragte, ob er ihr diese Summe leihen könnte, antwortete er: «Wir verleihen Geld nur an Hilfsbedürftige.»

In letzter Minute sprang Sam Spiegel ein. Er bot ihr 500 000 Dollar, wenn sie in seiner Verfilmung von Tennessee Williams' *Suddenly Last Summer* (dt. *Plötzlich im letzten Sommer*) mitwirken würde. Obwohl viele Freunde sie warnten und ihr rieten, die Finger von einem Film über Homosexualität, Inzest, Wahnsinn und Kannibalismus zu lassen, willigte die Taylor ein.

Vorher jedoch wollte sie Eddie heiraten. Eddies Frau Debbie hatte sich zunächst gegen eine schnelle Scheidung ausgesprochen, willigte nun jedoch ein. «Ich gab ihr dafür mein letztes Hemd», meinte Fisher. Liz und Eddie fuhren am 29. März nach Las Vegas, wo er am 1. April ein Engagement im *La Tropicana* beginnen sollte. Am Abend der Show hatten sich Hunderte von Demonstranten versammelt. Auf Plakaten erinnerten sie Eddie an sein Eheversprechen und rieten der Taylor, die Stadt schleunigst zu verlassen. Trotzig segelte sie in einem weißen Chiffonkleid, behängt mit Diamanten, an der Menschenmenge vorbei, ohne sie eines Blicks zu würdigen. Die Gäste begrüßten Eddie mit eisigem Schweigen, doch lockerte sich die Stimmung, als er *Another Bride, Another June, Another Sunny Honeymoon* anstimmte.

Nachdem Eddie Fisher und Elizabeth ihren Hauptwohnsitz nach Las Vegas verlegt hatten – Liz mietete die Hidden Well Ranch –, reichte Eddie am 12. Mai 1959 seine Scheidung ein. Zuvor hatte er sich beim Richter rückversichert, daß die «Sache schnell über die Bühne gehen würde». Innerhalb von zehn Minuten war Eddie ein freier Mann. «Ich wollte gleich die Heiratslizenz kaufen, doch ich hatte nur Casinochips in der Tasche, die die Kassiererin nicht annehmen wollte. Schließlich lieh mir Bernie Rich das Geld. ‹Bitte, unterzeichnen Sie hier als erster, Mr. Fisher›, sagte die Kassiererin. ‹Es dürfte für die nächsten Jahre das letzte Mal sein, daß Sie an erster Stelle kommen!› Ich ahnte nicht, wie recht sie hatte.»

Die Trauung fand im Beth Shalom Tempel von Las Vegas statt. In einem grünen Chiffonkleid mit Schleier wurde Elisabeth Taylor von Rabbi Nussbaum und Rabbi Cohan mit Eddie Fisher verheiratet.

«Obwohl wir die ganze Zeit zusammen gelebt hatten, fühlten wir uns wie Jungverliebte. Wir wollten allein sein. Doch nach unserer Feier machten wir den Fehler und nahmen das Flugzeug von Las Vegas nach New York. Wir hatten nicht ahnen können, daß die gesamte Presse ebenfalls an Bord war», erzählte Fisher.

«Ich bin so schrecklich glücklich. Unsere Flitterwochen werden 30 oder 40 Jahre dauern. Sobald mein Filmvertrag ausläuft, werde ich nur noch Ehefrau und Mutter sein», sagte Liz und verriet den Reportern, daß sie ihre Flitterwochen auf der Yacht von Sam Spiegel verbringen würden, bevor die Dreharbeiten zu *Plötzlich im letzten Sommer* beginnen.

Am nächsten Morgen prangerte der Kolumnist Robert Ruark die «Hochzeit als Resultat einer unwürdigen Liebesaffaire» an. «Dieses Monument des Ehebruchs, dieser vorzeitige Abbruch des Trauerjahrs und die Mißachtung der Ehen anderer Menschen... waren etwas zu gewagt für einen Tempel. Man muß damit rechnen, daß der Allmächtige seinen Zorn über sie kommen läßt.»

Allein Max Lerner verteidigte die Fishers in seinem Artikel in der *New York Post*. Die Taylor war begeistert und lud Lerner ein, während der Dreharbeiten nach England zu kommen.

Kaum waren Eddie und Liz verheiratet, kam es zu Streitereien wegen Elizabeths ungezügelten Alkohol- und Tablettenkonsums. «Wir lagen im Bett, und ich probierte von ihren Tabletten. Es riß mich im wahrsten Sinne des Worts vom Hocker. Als sie sich weigerte, auf sie zu verzichten, griff ich zu einer List. Ich versteckte die Pillendosen oder spülte sie das Klo hinunter. Doch ihre Ärzte verschrieben ihr immer wieder das Zeug, weil sie wollten, daß Liz glücklich ist.»

Liz hingegen vertraute einer Freundin an: «Wenn ich geahnt

hätte, wie prüde und spießig Eddie ist, hätte ich ihn niemals geheiratet.»

Die Dreharbeiten von *Plötzlich im letzten Sommer* wurden nicht nur von den ersten Eheproblemen der Fishers überschattet. Das Hauptproblem war Monty Clift. «Sein Zustand hatte sich durch Drogen und Tabletten derart verschlechtert, daß man kaum noch mit ihm arbeiten konnte», erinnerte sich Mankiewicz. «Doch Elizabeth hatte darauf bestanden, daß er die Rolle des Arztes spielte, und dank ihrer und Kates Hilfe schaffte er es schließlich auch.»

Die Beziehung zwischen Elizabeth und Katharine Hepburn war gespannt. Zum einen war Kate durch die Erzählungen Spencer Tracys vorgewarnt, zum andern kannte sie Liz aus der MGM-Kantine. «Es gab keine Streitereien oder Diskussionen, aber die Hepburn war zu Liz sehr kühl und distanziert», erzählte Fisher. Was Kate am meisten schockierte war die rüde Ausdrucksweise der Taylor (hierüber beschwerte sich sogar die Crew bei Mankiewicz) und der unersättliche Sexualtrieb. «Sie war dauernd mit Eddie im Bett. Dann schnappte sie kurz Luft, fragte, ob sich jemand um die Kinder kümmerte, und verschwand schon wieder in ihrem Zimmer. Zu Eddie und zu noch mehr Sex.» Zu jener Zeit aber traf sie sich auch mit Max Lerner. Sie klagte, ihre Ehe sei bereits vorüber, und begann eine heftige Affaire mit ihm, die, mit Unterbrechungen, bis zu ihrer Ehe mit Richard Burton andauern sollte.

Während seine Frau drehte oder sich mit Lerner vergnügte, studierte Eddie Drehbücher. «Ich weiß wirklich nicht, warum ich ausgerechnet Walter Wangers Drehbuch mitgenommen hatte. Nun, eines Tages las ich es. Es war einfach schrecklich, andererseits aber fesselte es mich: Liz als Cleopatra, Königin des Nils. Sie war gerade im Bad und putzte sich, wie gewöhnlich, stundenlang die Zähne.

Ich rief ihr zu: ‹Ich glaube, du solltest den Film machen.› Sie lachte nur und zeigte keine Reaktion. Von Freunden hatten wir erfahren, daß 20th Century-Fox das Ganze als Billigproduktion für Joan Collins plante, bis Wanger in das Projekt eingestiegen war. Wie der Zufall so spielte, rief Wanger an diesem Abend an. ‹Okay, ich werde die Rolle spielen, wenn du mir als Gage eine Million Dollar garantierst›, antwortete Liz. Es war der beste Witz des Tages. Doch Wanger versprach, uns wieder anzurufen. Kurze Zeit später rief er tatsächlich noch einmal an und meinte, daß sie die Rolle und die Gage bekäme.»

Das *Cleopatra*-Projekt hatte Spyros Skouras, Präsident der 20th Century-Fox, seit einigen Jahren mit sich herumgetragen. Was ihm vorschwebte war ein Remake der Stummfilm-Fassung von 1917 mit Theda Bara in der Hauptrolle. «Alles, was wir brauchen ist ein Hundertachtzig-Dollar-Girl und einige Drehbuchänderungen», meinte er. Walter Wanger aber, Produzent von Klassikern wie *Queen Christina* mit Greta Garbo, vertrat die Ansicht, daß ein Star unverzichtbar sei. Niemand war seiner Meinung nach besser für diese Rolle geeignet als Liz Taylor.

Der Forderung einer Traumgage ließ Elizabeth ein weiteres Begehren folgen: da sie einen Kontakt mit Hollywood und Debbie Reynolds vermeiden wollte, sollte der Film in Europa gedreht werden. Skouras stimmte zu.

MGM verfolgte die Verhandlungen mit großer Sorge, zumal sich Elizabeth ja bereit erklärt hatte, nach ihrer Rückkehr ihren Vertragsverpflichtungen nachzukommen und einen letzten Film für ihr altes Studio zu machen. «Wir erinnerten sie daran und baten um eine Unterredung nach ihrer Ankunft in Los Angeles», erzählte Berman.

Doch für Elizabeth war «die Sache mit Metro» bereits abgeschlossen. Ohne das Studio darüber in Kenntnis zu setzen, übernahm sie eine Gastrolle in Todds Smell-O-Vision-Streifen *Scent of Mystery*. In diesem Verwechslungsthriller – britischer Tourist will Mordanschlag auf eine Amerikanerin verhindern, erkennt aber schließlich, daß er die falsche Person schützt – verkörperte Liz das eigentliche Opfer Sally Kennedy, die am Ende des Films auftaucht.

Das Verfahren Smell-O-Vision wollte die optischen und akustischen Eindrücke durch gezielt eingesetzte Geruchsstoffe unterstützen. Liz' Interesse an diesem Projekt war vorrangig finanzieller Art, da sie an Todd Productions beteiligt war. Allerdings befürchtete sie, Ärger mit MGM zu bekommen, und ordnete an, daß ihr Name weder auf dem Plakat noch in den Pressemappen für den Film genannt werden dürfe. «Niemand wußte, daß sie in dem Film mitwirkte, und so wurde das Ganze schließlich ein riesiger Flop», klagte Todd Junior.

Anfang September klopfte MGM an und erinnerte Elizabeth daran, daß in Hollywood ein Film auf sie warte. Elizabeth wollte nicht zurück nach Hollywood, doch MGM drohte mit der sofortigen Einstellung sämtlicher Zahlungen. Zähneknirschend reisten die Fishers zurück und trafen am 7. September 1959 in Hollywood ein. Auf die Schnelle konnte kein Haus gemietet werden, also zogen sie im *Beverly Hills Hotel* ein. Bungalow 8 für Eddie und Liz, Bungalow 12 für die Kinder und Haustiere. Noch am gleichen Tag fand eine Besprechung mit Thau und Berman statt.

Butterfield 8 (dt. *Telefon Butterfield 8*) hat eine lange Vorgeschichte. John O'Haras Roman beruht auf der wahren Geschichte von Starr Fairthful, einem Callgirl, das sich trotz ihrer nymphomanischen Triebhaftigkeit nach einem bürgerlichen Leben sehnte. Als sie kurz davor stand, aus dem Halbweltmilieu zu entkommen, verunglückte sie 1931 tödlich bei einem Autounfall.

«Als ich den Roman las, war ich sofort davon überzeugt, daß diese Rolle Liz den Oscar einbringen würde. Sie war dazu geboren, diese Rolle zu spielen», erinnerte sich der Produzent Pandro S. Berman. Doch das Studio und Liz konnten mit der Geschichte nicht viel anfangen. «Es war Ende September 1958. Die Fisher–Reynolds–Taylor-Sache hatte gerade ihren Höhepunkt erreicht. Wir standen nun vor dem Problem, welchen Film Elizabeth als nächsten machen sollte. Ihr schwebte die Rolle der Maria in *King of Kings* vor. Stellen Sie sich das einmal vor. Die größte Nutte Hollywoods spielt die heilige Maria. Wir starben beinahe an einem Lachkrampf. Danach wollte sie die Hauptrolle in *Ben Hur*, der so gut wie abgedreht war. Während ich für sie an *Telefon Butterfield 8* dachte, wollte Thau sie für *The Angel Wore Red*. In dem einen Film sollte sie eine Hure, in dem anderen eine Frau spielen, die einen Pfarrer verführt. Für uns war das damals die beste Möglichkeit, ihr damaliges Image auszunutzen.»

Die Taylor indes erklärte, sie wolle verdammt sein, wenn sie einen der Filme machen würde. Dann rannte sie zu Sol Siegel, dem damaligen Produktionschef, «und drückte auf die Tränendrüsen». «Ist dies die Art und Weise, wie man einen Menschen behandelt, der dem Studio faßt zwanzig Jahre gedient hat?» fragte sie. «Glücklicher- oder unglücklicherweise, Elizabeth, wurden in unserem Geschäft sentimentale Gefühle schon vor langem über Bord geworfen», gab Sol Siegel zurück. Auch für Siegel war Liz die Idealbesetzung, denn das hatte sie mit der Hauptfigur gemeinsam: «Ihr Männerverzehr rührt daher, daß sie, eine der schönsten Frauen der Welt, sich ihre Schönheit durch viele Männer immer wieder bestätigen lassen muß.»

Zähneknirschend unterzeichnete Liz den Vertrag kurz vor ihrer Abreise nach Europa. In dem Gespräch am 7. September erinnerten Thau und Berman sie daran, daß sie diese Verpflichtung erst noch erfüllen mußte, bevor sie die Dreharbeiten zu *Cleopatra* (dt. *Cleopatra*) beginnen konnte. Gleichzeitig hatte man Skouras darüber informiert, der eine Vertragsunterzeichnung erst nach Klärung der MGM-Ansprüche für angebracht hielt. Liz weinte, fluchte, bettelte, drohte. Unter keinen Umständen wollte sie diese Rolle spielen.

«Ich war fest entschlossen, daß sie genau das tun würde», sagte Berman. «Und Gott sei Dank hielt die Studioleitung zu uns. Ich hatte ihre ganze Entwicklung miterlebt: angefangen von dem kleinen Mädchen, das wachsen wollte, bis hin zu der jungen Frau, die heiraten wollte. Ich ging durch die Hölle mit ihr. Sicher, sie hatte einige lausige Rollen, aber sie zahlten sich alle für sie aus. Heute bin ich so weit, daß ich sie verachte. Sie läßt sich selber gehen und wird fett wie ein Schwein, säuft und stopft sich mit Pillen voll. Und ich bin sicher, sie hat keinen vernünftigen Film mehr gemacht, weil sie jeder kennt. Man kann einfach nicht mit ihr arbeiten.»

Als Grund für ihre Ablehnung führte die Taylor an, sie wolle keine Prostituierte spielen, da dies ihrem Ruf schaden könne. «Daß ich nicht lache», mokierte sich Berman. «Die Probleme hatten nichts damit zu tun, daß sie ein Callgirl spielen sollte. Das einzige Problem war, daß wir ihr *nur* 125 000 Dollar zahlten, und sie war scharf auf die Million. Das war Berechnung. Wenn es wirklich einer ihrer Witze war, diese Gagenforderung, dann hätte Sigmund Freud über etwas Derartiges ein ganzes Buch schreiben können.»

Um seinen Star bei Laune zu halten, gestand man Liz einige Sonderrechte zu: es sollte in New York gedreht werden, Helen Rose würde die Kostüme entwerfen und man würde Eddie Fisher eine Rolle in dem Film geben. «Sie behauptete, Eddie habe ihretwegen eine Australien-Tournee abgesagt, damit er während der Dreharbeiten bei ihr sein könnte. Dieser kleine Junge. Wir wußten, daß er drogensüchtig war und daß er ein großes Problem werden konnte.»

Dennoch gab man ihm die Rolle des Musikers Steve Carpenter. Der Part des Weston Liggett, für den die Taylor Cary Grant wollte, ging an Laurence Harvey. Obwohl er sich bis zu seinem Tod 1973 im engeren Freundeskreis der Taylor bewegte, erinnerte sich Harvey gegenüber Freunden nur ungern an *Telefon Butterfield 8*. «Es war eine harte Zeit und Fettarsch [sein Kosewort für Liz] war alles andere als kooperativ.»

Als sie ihre Rolle einstudierte, begann sie, «diese Person zu hassen. Sie war so vulgär und ordinär, das genaue Gegenteil von mir. Ich dachte, mein Gott, was werden meine Fans von mir denken, daß ich einen derartigen Scheiß mache.»

«Ist das nicht ein Witz?» lachte Berman, als er die Geschichte das erste Mal hörte. «Sie war wütend. Sie kam zu mir ins Büro gerannt und drohte damit, daß sie es verstünde, sich an mir zu rächen. Sie wollte das Budget von 2,5 Millionen Dollar durch kleine Unpäßlichkeiten, Krankheiten usw. in die Höhe treiben. ‹Ich glaube das nicht!› sagte ich zu ihr. ‹Du hast nicht die Courage, allen anderen zu sagen: Leckt mich am Arsch. Dazu bist du zu professionell.› Und wirklich, es sollte keine Probleme geben.» Allerdings richtete man es so ein, daß die Dreharbeiten erst gegen Mittag begannen.

«Sie und Eddie nahmen damals exzessiv Schlafmittel und Aufputscher. Wenn sie aufstanden, dauerte es immer bis Mittag, bis sie überhaupt ansprechbar waren.»

Die Dreharbeiten begannen am 1. Januar 1960 und sollten weit mehr als drei Monate in Anspruch nehmen. Die Zusammenarbeit zwischen dem Regisseur Daniel Mann und Liz klappte überhaupt nicht. «Mann war ein typischer Vertreter des Actors Studios, ein Diktator», erinnerte sich Eddie. «Bei der Badewannenszene befahl er Elizabeth: ‹Tu so, als würdest du den Wasserhahn ficken. Den Ausdruck will ich auf deinem Gesicht.› Sie zeigte ihm nur den Finger und ging. Sie wußte, der Film war Müll, und sie wollte ihn so schnell wie möglich hinter sich bringen.»

Dennoch ließ sie nichts unversucht, Einfluß auf das Drehbuch zu nehmen. Sie lud Tennessee Williams, Joseph L. Mankiewicz, Paddy Chayefsky und Daniel Taradash ein und bat sie, mit ihr und Eddie das Drehbuch zu überarbeiten. «Als sie mir ihr Werk präsentierte, nahm ich es zwischen die Fingerspitzen und warf es in den Müll. Ich wußte, es war Müll. Sie wollte aus Gloria ein ausgebeutetes Opfer der Gesellschaft machen.»

Wieder in Hollywood widmete sich Elizabeth ausschließlich Eddie und der Aushandlung ihres Vertrags für *Cleopatra*. Ein Vorvertrag war bereits am 19. Oktober 1959 unterzeichnet worden.

Noch einmal meldete sich MGM – die Rohfassung von *Telefon Butterfield 8* war geschnitten – und lud Elizabeth und Eddie ein, einer privaten Vorführung beizuwohnen. Die beiden erschienen, wenn auch stark alkoholisiert. Von Minute zu Minute wurde Liz ärgerlicher, bis sie begann, die angebotenen Snacks, Nüsse, Drinks und ihre Schuhe gegen die Leinwand zu schleudern, bevor sie wutschnaubend den Vorführraum verließ. Schnurstracks rannte sie zu Sol Siegels Büro und schrieb an dessen Tür: «Unverkäufliche Scheiße».

Die Premiere von *Plötzlich im letzten Sommer* war am 22. Dezember 1959 ein überraschender Erfolg gewesen. Der Kitzel der Perversion hatte auch jene angelockt, denen der künstlerische Anspruch des Films verborgen blieb. Liz war felsenfest davon überzeugt, daß sie für die Rolle den Oscar gewinnen würde, zumal sie bereits den Golden Globe verliehen bekommen hatte. Dieser Meinung war auch Williams, obwohl er Einschränkungen machte: «Allein wegen ihres Starappeals wird sie den Oscar bekommen», erklärte er. «Aber meiner Meinung nach war sie eine Fehlbesetzung.»

Am Abend des 4. April 1960 trug Liz jenes weiße Kleid im griechischen Stil, das Mike Todd für die Premiere des Films *Das Land des Regenbaums* kreiert hatte, und seine Diamanten. Rock Hudson sollte der besten Darstellerin den Oscar überreichen. Während Simone Signoret sich voller Erwartung den Busen hielt, drückte Liz die Hand von Eddie. Siegessicher sprang sie auf, als Hudson begann: *«And the winner is… Simone Signoret.»* Liz erstarrte. Als Eddie in seinem Sitz zusammensackte, explodierten vor ihrem Gesicht die Blitzlichter. Doch dann begann sie zu lächeln und applaudierte der relativ unbekannten Schauspielerin. In ihrem Innersten aber entschied sie sich, daß ihr die Kunst von nun an gestohlen bleiben konnte. Was von nun an nur noch für sie zählte, war die Gage, der Profit, den sie aus jeder Rolle, und sei sie noch so schlecht, herauspressen konnte. Den Anfang sollte *Cleopatra* machen. Wer konnte sie stoppen? Wer?

4

Jetzt, da sie endlich aus «der Sklaverei der MGM befreit war», begann sie, mit «ihren kleinen, gierigen Händen nach allen erdenklichen Rollen zu grapschen», erinnerte sich Fisher.

Und ihm oblag es, ihr diese Rollen zu verschaffen. «In den meisten Fällen war dies ein Ding der Unmöglichkeit, und so mußte ich die schlimmsten Beschimpfungen und Wutausbrüche über mich ergehen lassen.»

Liz begehrte eine Rolle jedoch nicht auf Grund irgendwelcher Überlegungen, sondern instinktiv. «Sobald sie hörte, daß jemand eine Rolle hatte, befahl sie mir: ‹Eddie, diese Rolle will ich. Besorge sie mir.› So aßen wir eines Abends mit Audrey Hepburn und Mel Ferrer zu Abend, und Audrey erzählte, sie würde die Hauptrolle in *My Fair Lady* spielen. Liz beglückwünschte sie dazu, doch als wir zu Hause waren, tobte sie und bestand darauf, daß ich mit Warner in Verhandlung treten solle.» Zu den Rollen, die Liz für sich in Anspruch nehmen wollte, zählten die Hauptrollen in *Breakfast at Tiffany's*, *El Cid*, *The Children's Hour*, *The Parent Trap*, *The Hustler*, *My Geisha*, *Sweet Bird of Youth*, *That Touch of Mink*, *Irma la Douce*, *Father Goose* und *The Unsinkable Molly Brown*, letztere nur deswegen, weil Debbie Reynolds die Hauptrolle zugesichert worden war.

In der Zwischenzeit war Fox immer noch auf der Suche nach geeigneten Darstellern für Caesar und Marcus Antonius. Wanger wollte für die Rolle des großen Imperators zunächst Laurence Olivier. Dieser zeigte sich interessiert, lehnte jedoch ab, als er erfuhr, daß Liz seine Partnerin werden sollte. Verhandlungen folgten mit Cary Grant, John Gielgud, Yul Brynner, Curd Jürgens und Jimmy Stewart, die ebenso ablehnten wie Burt Lancaster, Kirk Douglas, Marlon Brando, Jason Robards, Anthony Franciosa und Gregory

Peck. Letztendlich nahm man Stephen Boyd als Marcus Antonius und Peter Finch als Caesar unter Vertrag.

Hinsichtlich ihres Vertrags war Liz ein Meisterwerk gelungen. Neben ihrer Millionengage hatte das Studio ihr folgendes zugesichert:

- 10 Prozent von den Einnahmen des Films als zusätzliche Gage
- 50 000 Dollar pro überzogene Drehwoche
- 3000 Dollar wöchentlich für ihre Lebenshaltungskosten
- Erstattung sämtlicher Reisekosten von Liz, Eddie, den Kindern und ihrem Agenten Kurt Frings
- die zwei Penthäuser des Hotels *Dorchester* in London
- einen Rolls-Royce Silver Cloud nebst Fahrer
- die Verwendung von Todd-AO an Stelle des hauseigenen CinemaScope
- 16 Millimeter Print des Films.

Eddie Fisher: «Im August 1960 reisten Liz und ich mit den Kindern nach Europa. Wir erreichten Rom gerade rechtzeitig zu der Eröffnung der Olympiade. Als Elizabeth, natürlich wie immer zu spät, das Stadion betrat, schauten sich alle nach ihr um, und es brach ein wahnsinniger Jubel aus. Ich hatte noch nie ein derartiges Gebrüll gehört und dachte, dies ist das moderne Gegenstück zu dem Einzug Cleopatras in Rom. Elizabeth war Cleopatra.»

Die Taylor teilte diese Ansicht nicht, als sie samt Anhang am 8. September 1960 in London eintraf. Sie wollte die Sache nur so schnell wie möglich hinter sich bringen und bis Weihnachten wieder zu Hause sein. Doch in England überraschte der Regisseur Rouben Mamoulian sie mit der Botschaft, daß nicht in Ägypten, sondern in den Pinewood Studios gedreht werden würde. Der ursprüngliche Drehbeginn – 20. September 1960 – mußte wegen des schlechten Wetters und wegen eines Streiks der Gewerkschaft auf den 30. verschoben werden. Während mit Elizabeths zunehmendem Taillenumfang auch ihre Selbstzweifel wuchsen, sprach Fisher zum erstenmal offen aus, daß er sich mit seiner Rolle als Lakai und Mr. Taylor nicht länger zufriedengeben wolle.

Wie schon oft zuvor versuchte Liz der angespannten Situation durch Flucht in eine Krankheit zu entkommen: am ersten Drehtag lag sie mit Fieber im Bett. Der Arzt verordnete ihr absolute Bettruhe. Ihr Zustand verschlechterte sich, als Eddie erklärte, er müsse dringend nach Hollywood reisen, um mit den Studios über weitere Rollen zu verhandeln. «Wir hatten eine eigene Gesellschaft gegründet – MCL Productions –, benannt nach ihren drei Kindern Michael, Christopher und Liza, und ich wollte Warners Angebot annehmen, Liz in *Anna Karenina* zu produzieren.»

Wanger, der in die Suite der Fishers gekommen war, um sich von Eddie zu verabschieden, fand Elizabeth in Tränen aufgelöst. «Sie wollte unter allen Umständen verhindern, daß Eddie allein flog. Sie küßte ihn und rannte hinter ihm her. Dann klammerte sie sich an ihn, bis er sich im wahrsten Sinne des Wortes losreißen mußte. Als er endlich gegangen war, ließ sie ihn in der Halle ausrufen und überschüttete ihn erneut mit Liebesschwüren.» Kaum war Eddie jedoch außer Sichtweite, lud sie Peter Finch zum abendlichen Tête-à-tête ein.

Da sich der Gesundheitszustand seines Stars in den nächsten Tagen nicht besserte, riet Mamoulian der Fox, die Dreharbeiten vorübergehend einzustellen. Doch die Versicherung bestand auf der Fortführung der Arbeiten. «Sie sagten mir ‹Dreh irgend etwas, solange man ohne sie drehen kann›. Wir hatten auch noch lausiges Wetter. Es war so kalt, daß man den Atem der Schauspieler sehen konnte.»

Elizabeth verbrachte die meiste Zeit in ihrem Bett im Hotel *Dorchester* und sichtete die internationale Presse. Als die *London Daily Mail* verkündete, sie erscheine nicht am Drehort, da sie zu fett geworden sei, beorderte sie ihre Anwälte nach London und strengte einen Verleumdungsprozeß an, mit einer Schadensersatzforderung in Höhe von 2 Millionen Dollar.

Nach einem vereiterten Zahn, einer Entzündung der Atemwege, furchtbaren Kopfschmerzen, die ihrer Ansicht nach auf eine Hirnhautentzündung hinwiesen, war sie Anfang November – der Rücken machte ihr wieder zu schaffen – «vollkommen gelähmt». Die leeren Tage vertrieb sich Liz auf ihre Weise: sie stopfte sich mit

Fastfood und Demerol voll, hörte Platten und telefonierte mit Eddie. Am Abend veranstaltete sie Pokerabende und hörte Finch aus, der sich «den ganzen Tag den Arsch abgefroren hatte. Peters Zeiten als feuriger Liebhaber waren vorüber, und so endeten die Besuche bei Liz damit, daß er, betrunken bis zur Bewußtlosigkeit, in ein Taxi geschleppt und nach Hause geschickt wurde.» Als Eddie schließlich wieder in London eintraf, befand sich das Set im Chaos. «Ich wußte nicht, was in ihrem Kopf vorging. Verschlimmerten die Drogen die Krankheiten oder waren es ihre Sorgen, daß der Film ein Flop werden würde?» Jedenfalls erklärte sich Fisher bereit, seiner Frau die täglichen Injektionen und Tabletten selbst zu verabreichen, «damit sie wieder glücklich war».

Am 18. November 1960 wurde die Produktion doch eingestellt. 12 Millionen Dollar waren bereits ausgegeben und 20th Century-Fox verfügte lediglich über sechs Minuten Film, in dem der Atem der Pferde und der Darsteller zu sehen war, die in ihren Togen froren. Lloyd's zahlte dem Studio 1,74 Millionen Dollar aus und war zu einer neuen Versicherung nur bereit, wenn man die Taylor durch Marilyn Monroe, Shirley MacLaine oder Kim Novak ersetzen würde. Skouras jedoch weigerte sich, die Taylor auszuwechseln. «Er glaubte, sie sei das ‹künstliche Herz›, das das Projekt am Leben hielt», wußte Wanger.

Die Fishers verbrachten Weihnachten in Palm Springs. Elizabeths Gesundheitszustand hatte sich schlagartig verbessert. Inzwischen hatten sie erreicht, daß das Studio Mamoulian durch Joseph L. Mankiewicz ersetzt hatte. Mit diesem traf man sich dann in London kurz vor Neujahr. Skouras' Direktive an Mankiewicz lautete: «Rette den Film und erobere Liz.»

Nun war die Taylor «glücklich», nahm aber weiterhin ungezügelt ihre Tabletten, die sie mit Unmengen von Alkohol hinunterspülte. Eddie war derart beunruhigt, daß er Dr. Rex Kennamer nach London kommen ließ. «Ich machte mir Sorgen, vor allem um die Kinder», erinnerte sich Fisher. Kennamer untersuchte seine Patientin und erklärte Eddie, er müsse dafür sorgen, daß sie sofort mit dem Trinken aufhört.

«In Ordnung», meinte Fisher, «aber wieso sagst du ihr das nicht, schließlich bist du ihr Arzt.» – «Ich will nicht, daß sie das Vertrauen zu mir verliert», gab er zur Antwort. In seiner Verzweiflung drohte Eddie ihr schließlich an, daß er sie verlassen werde, sollte sie sich nicht sofort einer Entziehungskur unterziehen. «Das werde ich ebensowenig tun, wie du mich verlassen wirst», antwortete sie.

In den nächsten Wochen wurde offensichtlich, daß die Ehe der beiden gescheitert war. Mankiewicz baute die Thematik sogar in das Drehbuch von *Cleopatra* ein. Ein letzter Versöhnungsversuch endete im Februar 1961 mit einem Selbstmordversuch von Liz. «Wir fuhren nach München, wo wir zu verschiedenen Faschingsparties eingeladen waren. Liz trank und stopfte sich mit Tabletten voll wie nie zuvor. Eines Abends konnte ich es nicht länger ertragen. Sie war gerade im Bad und putzte sich wieder einmal stundenlang die Zähne, als ich sie packte und schrie, daß ich sie verlassen werde. ‹Du willst mich morgen früh verlassen?› brüllte sie zurück. ‹Nun, ich werde dich sofort verlassen.› Sie nahm eine Dose Seconal und begann, die Pillen zu schlucken. Verzweifelt packte ich die Dose und versuchte, sie daran zu hindern, die Pillen hinunterzuschlucken, indem ich meine Finger in ihren Mund steckte. Sie biß mich und rannte ins Badezimmer, wo sie eine Schachtel Miltown fand und auch diese schluckte. Ich kämpfte mit ihr, und die Pillen flogen durch das Badezimmer. Sie kämpfte sich frei und ging zurück ins Schlafzimmer, wo sie sich an ihre Garderobe setzte und begann, ihre Haare zu kämmen. ‹Mein Gott, was hast du getan?› schrie ich. ‹Was soll mit deinen Kindern werden?› – ‹Du kümmerst dich um sie›, war ihre Antwort. Plötzlich stand sie auf, verdrehte die Augen und Schaum quoll aus ihren Mundwinkeln. Dann brach sie in meinen Armen zusammen. Ich stolperte, und sie schlug hart auf den Boden auf.»

Gemeinsam mit Kurt Frings und einem Münchner Arzt versuchte Fisher, seiner Frau das Leben zu retten. Nach achtzehn Stunden war alles überstanden. «Ich aber war am Ende meiner Kräfte. Ich rief Bob Abrams an und bat ihn, ein Krankenhaus in London für mich zu suchen, wo ich mich erholen konnte.»

Die Fishers flogen also wieder nach London. Auf dem Flughafen trank Liz Unmengen von deutschem Bier, lachte und sah schöner aus denn je. Kaum hatte sich Eddie in einem Londoner Krankenhaus «eingemietet», als Liz Joe mitteilte, sie könne nicht zu den Dreharbeiten erscheinen, da sie sich um Eddie kümmern müsse. Sie besuchte ihn regelmäßig und ermahnte ihn, sich nicht gehenzulassen. «In diesen Tagen braucht es niemanden zu geben, der Schmerzen und Ängste hat», war ihre tägliche Devise. Fisher schloß, daß sie «eine Spritze oder eine Pille für alle Probleme» bereit hatte. Auf ihre Anordnung hin verabreichte man Eddie «eine Spezialinjektion», mit dem Erfolg, daß er, wie er sagte, «auf den schlimmsten Trip meines Lebens» ging.

Elizabeth verbrachte ihre Zeit im *Dorchester* und hielt Hof. «Im Zimmer wimmelte es von pissenden Katzen und scheißenden Hunden», erinnerte sich Truman Capote. Doch schon drei Wochen später sah das Zimmer aus wie eine Intensivstation. Liz hatte sich die Asiatische Grippe zugezogen. Während die Ärzte ihr anrieten, in ein Krankenhaus zu gehen, bestand sie darauf, im *Dorchester* zu bleiben. Schließlich installierte man im Zimmer ein Sauerstoffzelt, unter dem sie die meiste Zeit röchelnd verbrachte. «Ich ahnte irgendwie, daß nun das Ende gekommen war, vor dem ich mich immer gefürchtet hatte», meinte Eddie, der Tag und Nacht bei seiner Frau wachte. Als er in der dritten Nacht selbst kurz vor einem Zusammenbruch stand, übernahm eine Krankenschwester die Wache an Liz' Bett. «Und das rettete ihr das Leben, denn ich hätte nie bemerkt, daß sich ihr Zustand so verschlechterte. Liz schnappte plötzlich nach Luft und lief blau an», erinnerte sich Fisher. Nachdem die Schwester nach einem Arzt gerufen hatte, holte sie Eddie.

Glücklicherweise befand sich in der Nacht zum 4. März einer der führenden Anästhesisten Englands im *Dorchester* auf einer Party. Dieser erinnert sich: «Zu dem Zeitpunkt, als ich das Zimmer betrat, hatte sie bereits aufgehört zu atmen. Sie wäre innerhalb von fünfzehn Minuten gestorben.» Während der Wiederbelebungsversuche machte der Arzt Eddie klar, daß Liz nur durch einen Luftröhrenschnitt gerettet werden könnte. Nachdem der Eingriff im Hotel durchgeführt wurde, brachte man Liz eiligst ins Krankenhaus. Als sie wieder zu sich kam, wachte Eddie an ihrer Seite. Da sie nicht sprechen konnte, kritzelte sie auf einen Zettel: «Ich fühle mich, als werde ich jeden Moment sterben. Stimmt das?» Doch Eddie schüttelte nur den Kopf.

Am 6. März verschlechterte sich ihr Zustand. Offiziell sprach man von einer doppelseitigen Lungenentzündung und Anämie. In Wahrheit aber war dies, so Fisher, die Folge ihres übermäßigen Drogen- und Alkoholkonsums. «Ich wußte zwar, daß sie alles taten, um sie zu retten, aber auf der anderen Seite kamen sie ihrer Bitte nach Aufputschspritzen ohne zu zögern nach», sagte Fisher.

Das Krankenhaus war schon bald von Reportern, Fernsehteams und Schaulustigen belagert, die darauf hofften, als erste die Nachricht vom Dahinscheiden der Taylor zu erhaschen. Einige Zeitungen jedoch gingen einen Schritt weiter und druckten bereits den Nachruf, was Skouras zur Weißglut trieb.

Merle Oberon bot ihre Hilfe aus Rom an; unzählige Briefe und Blumensträuße trafen ein, und eine amerikanische Garnison in Westdeutschland betete, damit es Liz wieder besser ginge. Auch in der Militär-Akademie West Point schloß man sie in das Morgengebet ein, und langsam wandelte sich «die größte Hure Hollywoods» in die «heilige Elizabeth», die wieder von jedermann geliebt wurde.

Am 7. März erklärten sechs Ärzte in Begleitung des Hofarztes von Elizabeth II., daß sich ihr Zustand verbessert hätte. Dennoch sei er noch immer kritisch. Elizabeth verlangte nach ihren Eltern, die auch sofort angereist kamen. In späteren Jahren erzählte Sara, daß allein sie es gewesen sei, die durch «gute Gedanken» ihre Tochter vor dem sicheren Tod bewahrt hätte. «Ich glaube aber nicht, daß sie das gern gedruckt sehen würde», schränkte sie sofort ihre blumigen Darstellungen ein.

Am 11. März erklärte man der Presse, das Schlimmste sei überstanden. «Doch in Wirklichkeit stand uns das Schlimmste noch bevor», erinnerte sich Fisher, denn die Ärzte gaben ihr nur eine geringe Chance, wenn sie ihren Lebensstil nicht sofort radikal änderte. Liz aber dachte gar nicht daran. Einigermaßen genesen, verlangte sie sofort nach Champagner und bekam ihn auch. Außerdem schluckte sie munter weiter Seconal, das sie den Ärzten «mit Schmeicheleien, Wutanfällen und den üblichen Ausbrüchen zu entlocken wußte». Erst nach einem langen Gespräch mit Kennamer wollte sie darauf verzichten, wenn man ihr wenigstens etwas zum Einschlafen geben würde. Um sie «bei Laune» zu halten, holte Fisher viele ihrer Freunde an ihr Krankenlager, unter ihnen Truman Capote, Tennessee Williams, John Wayne und Yul Brynner.

Hollywood reagierte auf seine Weise. Obwohl Elizabeth für ihre Rolle in *Telefon Butterfield 8* für einen Oscar nominiert worden war, dachte niemand daran, ihr tatsächlich die Auszeichnung zu verleihen. Mit ihr im Rennen lagen Melina Mercouri, Deborah Kerr, Greer Garson und Shirley MacLaine. «Doch nach dieser medienwirksamen Krankheit war uns allen klar, daß sie den Oscar gewinnen würde», meinte die Mercouri. «Ich überlegte mir, ob wir nicht einfach alle zu ihren Gunsten zurücktreten sollten, zumal wir sowieso keine Chance mehr hatten.»

Als Elizabeth, gefolgt von ihren Eltern, Eddie, Rex, ihren Kindern und dem restlichen Gefolge in Amerika eintraf, erklärte sie, sie werde an der Oscar-Verleihung teilnehmen. Die Dreharbeiten zu *Cleopatra* sollten erst wieder im Herbst aufgenommen werden.

Der erste öffentliche Auftritt von Elizabeth zog am 17. April 1961 über 2500 Schaulustige zum Santa Monica Civic Auditorium. Als sie eintraf, überwanden die Fans die Barrikaden und umringten sie. Sichtlich genoß Liz derartige Zuneigungsbeweise. Nachdem sie auch die Fernseh- und Zeitungsleute hinter sich gelassen hatte, stürmte die Taylor auf die Damentoilette, wo Rex ihr erst einmal eine seiner «Vitaminspritzen» verabreichen mußte. Dann schwebte Liz, fünfzehn Minuten zu spät, zu ihrem Sitz, und die Show konnte beginnen. Als Yul Brynner den Umschlag öffnete, um den Namen der besten Hauptdarstellerin zu verkünden, herrschte Totenstille. «Und der Sieger ist… Elizabeth Taylor.» Liz sprang auf, griff sich an den Hals und schrie: «Ich glaube es einfach nicht!» Dann küßte sie Eddie, der sie zu den Siegerstufen geleitete, und humpelte zum Podium empor. Das Dior-Kleid, das sie trug, hob ihre Narbe am Hals wie eine Siegertrophäe hervor. Als sie den Oscar in den Händen hielt, weinte sie wirklich vor Glück.

«Das einzige, was ich sagen kann, ist vielen Dank, vielen Dank aus tiefstem Herzen.» Dann schwankte sie zur nächsten Damentoilette und brach zusammen. Ihrem geschwächten Zustand schrieb man es zu, daß sie beim anschließenden Empfang der Presse erneut ohnmächtig wurde und hinausgetragen werden mußte. «Jeder wunderte sich, daß sie überhaupt die Treppen zur Bühne schaffte», meinte Bob Hope. «Doch auf dem Governor's Ball lachte, rauchte, trank und aß sie bis halb eins. Der Oscar mußte das gute alte Adrenalin bei ihr aktiviert haben.»

Gefragt, ob sie nun eine höhere Gage als bisher verlangen würde, erklärte die Taylor mit einem unschuldigen Augenaufschlag, sie würde dies vorerst nicht in Erwägung ziehen, da sie nicht gierig erscheinen wolle.

Am nächsten Morgen jedoch teilte sie der *Saturday Evening Post* mit, daß ihre Lebensgeschichte nun doch nicht für 50000 Dollar zu haben sei. Sie erwarte mindestens 100000 Dollar. Als der Journalist von der *Post* sich bei ihr meldete, erklärte sie ihm, sie werde das Projekt nur mit Max Lerner durchführen. Der Preis war zudem auf 250000 Dollar gestiegen. Murrend zog sich die Zeitung zurück.

Bei allem, was Eddie für Liz getan hatte, war sie seiner überdrüssig geworden. Sie bat Lerner um ein Treffen, und schon kurze Zeit später «nahmen wir unsere Beziehung wieder auf».

Für Lerner stand bereits fest, «daß Liz und ich schon bald heiraten würden». Da Lerner ebenfalls verheiratet war, riet man der Taylor, diesmal diskreter zu sein. Während Eddie nach Las Vegas ging, wo er ein Engagement im *Desert Inn* vorbereitete, lebte die Taylor mit Lerner in New York, um, wie es offiziell hieß, ihre Memoiren vorzubereiten. Lerner fühlte sich zunächst geschmeichelt, doch schon bald fand er einige Schattenseiten an seiner Geliebten. «Wir besuchten einen Boxkampf im Madison Square Garden. Als wir gingen, entdeckten uns einige Betrunkene und machten einige nicht besonders feine Bemerkungen. Liz erwiderte sie mit einer typischen Handgeste. Die Männer schrien vor Wut, beschimpften uns noch mehr, und Liz schrie einfach zurück. Ohne das Eingreifen der Polizei hätte man uns wahrscheinlich umgebracht.» Doch außer ihrem vulgären Verhalten störte ihn ihre Geltungssucht. «Sie setzte vor allem ihre sexuelle Macht ein. Sie ist ein totaler Narziß. Sie gibt mit ihren früheren Männern an und erzählt bis ins Detail, wie es mit ihnen war.»

Lerner erkannte, daß die Beziehung mit Liz nicht von Dauer sein könnte, und er kehrte zu seiner Frau zurück, während Liz sich wieder an Eddie hielt. Fishers Kommentar: «Liz liebt es eben, Trophäen zu sammeln.»

Da Lerner aus dem Rennen war und sich auch nicht mehr ihrer Lebensgeschichte widmete, erinnerte sich Elizabeth an das Angebot der *Post*. Das Blatt schickte ihr eine Reihe Autoren nach Las Vegas, die sie jedoch allesamt ablehnte. Schließlich entschied sie sich für einen jungen Schreiber. «Als ich in Las Vegas eintraf, blickte sie einfach durch mich hindurch. Sie habe keine Zeit, da sie mit Eddie Fisher zum Picknicken wollte. Ich schlug ihr vor, am nächsten Morgen zu kommen, doch sie meinte: ‹Da geht es auch nicht, weil Eddie und ich den ganzen Morgen ficken, den ganzen Morgen!›»

Liz Taylor zeigte sich auch weiterhin so wenig kooperativ, daß schließlich Rechtsanwälte den Streit um ihre Lebensgeschichte schlichten mußten. Drei Jahre später erschien ein Buch – *Elizabeth Taylor: An Informal Memoir by Elizabeth Taylor* –, das zum größten Teil auf einer Zusammenarbeit mit Lerner basierte, der aber an keiner Stelle erwähnt wurde.

«Meine schwere Lungenentzündung hatte sicher seelische Ursachen», schrieb sie über die letzte Zeit mit Eddie. «Ich ließ mich von meiner Krankheit überrumpeln. Ich hatte gehofft, glücklich zu sein, und so getan, als wäre ich es… Ich hatte aufgehört zu denken, hatte aufgehört zu lesen, hatte aufgehört, über irgend etwas zu diskutieren, war nur stumpf mit allem einverstanden, was Eddie sagte. Ich wurde richtig dumm!» Und an anderer Stelle erzählte sie die Geschichte, wie sie viermal starb und wiedererweckt wurde: «Ich versuchte Atem zu holen, doch nichts geschah. Ich fühlte, wie mein Sauerstoff sich in meinem Körper verbrauchte... Ich wollte leben und betete zu Gott, weiterleben zu dürfen... Es klingt verrückt, aber ich erinnere mich, geträumt zu haben, daß ich mit Mike gesprochen hatte... Es war, als ob ich mit 29 Jahren plötzlich aus meinem eigenen Leib wiedergeboren worden sei.»

Derartige Geschichten faszinierten auch den jungen Bobby Kennedy, der mit den Fishers an einem Wohltätigkeitsessen teilnahm, bei dem Elizabeth als Rednerin auftrat. Während Eddie Fisher Bobby unter dem Tisch heimlich Scotch reichte, drückte die Taylor ihm ihren Zimmerschlüssel in die Hand. So erjagte sie eine weitere «Trophäe». Ihr größter Erfolg aber sollte noch vor ihr liegen.

5

In der Zeit, in der Liz sich von ihren «Leiden» erholte, war 20th Century-Fox bemüht, Geld aufzutreiben, um *Cleopatra* beenden zu können. Da niemand gefunden werden konnte, der sich an dem Projekt beteiligte, sah die Studioleitung sich gezwungen, 260 Morgen ihres Geländes für 43 Millionen Dollar an die Aluminium Company of America zu verkaufen. John Gregory Dunne, der den Aufstieg und Fall der Fox in seinem Buch *The Studio* detailliert darstellte, ist der Ansicht, daß diese Entscheidung Skouras zu Fall brachte. Als die Fox 1975 75 Morgen wieder zurückkaufte, mußte sie 21 Millionen Dollar bezahlen. «Heute steht auf dem Gebiet Century City mit seinen hohen Geschäftshäusern und überschattet Beverly Hills. Ein Monument dessen, was Elizabeth Taylor alles zu erreichen vermag: Sogar die Skyline ihrer Heimatstadt kann sie verändern.»

Zunächst bestand Skouras darauf, daß von nun an in Hollywood gedreht werden sollte, damit er die Produktion überwachen konnte. Doch den überwiegenden Teil des Studiogeländes hatte George Stevens mit seiner Produktion *The Greatest Story Ever Told* belegt. So entschied der Vorstand, daß die gesamten Dreharbeiten in Rom stattfinden sollten, nicht zuletzt in der Hoffnung, daß die Produktionskosten in Übersee geringer sein würden als zu Hause.

Im Juli 1961 flogen die Fishers zum Moskauer Filmfestival, wo sich der «Dior-Zwischenfall» ereignete (Gina Lollobrigida trug dasselbe Dior-Kleid wie Liz, nur in einer anderen Farbe). Wieder in Los Angeles trat Fisher im *Coconut Grove* auf und Liz unterzog sich einer Schönheitsoperation am Hals. Kurz bevor die Fishers in Rom erwartet wurden, verbrachten sie einige Zeit auf der Yacht von Spyros Skouras Junior in der Ägäis. «Vergessen waren alle Probleme», erinnerte sich Eddie. «Ich liebte meine Frau, meine Frau liebte mich, und ich genoß jede Minute unseres gemeinsamen Lebens. Nie zuvor war ich glücklicher gewesen.»

Um der Welt ihre wiedergefundene Liebe kundzutun, beschlossen die Fishers, ein Kind zu adoptieren. Man hatte ihnen erzählt, dies sei in Griechenland recht einfach. Liz erinnerte sich schmerzlich daran, daß sie und Mike Todd Kurt Frings beauftragt hatten, ein Kind zu finden. Frings wandte sich an Maria Schell, die sich seitdem umhörte, aber nichts Geeignetes gefunden hatte. «Liz und ich besuchten unzählige Waisenhäuser in Athen. Schließlich fanden wir einen kleinen Jungen. Man versprach uns, alles für den nächsten Morgen vorzubereiten. Wir hatten sogar schon einen Namen für ihn. Alexander.» Doch als die Fishers am nächsten Morgen zurückkamen, teilte ihnen die Oberin mit, daß wegen ihrer Scheidungen und ihres Glaubens eine Adoption unmöglich sei. Die nun folgenden Flüche und Beschimpfungen der Taylor trugen nicht dazu bei, ihr Image aufzupolieren.

Anfang September kamen die Fishers nach Rom und richteten sich in einer Vierzehn-Zimmer-Villa an der Via Appia Antica ein.

Hier veranstaltete Elizabeth «große Dinnereinladungen unter dem wachsamen Auge der Paparazzis, die wie die Affen in den Pinien hingen, die das Haus umgaben». Bei diesen Abendgesellschaften liebte sie es, «mit ihren Angestellten ihre Spielchen zu spielen», erinnerte sich ihr Butler Emmanuell Feo. «Einem italienischen Diener gab sie ihre Anweisungen nur in Englisch, obwohl sie wußte, daß er kein Wort verstand. ‹Reich mir das gottverdammte Roastbeef, du kleiner Wichser!› sagte sie mit zuckersüßer Stimme und einem Lächeln. ‹Und jetzt die verfluchten Erbsen, du kleines Arschloch!› Die Gäste schüttelten sich vor Lachen, und nur Sybil und Richard Burton zeigten sich entsetzt.»

Am 25. September 1961 fiel die erste Klappe, und die Welt hielt den Atem an. Scharen von Reportern hatten sich in Cinecittà versammelt, um dieses Sensationsereignis zu dokumentieren. Rex Harrison sollte nun Caesar spielen, und für die Rolle des Marcus Antonius hatte man jetzt Richard Burton verpflichtet.

Burton, als Richard Walter Jenkins am 10. November 1925 in

Pontrhydfen geboren, wurde nach dem Tod seiner Mutter zu einer seiner Tanten geschickt, da sein Vater, ein walisischer Minenarbeiter, nicht alle seine Kinder ernähren konnte. Nach dem Zweiten Weltkrieg etablierte er sich als einer der führenden Bühnenschauspieler Englands. Er drehte einige britische Filme und kam zu Beginn der fünfziger Jahre nach Hollywood, wo er sein Debüt mit *My Cousin Rachel* gab. Die Filme *The Robe* (1953), *Alexander the Great* (1955) und *Bitter Victory* (1958) folgten. Obwohl diese keine überwältigenden Kassenerfolge waren, wurde Burton in den USA bekannt – nicht zuletzt weil er bei jedem Film eine heftige Affaire mit seinen Partnerinnen hatte: mit Olivia de Havilland, Jean Simmons, Dawn Addams, Roberta Haynes und Diane McBain ebenso wie mit Claire Bloom und Susan Strasberg. Da Burton dennoch «glücklich» mit Sybil Williams Burton verheiratet war, taufte ihn Lauren Bacall *«wicked, wicked Burton»*.

Auch die Taylor kannte seinen Ruf und hatte sich fest vorgenommen, nicht mit ihm im Bett zu landen. Dieses Gelübde einzuhalten, schien nach ihrer ersten Begegnung ein leichtes zu sein: «Artig sagte er zu Joe und den anderen ‹Hallo›, bis er zu mir herüberkam. Er schaute mir tief in die Augen und meinte: ‹Hat Ihnen schon einmal jemand gesagt, was für ein hübsches Mädchen Sie sind?› Und ich lachte. Mein Gott, dachte ich, das ist also der große Liebhaber, der große Geist, der brillante Intellektuelle aus Wales, und ihm fällt nichts Besseres ein als dieser blöde Satz. Ich konnte es nicht glauben und kaum erwarten, in die Garderobe zurückzukommen, um es all den anderen Mädchen zu erzählen.» Während des ersten Drehtags zeigte die Taylor ihm demonstrativ die kalte Schulter. «Burton reizte das», erinnerte sich Jack Brodsky. «Ich sah, wie er Elizabeth oft anstarrte. Als am Ende des Tags einige Fotos gemacht werden durften, war er verletzt, als die Reporter nur die Taylor wollten. Er war ein bißchen neidisch auf ihren Ruhm.» Aber er revanchierte sich auf seine Weise. Als Elizabeth an ihm vorbeischwebte, nahm er sie am Arm und flüsterte in ihr Ohr: «Unter uns gesagt, du bist für die Rolle zu fett.» Liz verstummte, doch dann stieß sie ein brüllendes Gelächter aus und hüpfte Eddie auf den Schoß. «Ihr Gewicht war ein wirkliches Problem, vor allem für die Kostümschneiderinnen, die ständig ihre Kostüme ändern mußten», erinnerte sich Brodsky.

Bis Weihnachten war der erste Teil abgedreht, und ein besorgter Skouras fragte an, ob dies nicht für einen abendfüllenden Film ausreichen würde. Mankiewicz verneinte.

In den ersten vier Monaten Drehzeit hatte Burton nur sechs Drehtage. Viel Zeit verbrachte er damit, die Aufnahmen von Elizabeth zu studieren. Sein Vorhaben, die Taylor in seine Sammlung einzureihen, reifte zu einer wilden Entschlossenheit.

Je näher der erste gemeinsame Drehtag kam, um so nervöser wurde Burton. Die Nacht zum 22. Januar 1962 zog er mit seinen Freunden durch die Kneipen Roms und betrank sich «kolossal». Übernächtigt erschien er am nächsten Morgen zu den Dreharbeiten: «Nun, so einen verkaterten Typen wie ihn hatte ich in meinem ganzen Leben noch nicht gesehen», erinnerte sich die Taylor. «Er zitterte von Kopf bis Fuß, und auf seinem Gesicht standen Schweißperlen. Außerdem stank er schrecklich nach Schweiß und Schnaps. Er bestellte eine Tasse Kaffee, doch da er so furchtbar zitterte, mußte ich ihm helfen, sie zum Mund zu führen. Das machte ihn richtig liebenswert. Zuvor konnte ich ihn nicht besonders ausstehen. Wahrscheinlich, weil ich ihn um seine Shakespeare-Praxis beneidete, und darum, daß er ein wirklicher Schauspieler und nicht nur ein Filmstar war. An diesem Tag war er so menschlich, so verwundbar. Als es dann an der Zeit war, mit der Arbeit anzufangen, keuchte er gekonnt seinen Text.»

Schon bald zählte die Taylor zu jenen, die sich täglich abends in «Burton's Bar» einfanden. Burton fesselte sie mit seinen Geschichten über Wales, die Eskapaden seines Vaters und seine Anfangsjahre auf den englischen Bühnen. Schließlich wuchs aus ihrer Bewunderung Liebe.

Eddie und Sybil, aber auch die anderen, bemerkten lange nicht, was zwischen den beiden vorging. Eddie lachte über die Gerüchte, Liz habe eine Affaire mit Rex Harrison oder Joe Mankiewicz. Ebenso nahm er die Geschichten über Liz und Burton nicht ernst.

Doch eines Abends erreichte ihn der Anruf eines alten Freundes. «Ich hörte zu, was er zu sagen hatte. Danach fragte ich Liz: ‹Stimmt es, daß es etwas zwischen dir und Burton gibt?› Sie seufzte und meinte: ‹Ja, ich habe mich in ihn verliebt.›»

Wütend stürmte Eddie aus dem Zimmer und ließ sich von seinen Freunden Bob, Bernie und Eddie Samuels abholen. Diese rieten ihm, die Sache mit einer Pistole aus der Welt zu schaffen. Am nächsten Morgen sprach Eddie mit Joe Mankiewicz, der ihm lächelnd erklärte, er habe von einer Taylor–Burton-Romanze nichts bemerkt. Als Fisher gegenüber Wanger seine Absicht kundtat, er werde Burton «die Eier abschießen», riet dieser zur Vorsicht. Was Eddie vergessen hatte: Wanger selbst hatte einige Zeit im Gefängnis verbracht, nachdem er den Geliebten seiner damaligen Frau Joan Bennett erschossen hatte, als er ihn mit Joan in flagranti erwischte.

Am Nachmittag jedoch riet man Eddie, wieder in die Villa zurückzukehren, damit ihm im Falle einer Scheidung nicht der Vorwurf böswilligen Verlassens gemacht werden konnte. «Dies war der einzige ehrliche Ratschlag, den ich von einem der Beteiligten erhielt. Ich war damals naiv. Ich bemerkte nicht, daß all die Menschen, die mir zum Stillhalten rieten, eigentlich nicht meine, sondern nur Elizabeths Freunde waren.»

Eddie hielt es für das Beste, erst einmal einige Zeit nach Gstaad zu gehen. Dort besaßen sie ein kleines Chalet. Doch nun war es die Taylor, die darauf bestand, daß er blieb. Am 15. Januar 1962 hatte sie angekündigt, sie werden ein kleines deutsches Mädchen adoptieren, das Maria Schell für sie gefunden hatte. Wäre Eddie ausgezogen, hätte dies die Adoption scheitern lassen können. In seiner Gutmütigkeit blieb Fisher.

Bereits am 26. Januar 1962 hatte Mankiewicz Walter Wanger angerufen. «Ich sitze schon zu lange auf einem Vulkan, Walter. Ich will dich nur darüber informieren, daß Liz und Burton nicht nur Cleopatra und Marcus Antonius *spielen*.»

«Wird das dem Film helfen?» fragte Wanger.

Eddie blieb, doch traf sich Liz auch weiterhin mit Burton. Eines Abends brachte sie ihn mit nach Hause, und er verlangte von ihr zu

wissen, wen sie nun lieben würde: ihn oder Fisher. Während Eddie
und Burton sie erwartungsvoll anstarrten, überlegte sie. «Dich»,
sagte sie und zeigte auf Burton. «Das war die richtige Antwort»,
erklärte Burton selbstgefällig, «aber es war mir nicht schnell genug.» Die Taylor bekam einen hysterischen Anfall und rannte aus
der Villa. Richard blieb und leerte die Bar, wobei er Eddie einerseits
schmeichelte, ihn andererseits aber auch wild beschimpfte. «Während unserer Unterhaltung läutete das Telefon. Es war Liz, doch
Burton wollte sie nicht sprechen. Er weigerte sich zunächst beharr-
lich, doch schließlich griff er zum Hörer und schrie: ‹Gott, wie
kannst du dies nur diesem netten Mann antun? Er liebt dich so sehr.
Wenn du nicht aufpaßt, werde ich ihn dir ausspannen und selber
ficken.› Ich konnte Liz' Schreie am anderen Ende der Leitung hören. Mein Gott, dachte ich, der Mann ist ein Wahnsinniger.»

Am 10. Feburar 1962 tauchte Wanger am Set auf. Elizabeth war
gerade in Tränen aufgelöst, weil Burton sie wegen ihrer Unpünktlichkeit zusammengestaucht hatte. Wanger verlor jedoch
keine Zeit und fragte, was los sei. «Ich liebe Rich, und ich werde ihn
heiraten», antwortete die Taylor. Vier Tage später verkündete
Roddy McDowall, Sybil habe soeben die Stadt verlassen, nachdem
sie einen Anruf von Eddie Fisher erhalten hatte. Liz wurde bleich
und fiel in Ohnmacht. Burton tobte und machte deutlich, daß trotz
aller «Rumhurerei» Sybil und die Kinder an erster Stelle kämen.
«Rich hatte sich einen günstigen Zeitpunkt ausgesucht, denn er befand sich gerade im Aufbruch nach Paris, wo er in *The Longest Day*
eine Gastrolle übernommen hatte», erinnerte sich Brodsky. «Elizabeth drehte völlig durch. Sie zerschlug alles, was in Reichweite war.
Wie konnte es ein Mann wagen, ihr den Laufpaß zu geben?» Erst
nachdem man ihr eine hohe Dosis Beruhigungsmittel gespritzt
hatte, beruhigte sie sich ein wenig.

Am Nachmittag verlangte sie, Burton zu sehen, und Richard
kam. Während dieser Auseinandersetzung rief Eddie aus Florenz
an. Liz heulte und verwünschte ihren Mann, Burton drohte, ihn
umzubringen, sollte er ihm noch einmal über den Weg laufen. Der
völlig verwirrte Fisher beschloß, nach New York zurückzukehren.

Von Mailand aus telefonierte er mit seinem Agenten, der ihm jedoch riet, die ganze Sache noch einmal zu überdenken und ein Treffen in Lissabon verabredete. Als Eddie dort eintraf, wollte er erneut mit seiner Frau telefonieren, konnte sie jedoch nicht erreichen. So versuchte er es bei Dick Hanley, der ihm mitteilte, daß Elizabeth im Krankenhaus lag. Nach einem Abendessen mit Wanger hatte sie eine Überdosis Schlaftabletten geschluckt.

Eddie buchte den nächsten Flug nach Rom. Als er das Krankenzimmer betrat, war Elizabeths erste Frage, warum er Sybil die Wahrheit gesagt hätte. «Ich liebe dich und würde alles tun, um dich zu halten», antwortete Eddie. Schöner denn je verließ die Taylor am nächsten Morgen das Krankenhaus, und das Ehepaar Fisher sah aus, als erlebte ihre Liebe einen zweiten Frühling.

Auch Sybil war zurückgekehrt, als Burton am 27. Februar 1962 wieder in Rom eintraf – diesmal mit seiner Ex-Geliebten Pat Tunder, mit der er sich ausgesöhnt hatte. Um die Taylor zu provozieren, brachte er die Tunder mit zu den Dreharbeiten. «Liz tobte», erinnerte sich Brodsky. Dann bestand sie darauf, daß Pat das Set verließ, da ihre Anwesenheit sie beleidige. Daraufhin warnte Rich sie, daß sie nicht sein walisisches Blut in Wallung bringen solle. An diesem Tag mußten die Dreharbeiten eingestellt werden. Auch am 1. März arbeitete Burton nicht. Er feierte mit seinen Freunden und Pat Tunder den St. David's Day. Am nächsten Morgen wartete Liz vor seiner Maske und schrie: «Du hast uns alle warten lassen!» Er antwortete: «Es wird Zeit, daß dich endlich jemand warten läßt.» Die Taylor tobte und versuchte, ihm das Gesicht zu zerkratzen.

In den nächsten Tagen genoß Burton das Spiel. Als Louella Parsons am 9. März verkündete, daß die Fisher-Ehe gescheitert sei, waren er und die Taylor wieder zusammen. Sybil war bereits auf dem Weg nach London, um bei Emlyn Williams um Rat zu fragen. Eddie dementierte jegliche Scheidungsgerüchte vehement. Er rief Francis und Sara zu Hilfe, und gemeinsam bot man ein Bild beschaulicher Harmonie. Vergeblich. Am 19. März reiste Fisher nach New York und gab kurze Zeit später eine Pressekonferenz. Er versicherte den anwesenden Reportern, daß seine Ehe in Ordnung sei. Wie zum

Beweis rief er Elizabeth in Rom an und bat sie, per Telefon, einem Reporter gegenüber das gleiche zu erklären. «Das kann ich nicht, Eddie», schluchzte sie. «Ich kann es einfach nicht tun.» Am nächsten Tag verkündeten die Schlagzeilen weltweit, daß die Ehe gescheitert sei.

Burton und Liz kümmerte das wenig. «Jeder mahnte uns, daß wir diskret sein sollten. Also sagte ich zu Liz: ‹Wieso gehen wir heute abend nicht zu diesem verdammten Alfredo in der Via Veneto und essen einige von diesen verfluchten Fettuccine?›» Die Paparazzis waren begeistert. Es war so, als fände man eine Geldbörse mit einigen Tausendern. Die Schlagzeile für den nächsten Tag war sicher. Während Sybil ihre Ehe noch als «Prima, absolut prima» bezeichnete, begann Eddie, aus dem Drama Profit zu schlagen. Von nun an eröffnete er seine Shows mit *Arrivederci Roma* und wirkte auch in einer Nummer über «die geile Königin des Nils» mit.

Als Richard wieder nach Paris flog, erfuhr er zum erstenmal «Starbehandlung». Man bat ihn in die VIP-Lounge, reichte ihm Köstlichkeiten und die Presse bestürmte ihn. «Hätte ich geahnt, daß mich diese Frau derart berühmt machen würde, hätte ich schon früher mit ihr gebumst», erklärte er einem Freund. Zudem verriet er, daß sein Marktwert durch diese Affaire inzwischen auf 500 000 Dollar gestiegen sei. Die nächsten Tage verbrachte er mit Sybil. Gemeinsam aß man im *Maxim's* und schlenderte über die Champs-Élysées. Als Liz dies erfuhr, tobte sie. «Sie drehte gerade die Szene, in der Cleopatra erfährt, daß Marcus Antonius sie verlassen hat, um die Schwester von Octavian zu heiraten. Mit einem Dolch zerschleißt sie das gemeinsam geteilte Lager. Während sie nun mit dem Dolch zustieß, schrie sie immer wieder Sybils Namen», erinnerte sich Mankiewicz.

Sybil verzieh Burton. Doch Richard, wieder in Rom, eilte sofort in die Arme von Liz und anschließend ins Schlafzimmer. Die nächsten Drehtage mußten wegen «Unpäßlichkeit» ausfallen.

Die Angriffe der internationalen Presse ließen nicht nach. Auch Amerika zeigte sich entsetzt. Während Ed Sullivan hoffte, daß die Jugend Amerikas nicht dem Beispiel der Taylor folgen würde, forderte Iris Blitch, die Senatorin von Georgia, daß man Liz und Burton die Einreise in die USA verwehren müßte.

Während der Ostertage wurden die Dreharbeiten eingestellt. Rom war überlaufen von Pilgern und Schaulustigen. Die einen wollten einen Blick auf den Papst, die anderen auf das Skandalduo Burton–Taylor erhaschen.

Diese jedoch waren nach San Stefano geflohen. Mit einer blonden Monroe-Perücke hatte die Taylor die Reporter überlistet. Gemeinsam mit Rich lag Liz nun am Strand, als die beiden ein Anruf von Wanger erreichte, daß Sybil auf dem Weg nach Rom sei. «Na und, dann können wir gleich über die Scheidung reden», tönte die Taylor. Doch Burton wollte zurück, und es kam zu einer handgreiflichen Auseinandersetzung, bei der die Taylor ein blaues Auge und eine gebrochene Nase davontrug.

Burton, zerkratzt und stark alkoholisiert, erreichte rechtzeitig den Flughafen, wo er seine «geliebte» Frau in die Arme schloß. Gemeinsam stellte man sich der Presse, und Sybil erklärte, «es gibt keine Anzeichen für eine Scheidung». Rich nickte und murmelte: «Absolut keine.»

Elizabeth war ebenfalls zurückgekehrt, und als Burton sich weigerte, am Abend vorbeizukommen, griff sie erneut zur Dose mit den Schlaftabletten. Stunden später brachte man sie ein zweites Mal ins Krankenhaus und pumpte ihr den Magen aus. Solange Sybil in Rom weilte, blieb die Taylor in ihrem Krankenzimmer.

Sybil kehrte nach England zurück, und Burton söhnte sich mit der Taylor aus. Bei Bulgari kaufte er ihr eine «Kleinigkeit», eine Brosche für 150000 Dollar.

Am 11. Juni 1962 wurden die Dreharbeiten in Ischia fortgesetzt. Elizabeth spielte ein letztes Mal die Königin vom Nil, und ein zweijähriges Abenteuer neigte sich dem Ende zu. Ob dies auch auf ihre Beziehung mit Burton zutreffen würde? Es wurden hohe Wetten abgeschlossen, und sicherheitshalber wartete am letzten Drehtag eine Ambulanz in der Nähe des Hotels. Doch Liz reiste sehr gesund und siegessicher mit ihrer Mutter, ihren Kindern, Haustieren und 60 Kostümen aus *Cleopatra* in Richtung Schweiz ab.

Die Kostüme mußte Elizabeth wieder zurückgeben, darauf bestand die Fox. Dennoch fuhr die Taylor reiche Ernte ein.

Alles in allem brachte ihr der Film 7 Millionen Dollar ein. Burton dagegen verdiente nur 750000 Dollar.

Im Oktober 1962 wurden Elizabeth Taylor und Richard Burton nach Paris bestellt. Einige Szenen von *Cleopatra* mußten nachsynchronisiert werden. Zufällig erfuhr sie, daß Richards nächster Film *The V.I.P.s* (dt. *Hotel International*) ihn mit Sophia Loren zusammenbringen würde. «Wieso hat man mir nicht die Rolle der Frances Andros angeboten?» verlangte die Taylor zu wissen. Der Produzent Anatole de Grunwald gab zu bedenken, daß MGM, ihr altes, verhaßtes Studio, ebenfalls an dem Projekt beteiligt war. Doch Elizabeth bestand darauf, das Drehbuch zu lesen.

Terence Rattigans Werk erinnert stark an Vicki Baums *Menschen im Hotel*: An Stelle eines Hotels jedoch dient bei *Hotel International* die VIP-Lounge des Londoner Flughafens als Kulisse für eine Reihe eng miteinander verbundener Dramen. Frances Andros ist eine der Figuren. Reich und verwöhnt, sucht sie in den Armen eines jungen Geliebten nach Selbstbestätigung und Anerkennung. Doch als sie erkennt, daß ihr Mann im Fall einer Trennung Selbstmord begehen will, kehrt sie zu ihm zurück.

Elizabeth war fest entschlossen, die Rolle an sich zu reißen. Allerdings belief sich ihre Gagenforderung wieder auf eine Million Dollar. Nach mehreren verzweifelten Telefonaten stimmte die Studioleitung von MGM zu und bot seinem «ungezogenen Balg» für die Heimkehr 500000 Dollar im voraus sowie 50000 Dollar pro überzogene Woche und eine Gewinnbeteiligung von mindestens 250000 Dollar.

Mit dem neuen Vertrag in der Tasche konnte Liz ihrer Verpflichtung nicht nachkommen, in *Justine*, dem nächsten Film von Mankiewicz, die Hauptrolle zu spielen. «Sie rief Mank an und bat um Verständnis. Und obwohl er wußte, daß dies das Aus für seinen Film bedeutete, ließ er sie gehen», erzählte Brodsky. Mankiewicz zog sich verbittert zurück. Kurze Zeit später erfuhr er, daß Skouras' Nachfolger, Darryl F. Zanuck, entschieden hatte, den letzten Schnitt von *Cleopatra* selbst durchzuführen. Für ihn brach eine Welt zusammen.

Am 6. Dezember 1962 trafen Richard und Liz in London ein. Sie mieteten sich im *Dorchester* ein, jedoch bezog jeder eine eigene Suite. Ein Zugeständnis an die öffentliche Moral. Zwei Wochen später traf Sybil in Begleitung ihrer Kinder ein, um offiziell das Weihnachtsfest mit Burton zu verbringen. Ihr zur Seite stand Richards Bruder Ifor, der Rich deutlich machte, daß die Familie, an der Burton sehr hing, zu Sybil halten würde. Reumütig kehrte er zu seiner Frau zurück, doch schon nach vier Tagen tauchte er wieder im *Dorchester* auf, wo er Liz allein zurückgelassen hatte.

«Sie tobte und warf Gegenstände nach ihm», erinnerte sich Ifor. «Das Beste für Rich wäre gewesen, wenn er mit beiden Frauen hätte verheiratet sein können», meinte sein Bruder Graham. Elizabeth drängte Burton, sich scheiden zu lassen. Im Januar unternahm Burton einen erneuten Anlauf, doch als er schließlich stark alkoholisiert seiner Frau gegenüberstand, konnte er ihr nicht die Wahrheit sagen. Er setzte sich auf das Sofa vor dem Kamin und schlief seinen Rausch aus. Gegen vier Uhr morgens kehrte er ins *Dorchester* zurück, wo Liz bereits auf ihn wartete. Er gestand ihr, daß er es nicht übers Herz gebracht hatte, Sybil zu fragen. Liz bestand darauf, daß er seine Frau sofort anrief und sie um die Scheidung bat. Ohne zu murren, führte er ihren Befehl aus. Als Entschädigung für die Trennung überwies Burton Sybil zunächst eine Million Dollar. Der Rest sollte später geregelt werden.

Die gleiche Summe verlangte Eddie von Elizabeth. Doch wie Burton in seinen Tagebüchern notierte, «lief es mir eiskalt den Rücken hinunter, wenn ich daran denke, was sie mit dem armen Eddie machte». Fisher beging einen schrecklichen Fehler: er wagte es, sich ihr in aller Öffentlichkeit zu widersetzen. Liz verfiel in eine ungezügelte Rachelust und setzte alles daran, daß Eddie nicht einen Penny von dem gemeinsamen Geld erhalten sollte. Zudem machte sie ihn in der Öffentlichkeit schlecht, bezeichnete ihn als dumm und geizig. Fisher hatte keine Chance.

Noch während der Dreharbeiten zu *Hotel International* beschloß Burton, die Taylor mit seiner Familie bekanntzumachen. «Rich stellte sie uns wie seine Braut vor, nicht wie seine Geliebte. Sie gab sich leutselig, aber dennoch merkte man ihr den Starappeal an. Mich erinnerte das Ganze an eine Art Wahlkampf. Unter allen Umständen wollte Liz Richs Familie gewinnen, zumal sie wußte, daß wir alle auf Sybils Seite standen», erzählte Richards Bruder Graham Jenkins.

Hotel International wurde in Windeseile fertiggestellt und kam kurze Zeit nach der New Yorker Premiere von *Cleopatra* in die Kinos. Hatte jeder damit gerechnet, daß *Cleopatra* ein Hit werden würde, so wurde man von den Kritikern und den Zuschauern eines Besseren belehrt: «*Overweight, over-bossomed, overpaid and undertalented*» (Übergewicht, überdimensionierter Busen, überbezahlt und untalentiert), urteilte David Susskind über die Taylor. Die anderen Besprechungen waren noch weniger schmeichelhaft. Als Liz diese zu sehen bekam, erlitt sie einen Nervenzusammenbruch.

Burton drehte zu dieser Zeit *Becket* unter der Regie von Hal Wallis. Der Produzent erinnerte sich: «Liz reagierte auf die vernichtenden Kritiken mit hysterischen Anfällen. Sie schloß sich in ihrer Hotelsuite ein und kam tagelang nicht heraus. Im Studio rief sie dauernd an, und eines Morgens meinte Dick: ‹Ich glaube, wenn du ihr jetzt eine Rolle anbietest, kannst du sie für 25 000 Dollar haben.›» Ihre Stimmung hob sich keineswegs, als die Kritiker auch ihre Fernsehpremiere *Elizabeth Taylor in London*, für das sie eine halbe Million Dollar von CBS kassiert hatte, in der Luft zerrissen. «Die zunächst unterhaltsame Tour durch London verwandelte sich in das genaue Gegenteil, als Miss Taylor vor die Kamera trat und mit viel Pomp, vorgetäuschter Vornehmheit und britischem Akzent zwei Drittel des Programms für die eigene Selbstdarstellung mißbrauchte.»

Als das nächste Angebot für Burton eintraf, rief sie den Regisseur John Huston an und bettelte darum, daß er ihr die Rolle der Maxine in *The Night of Iguana* geben solle.

Huston log, als er ihr erklärte, die Besetzung stehe bereits mit Deborah Kerr, Ava Gardner und Sue Lyon. Als sie Burton gegenüber wütend erwähnte, Ava würde seine Partnerin sein, zeigte sich dieser hocherfreut.

Um «Probleme» während der Dreharbeiten zu vermeiden, ließ Liz ihre Kinder in der Schweiz zurück und begleitete Richard, als er Anfang Oktober zu den Dreharbeiten aufbrach. Puerto Vallarta war ein Paradies. Elizabeth und Richard verliebten sich sofort in die Casa Kimberly, die sie für 40 000 Dollar kauften.

«Hier kann ich schreiben», rief Burton aus.

«Hier kann ich leben», setzte Elizabeth hinzu.

Und hier sollte Elizabeth auch ihr «schönstes Weihnachtsgeschenk» erhalten, denn im Dezember reichte Sybil die Scheidung ein. Sofort gab Liz bei Irene Sharaff ein neues Hochzeitskleid in Auftrag. Eddie aber weigerte sich, der Scheidung zuzustimmen. Nach einer erbitterten Schlammschlacht, bei der auch die letzte Leiche ans Licht gezerrt wurde, gab Eddie auf und willigte ein. Sofort reichte Elizabeth am 24. Januar 1963 in Puerto Vallarta die Scheidung ein, da es nach mexikanischem Recht nicht erforderlich ist, daß beide Ehegatten anwesend sind. Am 6. März wurde diese rechtskräftig.

Die Burtons

Am 25. Januar 1964 reisten Mr. «Walter Rule» und Mrs. «Rosamund Sutherland» in einer Maschine der Trans Canada von Los Angeles nach Toronto. Niemand brachte sie mit James Benton in Verbindung, der mit einem anderen Flugzeug das gleiche Reiseziel anstrebte und hundert Gepäckstücke und zwölf Hunde mit sich führte. Doch die Freude von Rich und Liz über ihr unentdecktes Entkommen war von kurzer Dauer. Das *King Edward Hotel*, in dem sie abstiegen, war von Demonstranten belagert, die gegen die Verbindung dieses Paares protestierten. Elizabeth traute sich kaum, ihre Suite zu verlassen. Entnervt öffnete sie das Fenster und schrie der Menge zu: «Könnt ihr uns nicht in Ruhe lassen? Verdammt, seit zwei Jahren versuchen wir zu heiraten, doch man läßt uns nicht.»

Elizabeth versuchte, sich in *Hamlet* einzulesen, und folgte auch der Einladung von John Gielgud, an den Proben teilzunehmen. Ihr blieb nicht verborgen, daß irgend etwas Rich belastete. Ihm fehlte es an Zuversicht. Zuversicht, die er früher aus den Gesprächen und Rollendiskussionen mit seinem Ziehvater Philip Burton geschöpft hatte. Philip jedoch hatte Rich gegenüber keinen Zweifel daran gelassen, wie sehr er dessen Verhalten mißbilligte, und den Kontakt abgebrochen.

Elizabeth rief den alten Mann in New York an und flehte: «Ich wünsche mir von Herzen, daß Sie kommen.» Nicht ohne sich zuvor mit Sybil ins Einvernehmen zu setzen, reiste Philip Burton nach Toronto.

Mit Richards Hamlet-Interpretation war er sogleich einverstanden, und kurze Zeit später zeigte er sich auch von Richards neuer Liebe gefesselt. «Die Aussöhnung mit Philip war für mich das schönste Hochzeitsgeschenk von Elizabeth», erklärte Richard Burton Jahre später.

Eigentlich hatte John Springer, der Pressesprecher des Duos Burton–Taylor, geplant, am 13. März von Toronto nach New York zu fliegen, da er und seine Frau June am Wochenende eine Party geben wollten. Doch am Morgen seiner Abreise erreichte ihn ein Anruf von Richard Burton:

«John, wir werden am Sonntag heiraten. Ich hoffe, du kannst die Sache für uns abwickeln.»

«Zwei Tage für die Vorbereitung einer derartigen Hochzeit waren verdammt kurz», erinnerte sich Springer.

Ein Verwandter des «*Cleopatra*-Kollegen» Hume Cronyn, der ein «hohes Tier bei der kanadischen Regierung war, regelte die Formalitäten, als handle es sich um eine Angelegenheit der höchsten Sicherheitsstufe». Am Sonntagmorgen startete eine Maschine aus Toronto in Richtung Montreal. An Bord waren Richard, Liz, ihre Eltern, John Springer und einige Freunde. Burton hatte schon am frühen Morgen begonnen, sich zu betrinken. «Ich verstehe das nicht», jammerte Liz. «Wieso ist er nur so nervös? Schließlich schlafen wir doch schon seit zwei Jahren miteinander.»

Nachdem eine Limousine die Hochzeitsgesellschaft in das *Ritz Charlton Hotel* gebracht hatte, begab man sich in die Suite 810, um auf die Braut zu warten. Nach längerer Suche hatte man einen unitarischen Priester aufgetrieben, der im Gegensatz zu seinen Amtsbrüdern keine Bedenken hatte, den presbyterianischen Waliser und seine jüdische Verlobte zu trauen. Ihrer alten Gewohnheit treu bleibend, ließ Liz ihren Bräutigam und die Gäste beinahe eine Stunde warten. «Ist die kleine, fette Hure immer noch nicht da», lallte Burton. «Ich schwöre, die kommt auch noch zum Jüngsten Gericht zu spät.» Als sie endlich in den Raum schwebte trug sie ein weitausgeschnittenes gelbes Chiffonkleid, eine Smaragdbrosche, die Rich ihr in Italien gekauft hatte, und das Halsgeschmeide aus Smaragden und Diamanten, das er ihr zum Geburtstag schenkte.

In das Haar hatte sie sich Hyazinthen einarbeiten lassen. Nach zehn Minuten war die Trauung vollzogen. «O Gott», seufzte die Taylor. «Ich bin unglaublich glücklich. Diese Ehe wird ewig bestehen.»

Die Burtons waren geboren!

Diesmal schwor Elizabeth nicht, sich vom Filmgeschäft zurückzuziehen. Sie waren ein Team von «zwei reinrassigen Zuchtpferden», das sich nach Arbeit sehnte.

Sie waren das «einzige Königspaar Amerikas», sagte Henry Miller. «Laut, ordinär, geldgeil und erfrischend vulgär. Und dazu noch hochgradig amüsant.» Ihr Hofstaat bestand damals aus Dick Hanley und seinem Sekretär John Lee. John Springer kümmerte sich um die Publicity. (Als sich die beiden das erste Mal scheiden ließen, ging in New York der Witz herum: «Wem wird das Sorgerecht für John Springer zugesprochen?») Zum Gefolge gehörten des weiteren Burtons zwei Sekretäre, sein Garderobier Bob Wilson, der Fotograf Gianni Bozzachi und dessen Frau Claudie, Ron Berkley, der sich um das Make-up kümmerte, Gaston, der französische Chauffeur, der zudem über das Croix de Guerre und den schwarzen Gürtel verfügte, eine Gouvernante und eine Schwester für Maria, der Hauslehrer Paul Neshankin und der ständige Leibwächter der Burtons Bobby la Salle.

Hugh French wurde Liz' Agent, während in England John Heyman ihre Interessen wahrnahm. Weiteres Personal stand in den zwei Häusern in der Schweiz, in dem Haus in Mexiko und dem in London zu Diensten.

Doch wenn das, was der Hauslehrer Paul Neshankin berichtet, der Wahrheit entspricht, war die Welt der Stars eine traurige Welt für Kinder. Man verbrachte nur sehr wenig Zeit miteinander, und wenn Liz oder Rich endlich einmal auftauchten, erinnerte ihr Auftritt an einen königlichen Besuch. Was Wunder, daß Christopher und Michael «verwahrlosten und undiszipliniert waren».

Tochter Liza Todd, eine perfekte Pokerspielerin bereits im Alter von sieben, konnte nicht lesen, und die vierjährige Maria konnte noch immer kein Wort Englisch. «Für die Probleme und die Sorgen ihrer Kinder hatten die Burtons keine Zeit», klagte Neshankin. Zu sehr waren sie mit ihrer Liebe und ihrer Karriere beschäftigt.

Burtons *Hamlet* war in Toronto, in Boston und am Broadway ein überwältigender Erfolg.

«Es ist ein Phänomen», gestand Burton dem erzliterarischen Klatschmaul Truman Capote. «Jede Nacht, wenn mich Elizabeth nach der Vorstellung abholt, stehen immer diese... diese... diese...»

«Geilen Horden», ergänzte Liz.

«Diese begeisterten Menschenmassen, die darauf warten, ein... ein... ein...»

«Ein Paar sündige Mißgeburten zu sehen», schnitt Liz ihm das Wort ab.

«Verstehst du es denn immer noch nicht? Sie kommen, um uns zu begaffen, weil wir für sie Sodom und Camorra [sic!] verkörpern.»

Nichts ist so erfolgreich wie der Erfolg. «Man fand Richard und mich so skandalös, so entsetzlich, daß nur noch ganz wenige unserer sogenannten Freunde am Telefon für uns zu sprechen waren. Aber plötzlich, nach dem Erfolg von *Hamlet*, waren alle wieder da. Sie atmeten auf und strahlten. Leute, die seit zwei Jahren nicht mehr mit uns gesprochen hatten, klopften Rich nun auf die Schulter und küßten mich auf die Wange. Was für ein Pack, dachte ich und lächelte.»

Auch Filmangebote ließen nicht lange auf sich warten. Gemeinsam sollten sie in *Goodbye, Mr. Chips* und *Gambit* spielen. Liz wollte man für *The Owl and the Pussycat* gewinnen, und Stanley Barker bot ein Projekt an, das in Südafrika realisiert werden sollte. Doch die Burtons entschieden sich für *The Sandpiper* (dt. ... *die alles begehren*) – eine hochgradige Soapopera. «Als ich Rich dies sagte, meinte er: ‹Scheißkunst. Das einzige, was zählt, ist Geld.›»

Ursprünglich wollte MGM Richard Burton die Regie übertragen, während Liz und Cary Grant die Hauptrolle übernehmen sollten. Doch Grant, der sich vor der Taylor fürchtete, stieg in der letzten Minute aus. Richard wechselte die Seiten der Kamera und Vincente Minnelli nahm im Regiesessel Platz. Von Beginn an hatte Minnelli ein distanziertes Verhältnis zum Stoff. Die Geschichte einer Künstlerin, die mit ihrem Sohn an der Küste lebt und einem verheirateten

Geistlichen den Kopf verdreht, der zum Schluß für seine Sünden bezahlen muß, schien ihm «angestaubt und pompös». Den Burtons jedoch war dies gleichgültig. «Für das Geld werde ich sogar auf einem Tisch tanzen», erklärte Rich. Und Liz versicherte kichernd, «es ist doch immer lustig, eine Million Dollar aufzulesen».

Nicht durchsetzen konnte sich Liz mit ihrem Vorschlag, die Rolle des Bildhauers mit Sammy Davis Junior zu besetzen. Minnelli: «Wir wollten zu dem Ehebruch und Atheismus nicht auch noch das Element einer Mischbeziehung hineinbringen.» Die Taylor wertete diese Entscheidung als persönlichen Affront und zeigte sich gekränkt. «Von nun an watete sie durch die Rolle wie durch eine Schlammpfütze.»

Nach dreieinhalb Wochen waren die Außenaufnahmen in Big Sur abgedreht und die Crew reiste nach Paris, wo die Innenaufnahmen in den Boulogne-Billancourt-Studios gemacht werden sollten. Ein Zugeständnis der MGM, da die Steuersparer Burton/Taylor in diesem Jahr nicht länger als vier Wochen in Amerika arbeiten konnten.

In Paris kam es zu einem häßlichen Zwischenfall mit der Klatschpresse. «Wir saßen gerade bei einem Drink in der Lobby des Hotels, als ein junger Mann, eine junge Frau und ein älteres Ehepaar hereingestürzt kamen. Die junge Frau stieß die ältere genau gegen meinen Stuhl. Der junge Mann machte schnell eine Aufnahme und verschwand dann eilig», berichtete Elizabeth.

Die junge Frau entpuppte sich als Reporterin. Sie hatte die leiblichen Eltern der Adoptivtochter Maria ausfindig gemacht und ihnen erklärt, die Burtons hätten sie nach Paris eingeladen, damit sie Maria besuchen könnten. Seit über einer Woche nun waren diese in Paris, und man versuchte vergebens ein Foto zu schießen von «Maria im Rolls-Royce, während die Eltern im Hintergrund sehnsüchtig auf ihr verlorenes Kind starren. Gott sei Dank war ihnen dies nicht gelungen.» Als die Reporterin behauptete, sie sei nur eine Freundin der Familie, sah die Taylor rot. «Sie sind keine Freundin», schrie sie, «Sie sind eine dieser gottverdammten Reporter. Schauen Sie, daß Sie Ihren Arsch hinausbewegen, sonst bringe ich Sie um.» Glücklicherweise kam Burtons Anwalt Aaron Frosch hinzu und verhinderte Schlimmeres. Nachdem die Rechtslage von ihm geprüft war, «zahlte Elizabeth die Eltern aus und Burton adoptierte Maria», behauptet die Autorin Kitty Kelly. Elizabeth jedoch beharrt darauf, daß sie «den einfachen, aber anscheinend sehr netten, armen Leuten aus dem winzigen Dorf» kein Geld gab.

Am 8. Dezember war ... *die alles begehren* im Kasten und alle Beteiligten zeigen sich erleichtert, daß «diese Fahrt auf stürmischer See» vorüber war. Die Burtons machten keinen Hehl aus ihrer Ansicht, daß der Film ein Flop würde. «Wir wußten, bevor wir anfingen, daß die Sache schlecht werden würde. Aus Verlegenheit über die miserablen Dialoge starben Rich und ich jeden Tag ein kleines bißchen.» Ein Urteil, das auch die Kritiker teilten. Nach der Vorpremiere schickte ihnen ein New Yorker Journalist ein Telegramm: «Habe gerade Euren Film gesehen. Stop. Lauft und versteckt Euch.»

Am 9. Februar 1965 trafen die Burtons in Dublin ein. Eigentlich wollte Liz Rich nicht zu den Dreharbeiten von *The Spy Who Came in From the Cold* begleiten. Als Martin Ritt ihr die Rolle der Nan Perry anbot, weigerte sich Burton: «Ich möchte nicht die Nachfolge von Laurel und Hardy antreten.» Der Part ging an Claire Bloom, eine seiner verflossenen Geliebten. Die Taylor tobte vor Eifersucht und legte ihm jeden Tag eine Szene hin. Eine dieser drehbuchreifen Szenen einer Ehe konnte der Schriftsteller John le Carré miterleben. «Als Richard mich in der Suite begrüßte, lauschte ich einer seltsamen unwirklichen Unterhaltung: ‹Richard?› – ‹Ja, Liebling.› – ‹Wer ist denn alles da?› – ‹Der Autor.› Liz war nebenan, und sie unterhielten sich über eine Gegensprechanlage. Er ging ins Schlafzimmer, um sie zu holen, und sie bekamen einen Wahnsinnskrach. Die Sprechanlage war noch an, und so hörte ich klatschende Schläge, Geschrei, wütende Verwünschungen. Und alles kam durch die Gegensprechanlage. Jedenfalls erschien sie schließlich in einem rüschigen, gewickelten Morgenrock, wie man ihn nicht in jedem Kaufhaus findet, barfuß, mit einem ziemlich dicken Hintern, aber äußerst kuschelig, außerordentlich attraktiv – diese wunderschönen Augen, viel schöner als auf der Leinwand. Und sie gab mir die Hand wie ein kleines Mädchen. ‹Wie geht's?› Und verschwand wieder.»

In dieser Zeit wurde Liz vom Mißgeschick verfolgt und stand unter schwerem psychischem Druck: in Dublin waren ihr Juwelen im Wert von 17000 Pfund gestohlen worden, ihr Vater erlitt im März einen Herzinfarkt, Burton trank; zudem war Elizabeth in einen Autounfall verwickelt, bei dem eine Passantin tödlich verletzt wurde. Liz saß zwar nicht selbst am Steuer, dennoch belastete dieser Unfall sie schwer. Auch sehnte sie sich danach, ein Kind von Burton zu empfangen, und konsultierte verschiedene Spezialisten, da ihr Kinderwunsch unerfüllt blieb.

Nach Beendigung der Dreharbeiten reisten die Burtons mit den Kindern an die Riviera und anschließend nach Gstaad.

Elizabeth hatte Edward Albees Theaterstück und Filmvorlage *Who's Afraid of Virginia Woolf?* (dt. *Wer hat Angst vor Virginia Woolf?*) gelesen und die Rolle der Martha mit Rich diskutiert. «Ich glaube, du bist zu jung für die Rolle. Du hast nicht genug Kraft und nicht genug von dieser alten Vettel an dir. Doch du mußt die Martha spielen, um alle anderen daran zu hindern. Die Rolle ist einfach gut», sagte Richard, doch Liz hatte Bedenken. Als Partner stand Laurence Olivier zur Debatte. Liz aber wollte Richard. Der jedoch wollte die Zeit lieber allein verbringen, um «endlich ein Buch anzufangen».

Nachdem sie auch die Drehbuchfassung gelesen hatte, teilte Elizabeth Warner mit, sie werde die Rolle für 1,1 Millionen Dollar spielen. «Ich hätte den Film auch umsonst gedreht, aber spaßeshalber verlangte ich eine höhere Gage als für *Cleopatra*.» Warner tobte, als Produzent Ernest Lehman ihm die Forderung nannte und willigte zähneknirschend ein. Nach der Vertragsunterzeichnung tönte Liz: «Wir haben sie drangekriegt, wir haben sie wirklich drangekriegt. Ich hätte den Film auch umsonst gemacht.» Lehman: «Es war eines der wenigen Male, daß Jack Warner erbleichte.»

Sogleich startete Liz ihre Kampagne für Richard. Damals lebten die Burtons in einem der Bungalows des *Beverly Hills Hotel* in unmittelbarer Nachbarschaft an Lehman. «Bei einem Glas Champagner schlug Lehman Liz die Kandidaten für die Rolle von George vor, doch sie winkte nur ab und deutete auf Burton.»

«Da sitzt dein Hauptdarsteller. Mein Mann.»

«Jetzt aber mal langsam», bremste Burton.

«Halt die Klappe», herrschte Liz ihn an.

Lehman hatte seine Zweifel. Für ihn war Burton zu «ausdrucksstark» und «zu teuer». Doch im Oktober überredete er Jack Warner, Burton 750 000 Dollar Gage zu zahlen. Burton zeigte sich jedoch reserviert. An der Rolle schreckten ihn die Parallelen zu seiner eigenen Ehe. Zu sehr spiegelte der Film ihr reales Leben: sie tranken exzessiv, sie stritten sich vehement, sie liebten es, sich vor Fremden und Freunden in Szene zu setzen und einander zu erniedrigen. Und sie schlüpften in verschiedene Rollen, um der Monotonie des Alltags zu entfliehen. Dies vertraute er auch Mike Nichols an, mit dem er seit *Camelot* befreundet war und den Warner Ende 1964 als Regisseur verpflichtete.

Nichols versprach, Burton durch derlei Probleme unbeschadet hindurchzubringen. Am 6. Juli trafen die Darsteller und Nichols in Burbank ein, wo sie drei Wochen lang proben wollten, bevor die erste Klappe fiel. Elizabeth, die sich sorgte, nicht alt genug auszusehen, hatte sich 12 Kilo «angefressen».

«Es war die schwerste Rolle, die ich je hatte. Ich hatte das Gefühl, als hätte ich die ganze Zeit nie geschauspielert. Seltsamerweise war sie aber auch eine meiner leichtesten Rollen. Ich schlüpfte in eine andere Haut, hinter der ich Elizabeth Taylor verstecken mußte.»

Die Dreharbeiten begannen am 26. Juli 1965 in Burbank. Die Außenaufnahmen wurden im Smith College in Massachusetts abgedreht.

Im Film ging es zu wie im wirklichen Leben. Und im wirklichen Leben suchte das Duo Taylor / Burton die filmische Realität noch zu übertrumpfen. Richard beschimpfte Liz als «Fettarsch», «Affentitte», «Affenarsch», und sie brüllte ihn an, «endlich sein beschissenes Maul» zu halten. Die Kraftausdrücke, die im Film fielen, waren im Vergleich zu denen der Burtons harmlos. Dennoch machte sich Jack Warner Sorgen und ließ eine «Liste der Wörter erstellen, die unbedingt aus dem Film getilgt werden mußten, darunter dreizehnmal *gottverflucht*, zwölf verschiedene Ausdrücke für *Herr* und *Heiland*, einschließlich *Himmelherrgott*, dreimal *Schweinehund*, siebenmal *Arschloch*, viermal *ficken* und *vögeln*, viermal *Scheißkerl*, zweimal *Eier*, außerdem Formulierungen wie «Müssen es im Nest miteinander treiben» und «Auf dem Wohnzimmerteppich miteinander treiben», verriet Paul Ferris.

Doch Nichols veränderte das Drehbuch nicht, und wie durch ein Wunder passierte der Film die Zensur. Zwar war sein Besuch erst ab achtzehn erlaubt, doch das erhöhte nur seine Anziehungskraft.

Zwar dementierten die Burtons, daß die exzessiven Streitereien vor der Kamera ihrer Ehe schaden würden, doch Jahre später, nachdem sich das Paar zum erstenmal getrennt hatte, sagte Liz, sie sei es «leid, immerzu Martha zu spielen». Richard gibt in seinen Tagebüchern zu, er habe in jenen Tagen ein Wesen in sich entdeckt, das «kleinlich, unehrlich, streitsüchtig, bösartig und falsch» sein könne.

«Obwohl Rich sehr in sich selbst verliebt war, war es rührend zu sehen, wie er Liz leitete und sich selbst zurücknahm, so daß man sich nur auf sie konzentrieren konnte», erinnerte sich Nichols.

Als die Dreharbeiten am 13. Dezember beendet waren, hatte man 35 Tage überzogen. Liz hielt also ein kleines Präsent für angebracht und deutete Warner gegenüber an, sie hätte eine Brosche für 80 000 Dollar gesehen. Warner maulte: «Ich zahle ihr eine Gage von weit über der Millionengrenze und zehn Prozent vom Gewinn. Soll sie sich ihre Brosche doch selber kaufen.»

2

Auf dem Weg nach Rom, wo der Regisseur Franco Zeffirelli auf sie wartete, legten die Burtons einen Zwischenstop in England ein. Burton wollte seinem alten Mentor Nevill Coghill einen letzten Dienst erweisen. Bevor Coghill sich von seiner Lehrtätigkeit in Oxford zurückzog und die Leitung der Oxford University Dramatic Society niederlegte, hatte er die Burtons gebeten, zum Ausklang seiner Karriere in einer Studentenproduktion von Marlowes *Dr. Faustus* mitzuwirken. Im Februar 1966 traf das Duo in Oxford ein und bezog das *Randolph Hotel*. Die Abende verbrachte Burton mit den Studenten und endlosen Diskussionen. Die Studenten «fanden die Burtons bescheiden, zugänglich, großzügig und amüsant». Burton spielte in dem Stück natürlich die Hauptrolle. «Da ich noch nie auf der Bühne gestanden habe, fange ich zunächst einmal klein an», bescheidete sich die Taylor, die den Part der Helena von Troja übernommen hatte.

Die Produktion erntete mittelmäßige Kritiken. Zwar war Liz in dem Nachtgewand hübsch anzusehen, doch manch einer fühlte sich an Reklame für Damenunterwäsche erinnert.

Während der Spieldauer des Stücks fragte David Lewin in einem Fernsehinterview Burton, ob es Parallelen zwischen der Rolle und dem Privatmann geben würde. Liz schrie: «Sie Schwein! Ich habe gewußt, daß Sie das fragen würden.» Richard war diplomatischer und wies daraufhin, daß er immer wieder auf die Bühne zurückkehre.

Marlowes Blankverse hatte das Duo in Oxford gratis deklamiert. Um so mehr spielte Geld in den Verhandlungen mit der Columbia wegen der Verfilmung von *The Taming of the Shrew* (dt. *Der Widerspenstigen Zähmung*) eine Rolle. In einem hartnäckig ausgehandelten Vertrag hatten die Burtons sich einen beachtlichen Prozentsatz des Gewinns gesichert. Sie selbst hatten Zeffirelli als Regisseur ausgewählt, und Liz ließ ihn gleich wissen, daß sie auch von ihm ein Geschenk erwarte. Als er sie einmal auf ihre Diamantohrringe ansprach, erklärte sie: «Das ist das Geschenk eines Regisseurs. Es war auch sein erster Film mit mir.» Zeffirelli schluckte und meinte, daß ein derartiges Geschenk nur schwer zu übertreffen sei. «Oh, nein», antwortete die Taylor mit einem unschuldigen Augenaufschlag. «Es gibt da in der Via Condottie einen kleinen Laden namens Bulgari…» Zeffirelli lernte seine Lektion schnell und überreichte ihr bald darauf eine Brosche, die einer Schwester Napoleons gehört haben soll.

Während der Aufnahmen erreichte Elizabeth die Nachricht, daß Clift an einer Überdosis Drogen gestorben sei. Am 24. September notierte Burton in sein Tagebuch: «E. war völlig durcheinander und kann noch immer nicht glauben, daß Monty tot ist. Seit seinem Tod ist er so etwas wie eine Kultfigur für sie geworden.» Spontan erklärte sie der Presse, sie werden eine Million Dollar für eine Montgomery-Clift-Stiftung zur Verfügung stellen. Diese sollte von der American Heart Association verwaltet werden. Bis heute erhielt die Gesellschaft nicht den von Liz versprochenen Betrag.

Der Tod von Montgomery Clift brachte Elizabeth in eine prekäre Situation. Sie hatte John Huston überredet, Clift die männliche Hauptrolle in ihrem nächsten Film, *Reflections in a Golden Eye* (dt. *Spiegelbild im goldenen Auge*) zu geben. Nun wollte sie aus ihrem Vertrag herauskommen und schlug für diese Rolle Marlon Brando vor, da sie ganz sicher war, daß er die Rolle ablehnen würde. Doch zu ihrer Überraschung sagte Brando zu.

Zwischenzeitlich wirkten die Burtons an der Verfilmung der Oxford-Inszenierung von *Doctor Faustus* (dt. *Doktor Faustus*) mit. Wie die anderen Darsteller begnügten sie sich mit einer Tagesgage von 18 Pfund. Doch im Gegensatz zum Film *Der Widerspenstigen Zähmung*, der trotz schlechter Kritiken den Burtons Millionen einbrachte, war diesem Film kein Erfolg beschieden. Die weltweiten Einnahmen beliefen sich auf 600 000 Dollar. Richard verlor eine Million Dollar, die er in die Produktion investiert hatte.

Die Dreharbeiten zu *Spiegelbild im goldenen Auge* – der Film spielte in den Südstaaten – fanden in Rom statt. Elizabeth spielte

Leonora, die ihren Ehemann (Brando) mit dessen Kollegen betrügt (Brian Keith), wogegen ihr Mann nicht viel einzuwenden hat, da er mehr einem jungen Soldaten zugeneigt ist, der wiederum Leonora verehrt. Huston war in seiner Erinnerung an Elizabeth voll des Lobes, wenngleich er verschwieg, daß er sich große Sorgen wegen ihres Gewichts machte. «Es war wohl einfacher für *Virginia Woolf* zuzunehmen, als hinterher diese Pfunde wieder runterzuhungern», notierte er in einem Memo. Auch Brando gestand einem Freund, daß er von ihren riesigen Brüsten, ihrer vulgären Art und ihrem fetten Arsch angewidert gewesen sei. «Wenn ich so eine Frau hätte, würde ich schwul werden», meinte er. Burton zeigt sich von Brando zunächst wenig begeistert. Doch dann notierte er in sein Tagebuch: «Ich habe den Verdacht, daß er ein durch und durch guter Mensch ist, und er ist intelligent.» Die Taylor allerdings hatte für Brando nichts übrig.

«1967 war das Jahr der Ernte», resümierte Melvyn Bragg. Die Besprechungen und die Gewinnbeteiligungen von *Wer hat Angst vor Virginia Woolf?* trafen ein. Zudem befand sich unter den dreizehn Oscar-Nominierungen auch eine für Liz als beste Hauptdarstellerin. Zwar hatte sie Warner versprochen, an der Verleihung teilzunehmen, doch in letzter Minute sagte sie ab: «Ich habe meine Absicht wegen Richard geändert. Er träumte, meine Maschine würde beim Rückflug abstürzen – sah meine verkohlte Leiche. Wir haben uns nur selten getrennt, und er widersetzt sich meinen Reiseplänen. Er ist mein Mann, und so gehorche ich ihm.»

Doch niemand glaubte ihr. Als Lee Marvin die Taylor an diesem Abend als beste Darstellerin verkündete, nahm Anne Bancroft an ihrer Stelle den Oscar entgegen. Warner war verärgert und weigerte sich, Liz ein Glückwunschtelegramm zu schicken. Bob Hope witzelte, «Dick Burton allein in Paris zu lassen, sei, als würde man Jackie Gleason allein in einen Delikatessenladen einsperren». Hollywood war enttäuscht von Liz, und Liz von Hollywood, weil Richard keinen Oscar bekommen hatte. «Es wird keine Erklärungen und keine Pressekonferenz geben», ließ sie die Presse wissen. Den Oscar selbst nahm sie erst später in Empfang – anläßlich der British Academy Awards übergab ihr Lord Mountbatten die begehrte Figurine. Dort wurde sie auch als «beste ausländische Darstellerin» für *Wer hat Angst vor Virginia Woolf?* ausgezeichnet.

Zu jener Zeit beendeten die Burtons gerade die Dreharbeiten von *The Comedians* (dt. *Die Stunde der Komödianten*) in den Studios von Nizza. Zunächst wollte man die Außenaufnahmen auf Haiti drehen, doch angesichts des sozialkritischen Romans und Drehbuchs von Graham Greene hielt man es für angebracht, in Dahomey in Afrika zu filmen.

Eigentlich sollte die Rolle der Martha Pineda, Frau des deutschen Botschafters, Mutter eines nervigen Kindes und Geliebte des Hotelbesitzers Brown, von Sophia Loren dargestellt werden. Burton, der Brown verkörperte, begrüßte diese Entscheidung. «Doch Liz setzte alles daran, die Rolle zu ergattern», erinnerte sich Regisseur Peter Glenville. Sie bescheidete sich sogar mit einer Gage von nur 500 000 Dollar.

Im Februar 1967 reisten die Burtons nach Dahomey. Schon Greenes Roman hatte eine Welle von Drohungen ausgelöst. Nun erhielten auch die Burtons während der Drehzeit wöchentlich zwei bis drei Kidnappingdrohungen. Ihre Kinder mußten unter Polizeischutz gestellt werden. Die Angst, daß Anhänger von «Papa Doc» Duvalier, gegen dessen Regime sich der Roman und der Film richtete, ihnen und den Kindern etwas antun würden, belastete die Familie schwer. «Es ging das Gerücht, daß Papa Doc einen Voodoo-Priester beauftragt hatte, alle Beteiligten zu verwünschen», erinnerte sich Alec Guinness. «Am ersten Drehtag ertrank ein Mann in einem seichten Gewässer, wahrscheinlich war er infolge eines Schwächeanfalls gestürzt. Mehrere Menschen klagten über Atembeschwerden, Kopfschmerzen und Depressionen. Zwei mußten sogar nach Hause geschickt werden. Die Burtons ertränkten ihren Kummer in Champagner. Wie sonst hätten sie Tausende Dollar an Spesen ausgeben können, wenn sie nicht jeden Abend kistenweise Champagner getrunken hätten?»

Während Burton sich seinen Depressionen und dem Alkohol hingab, beschloß Elizabeth, daß ein «nettes kleines Negerkind» gut zu ihren anderen Kindern passen würde. Sie bereitete bereits die Adoption vor, als Burton sie stoppte.

Ein «Negerkind» gab's also nicht – statt dessen eine wunderschöne alte Yacht. Richard Burton war von der *Odysseia*, die sie im Mai gemietet hatten, so begeistert, daß er das Schiff für 200 000 Dollar kaufte. Burton erfand sofort eine Legende für die Yacht. «Sie wurde 1906 von einem exzentrischen Engländer in Auftrag gegeben, der eine Orgel auf dem Schiff installieren ließ. Immer wenn ein Sturm aufzog und die See tobte, fuhr er hinaus und spielte Bach.» Auf einem rauschenden Fest wurde die Yacht auf den Namen *Kalizma* getauft – die Anfangsbuchstaben der Burton-Töchter Kate (aus erster Ehe), Liza und Maria.

Die Yacht wurde das bevorzugte Spielzeug der Burtons. Mit der Umgestaltung des betagten Statussymbols wurde der Innenarchitekt Arthur Barbosa betraut. «Liz war detailbesessen. Als wir das Schlafzimmer gestrichen hatten, zeigte sie sich entsetzt. ‹Arthur, Darling›, flötete sie, ‹in einem senfgelben Schlafzimmer kann ich mit Rich nicht ficken. Bitte streiche es kanariengelb.›»

Auch wenn sie nun in kanariengelbem Ambiente das Mittelmeer durchkreuzten, die Ehe zeigte erste Risse. Am 24. Mai schrieb er in sein Tagebuch: «E. will unbedingt, daß ich etwas über sie schreibe. Also bitte: Sie ist ein nettes, fettes Mädchen, das Moskitos liebt, pickelige, furunkelige Waliser haßt, Schiffe verabscheut und Flugzeuge liebt, winzige Rosinenaugen und einen fetten Arsch hat, sowie Minibrüste und keinerlei Sinn für Humor. Sie ist prüde, spießig und unerträglich eingebildet.»

Am 2. August jedoch gestand er mit absoluter Ehrlichkeit: «Ich bin ungeheuer enttäuscht von mir. In meinem Kopf ist zum falschen Zeitpunkt etwas schiefgegangen. Jedenfalls ist etwas schiefgegangen, und es läßt sich nicht mehr in Ordnung bringen.» Richards Bruder Graham erinnert sich, daß Burton von diesem Zeitpunkt an bereute, Sybil und die Kinder verlassen zu haben. Seine Schuldgefühle versuchte er, ähnlich wie Spencer Tracy, tagtäglich mit Alkohol zu betäuben. Elizabeth soff mit, aber aus anderen Gründen. Ihr lasteten die Pfunde auch auf der Seele.

«Ich fürchte, ich langweile Richard», gestand Liz ihrer Mutter. «Daß sich eine Beziehung mit Richard dem Ende neigt, kann man an drei Stadien erkennen: zunächst ist er von der betreffenden Person gelangweilt, dann wird er selbst langweilig und zum Schluß langweilt er sich selbst», ließ Sybil im fernen New York verlauten. Um der «allgemeinen Langeweile» zu entfliehen, übernahmen die Burtons die Hauptrollen in *Boom!* (dt. *Brandung*).

Die Dreharbeiten begannen Anfang Oktober 1967 in Sardinien. «Vom einem mittelmäßigen Fehlschlag, geschrieben von einem berühmten Romanautor, stürzten sich die Burtons in einen extravaganten Fehlschlag, geschrieben von einem Dramatiker», witzelte Paul Ferris. Die Geschichte der reichen, sterbenden Witwe und des jungen Poeten basiert auf Tennessee Williams' erfolglosem Theaterstück *The Train Doesn't Stop Here Anymore* und seiner Kurzgeschichte *Man Take This Up Road*. Zunächst plante Joseph Losey, der Regisseur des Films, die Rollen mit Sean Connery und Simone Signoret zu besetzen. Doch diese hatten bereits bessere Angebote und lehnten ab. Williams riet Losey, den Burtons das Drehbuch zu schicken.

Brandung spiegelte für viele das Leben wider, das die Burtons führten. Die Hauptdekoration, eine kunstvoll nachgebaute Villa auf den Klippen über dem Meer, die echten Juwelen der Taylor, der unbeschreibliche Luxus und im Hintergrund die *Kalizma*, die unterhalb der Klippen lag, all dies machte Kino und Leben ununterscheidbar.

Aber auch die Dialoge verdoppelten das Image der Taylor, wenn sie sagen mußte: «Ich war mit fünf Großindustriellen verheiratet... mein Name erschien in Leuchtbuchstaben, seit der Zeit, da ich ein Kind war.» Joseph Losey wollte, daß Liz die Rolle lustig und komisch spielte, doch Liz zeigte sich entsetzt: «Das ist nicht lustig. So ein Leben ist alles andere als komisch. Ich allein kann das beurteilen.»

Liz und Richard wußten, daß der Film kein Erfolg werden würde, und so nutzten sie jede Gelegenheit, den Dreharbeiten zu entfliehen. Sie kauften einen Hawker Siddeley Jet und flogen nach «Nizza zum Lunch, zu den Filmfestspielen nach Venedig und übers Wochenende nach Paris».

Um die Jahreswende 1967/68 erlahmte das Interesse der Presse an den Eskapaden und Extravaganzen der Burtons. Mit dem Interesse an den Stars schwand auch das an deren Filmen, zumal Elizabeth ihre überflüssigen Pfunde nicht mehr verbergen und «weglachen» konnte.

Über ihr Äußeres war auch John Heyman entsetzt, der ihren nächsten Film *Secret Ceremony* (dt. *Die Frau aus dem Nichts*) produzierte. «Sie weinte, wenn sie ihre Aufnahmen sah, und machte uns den Vorwurf, wir würden sie absichtlich mies aussehen lassen», erinnerte sich Kameramann Gerald Fisher.

Um sich und der Welt ihren Sex-Appeal zu beweisen, plante Liz, Robert Mitchum zu betören: «Dafür, Mylady, sind Sie zu alt, zu verheiratet und zu fett», war seine Antwort. Über diese «öffentliche Zurückweisung» war Liz derart erbost, daß sie befahl, Mitchum durch Richard zu ersetzen. Jedoch schreckte das Studio vor einer derart «unpopulären Entscheidung» zurück, zumal Mitchums Szenen bereits abgedreht waren. Richard dagegen steckte mitten in den Dreharbeiten zu *Where Eagles Dare*.

Während Burton *Where Eagles Dare* drehte, erreichte ihn das Angebot von Hal Wallis, er möge in *Anne of the Thousand Days* Heinrich VIII. darstellen. «Wir aßen zusammen Mittag. Liz lauschte aufmerksam meiner Schilderung der Geschichte. ‹Und ich werde die Anne spielen›, erklärte sie lächelnd. Richard verschluckte sich, und auch mir blieb der Bissen im Hals stecken. Anne war eine junge, elfengleiche Frau. Liz dagegen war inzwischen zu einer fetten Matrone verkommen. Als ich nichts sagen konnte, meinte Rich: ‹Liebling, du bist eindeutig zu alt für die Rolle.› Sie erstarrte, biß tapfer die Zähne zusammen», erinnerte sich Wallis.

Je deutlicher Liz sich ihrer körperlichen «Mängel» bewußt wurde, desto größer wurde ihre Angst, daß Rich sie betrügen würde, und desto zänkischer wurde sie. Zudem wurde Liz von schweren Krankheiten heimgesucht. Am 21. Juli mußte sie sich einer Unterleibsoperation unterziehen. Burton notierte am 23. Juli in sein Tagebuch: «Ich habe eben die beiden schrecklichsten Tage meines Lebens hinter mich gebracht... Aber jetzt habe ich zum erstenmal erlebt, daß ein geliebter Mensch zwei Tage lang aufschreit vor Schmerzen und von den Drogen Halluzinationen bekommt.»

Die nächste Zeit wurde von Krankheit und Schicksalsschlägen überschattet. Im Juli erhängte sich ihr Gärtner. Burton reiste mit einigen Freunden zur Beerdigung. Man «spülte seine Sorgen hinunter». Als Ifor sich auf den Nachhauseweg machte, stürzte er und brach sich die Wirbelsäule. Er war vom Hals abwärts gelähmt.

Um ihren Schmerz zu überwinden, flüchteten Richard und Liz wieder in die Arbeit. Richard dreht mit Rex Harrison *Staircase*, und Liz war an der Seite von Warren Beatty, zu diesem Zeitpunkt «Hollywoods Deckhengst Nummer Eins», in *The Only Game in Town* (dt. *Das einzige Spiel in der Stadt*) zu sehen. Während ihr Film in Las Vegas spielte, war der von Burton im East End von London angesiedelt. Doch beide Filme wurden in Pariser Studios gedreht.

Ursprünglich sollte Frank Sinatra die Rolle des Pianospielers Joe Grady übernehmen, der das damalige Chorus Girl, Fran Walker, wankelmütig liebt, doch als die Taylor einen Blick auf Beatty geworfen hatte, fand man schnell eine Ausrede, den alternden Sänger durch Beatty zu ersetzen. Jeden Tag nach den Dreharbeiten erzählte sie Richard, wie die «edelsten Stuten Frankreichs» um Beatty herumscharwenzelten. Jahre später erklärte die Taylor in einem Interview: «Warren hat eine der größten Ruten Hollywoods. Sein Problem ist nur, daß er Frauen wie Wichstaschentücher benutzt.» Zunächst zeigte sich Burton über die Schwärmereien seiner Frau nicht besonders beunruhigt. Doch als sie eines Tages nach den Dreharbeiten nicht nach Hause kam, erschien Burton am nächsten Morgen am Set. Das Wochenende verbrachten sie daraufhin gemeinsam in Nizza auf der *Kalizma*, und die Welt war wieder in Ordnung. Von nun an jedoch brachte er sie jeden Morgen zu den Dreharbeiten, verbrachte die Mittagspausen mit ihr und holte sie am Abend wieder ab. Wo er konnte, vermied er den Kontakt zu Beatty, der ihm «viel zu gut aussah».

Die Burtons erlebten wieder eine Phase des «absoluten Hochge-
fühls». Sie verkehrten mit dem Herzog und der Herzogin von
Windsor, mit Maria Callas und wurden die «Darlings» der Pariser
Gesellschaft. In diese Stimmung platzte die Nachricht vom Tod
Francis Taylors. Burton notierte am 21. November in sein Tagebuch: «Elizabeths Vater ist gestern nachmittag gestorben, und ich
mußte ihr die Nachricht beibringen. Sie war wie ein wildes Tier,
obwohl wir schon seit mehreren Jahren wußten, daß er krank war,
und auf seinen Tod gefaßt waren. Aber natürlich läßt sich keine
Liebe mit der Liebe eines Vaters zu seiner Tochter vergleichen und
umgekehrt.

Trotz Elizabeths jahrelanger Vorbehalte ihrer Mutter gegenüber
hat sie jetzt, ganz das gute Mädchen, das sie ist, nur den Wunsch, sie
zu beschützen und aufzuheitern. Das will ich auch. Der Tod ist ein
Scheißkerl.»

Nach der Beerdigung begleitete Sara ihre Tochter nach Frankreich, wo Liz ihren Film fertigstellen muß. Doch wegen ihrer
Rückenschmerzen mußten die Dreharbeiten unterbrochen werden.
Als ihr Zustand sich nicht besserte, die 20th Century-Fox jedoch
drängte, wurde sie mit schmerzstillenden Mitteln arbeitsfähig gespritzt. Anfang 1969 wurden die Dreharbeiten in Paris beendet, und
man reiste nach Las Vegas, wo die Außenaufnahmen entstehen sollten. Anfang Februar erlitt Liz einen Nervenzusammenbruch, als sie
vom Tod Nicky Hiltons erfuhr. Wieder mußten Spritzen, Pillen
und Alkohol her, um sie vor der Kamera aufrechtzuerhalten. Als
der Film endlich fertiggestellt war, erklärte sie der Presse, sie benötige einige Wochen, um sich vom Filmgeschäft zu erholen. Aus diesen Wochen wurden zwei Jahre. Zwar versuchte Joseph Losey, Liz
für die Hauptrolle in *Myra Breckinridge* und *A Delicate Balance*
zu gewinnen, doch andere Angebote blieben aus. In Hollywood
waren Hauptdarstellerinnen wie Ali MacGraw, Faye Dunawaye,
Jane Fonda, Vanessa Redgrave, Glenda Jackson und Liza Minnelli
gefragt. Liz nimmt Zuflucht zu Alkohol und Medikamenten.

Aus Burtons Tagebuch: «Seit einem Monat ist sie jetzt, mit sehr
wenigen Ausnahmen, nicht bloß angesäuselt oder beschwipst, son-

dern vollkommen betäubt zu Bett gegangen. Und ich meine wirklich betäubt, ohne richtig sehen, ohne gerade gehen zu können, langsam sprechend mit einer monotonen Babystimme, ohne Sinn und Verstand wie ein behindertes Kind. Ich hoffte immer, es seien die Medikamente, dabei ist es doch der gute, altmodische Schnaps.»

Liz konnte nicht arbeiten und widmete sich ihrem schönsten Hobby: Sie forderte Geschenke.

Schon als Kind hatte sie «diesen gierigen Blick, sobald sie Juwelen sah», erinnerte sich Sara. Richard fand Gefallen an Liz' Begehrlichkeit. Dem Krupp-Diamanten (305 000 Dollar) – Kommentar Taylor: «Wie hübsch, daß so ein germanischer Diamant schließlich bei einem hübschen jüdischen Mädchen wie mir landet» – folgte die La Peregrina-Perle (37 000 Dollar), ein Halsband mit Diamanten und Rubinen (100 000 Dollar), eine mit Diamanten gefaßte Saphirbrosche (65 000 Dollar), weitere Saphire und Diamanten (60 000 Dollar), ein herzförmiger Diamant (100 000 Dollar) und viele, viele mehr. 1969 war der legendäre Cartier-Burton-Diamant, 42 Karat (1 100 000 Dollar), das Objekt der Begierde. Auf diesen Diamanten war Liz wie versessen. Sie erkundigte sich, ob er tatsächlich der wertvollste Stein auf der Welt sei. Als dies bestätigt wurde, schrie sie: «Ich muß ihn haben. Ich muß ihn haben. Koste es, was es wolle.»

Aaron Frosch wurde beauftragt, den Stein zu ersteigern. Doch am 25. Oktober 1969 überbot ein Vertreter von Cartier das Limit, das Burton Frosch gesetzt hatte, um 50 000 Dollar. Die «schlechte Nachricht» erreichte die Burtons beim Essen im *The Bell at Aston Clinton* in Buckinghamshire. Liz weinte und drohte, sie würde sich das Leben nehmen. Burton rannte zum Telefon und rief Frosch in New York an: «Scheiß auf die Million. Wir müssen das Ding unbedingt haben. Von mir aus bietest du eine Million, zwei Millionen, drei Millionen mehr, als die bezahlt haben.» Frosch erstand den «Klunker» schließlich für 1,1 Millionen Dollar, wobei Cartier sich das Recht vorbehielt, den Stein eine Zeitlang in seinem Schaufenster auszustellen. Natürlich benötigte das Kleinod einen angemessenen Rahmen. Liz ließ also aus New York einen Juwelier einfliegen, der für den Stein eine 100 000 Dollar teure Diamantenkette anfertigen sollte. Er nahm Maß und erhielt die Order, daß der Diamant ihre Halsnarbe bedecken sollte.

Die Ausstellung des «Cartier-Burton-Diamanten», wie der Stein nun hieß, zog Tausende Menschen an. Die Presse gab sich empört: «Im Zeitalter der Vulgarität, das durch Nebensächlichkeiten wie Krieg und Armut gekennzeichnet ist, wird es jeden Tag schwieriger, die Vulgarität auf die Spitze zu treiben. Doch mit ein paar lockeren Millionen ist dies nicht nur möglich, man kann sich auch noch dafür bewundern lassen», schrieb die *New York Times*.

Anfang Mai 1969 kamen die Burtons zu den Dreharbeiten zu *Anne of the Thousand Days* nach England. Liz hatte immer noch nicht die Hoffnung aufgegeben, von Wallis die Hauptrolle zu bekommen. Als Burton am 5. Mai seiner Partnerin, der jungen, attraktiven Geneviève Bujold, gegenübertrat, war er sofort Feuer und Flamme.

«Nach wenigen Tagen taufte er sie ‹Gin›, was für Liz der Beweis für eine Affaire war», erinnerte sich Wallis. Sie wütete, sie tobte, sie schrie, sie beschuldigte ihn in aller Öffentlichkeit, doch Bujold und Burton schienen die Sache zu genießen. Doch als Burton in Anwesenheit der Taylor der Presse erzählte: «Es kann schon sein, daß ich mich in meine Partnerin verliebe, aber Elizabeth wird das verstehen und sicher darauf vorbereitet sein», schrie Liz: «Nimm dich in acht, du Scheißkerl, sonst reiße ich dir deine verdammten Eier ab!»

Ende 1969 waren die Burtons physisch und psychisch vollkommen ausgebrannt. Seinen Freunden gegenüber erwähnte Richard, daß er sich aus dem Showgeschäft zurückziehen wollte. Jetzt, da sie beide den Höhepunkt erreicht hatten, erklärten sie das Jahr 1970 zu ihrem Sabbatjahr – einem Jahr der Ruhe und Entspannung. Doch es sollte anders kommen …

3

Nachdem *Anne of the Thousand Days* im Kasten war, kehrten die Burtons nach Puerto Vallarta zurück. Sie wollten sich erholen. Doch neue Probleme zogen am Horizont auf: Sohn Michael war aus dem exklusiven Millfield College geflogen, und auch Christopher erwies sich als «rebellischer» Schüler.

Die Burtons gaben die Jungen zu Howard Taylors Familie nach Hawaii. Doch das war keine sehr glückliche Lösung, wie Richard Burton meinte. Ein Hauslehrer mußte her. Sie fragten Nevill Coghill um Rat, und Coghill empfahl den Burtons den jungen John David Morley als Privatlehrer, der im Februar 1970 in Puerto Vallarta eintraf.

Bald schon genoß Morley das Vertrauen der Familie und erfuhr von Elizabeth, daß sie um ihre Ehe mit Rich fürchtete, da er sich offensichtlich in ihrer Gegenwart langweilte. Burton war ihrer ewigen Krankheitsgeschichten müde geworden. Zudem wollte er endlich seinen Roman schreiben.

Mitte März kehrten Elizabeth und Richard nach Los Angeles zurück und bezogen ihren Lieblingsbungalow im *Beverly Hills Hotel*. Gefragt oder ungefragt erläuterte Liz jedem Reporter den Grund ihrer Präsenz: «Wir wollen, daß Richard den Oscar gewinnt.» Burton jedoch rechnete sich nur geringe Chancen aus.

Elizabeth wollte «kooperativ» sein und erklärte sich bereit, den Oscar für den besten Film zu vergeben und bei dieser Gelegenheit ihren berühmten Diamanten zu tragen. Außerdem gewährte sie David Frost und Charles Collingwood Fernsehinterviews. Doch am 7. April 1970 erhielt John Wayne den Oscar als bester Darsteller des Jahres. Als Liz in einer geschmackvollen Abendrobe von Edith Head das Podium betrat, konnte und wollte sie ihre Enttäuschung nicht verbergen. John Wayne machte den Burtons zwar noch am gleichen Abend seine Aufwartung, daß er Richard jedoch seinen Oscar schenkte, ist eine der unzähligen Legenden Hollywoods.

Inzwischen machten die meisten Studios einen Bogen um das Duo Taylor / Burton. Niemand wollte das Risiko eingehen, die gesundheitlich schwer angeschlagene Taylor unter Vertrag zu nehmen. Um nicht ganz ausgeschlossen zu sein, akzeptierte Richard Burton Rollen in *Raid on Rommel* und *Villain*. Elizabeth unterzog sich in dieser Zeit einer strengen Diät, um wenigstens die Hauptrolle in *Zee & Co.* (dt. *X, Y und Zee*) behalten zu können.

Elliott Kastner hatte ihr die Rolle einer Ehefrau, die aus Rache an ihrem Ehemann dessen Geliebte verführt, angeboten. Elizabeth hatte sogleich zugegriffen, als sie das Drehbuch von Edna O'Brien gelesen hatte, doch nun hatte Kastner Probleme, die restlichen Rollen zu besetzen. Für die Rolle des Ehemanns wollte er zunächst Laurence Olivier, dann ging das Angebot an Peter O'Toole, bevor es Michael Caine akzeptierte. Die Rolle der Geliebten wurde von Faye Dunawaye, Geneviève Bujold, Anouk Aimée, Lee Remick und Romy Schneider abgelehnt, bevor Susannah York den Part übernahm.

Die Dreharbeiten begannen im Oktober 1970. Caine erinnerte sich, daß die Burtons sehr zurückgezogen lebten. «Es gab keine Möglichkeit, mit ihnen näher bekannt zu werden. Für uns war sie der Superstar, doch war den meisten klar, daß sie sich auf dem absteigenden Ast befand», meinte er. «Es war offensichtlich, daß sie Sorgen hatte.»

Liz machte sich tatsächlich Sorgen, Sorgen um ihre Karriere, Sorgen um Richard und Sorgen um ihre Kinder. Als Sohn Michael am 6. Oktober Beth Clutter heiratete, schien noch einmal der Glamour vergangener Zeiten zurückzukehren. Die Taylor war erleichtert und finanzierte dem jungen Paar die Hochzeitsnacht im *Dorchester*. Richard fand für sie ein Haus in London. Nach wenigen Wochen gab das junge Paar bekannt, daß es Nachwuchs erwartete. Elizabeth, noch nicht einmal vierzig, sollte Großmutter werden.

Doch der Familie war kein Glück beschieden: Michael machte

öffentlich Front gegen seine Mutter: «Ich will mit dem Lebensstil meiner Mutter nichts mehr zu tun haben. Für mich ist dieser ebenso exotisch und verachtungswürdig wie für den Rest der Welt. Wahrscheinlich habe ich deshalb schon immer gegen sie rebelliert.» Sprach's und zog mit seiner Familie in die Hügel von Wales, wo er sich einer Kommune anschloß. Aber schon nach einigen Wochen verließ Beth ihren Mann. «Elizabeth vermittelte mir eine Stelle als Fotoassistentin in Italien und nahm Leyla, meine Tochter, in die Schweiz mit», erzählte sie. «Doch Liz ist sehr besitzergreifend. Wenn sie etwas haben will, will sie es sofort. Und sie wollte Leyla. Der Presse erklärte sie, sie wolle sie adoptieren, doch ich sagte ihr, sie könne das Kind nicht haben. Für sie war Leyla ja sowieso nur ein neues Spielzeug. Sie regte sich furchtbar auf.»

Als Beth die Scheidung einreichte, verlor sie kurze Zeit später ihre Arbeit. Zusammenhänge mochte Beth nicht leugnen.

Im Januar 1971 drehten die Burtons *Under Milk Wood* (dt. *Unter dem Milchwald*) in West Wales. Burton trank und Peter O'Toole spendete Liz in jeder Hinsicht Trost.

Im Mai ging es dann nach Mexiko, wo Liz und Richard in der Farce *Hammersmith Is Out* (dt. *Hammersmith Is Out*) mitwirkten. Peter Ustinov, ihr Partner, der gleichzeitig Regie führte, erinnerte sich, daß «das, was die Geldgeber normalerweise für einen großartigen Coup halten, nämlich die beiden in ein und demselben Film einzusetzen, in Wirklichkeit gar nicht so reizvoll war». In dem «seltsamen Film» verkörperte Liz die wollüstige, blonde Kellnerin Jimmie Jean Jackson, die, wie auch ihr Geliebter, ein Wärter im Irrenhaus (Beau Bridges), den Versprechungen des wahnsinnigen Hammersmith (Burton) auf den Leim geht. Obwohl die Burtons für den Film den David-Di-Donatello-Preis erhielten, flopte *Hammersmith Is Out*.

Auch Richards nächster Film war auf seine Weise eine Farce. Burton folgte der Einladung der jugoslawischen Regierung, Tito in einem Widerstandsepos darzustellen. Im September 1971 trafen Richard und Elizabeth, gefolgt von ihrem Troß, an Bord der *Kalizma* in Dubrovnik ein. Tito und seine Gemahlin bemühten sich sehr um die Burtons: Sie luden sie zum Essen ein, und Tito zeigte ihnen das

Land. «Wenn E. nicht so hingerissen wäre von der Macht und dem Glanz des Ganzen, würde ich die Beine in die Hände nehmen und weglaufen», schrieb Richard.

Das Drehbuch war miserabel, das Team schlecht ausgerüstet und die Dreharbeiten schleppten sich dahin. Die Stimmung der Burtons sank auf den Nullpunkt. «Tito und seine Frau erzählen lange Geschichten, bei denen sie den Übersetzern keine Unterbrechung gestatten. Wenn sie endlich fertig sind, interessiert sich kein Mensch mehr dafür, worum es in der Geschichte eigentlich ging. Madame Tito hat eine äußerst durchdringende Stimme, die nach einiger Zeit extrem ermüdend wirkt», notierte Burton.

Während Richard an der Flasche hing, steuerte Liz von einer Krankheit in die andere. Ende August verletzte sie sich das rechte Schienbein bis auf den Knochen, als sie im Streit Burtons Schreibmaschine, an der er jede freie Minute saß, auf den Boden warf und dabei ihr Bein traf.

Um dem Einerlei der träge sich dahinschleppenden Tage zu entrinnen, schlossen Richard und Liz eine Wette ab. Würde es Liz gelingen, Marschall Tito den Kopf zu verdrehen? Begeistert schlug die Taylor ein und machte sich daran, den Präsidenten zu umgarnen. Die überstürzte Abreise der Burtons erklärte man später damit, daß das Geld für die Produktion aufgebraucht war. In Wahrheit jedoch flohen die Burtons vor einem erbosten Präsidenten, der, als er an einem gemeinsamen Wochenende an ihrer Schlafzimmertür klopfte, hinter der verschlossenen Tür nur ein triumphierendes Lachen hörte.

Wie Vagabunden reisten die Burtons nun durch Europa, getrieben von einer unerklärlichen Hast. Auf Rom folgte Paris, wo Rich in *The Assassination of Trotsky* die Hauptrolle spielte. Liz erhielt das Angebot, *Gingerbread Lady* zu drehen, sagte zu, sagte ab, sagte erneut zu und dann doch wieder ab, da sie befürchtete, die Dreharbeiten nicht durchzustehen. «Ihre Angst, nicht in Richards Nähe sein zu können, nahm pathologische Züge an», berichtete Richard Brooks. «Sie war besessen von der Furcht, daß Rich, einmal allein gelassen, sie augenblicks betrügen würde.»

Im Januar 1972 eilten die Burtons nach Amerika, um nach der kranken Sara zu sehen. «Liz reiste nur wegen ihres schlechten Gewissens nach Arizona», meinte Rich, der den Aufenthalt sterbenslangweilig fand. Auch die Gesellschaft von Mara und Howard Taylor besserte seine Stimmung nicht. Doch sie blieben, bis Saras Zustand sich wieder besserte.

Nach einem Zwischenstop in Beverly Hills brachen sie nach Ungarn auf, wo Burton *Bluebard* drehte und Elizabeth ihren Geburtstag feiern wollte.

In den nächsten vier Wochen verließ Liz das Hotelzimmer nur selten. Sie unterzog sich einer radikalen Diät und hatte schließlich wieder ein Gewicht von 58 Kilogramm erreicht. Burton jedoch widmete sich in der Zwischenzeit einer jungen Schauspielerin. Liz witterte diese Affaire und verabreichte ihm regelmäßig eine «Abreibung».

Die Ehe lag in Scherben, doch keiner von beiden wollte es sich und der Welt eingestehen. Man wollte und mußte den Schein wahren. Was kam da gelegener, als Elizabeths 40. Geburtstag mit einem wahren Spektakel zu begehen.

Zweihundert Telegramme verschickte die Taylor in alle Welt und bat ihre Gäste ins Hotel *Intercontinental Budapest*. Richard wollte gleich ein weiteres hinterhersenden: «Keine Geschenke!» – «Aber ich habe doch so nette Menschen wie Gianni Bulgari eingeladen», jammerte Liz. So reichten dann die Geschenke von einer Büchse Diamantpolitur bis hin zur Sir Walter Raleighs *History of the World*. Von Richard erhielt sie einen großen, zitronenfarbenen Diamanten, der 1921 einmal dem indischen Sultan Jahan gehört hatte, dem Erbauer des Taj Mahal. Der Preis für den Stein belief sich nach seriösen Schätzungen auf 250000 Dollar, Burton selbst gab 50000 Dollar an. Die Gäste, unter ihnen Gracia Patricia von Monaco, Ringo Starr, Michael Caine und David Niven, feierten ausgelassen bis vier Uhr morgens. Als die Kapelle *I Left My Heart In San Francisco* spielte, sprang die Taylor auf und rief: «Laßt uns gehen – die Feier ist vorbei.»

Die Weltöffentlichkeit zeigte sich über dieses Zweiundsiebzig-tausend-Dollar-Fest in einem hungernden kommunistischen Land empört. Die Wogen glätteten sich erst, als Richard versprach, den gleichen Betrag einer wohltätigen Organisation zu spenden. Er hielt Wort und überreichte am 8. Juli 1972 Peter Ustinov, dem Botschafter der UNICEF, einen Scheck. «Derartige Gesten erleichtern unser Gewissen», erklärte Richard.

Das rauschende Fest konnte nicht darüber hinwegtäuschen, daß das Skandal-Duo seinen inneren Zusammenhalt verloren hatte.

Liz mußte sich eingestehen, daß sie ihren Mann nicht mehr davon abhalten konnte, sich mit Alkohol und Frauengeschichten selbst zu ruinieren. Dennoch wollte sie sich erst dann von ihm trennen, wenn sie würdigen Ersatz gefunden hatte.

Der Zufall wollte es, daß zu diesem Zeitpunkt Jackie Onassis sich abfällig in der Presse über die Burtons äußerte. Die Taylor hatte Aristoteles Onassis bei verschiedenen Anlässen kennengelernt und fand den «kleinen Mann charmant und ausgesprochen großzügig». Als Burton nun eine Nacht mit seiner Partnerin Nathalie Delon verbrachte, griff Liz zum Telefon und rief Onassis an.

Auch mit der Ehe zwischen Onassis und Jackie Kennedy war es nicht zum besten bestellt. Er litt unter ihrer Verschwendungssucht ebensosehr wie unter ihrem arroganten Verhalten. Kurz bevor er sich im Mai mit Elizabeth in Rom traf, hatte es eine Auseinandersetzung mit Jackie wegen eines Konzerts von Frank Sinatra gegeben. Onassis hatte erfahren, daß die beiden bereits während Jackies Ehe mit Kennedy eine kurze Romanze hatten. Aus diesem Grund bat er sie, das Konzert nicht zu besuchen, doch Jackie weigerte sich und reiste nach Providence, Rhode Island.

Das Treffen zwischen Onassis und Liz fand am 6. Mai 1972 statt. Natürlich wollte man es geheimhalten. Doch dann verwandelte es sich in eine Schlägerei zwischen 27 Paparazzis, der Polizei und Onassis. Ein Gast hatte die Taylor belästigt, und Onassis, Gentleman alter Schule, schüttete dem Kerl ein Glas Champagner ins Gesicht. «Ich schäme mich für dich», erklärte die verärgerte Jackie später. «Die Kinder haben es aus den Fernsehnachrichten erfahren.»

Onassis hatte Elizabeth sein Leid geklagt und Liz ihm das ihre. Doch da Onassis noch nicht frei war, entschied sie sich, die Ehe mit Burton noch eine Weile fortzuführen. Von ihrem Zimmer im *Hôtel de Paris* rief sie in Budapest an. «Schmeiß die Schlampe aus meinem Bett!» befahl sie Richard, der sich wunderte, «woher sie das nun schon wieder weiß». Wieder in Budapest, nahm sie Burton unter ihre «Fuchtel und überwachte jeden seiner Schritte».

Gemeinsam reisten die Burtons nach Pusey, Oxfordshire. Richard war eingeladen worden, in Oxford Kurse über Literatur zu halten. Liz nutzte die Zeit, um zu arbeiten, und wirkte in *Night Watch* (dt. *Die Nacht hat tausend Augen*) mit.

Als der Film in die Kinos kam, wollte niemand die Geschichte einer betrogenen Ehefrau sehen, die sich mit einem raffinierten Mordplan am Ehemann und dessen Geliebten rächt. Laurence Harvey war ihr Partner. In den Drehpausen jammerte sie «ihm die Ohren voll. Sie wußte, daß Laurence an Krebs sterben würde, doch statt ihn aufzumuntern, sprach sie nur vom Tod und wie qualvoll es sei, zu sterben», erinnerte sich Harveys Frau. «Du und ich leben sicher hochdramatisch, Fettarsch. Was würden Leute wie wir ohne unsere Leiden tun?» war Harveys Standardantwort. Als es ihm schlechter ging, besuchte die Taylor ihn öfter. «Zunächst versuchte ich, mich über die Besuche zu freuen, aber das sollte sich schon bald ändern», erinnerte sich Paulene Harvey. Zuletzt bat Harvey seine Frau, Liz abzuwehren. «Er hatte nicht mehr die Kraft, ihr überschwengliches Mitleid zu bewältigen.» Als er starb, erklärte Liz: «Ich liebte ihn über alles in der Welt. Er war ein Teil der Sonne. Für alle, die ihn liebten, ist das Sonnenlicht schwächer geworden.»

Burton, der sich wieder mit Tito ausgesöhnt hatte, drehte nun den Tito-Film zu Ende. Dann beschloß er, er müsse nun endlich etwas für Harlech Television tun, einen Sender in Wales, in den er und Elizabeth ein Vermögen investierten. Nach langer Suche fand man endlich einen geeigneten Stoff – eine Scheidungstragödie, die sowohl aus der Sicht des Mannes als auch aus der Sicht der Frau erzählt wird. John Hopkins verfaßte das Drehbuch zu *Divorce; his/* und *Divorce; hers* (dt. *Seine Scheidung/Ihre Scheidung*), zwei neunzigminütige Fernsehfilme, die im November in München gedreht werden sollten. «Mindestens genauso erfreulich wie eine Autopsie», urteilte das Magazin *Variety* nach der Erstausstrahlung.

Für Regisseur Waris Hussein waren die Dreharbeiten die Hölle. In einem Artikel schrieb Carrie Nye, daß Burton meistens schon während des Mittagessens mit dem Trinken begann, das nur noch «unterbrochen wurde von den Anrufen des Regisseurs, der nachfragte, wann, falls überhaupt, die Arbeit fortgesetzt werden könne».

Im Februar 1973 trafen die Burtons in Rom ein, verfolgt von den Paparazzis. Elf Jahre waren seit *Cleopatra* vergangen, elf Jahre, die die Taylor gezeichnet hatten. Während Richard in *Massacre in Rome* vor der Kamera stand, drehte Liz *Ash Wednesday* (dt. *Die Rivalin*), ein Drama über eine Matrone in Detroit, die sich einigen Schönheitsoperationen unterzieht, um ihren Mann wieder für sich zu gewinnen – ohne Erfolg. Henry Fonda bezeichnete «das Machwerk als einen stinkenden Haufen Scheiße», doch die Kritiker waren anderer Meinung. «Für diejenigen, die in Liz verliebt waren, als sie erwachsen wurde, ist dieser Film reine Magie», schrieb Rex Reed. Für die Rolle hatte sie erneut 50 Pfund abgenommen und sah in den Kostümen Edith Heads unbeschreiblich attraktiv aus.

Die Ehe des Skandal-Duos schrammte neuen Katastrophen entgegen. Franco Zeffirelli, der das Paar besuchte, erinnerte sich, daß Burton ausgesprochen aggressiv auf die schrillen Kommandos seiner Frau reagierte. Ihre Zuneigungsbezeigungen beschränkten sich auf Boxhiebe gegen seinen Arm. Burton: «Ich sagte zu Elizabeth: Ich glaube nicht, daß du derartige Filme machen solltest. Denn hier wird der schlimmste Menschenschlag dargestellt und verherrlicht. Doch sie lachte nur und drehte weiter. Ich saß herum und ekelte mich jede Sekunde mehr und hatte nichts zu tun. Doch als ich in Cortina und in Venedig mit ihr war, merkte ich, daß mich andere Frauen mehr anzogen, und da wußte ich Bescheid, das Spiel war aus.»

Im September 1974 erklärte Burton der BBC in einem Interview mit Barry Norman: «Ich glaube, daß mein Leben von einer Frau verändert worden ist, die man Elizabeth Taylor nennt. Ich bin mir nicht völlig klar darüber, was sie mir wirklich angetan hat.»

4

Am 20. Juni 1973 traf Elizabeth in Los Angeles ein – ohne Richard.
Schon bald zirkulierten die ersten Trennungsgerüchte. Während
man sie in Begleitung von Peter Lawford («Wird Peter der Nachfolger von Dick Burton?» lautete eine Schlagzeile), Roddy McDowall,
George Barrie und Dr. Rex Kennamer sah, hielt Rich sich an seinem
liebsten Zufluchtsort auf, im Gästehaus von Aaron Frosch in Quo-
gue, Long Island.

«Liz jammerte uns die Ohren voll, und wir mußten ihren Geschichten lauschen, obwohl sie uns nicht interessierten», erinnerte
sich ein Freund der Taylor. Eines Morgens erhielt sie einen Anruf
von Richard, der ihr befahl: «Schieb deinen fetten Arsch nach New
York oder du wirst bald keinen mehr haben.» Sofort flog die Taylor
nach New York, und Richard holte sie in einer Limousine vom
Kennedy Airport ab. Er war völlig betrunken. Das reichte Liz, und
noch bevor sie Froschs Anwesen erreichten, stand die endgültige
Trennung auch für sie fest. «Ich war derart von ihr angewidert, daß
ich sie gleich wieder hinauswarf», erzählte Burton später. In Tränen
aufgelöst fuhr Liz zurück nach New York und zog ins *Regency
Hotel*. Zusammen mit John Springer verfaßte sie eine handschriftliche Erklärung, die am 4. Juli der Presse übergeben wurde: «Ich bin
überzeugt davon, daß es eine gute, konstruktive Idee wäre, wenn
Richard und ich uns eine Zeitlang trennen würden. Vielleicht haben
wir uns zu sehr geliebt. Ich hätte nie geglaubt, daß der Gedanke an
eine Trennung möglich wäre. Aber wir haben ständig eng zusammen gelebt, haben uns nie getrennt, außer in Notfällen, und ich
glaube, dadurch ist für den Augenblick die Kommunikation zwischen uns zusammengebrochen. Ich glaube von ganzem Herzen,
daß uns die Trennung letztlich wieder dorthin zurückführen wird,
wo wir hingehören – zueinander…»

Die Reporter liefen Sturm, wurden jedoch vor dem Frosch-Grundstück abgewehrt. Nur Nigel Dempster gelang es, zu Richard Burton vorzudringen. Er rasierte sich gerade und trank Wodka mit Orangensaft. Wohlwollend erklärte Burton dem Reporter, er habe seit der «erstaunlichen Verlautbarung» nicht mehr mit seiner Frau gesprochen und habe keine Ahnung, was dies alles zu bedeuten hätte.

«Burton klang nicht besorgt: ‹Sie plant, nach Kalifornien zurückzugehen, um ihre Mutter wiederzusehen, und dann will sie zu ihrem Bruder nach Hawaii. Ob ich nach Hawaii gehe? Bestimmt nicht! Ein fürchterlicher Ort.›»

Statt dessen ging er nach Moskau, wo anläßlich des Filmfestivals sein Tito-Film gezeigt wurde. Anschließend fuhr er nach Rom.

Noch in New York erreichte Elizabeth ein Anruf von Peter Lawford, der ihr in Los Angeles seinen Freund Henry Wynberg vorstellen wollte. Wynberg gehörte zu jenen Männern, die man häufig in Begleitung von Altstars und Starlets sah. In Holland geboren, hatte er sich in den USA vom Kellner zu einem erfolgreichen Geschäftsmann hochgearbeitet. Freunden der Taylor erschien er wie eine Mischung aus Eddie Fisher und Mike Todd. Zwar traf man sich häufig, doch der Presse erklärte Liz, es gebe derzeit keinen «anderen Mann» in ihrem Leben.

Als Elizabeth am 20. Juli in Rom eintraf, holte Richard sie vom Flughafen ab. Die italienische Polizei hatte alle Hände voll zu tun, die zweihundert Reporter zurückzuhalten. Elizabeth hatte die Hauptrolle in *Identikit* angenommen. Die Rolle einer schizophrenen Frau, die einen Mörder für sich sucht, schien ihr eine Herausforderung zu sein, während Rich ihr geraten hatte, die Finger davon zu lassen.

Aaron Frosch hatte erklärt, die Trennungszeit sei vorüber, Burton sei wieder trocken und das Paar werde in Rom wieder zusammen kommen. Doch das neue Glück sollte nur neun Tage währen. Richard erklärte nun öffentlich, daß er die Scheidung wollte. «Ich bin gegen Scheidungen ohne einen ernsten Grund. Aber wenn zwei Menschen einander überhaupt nicht mehr ertragen können, wenn schon der Anblick des anderen einen tödlich langweilt, dann sollten sie sich so schnell wie möglich scheiden lassen.»

Die Taylor war am Boden zerstört. Sie mußte am nächsten Tag mit den Dreharbeiten beginnen, mußte vor die Kamera treten und sagen: «Es braucht einen Tag zum Sterben und einen weiteren, um wieder leben zu können.» Doch Liz brauchte mehr. Sie steckte so voll Tabletten und Alkohol, daß sie am nächsten Morgen nicht wachzukriegen war. Gerüchte, es handelte sich um einen weiteren Selbstmordversuch, wurden heftigst dementiert. Wie zum Beweis erschien Liz – angeblich mit ausgepumptem Magen – um fünf Uhr morgens zu den Dreharbeiten und wurde mit frenetischem Applaus begrüßt. «Ich habe geglaubt, ich würde nie wieder einen so schrecklichen Tag erleben, wie den, an dem Mike Todd starb», erklärte sie ihrem Produzenten. «Ich habe mich geirrt. Heute ist der zweite tieftraurige Tag in meinem Leben. Ich bin verzweifelt.»

Um ihr «Trost und Beistand in dieser schweren Zeit zu geben», eilte Freund Wynberg nach Rom. Richard Burton höhnte: «Mr. Wiseborgs Genital wird ebenso wie seine Gebrauchtwagen zu einem bestimmten Zeitpunkt zusammenbrechen.»

Während Richard sein Dasein «mit erholsamer Untreue» ausfüllte, wirkte die Taylor völlig verwirrt. So kletterte sie ins Bett des sterbenden Laurence Harvey und bat: «Laß uns zusammen gehen.» Dann ließ sie für ihn in der Episkopalkirche einen Gedenkgottesdienst abhalten, obwohl jedermann wußte, daß er litauischer Jude war. Andy Warhol schüttete sie ihr Herz aus, bis sie bemerkte, daß er ihr Gespräch auf Band mitschnitt und es für sein *Interview*-Magazin verwenden wollte. «Sie riß ihm den Recorder aus seiner Lederjacke und beschimpfte den bleichen Warhol derart, daß er rot wurde.»

Wynberg war immer an ihrer Seite. «Ich habe ihn schamlos benutzt», gestand die Taylor später ein. Im November 1973 mußte Elizabeth sich erneut einer Operation unterziehen. «Tagein, tagaus jammerte sie und flehte uns an, Rich anzurufen», berichtete Lawford. «Doch er ließ sich verleugnen. Schließlich griff Liz selbst zum Telefon und erklärte ihm, sie wolle nicht ohne ihn leben und schon gar nicht sterben. Unter Tränen behauptete sie, sie leide an Krebs und habe nur noch wenige Wochen zu leben.» Sofort eilte Burton von Sizilien, wo er gerade mit Sophia Loren drehte, nach Los Angeles, warf Wynberg hinaus und befahl der Schwester, ein Bett für ihn in Elizabeths Zimmer zu stellen. «Hallo, Fettsack», begrüßte er sie. «Wie geht's, Pockengesicht?» war ihre Antwort.

Am nächsten Morgen sprach Richard mit ihrem Arzt. Das angebliche Krebsgeschwür war eine Zyste. Rich packte seine Frau in einen Rollstuhl und nahm sie zunächst mit nach Italien. Das Weihnachtsfest verbrachten sie gemeinsam in Puerto Vallarta. Jetzt wollten sie für immer zusammen bleiben.

Doch kaum war die erste Euphorie verflogen, begann Liz erneut, ihren Mann zu quälen. Sie vermutete, er hätte eine leidenschaftliche Affaire mit Sophia Loren hinter sich. Ihr Verdacht wurde durch einen Artikel Richards erhärtet, in dem er von seiner Filmpartnerin sagte, sie sei «schön wie ein erotischer Traum». Burton liebte diese Ausbrüche und stachelte Liz noch weiter an. Doch Richard brachte das Faß zum Überlaufen. Er flirtete so hemmungslos, daß Liz erbost zurück nach Hollywood reiste und sich mit Wynberg versöhnte.

5

Als die Taylor am 2. April 1974 anläßlich der Oscar-Verleihung vor dem Dorothy-Chandler-Pavillon vorfuhr, konnte man deutlich erkennen, wie die Zeiten sich auch in Hollywood gewandelt hatten. Den größten Applaus erhielt Edy Williams. Sie zeigte den wartenden Fans, daß sie derart «heiß» war, daß sie unter ihrem Pelzmantel nur einen Bikini trug, und Linda Lovelace, Star des Pornostreifens *Deep Throat*, fuhr in einer Pferdekutsche vor. Als David Niven dem Publikum Elizabeth ankündigte, wurde seine Rede von Schreien und Gelächter unterbrochen. Ein nackter Mann rannte über die Bühne. Auch Niven war amüsiert und erklärte: «Man denke nur, daß der einzige Lacher, den dieser Mann je in seinem Leben ernten wird, darauf beruht, daß er sich auszog und aller Welt zeigte, wo er zu kurz kam.»

«Es ist ziemlich hart, einem derartigen Auftritt zu folgen», sagte die Taylor, die braungebrannt und erholt aussah. Doch schon bald war dem Publikum klar, daß sie völlig *«stoned»* war. Sie verhaspelte sich mehrmals bei den Namen der Nominierten, und als sie den Umschlag öffnete, war sie froh, daß *The Sting* gewann: «Fabelhaft, das kann ich wenigstens richtig aussprechen!»

Im Frühjahr kreuzte die Taylor mit Wynberg an Bord der *Kalizma* auf dem Mittelmeer, während Aaron Frosch die Scheidung vorbereitete. Eine Formalität, die innerhalb von 40 Minuten am 26. Juni 1974 in der Schweiz vollzogen wurde. Burton war nicht anwesend. Ein ärztliches Zeugnis bescheinigte, daß er nicht reisefähig war.

«Stimmt es, daß Ihre Ehe unerträglich war?» fragte der Richter, und Liz, ihre Tränen hinter einer dunklen Sonnenbrille verbergend, antwortete: «Ja, das Leben mit Richard wurde unerträglich. Die

Meinungsverschiedenheiten wurden zu groß. Ich habe alles versucht... alles.»

Sofort nach der Scheidung erklärte sie, sie werde mit Wynberg ein gemeinsames Domizil suchen. Eine Villa in Bel Air wurde das Heim ihrer Wahl. Doch daß Elizabeth hochfliegende Pläne hegte, wußte zu diesem Zeitpunkt nicht einmal Wynberg.

Denn im geheimen plante die Taylor ihre sechste Ehe: Sie wollte Aristoteles Onassis vor den Traualtar führen.

Kosta Gratsos und andere Freunde des Reeders erinnerten sich, daß Onassis von seiner kaufsüchtigen, hartherzigen Frau Jackie loskommen wollte. Sein Testament sah vor, ihren Anteil am Erbe auf ein Minimum zu beschränken, sollte ihm in der nächsten Zeit etwas zustoßen. «Als er schwerkrank im Lennox Hill-Krankenhaus lag, faßte er den Entschluß, sich von Jackie scheiden zu lassen und Liz zu ehelichen», erzählte Gratsos. Während Jackie luxuriöse Einkäufe unternahm, rief die Taylor Onassis wiederholt an und sorgte sich um seinen Zustand. Wieder genesen, besprach er mit seinen Vertrauten in allen Einzelheiten seinen Plan: Er wollte einen großen Überraschungsangriff inszenieren, so daß Jackie keine Zeit blieb, einen Gegenangriff zu starten. Vor allem fürchtete er, sie könne einen großen Teil seines Vermögens einheimsen. Bereits während er die Scheidung betrieb, worüber er Liz detailliert informierte, bereitete er seine Hochzeit mit der Taylor vor.

Doch im Februar 1975 erreichte Liz die telefonische Nachricht, daß Onassis zusammengebrochen sei. Er wurde in Athen ins Krankenhaus eingewiesen, dann aber auf Anraten seines Arztes nach Paris in das Amerikanische Krankenhaus in Neuilly-sur-Seine gebracht. Auf dem Weg dorthin bestand Onassis darauf, die Nacht in seinem Appartement in der Avenue Foch zu verbringen. Von hier aus telefonierte er ein letztes Mal mit Liz. Um seine Pläne nicht zu gefährden, untersagte er ihr, ihn zu besuchen. Erst als sich sein Gesundheitszustand verschlechterte, gestattete man Elizabeth Taylor und Maria Callas einen letzten Besuch. Jackie fuhr zu dieser Zeit Ski in New Hampshire.

Am 15. März starb Onassis. Als Jackie ihm endlich die letzte Ehre erwiesen hatte, war ihre erste Frage: «Oh, habe ich überhaupt etwas zum Anziehen?» Als sie die Klinik verließ, schenkte sie den Reportern ein strahlendes Lächeln. «Jackies hyänenartiges Lächeln, das mich an einen Geier erinnerte, erstarrte erst, als sie von den Plänen meines Vaters erfuhr», erinnerte sich Christina Onassis.

Jackie geriet in helle Aufregung und forderte von Christina ein Dementi, zumal die *New York Times* einen Artikel brachte, der Onassis' Scheidungspläne bestätigte. Da Jackie der *Times* drohte, Schwierigkeiten zu machen, «ließ ich eine Erklärung veröffentlichen, die zwar nicht der Wahrheit entsprach, sie aber besänftigte».

Für Liz brach eine Welt zusammen. Sie flüchtete sich in Arbeit. In *The Blue Bird* (dt. *Der blaue Vogel*), einem Musical unter der Regie von George Cukor, spielte sie gleich vier Rollen. Ihre Partner waren Ava Gardner, Jane Fonda und Cicely Tyson. Die erste amerikanisch-russische Co-Produktion, die von vielen als Meilenstein in der Geschichte Hollywoods gepriesen wurde, erwies sich nach seiner Premiere als Flop und wurde schon bald wieder aus dem Verleih gezogen.

Ihr Flirt mit Wynberg zeigte auch schon erste Ermüdungserscheinungen. «Liz litt an einem übertriebenen Bestätigungsbedürfnis. Wenn ich ihr nicht mindestens fünfzehnmal am Tag meine Liebe schwor, maulte sie und machte mir das Leben zur Hölle», erzählte er. Als sie einmal die Sprache auf eine Ehe brachte, winkte er ab. Er wollte nur mit ihr zusammen leben. «Das Geheimnis Wynbergs lag darin, daß er sich um alles kümmerte», erinnerte sich Max Lerner. «Liz sagte einmal zu mir: ‹Ich liebe ihn. Mir ist egal, was sie über ihn sagen, und ob man ihn ausstehen kann. Zu mir ist er reizend, fickt mich herrlich und kümmert sich um das, was ich brauche.›»

Dennoch reifte in ihr bereits der Plan, Burton wieder zurückzugewinnen. Heimlich telefonierte sie mit ihm, so daß Wynberg nichts merkte, und nach einigem Hin und Her willigte Burton ein, sich nach Beendigung der Dreharbeiten mit ihr zu treffen.

In Leningrad stieg am 10. August 1975 noch eine rauschende Party, danach flogen die Taylor und Henry nach London. Hier erreichte sie ein Telegramm von Richard, der sie bat, wegen einer «geschäftlichen Angelegenheit» sofort in die Schweiz zu kommen. Am nächsten Tag traf sie sich mit Richard in der Kanzlei ihres Schweizer Anwalts, und am Abend mußte der verwirrte John Springer eine Erklärung abgeben, daß sich die Burtons wieder versöhnt hätten.

6

Richard und Liz hatten sich wiedergefunden und die Welt war in Ordnung. Richard begleitete Liz nach Israel, und gemeinsam nahm man an einem Benefizkonzert teil. Urlaubstage in Johannesburg schlossen sich an. Richard beharrte darauf, daß eine nochmalige Heirat nicht in Frage käme, änderte seine Einstellung jedoch schlagartig, als Liz von «einem medizinischen Drama» eingeholt wurde. Eine Röntgenaufnahme ihres Brustkorbs zeigte zwei Flecken auf der Lunge. «Ich hatte ungefähr zwölf Stunden Zeit, mich mit dem Tod zu befassen und dann noch mit einem unangenehmen – Lungenkrebs.» Von Krebs allerdings konnte keine Rede sein. Am nächsten Tag sprang Liz vor Freude im Zimmer umher. Freude über die wundersame Heilung oder über das Eheversprechen…

Der Presse erklärte sie, sie würden im Busch «unter ihresgleichen» heiraten. Am Morgen des 10. Oktober 1975 betrank Richard sich bis zur Besinnungslosigkeit. Elizabeth zerrte ihn in den wartenden Landrover, und sie fuhren nach Chobe. Hier wurde das eheerprobte Duo von einem afrikanischen Polizeipräsidenten getraut, während «ihresgleichen» in Gestalt von zwei Nilpferden und einem Rhinozeros zusahen. Nachdem sie mit Champagner auf ihr junges Glück anstießen, erklärte Liz: «Jetzt ist Schluß mit all den Scheidungen und Hochzeiten – von nun an kleben wir wie Pech und Schwefel zusammen.»

«Es war ein ungeheurer Traum», erinnerte sich Burton. «Ich dachte: was tue ich eigentlich hier? Ein seltsamer Ort zum Heiraten, mitten im Urwald, getraut von einem Nigger. Es war sehr merkwürdig.»

Richard schenkte Elizabeth einen teuren Diamanten. Doch sie erklärte der Welt, sie werde den Diamanten verkaufen und den Erlös den Krankenhäusern von Botswana zur Verfügung stellen.

Doch bis heute hat die Taylor es versäumt, ihr Versprechen einzulösen. Am nächsten Tag erkrankte Burton am Malaria. Eine Apothekerin mit dem Namen Chen Sam wurde zur Behandlung herangezogen. Die beiden Frauen – im gleichen Alter – verstanden sich sofort, und Chen Sam begleitete die Burtons nach London.

Burton begann wieder zu trinken. Innerhalb weniger Wochen wurde ihm klar, daß er einen verhängnisvollen Fehler begangen hatte. Als er dahinterkam, daß die angeblichen Krebssymptome nichts anderes waren als Narben jener legendären Lungenentzündung der Taylor, war für ihn die Angelegenheit erledigt. Das Weihnachtsfest 1975 verbrachten sie gemeinsam in Gstaad, doch Burton war bereits wieder auf der Pirsch. Am Skilift lernte er Suzy Hunt kennen. «Sie war der Traum von einer Frau, und Liz witterte sofort, daß sie eine Gefahr darstellte», erzählte Richard.

Die Taylor suchte Trost bei Peter Darmain, einem siebenunddreißigjährigen, gutaussehenden Werbefachmann aus Malta. Sie lernten sich in einer Discothek kennen «und landeten bereits am nächsten Morgen im Bett. Es waren sieben Wochen, die wir hier verbringen sollten. Sie war unersättlich, ich kam kaum zum Schlafen, aber anscheinend brauchte sie es.»

Burton war inzwischen mit Suzy Hunt nach Amerika gereist. Eines Morgens rief er Liz an und bat sie, nach Amerika zu kommen. Im Glauben, er wolle sich wieder mit ihr versöhnen, flog sie sofort nach New York und bat den Broadway-Manager Alexander Cohen, ein rauschendes Fest anläßlich der Versöhnung und ihres Geburtstags zu arrangieren. Doch Richard zeigte sich erstaunt, als sie ihm erneut ihre Liebe gestand. Als er ihr erklärte, er habe Aaron Frosch beauftragt, die Scheidung einzureichen, tobte die Taylor. «Deswegen hast du mich um die halbe Welt fliegen lassen?» kreischte sie. Schluchzend verließ sie seine Suite im *Lombardy Hotel.* Cohen mußte die Feier ohne die eigentlichen Gastgeber abhalten, und Springer erklärte der Welt am 23. Februar 1976, daß sich die Burtons erneut getrennt hätten. Die Scheidung erfolgte am 1. August 1976 in Haiti. Liz zog sich zurück – wieder einmal durfte Henry Wynberg sie trösten.

Im geheimen sann sie auf Rache. Sie würde es der Welt schon zeigen, daß ihr nächster Ehemann etwas anderes als ein versoffener Schauspieler sein würde. Sie wollte es bis ganz noch oben schaffen. Liz – First Lady of the United Staates auf Taylor-Land.

Hollywoods letzte Diva

Elizabeths Rache kam Richard teuer zu stehen. In den Scheidungsvereinbarungen zog sie Rich bis aufs letzte Hemd aus.

Elizabeths erster öffentlicher Auftritt erfolgte am 29. März 1976. In Begleitung von George Cukor und Halston fuhr sie vor den Dorothy-Chandler-Pavillon und erntete den stürmischsten Applaus des Abends. Kurz vor ihrem Auftritt rannte einer der Veranstalter der Oscar-Verleihung zu ihr und drängte: «Wir haben nicht mehr soviel Sendezeit. Vergiß die *cuecards* und sag irgend etwas.»

Gene Kelly kündigte Liz an, und in einer eigens für sie kreierten roten Abendrobe kam sie auf die Bühne geschwebt und plapperte vor sich hin: «Ich habe überall in der Welt gearbeitet und Hollywood in Rom, in Frankreich und in London wiedergefunden. Es kam von hier. Ich begann hier, als ich zehn Jahre alt war. Filme haben geholfen, die Bedeutung Amerikas, die Wirkung Amerikas, den amerikanischen Traum den Leuten überall auf der Welt klarzumachen. Heute abend begrüßen wir die Zweihundert-Jahr-Feier. Laßt uns an die ursprünglichen Absichten zurückdenken und den Traum bestätigen. Bitte, bitte, stimmen Sie alle mit ein, wenn wir singen *America the Beautiful*.» Das Publikum stutzte und erhob sich nur widerwillig. Gene Kelly eilte auf die Bühne, um Liz zu unterstützen, denn Liz kannte den Text nicht. Oscar-Gewinner Jack Nicholson und der Rest der Crew von *Cuckoo's Nest* standen auf der Bühne, lachten hysterisch und fühlten sich an eine Szene aus ihrem Film erinnert.

Für ihre «patriotische Geste» erntete die Taylor nicht nur das Lob von Ronald Reagan, sondern auch das der Washington Society. Henry Kissinger lud sie ein, im April an der Wohltätigkeitsveranstaltung zugunsten des American Ballet Theater im Kennedy Center und an der anschließenden Party in der iranischen Botschaft teilzunehmen. Liz nahm die Einladung an und eroberte Washington. «Wie Cleopatra in Rom hielt Elizabeth Taylor Einzug in Washington», schrieb ein Reporter der *Washington Post*.

Juwelenbehängt machte sie sich daran, das «schläfrige Südstaaten-Dorf» – wie John F. Kennedy Washington einst nannte, aufzurütteln. Während der Botschaftsparty war sie von dem Botschafter Ardeshir Zahedi nicht «mehr loszukriegen. Sie klebte an ihm wie Teer.» Dies sollte sich auch in den nächsten Tagen nicht ändern. «Wohin sie kamen», erinnerte sich die Frau eines Senators, die nicht genannt werden möchte, «mußte man befürchten, daß sie das nächstbeste Sofa für einen Kopulationsakt benutzen würden.» Als sie bei einer Party rief: «Ich bin geil und will sofort von dir gefickt werden», hatte die High Society Washingtons Klatschmaterial für die nächsten Wochen.

Wieder einmal sprach die Taylor von Heirat. Indes machte der Schah von Persien seinem Ex-Schwiegersohn Zahedi klar, daß dieser unmöglich eine Jüdin heiraten konnte. In Teheran verflog dann auch der erste Zauber dieser stürmischen Begegnung und Liz nahm ernüchtert wieder mit Henry Wynberg vorlieb.

Wynberg aber war es leid, immer nur als Lückenbüßer zu dienen. Er warf sie aus der gemeinsamen Villa, für die Liz die Miete bezahlte, und bestellte ihr ein Taxi. Dann leerte er alle Schränke und Schubladen, stopfte die Gegenstände in Koffer und Taschen und stellte sie vor die Tür. Drei weitere Taxis waren nötig, um ihre Sachen in den Bungalow des *Beverly Hills Hotel* zu bringen.

Kurze Zeit später unterstützte sie Jimmy Carter in seinem Wahlkampf. Sie trug hierzu eine goldene Erdnuß um den Hals und flötete: «Jimmy Carter ist intelligent, schlagfertig und präsentiert ein völlig neues Image. Er wird Amerika zu einer strahlenden Nation machen.» Liz dinierte mit Vizepräsident Nelson Rockefeller und unterstützte die Abgeordnete Bella Abzug.

Am 8. Juli 1976 fuhr Liz nach Washington. Sie folgte der Einladung zu einer Gesellschaft in der britischen Botschaft, die anläßlich der Zweihundert-Jahr-Feier der USA gegeben wurde. Liz hatte nur das Problem, daß ihr nach dem Bruch mit Wynberg kein Begleiter zur Verfügung stand. So fragte sie bei der Botschaft an, ob sie ihren Friseur mitbringen dürfe. «Da die Angelegenheit etwas formaler als die Oscar-Verleihung ist», versprach der britische Botschafter Sir Peter Ramsbothan ihr, eine geeignete Begleitung zu vermitteln.

Elizabeth Taylor war beeindruckt, als sie John Warner zum erstenmal sah. «Es war wie eine Aufnahme in Hollywood. Ich sah zunächst nur sein silbergraues Haar.» Dann drehte sich Warner um, und Liz konnte sein sympathisches Gesicht bewundern.

«Hallo, ich bin Ihre Verabredung für heute abend. Mein Name ist John Warner.»

Liz und Warner verstanden sich sofort. Sie tanzten die ganze Nacht hindurch und fuhren am Morgen zu einem Privatclub in Georgetown, wo sie bei Sonnenaufgang «Rührei und Champagner» frühstückten. Danach fuhren sie auf seine Farm Atoka, Middleburg, die ihm sein ehemaliger Schwiegervater nach der Scheidung von Catherine Mellon geschenkt hatte. Elizabeth zeigte sich von dem Anwesen beeindruckt. Wenige Tage später trafen sie sich wieder. «Wir dachten dasselbe, ohne daß Worte gefallen wären. Wir hatten einen Picknickkorb in den Jeep gepackt, um den Sonnenuntergang von einem Hügel der Farm aus zu bewundern. Um uns wütete ein Gewitter, wir saßen inmitten von Blitzen und Donnern. Der Sturm umkreiste uns, und schließlich öffnete der Himmel seine Schleusen. Wir legten uns unter dem niederprasselnden Regen ins Gras zurück, engumschlungen, aber verliebt. Dieser Moment war magisch», schwelgte Elizabeth.

John Warner besuchte Liz während der Dreharbeiten in Österreich. Liz spielte dort in der Verfilmung des Musicals *A Little Night Music* die alternde Schauspielerin Desiree Armfeldt. Doch trotz der weltberühmten Melodien und der Vorlage von Ingmar Bergman, flopte der Film gleich bei seiner Premiere. In Deauville verließen die Zuschauer nach zwanzig Minuten das Kino und am Ende des Films saß kaum noch jemand im Zuschauerraum. Der Film kam nie in den Verleih und verschwand bis heute in der Versenkung.

Während der Dreharbeiten erwies sich die Taylor als ausgesprochen «professionell» und fehlte nur an einem Tag: Am 22. August

1975 teilten ihr Reporter mit, daß Richard wieder geheiratet hätte. «Oh, wie nett», rief sie tapfer aus. «Wenn gewisse Männer in ein gewisses Alter kommen, glauben sie, sie müssen sich und der Welt ihre Potenz dadurch beweisen, daß sie jüngere Frauen heiraten.» Dem Brautpaar schickte sie rasch ein Glückwunschtelegramm, bevor sie sich in ihrer Suite einschloß und laut schreiend ihr Hotelbett zerschlitzte. Nachdem sie sich wieder gefaßt hatte, rief sie bei Warner an und bat ihn, seinen Besuch vorzuverlegen.

Für Liz stand nun fest, daß sie Mrs. John Williams Warner werden mußte. Warner selbst war dem Gedanken auch nicht abgeneigt, jedoch wollte er zuvor einiges mit ihr klären. Zum einen bestand er auf Gütertrennung. Liz willigte stumm nickend ein. «Dann ist endgültig mit all dem Hollywood-Getue, mit den Juwelen und Modellkleidern, mit den Verschwendungen, Obszönitäten und Flüchen in der Öffentlichkeit Schluß. Ich kann das nicht ausstehen. Ich will, daß du meine kleine Farmerfrau wirst.» Liz, nichts anderes in diesem Moment mehr begehrend, riß die Augen auf und flüsterte: «O ja, John, ich will nichts mehr als das.»

«Wir werden auf meiner Farm leben. Ganz normal, ganz schlicht.»

«O John, ich will nichts sehnlicher. Dort werde ich an meine Kindheit in England erinnert. Dort bin ich zu Hause. Dieses Gefühl habe ich seit langem vermißt. Dort kann ich endlich zur Ruhe kommen.» Und sie erinnerte sich an den ersten romantischen Abend, an dem nur «muhende Silhouetten Zeugen unseres Glücks gewesen waren».

Als sie ihm erklärte, sie könnten sofort heiraten, lachte Warner. «Ich bin ein Gegner von schnellen Hochzeiten und Scheidungen», meinte er und bestand darauf, daß sie sich vorher verlobten.

«Mein Verlobungsring hat zwar keine 200 Karat, aber John hat ihn selbst entworfen. Er bedeutet mir mehr als jeder Ring zuvor. Er ist einfach sehr nett an meinem Finger», erklärte sie der Presse, als sie ihr neuestes Schmuckstück vorführte.

Die Hochzeit fand am 4. Dezember 1976 statt. Den Morgen verbrachte John Warner auf einer Fuchsjagd. Am Nachmittag fanden sich Warner und sein Sohn, Sara Taylor und Johns Mutter, Verwandte, Freunde und Angestellte auf dem «Verlobungshügel» ein. Kurz vor Sonnenuntergang erschien die Braut in einem lavendelfarbenen Kaschmirkleid, einem dazugehörigen Mantel mit Silberfuchsbesatz und einem kompliziert gebundenen Turban. John ging auf sie zu, mußte zuvor aber noch einige Kühe mit einem lauten «Hoo-a, Hoo-a, Hoo-a» vertreiben. Der hochwürdige Neale Morgan von der Episkopalkirche Middleburg verlas den 23. Psalm, und Elizabeth gelobte Liebe, Gehorsam, Respekt und Treue. «Ich war noch nie so glücklich. Ich liebe John über alles. Er ist der beste Liebhaber, den ich je hatte. Mit ihm möchte ich den Rest meines Lebens verbringen und einmal neben ihm begraben sein. Wir haben schon unsere Gräber ausgesucht. Ist das nicht reizend?» flötete die Diva.

Warner wußte, daß für eine Frau, die Kettenraucherin war, trank, fluchte und in aller Öffentlichkeit über ihr Sexualleben sprach, die Rolle einer Politikerehefrau schwierig werden würde. In langen Abenden studierten er und sein Stab mit ihr diese Rolle ein, die sie eifrig annahm. Sie versprach, auf Alkohol, Zigaretten, offenherzige Aussagen und Décolletés zu verzichten. Zudem wollte sie ihm in der Öffentlichkeit nicht widersprechen, was ihr manchmal, wie sie später gestand, am schwersten fiel.

Der «Blitzangriff» der Warners auf Virginia begann im Januar 1977: Nach dem Goldheart-Ball in Richmond flogen sie nach Cambridge, wo Liz vom Hasty Puddings Club zur Frau des Jahres gekürt wurde. In Marion präsentierte sie sich als Mensabedienung im Emory and Henry College, dann leitete sie die Versammlung der Heilsarmee in Norfolk, überreichte der Siegerin des Pferderennens der Blue Ridge Ladies in Berryville die Trophäe, sammelte für Gouverneur John Dalton 17 500 Dollar, küßte einen glatzköpfigen Richter beim Jahresessen des Barrister Club; in Hampton schüttelte sie 600 Gästen die Hände beim Empfang der Republikaner und wohnte im Mai dem Autorennen in Charlotte, North Carolina, bei. Ein Empfang der Wolf Trap, ein Essen für Dalton mit 3000 zahlenden Gästen auf ihrer Farm, die Eröffnung der vierten schottischen

Jahresspiele in Alexandria, Virginia, der Vorsitz der Internationalen Pferdeschau in Washington und der Ehrenvorsitz der Anglo-American Contemporary Dance Foundation folgten.

Während Warner nach diesem «Erprobungsjahr» erklärte, seine Frau sei als Gattin eines Senators geeignet, meinten seine Parteifreunde, daß man nicht leugnen könne, daß Liz viel geleistet und riesige Menschenmengen angezogen habe, andererseits habe sie wiederholt alle Regeln gebrochen... Sie beschimpfte potentielle Wähler, Parteikollegen und Journalisten und hielt an ihrer «Gossensprache» fest. Ebenso hatte ihre Geburtstagsfeier im New Yorker Nachtclub 54 für Schlagzeilen gesorgt, als sie der Geburtstagstorte, die ihrem nackten Körper nachempfunden war, «die rechte Titte abschnitt und Halston überreichte», überlieferte Andy Warhol. Warner jedoch ließ sich nicht davon abbringen. Denn ohne Übertreibung konnte man sagen, daß Liz die bibelfesten Bürger Virginias im Sturm erobert hatte. «Ganz Virginia hat sie ins Herz geschlossen – und das will was heißen», schrieb die Reporterin Helen Thomas.

Liz fand jedoch auch noch Zeit, in einigen Produktionen mitzuwirken: In *Winter Kills* (dt. *Philadelphia Clan*), einem Politthriller, erschien sie als Lola Comante am Arm eines Präsidentschaftskandidaten, dargestellt von John. Danach folgt *Victory at Entebbe* (dt. *Unternehmen Entebbe*). «Ich war glücklich, endlich einmal mit Kirk Douglas zusammenzuarbeiten. Um so mehr bedauerte ich es, daß ich damals nicht die Rolle des Seemanns Chest in seinem *The List of Adrian Messenger* hatte spielen können.» John begleitete sie auch zu der Fernsehehrung *An All-Star Tribute to Elizabeth Taylor*, zu der Liza Minnelli, Paul Newman, June Allyson und viele andere erschienen waren, um ihr zu huldigen. «Nur in den USA ist es möglich, daß es eine kleine Farmersfrau aus Virginia schafft, zwischen all diesen großen Stars zu stehen», erklärte sie, und es schien, als weine sie ein bißchen.

In der Zwischenzeit betrieb Warner seine Kandidatur. Senator William Scott wollte sich in den Ruhestand zurückziehen. Warner rechnete nun seiner Partei vor, daß er und Liz 500000 Dollar für John Daltons Wahl gesammelt hatten und er ein würdiger Nachfolger für Scott sei, jenem Mann, der einst eine Pressekonferenz einberufen hatte, um Amerika zu beweisen, daß er doch nicht der dümmste Senator der USA sei. Man willigte ein, und so machte sich Warner daran, die 1541 Delegierten für sich zu gewinnen. Doch am Abend des 3. Juni erreichte er nicht die Mehrheit und unterlag seinem Konkurrenten Richard D. Obenshain. Liz schmollte, doch John Warner erwies sich als guter Verlierer und sagte Obenshain seine Unterstützung zu.

Die Warners zogen sich zunächst auf ihre Farm zurück. Nachdem sie ihre Wunden geleckt hatten, erklärte sich John bereit, Elizabeth nach Los Angeles zu begleiten, wo sie *Return Engagement* drehte. In dem Werk von James Prideaux spielte sie die College-Professorin für Alte Geschichte Dr. Emily Loomis, die zu verbergen versteht, daß sie eine erfolgreiche Karriere als Musicalstar hinter sich hat. Erst einer ihrer Studenten kommt ihr auf die Spur und überredet sie, die Hauptrolle in einer Schülerinszenierung zu übernehmen.

Elizabeth bestand darauf, die letzte Kontrolle über alle Bilder zu haben. Mit Fettstift versuchte sie, ihre Fülle zu vertuschen, denn ihr Gewicht war von 56 auf 80 Kilogramm gestiegen. Natürlich war dies weder der Presse noch den Karikaturisten entgangen. Vor allem Joan Rivers tat sich mit geschmacklosen Witzeleien hervor. Arnold Latham meinte, sie avanciere zum Erkennungszeichen von Todds Film: Mehr und mehr gleiche sie einem Heißluftballon, und in *Saturday Night Live* hieß es, «Liz hat mehr Chins [dt. Kinn], als es in einem chinesischen Telefonbuch gibt». Das fand die Taylor gar nicht lustig: «Ich war verletzt, ich war wütend, aber nach außen erklärte ich, es handle sich um ‹Glücksfett›. Ich gab mich lustig, doch in Wahrheit litt ich tausend Qualen.»

Auch John beobachtete die Entwicklung seiner Frau mit großer Sorge. «Ich wollte nicht, daß man uns den Vorwurf machte, die Leute kämen nur, um zu sehen, wie dick meine Frau nun wirklich ist», sagte er zu einem Mitarbeiter. Warner selbst unterzog sich einem täglichen Fitnessprogramm, und als er Liz vorschlug, sich daran zu beteiligen, lachte sie ihn nur aus. Elizabeths ungezügelte

Eßlust und mangelnde Disziplin sorgten für erste Streitigkeiten in der «perfekten Ehe».

Am 2. August 1979 kam Obenshain bei einem Flugzeugabsturz ums Leben. Die Partei ernannte Warner zu seinem Nachfolger. John erklärte sich sofort bereit, die Wahlkampfschulden zu übernehmen und einen Fonds über 50000 Dollar für Obenshains Kinder einzurichten. Doch der folgende Wahlkampf wurde weniger zwischen ihm und seinem Gegner Andrew P. Miller, der zweimal zum Staatsanwalt von Virginia gewählt worden war, ausgetragen, als vielmehr zwischen Liz und Millers schlanker Ehefrau Doris. Diese erklärte sofort nach Warners Nominierung: «Sie ist eine wunderschöne Frau, ich bin es nicht. Im Vergleich zu Elizabeth habe ich ein langweiliges Leben geführt, mit nur einem Ehemann und drei Kindern.» Doch das Hervorheben ihres einwandfreien Lebensstils sollte nach hinten losgehen, denn als Liz diese Erklärung hörte, meinte sie aus tiefstem Herzen: «Die gute, arme, alte Doris. Was für ein Leben!» Die Presse griff diese Bezeichnung auf, und von nun an sprach man nur noch von der «guten, armen, alten Doris». Politische Beobachter bezeichneten den Eintritt der Taylor in die Politik als «das größte Ereignis seit Dwight D. Eisenhower». Wie ein Kampfroß warf sie sich in die Schlacht und kämpfte für den Sieg ihres Mannes.

Warner führte mit 4721 Stimmen, und so warf am 17. Dezember sein Gegner das Handtuch und gestand Warner den Sieg zu. Die Warners strahlten, Liz bedauerte die arme, alte Doris, und ein Senatsmitglied sagte in der Presse: «Ich glaube, die haben in Virginia gerade die zwei größten Idioten gewählt.»

Warner, ein Workaholic, stürzte sich sofort in seine neue Arbeit. «Ich erwartete ein Bundesmärchenland, in dem ich meinem Mann bei seinen Aufgaben behilflich sein konnte. Ich wollte mich nicht nur für ihn und Virginia einsetzen, sondern für die gesamten Vereinigten Staaten. Doch nun fand ich mich in einem häuslichen Sibirien wieder. Ich hatte keine Aufgabe, keine Funktion und konnte nicht einmal mehr als Schmuckstück dienen», klagte die Taylor. Neben den monatlichen Treffen der Senatorengattinnen, Besuchen in Kinder- und Pflegeheimen leitete Liz Seminare für Schauspieler, bei denen sie jedoch keine Bandaufzeichnungen zuließ. Die Seminare waren gut besucht, und so sollte sie in fünf Jahren rund 45 Seminare abhalten. Die übrige Zeit verbrachte sie – wie sie erzählte – damit, «daß ich aufstand, aß, zum Sofa ging, aß, den Fernseher anmachte und noch mehr aß». Abends schickte John sie ins Bett, da er noch viel zu erledigen hatte.

2

In ihrem Roman *The Mirror Crack'd* beschreibt Agatha Christie ihre Heldin, die Schauspielerin Marina Gregg, mit den Worten: «Sie hatte fünf Männer... Sie hat beim erstenmal sehr jung geheiratet, jemanden, der nicht zählt. Dann einen Prinzen oder Grafen, jedenfalls einen Ausländer, dann Robert Truscott, den Filmstar. Dann kam Isidore Wright, der Schriftsteller, es wurde ruhiger um sie, sie bekam sogar ein Kind... Sie hatte einen Nervenzusammenbruch und wurde in der Folge süchtig, nahm Tabletten und Rauschgift und so weiter, und sie spielte in dieser Zeit auch in keinem Film mehr mit.» An anderer Stelle heißt es: «Sie war so schön. Und so begabt. Sie hatte eine große Kraft zu lieben und zu hassen, aber sie besaß keine Festigkeit. Sie konnte ihre Vergangenheit nicht ruhen lassen und die Zukunft nicht so sehen, wie sie wirklich war.» Die Produzenten der Verfilmung, John Brabourne und Richard Goodwin, dachten bei der Besetzung der Rolle sofort an die Taylor, doch nach einem Gespräch mit ihr ließen sie den Gedanken fallen, da sie «einfach zu fett» war. Elizabeth wog inzwischen 200 Pfund und verließ das Haus in Washington nur noch selten. Die Rolle ging an Natalie Wood, die noch attraktiv aussah, aber hoffnungslos dem Alkohol verfallen war.

Die weiteren Rollen wurden mit Rock Hudson, Kim Novak und Tony Curtis besetzt. «Die Dreharbeiten waren mit das Unerfreulichste, was ich je erlebt habe», berichtete Curtis. «Rock verbrachte die meiste Zeit im Bett mit irgendwelchen Technikern, die Novak jammerte wegen ihrer Falten und die Wood lag betrunken in irgendeinem Eck herum.» Als es allen offensichtlich war, daß Natalie für die Produktion nicht länger tragbar war, machte Rock den Vorschlag, sie durch Elizabeth zu ersetzen. Diese hatte das Frühjahr 1980 damit verbracht, sich durch diverse Diätfarmen zu hungern.

Dankbar nahm sie Hudsons Angebot an und reiste im Mai 1980 nach England zu den Dreharbeiten.

«Als wir sie das erste Mal im Kostüm sahen, erschraken wir», gestand Hudson. «Sie glich eher der Königinmutter als einer Hollywood-Diva. Und Elizabeth wußte dies auch.» Die anstrengenden Drehtage überstand sie nur mit Alkohol und Tranquilizern. Eines Abends nahm die Taylor aus Versehen zu viele Schlaftabletten. Es war ein Glück, daß Hudson an diesem Abend zufällig noch einmal bei ihr vorbeischaute. Man brachte sie in die nächste Klinik, und bereits zwei Tage später stand sie wieder vor der Kamera. Drei Wochen später lag sie wieder im Krankenhaus. Diesmal hatte sie bewußt eine Überdosis geschluckt. «Rock leistete in den nächsten Tagen Erstaunliches», erinnerte sich sein Lebensgefährte und Sekretär. «Er baute Liz in langen Gesprächen auf und half ihr, das Selbstvertrauen wieder zu gewinnen.»

Liz faßte den Entschluß, wieder zu arbeiten, und vor allem wieder schlank zu werden. Zurück in Amerika teilte sie Warner mit, daß ihre Ehe vorüber sei, doch John bat sie, es noch einmal zu versuchen, denn der Skandal einer Scheidung konnte seine Karriere erschüttern.

Als die Presse im September über ihre Eheprobleme berichtete, dementierte die Taylor tapfer. Doch die Folgen ihrer Nachgiebigkeit waren unübersehbar: wieder nahm sie bei Alkohol, Unmengen von Nahrung und Tabletten Zuflucht. Bei einer Wahlkampfveranstaltung für Ronald Reagan saß Liz neben Nancy, «zwei ehemalige MGM-Girls glücklich in Washington vereint». Doch als das Bild in der Presse erschien, sprach man von dem «dürren Insekt» neben dem «Michelin-Männchen».

Ende des Jahres kündigte die Taylor an, sie werde an den Broadway «zurückkehren». – «War sie schon jemals hier gewesen?» witzelten die New Yorker. Gemeinsam mit Mike Nichols und Zev Bufman, dem Broadway-Impressario, studierte sie Stücke ein und entschied sich für *Who's Afraid of Virginia Woolf?*, *Sweet Birth of Youth*, *The Lion in Winter*, *Hay Fever* und *The Little Foxes*.

Gern hätte sie Burton als Partner gewonnen. Von Freunden

hatte sie erfahren, daß die Ehe mit Suzy Hunt in den letzten Zügen lag. «Als Suzy mich verließ, fing das Telefon wieder viermal in der Woche zu läuten an. Es war Liz. Sie fragte mich, ob ich eine Rolle für sie in *Wagner* hätte. Sie wollte meine Cosima sein, doch Palmer sagte nein. Unter keinen Umständen wollte er sie in Venedig haben. Ich lehnte auch ihre Theaterangebote ab, doch das Telefon läutete weiter und weiter.»

Liz entschied sich, die Regina Giddens in Lillian Hellmans Melodram *The Little Foxes* zu übernehmen. Lillian Hellman war mit ihr einverstanden. Der Produktion stand nichts mehr im Wege. Zev Bufman verlegte die erste Station des Stücks nach Fort Lauderdale, wo Elizabeth jede freie Minute in einer der dortigen Schönheitsfarmen verbrachte.

Als sie am 7. Mai 1981 am Broadway Premiere feierten, wog sie nur noch 125 Pfund. Niemand hatte den Erfolg voraussehen können, am wenigsten Elizabeth. Das Stück wurde von den Kritikern gefeiert, und Liz spielte jeden Abend vor ausverkauftem Haus. Die neun Monate am Broadway brachten Liz mehr als 1,5 Millionen Dollar ein.

Weniger Erfolg war der ehelichen Verbindung von Warner und Taylor beschieden. Die Taylor brachte man mit diversen Männern der New Yorker Gesellschaft in Verbindung, auch mit Zev Bufman, der sie zwar überallhin begleitete, seiner Frau aber treu ergeben war. Für ihre sexuelle Befriedigung holte sich die Taylor junge, gutaussehende, aufstrebende Models, die durch einen *one night stand* versuchten, sich zu etablieren. In ihrem Innersten aber sehnte sie sich nach Burton.

Im Februar 1982 kam es in London zu einem Wiedersehen des erprobten Kampfpaars, wo Elizabeth ihren 50. Geburtstag feierte. «Wo ist mein Geschenk?» fragte Liz als erstes. Das Paar durchtanzte die Nacht und verbrachte das Wochenende gemeinsam. Burton: «Die ganze Zeit plapperte sie von einer neuen Heirat. Ich hatte aber keine Lust. Gewiß, das Wochenende war toll, aber es bestätigte mir nur, daß zwischen uns alles aus war. Mein Gott, was war sie fett.» Liz hingegen hegte wieder Hoffnung. Im September 1982 verkündete sie der Welt, sie werde mit Richard wieder auf der Bühne stehen.

Während die Taylor sich dem «Projekt Richard Burton» widmete, bereitete Warner die Scheidung vor. Zwar war Tony Geary, Star der Soapopera-Serie *General Hospital*, immer noch Elizabeths ständiger Begleiter, doch die Burton-Pläne liefen auf Hochtouren. Über Michael Todd Junior ließ Liz ihm die Hauptrolle in *Herself Surprised* anbieten. Burton sagte zu, und als das Projekt nicht zustande kam, akzeptierte er das Angebot, mit Liz und Geary in einem Bob Hope-Special aufzutreten. Als ABC ankündigte, eine Fernsehserie über das Leben der Taylor mit Christina Ferrare De Lorean zu produzieren, zog Liz vor die Presse und erklärte, sie werde dies notfalls gerichtlich zu verhindern wissen.

«Damals wirkte alles rein zufällig», erinnerte sich Sally Burton. «Plötzlich wurde beschlossen, das Stück auch einmal auf der Bühne aufzuführen. Und dann sollte es auf einmal ein Zugpferd für ihre Theatergruppe werden. Hätte man damals Richard gesagt, daß man eine siebenmonatige Tournee plante, hätte er seine Sachen gepackt und wäre davongelaufen.» Doch zu diesem Zeitpunkt wollte Richard erst einmal die Proben im März 1983 abwarten.

Elizabeth sollte in der Zwischenzeit nicht untätig sein. Zusammen mit ihrer Freundin Carol Burnett drehte sie *Between Friends* (dt. *Freundinnen fürs Leben*), die Geschichte zweier Freundinnen, die nach ihrer Scheidung versuchen, mit dem veränderten Leben zurechtzukommen.

Die Taylor wurde am 7. November 1982 von Warner geschieden. Während der Weihnachtsferien 1982 unternahm Liz eine zehntägige Friedenstour nach Israel. «Ich will versuchen, Frieden zwischen Israel und Jordanien zu stiften», erklärte sie der Presse. Das State Departement ließ daraufhin sofort verlauten, daß er für diese Reise nicht verantwortlich sei.

Für weitere Schlagzeilen sorgte ihre Absicht, ein zwölf Monate altes Baby in Israel zu adoptieren. Doch ihr Vorhaben scheiterte am Widerstand des leiblichen Vaters.

Burton ließ sich im Januar 1983 von Suzy Hunt scheiden. Liz

glaubte nun, daß einer neuen Ehe nichts mehr im Wege stünde. Doch Burton war bereits mit Sally Hay liiert.

Richard Burton traf Anfang März in New York zu den Proben ein. Liz wohnte in Rock Hudsons Apartment in der Beresford Road. Schon nach wenigen Probetagen war Richard klar, daß es schwer werden würde. Aus seinem Tagebuch:

«14. März: E. T. übel. Konnte nicht einmal ihren Text richtig ablesen.

15. März: E. T. nur 15 Minuten zu spät, brauchte aber dann noch einmal 15 Minuten für ihre Augenbrauen.

16. März: E. T. heute eine Stunde zu spät. Zwei Veganin waren ihr im Hals steckengeblieben, und als sie sie mit Fernet Branca hinunterspülen wollte, mußte sie kotzen. War heute auf dem Weißweintrip.

20. März: Mit E. T. den zweiten Akt durchgegangen. Miserabel. Sie war inzwischen ziemlich hinüber und konnte den Text nicht einmal mehr lesen, geschweige denn, ihn sich merken.

22. März: E. T. den ganzen Tag lang sturzbesoffen. So übel, daß sie den Text nicht einmal mehr lallen konnte.»

Verbittert mußte Liz erkennen, daß sie gegen Sally verloren hatte. Ihren Kummer betäubte sie durch Pillen, Alkohol und Freßorgien. Als sie am 23. Mai zur Frau des Jahres gekürt wurde, erinnerte sie an einen «Transvestiten, der sich als Liz Taylor verkleidet hatte».

Am 8. Mai 1983 feierte *Private Lives* Premiere am Broadway. Die Besprechungen waren vernichtend, was Burton unter anderem darauf zurückführte, daß das «Ganze ein unglaublicher Zirkus war. Man brauchte 35 Minuten, um die Taylor auszunüchtern, und so fing das Stück eine halbe Stunde später an.» Dann schleppte sich Liz durch den Text bis zur Pause, die länger wurde als der erste Akt. Aber dank der Kombination Burton–Taylor spielte das Stück ein Vermögen ein.

Elizabeth bestürmte Burton rund um die Uhr. Brooks konnte ein Lied davon singen: «Am liebsten rief sie gegen drei Uhr morgens an. Ich sollte die Anrufe abblocken. ‹Kann ich mit Richard sprechen?›

‹Tut mir furchtbar leid, Elizabeth, er schläft.›

‹Oh.› Pause, Schluchzer. ‹Ich bin blind geworden.›

‹Oh, wie schrecklich. Das ist eine sehr ernste Nachricht.›

Dann folgte am anderen Ende der Leitung ein fürchterlicher Knall, begleitet von ‹Scheiße›, ‹Arsch› und weiteren elisabethanischen Schimpfwörtern. Ich fragte, ob alles in Ordnung sei.

‹Alvin hat meinen Jack Daniels umgestoßen. Was soll ich bloß machen, ich bin wieder blind.›

‹Du könntest zum Beispiel deinen Arzt anrufen. Oder den von Sammy Davis Junior. Oder du könntest den Daniels leertrinken und schlafengehen.› Sie kicherte. Doch am nächsten Morgen war ihre Blindheit wieder vorüber, sie hatte nur eine Wimper ins Auge bekommen.»

Als Liz fünf Tage erkrankt war, schnappte sich Burton Sally, fuhr mit ihr nach Las Vegas und heiratete sie am 3. Juli. Liz erfuhr davon und gab bekannt, sie habe sich mit dem charmanten Victor Luna verlobt, der von der Nachricht ebenso überrascht wurde wie der Rest der Welt.

3

Am 5. Dezember 1983 betrat Elizabeth Taylor die Betty-Ford-Klinik in Rancho Mirage. Hier in der Klinik lernte sie ihre Selbstzerstörung aufzugeben und sich auf das wahre Leben zu besinnen. «Ich erfuhr, daß ich nicht einzigartig bin.» Sie putzte, machte Betten, trug Müll hinaus und reinigte Toiletten.

Unter den Patienten befand sich auch Peter Lawford. «Welche Ironie», meinte Liz. «Da saßen wir nun, zwei Kinderstars der MGM, und kämpften ums Überleben.» Der Aufenthalt in der Klinik, der bis Januar 1984 andauerte, wurde nur durch gelegentliche Ausflüge zu ihrer Mutter unterbrochen, die in einem nahe gelegenen Altersheim lebte.

Nach ihrem Klinikaufenthalt unterzog Liz sich einer Schönheitsoperation und fuhr anschließend nach Gstaad, «für den nächsten Versuch», so Sally. «Sie rief dauernd an und wollte Rich dazu überreden, wieder mit ihr zu arbeiten.» Doch Burton lehnte ab. So nahm die Taylor erneut ihr Zigeunerleben auf. Da sie keine Angebote hatte, reiste sie mit Victor Luna nach Japan und China. Auf der Heimreise trafen sich Burton und Taylor ein letztes Mal in einem Pub in London. Liz wog inzwischen weniger als 112 Pfund und sah «fast unnatürlich mager» aus. Wieder beschwor sie ihn, daß sie für einander bestimmt seien. Doch Burton winkte nur ab. Er war müde, erschöpft, ahnte seinen nahen Tod.

In der Nacht zum 4. August erlitt Burton eine Gehirnblutung, an deren Folgen er starb. Burton wurde 58 Jahre alt. Als Liz von seinem Tod erfuhr, brach sie zusammen. «Es war einer jener schwarzen Tage, an dem man nicht mehr Herr seiner selbst ist», sagte sie. Ihre Freunde standen ihr bei und verhinderten, daß sie freiwillig ihrem geliebten Ex-Mann in den Tod folgte. Die Teilnahme an der Beerdigung wurde Liz von Sally verwehrt. Dennoch reiste sie in die

Schweiz und nahm am 14. August um 6 Uhr früh Abschied von Richard.

Nach ihrer Rückkehr nach Los Angeles versuchte Liz erneut, ihr Leben in den Griff zu bekommen. Einer jener zahllosen Männer, die ihr dabei helfen sollten, war Dennis Stein, den sie über ein Blind Date kennengelernt hatte, das Frank Sinatra für sie arrangiert hatte. Stein überreichte ihr einen zwanzigkarätigen Diamantring, doch zwei Monate später war ihre Verlobung bereits wieder gelöst. «Lassen Sie es mich so formulieren: ich habe einen Fehler gemacht, wenn das auch nicht der Wahrheit entspricht», faßte sie einmal diese Beziehung zusammen. Ihm folgten der Reporter Carl Bernstein und der Public-Relations-Manager von Margaret Thatcher, Sir Gordon Reece.

Im Juli wurde bekannt, daß Rock Hudson an AIDS erkrankt war. Elizabeth schien plötzlich eine neue Aufgabe gefunden zu haben. Einer Rührgeschichte zufolge, die zum Teil der Feder von Chen Sam entstammte, bat der sterbende Hudson Liz, sich seiner Sache anzunehmen und die Öffentlichkeit vor «dieser schrecklichen Krankheit zu warnen». Einer anderen Story zufolge sollen die beiden auf seinem Sterbebett die Ringe «in einem Wasserglas» getauscht haben. Rock Hudson, der achte Mr. Taylor?

«So ein Schwachsinn», erboste sich Produzent Ross Hunter. «Rock hätte es niemals, niemals zugelassen, daß die Öffentlichkeit von seiner Krankheit erfährt. Zu diesem Zeitpunkt war er bereits auf 119 Pfund abgemagert und hätte Elizabeth Taylor nicht einmal von Burt Lancaster unterscheiden können. Es war alles getürkt und diente nur dazu, dem Egotrip einiger seiner angeblichen Freunde eine Rechtfertigung zu geben, die jetzt mit ihrer Selbstdarstellung und geheucheltem Mitleid durch die Lande ziehen.»

Nach einem Gastauftritt in der Fernsehserie *Hotel* (dt. *Hotel*) folgte *North and South* (dt. *Fackeln im Sturm*), in dem sie acht Minuten zu sehen war. Hieran schlossen sich die Fernsehproduktionen *Malice in Wonderland* (dt. *Das verrückte Hollywood*) und *There Must Be a Pony* (dt. *Schatten des Ruhms*). Die selbstzerstörerischen Süchte der Taylor waren das zentrale Thema des Fernsehfilms *From This Day On*, der jedoch bis heute nicht gesendet wurde, da die Taylor ihn im nachhinein für zu «enthüllend» hält. Nach Richards Tod hatte Elizabeth wieder begonnen, Unmengen von Alkohol zu konsumieren. John Russell Taylor erklärte, daß Elizabeth «persönlich und beruflich am Ende» war. «Was tat sie also als nächstes? Da sie das Scheinwerferlicht nun einmal brauchte, verfiel sie auf die klassische Talkshow-Lösung: Die haltbarsten Talkshow-Stars schaffen es, jede Saison mit einer neuen Human-Interest-Story hervorzutreten, also etwa ‹Wie ich damit fertig wurde, als ich erfuhr, daß ich unehelich geboren wurde›, dicht gefolgt von ‹Wie ich mich meiner beginnenden Taubheit stellte›. In Elizabeths Fall war es: ‹Wie ich in die Betty-Ford-Klinik ging, um von Alkohol und Drogen loszukommen› und ‹Wie ich überlebt habe, um davon zu berichten›. Die Offenheit hinsichtlich ihrer Kur war zweifellos mutig, wenn auch auf die Weise, wie Medienstars eben mutig sind, da man ja weiß, daß alle Welt bekehrte Sünder liebt und es das Beste ist, wenn man das Schlimmste über sich selber sagt, ehe irgend jemand anderes die Gelegenheit dazu bekommt.» Nichtsdestotrotz versuchte sie mit Demerol, Percodan, Xanax, Zantac und Acturvan ihre Schmerzen zu betäuben. Selbst George Hamilton vermochte es nicht, sie davon abzuhalten.

Hamiltons Affaire mit Liz begann Anfang 1986. Gemeinsam erschienen sie zu den verschiedenen Bällen, Empfängen und Filmpremieren. Er begleitete sie auch nach Cannes, wo es einigen Paparazzis gelang, Bilder der häuslichen Zweisamkeit zu schießen (Liz mit Lockenwicklern, er im Bademantel). Die Gerüchte einer bevorstehenden Heirat verdichteten sich, als das Paar das Weihnachtsfest 1986 in Gstaad verbrachte und Liz erklärte, sie werde mit George in einer Fernsehproduktion zu sehen sein. Doch als *Poker Alice* (dt. *Poker Alice*) abgedreht war, dementierten die beiden entschieden jegliche Heiratsabsichten und trennten sich. «Elizabeth ist eine extrem eitle Person», erklärte ein Freund Hamiltons die Trennung später. «Und George ist genauso eitel, wahrscheinlich huldigte er ihr nicht ausreichend genug.»

Als am 6. Mai 1987 die Juwelen der Herzogin von Windsor versteigert wurden, hatte die Taylor keinen Galan zur Hand, der ihr ihre Rechnung bezahlte. «Das erste Mal in meinem Leben muß ich mir meine Diamanten selber kaufen», erklärte sie der Presse und ersteigerte Schmuck im Wert von 449625 Dollar. Das Geld kam dem Pasteur-Institut zugute, das auf dem Gebiet der AIDS-Forschung führend war. Elizabeth selbst wurde am 3. März 1987 zur Vorsitzenden der amerikanischen AIDS-Gesellschaft gewählt. «Ich werde von nun an, wann immer ich einen Mann kennenlerne, einen AIDS-Test verlangen», erklärte sie am 23. September 1987 auf einem Kongreß.

Spötter jedoch meinen, daß sie im Fall von Malcolm Forbes eine Ausnahme machte. Forbes, geboren 1919 in New York, war ein «typischer Renaissancemensch». Er schrieb Bücher, sammelte Gemälde und Farbergé-Eier und gewann zahlreiche Preise bei Heißluftballonrennen. Zudem leitete er ein Zeitungsimperium, das er von seinem Vater übernommen hatte. Wann immer es ihr möglich war, verbrachte Liz ihre freie Zeit an seiner Seite. Doch die Taylor war sehr beschäftigt: Sie bereitete ein Diätbuch vor, am 14. Mai nahm sie das «Legion d'Honneur» vom französischen Präsidenten entgegen, und im Juni stellte sie ihr neuestes Parfum, «Passion», auf dem Kosmetikmarkt vor. Im Oktober folgte sie einer Einladung des Regisseurs Zeffirelli und übernahm eine kleine Rolle in dessen Film *Il Giovane Toscanini*. Sie verkörperte die Opernsängerin Nadina Bulichoff. Doch der Film war kein Erfolg. Nach seiner Premiere 1988 bei den Filmfestspielen in Venedig kam er nicht einmal in den Verleih.

Wieder gelang es der Taylor nicht, ihre Süchte in den Griff zu bekommen. Im Oktober 1988 wurde sie erneut in die Betty-Ford-Klinik eingewiesen. Dort befreundete sie sich mit dem Bauarbeiter Larry Fortensky, der sich ebenfalls einer Entziehungskur unterzog. Als er die Klinik vor ihr verließ, schrieb die Taylor: «Mein liebstes Tier, Larry, ist fort. Ich vermisse ihn schrecklich, aber ich fühle mich gut, wenn ich an ihn denke… Gott beschütze ihn.» Daß sie Larry wiedersehen würde, hätte sie damals für unwahrscheinlich gehalten. Kaum entlassen, wartete erst einmal Forbes auf sie. Und zwischen all ihren Verpflichtungen für ihren Kampf gegen AIDS und dem Rühren der Werbetrommel für «Passion» fand sie im Juli 1989 auch noch die Zeit, in der TV-Produktion von *Sweet Bird of Youth* den verzweifelten Hollywood-Star Alexandra Del Lago zu spielen.

Von den Dreharbeiten eilte sie nach Marokko, wo Forbes eine verschwenderische Party feierte, bei der sie die Gastgeberin spielte. Nachdem man auch das Weihnachtsfest gemeinsam verbrachte, kursierten Gerüchte über eine bevorstehende Hochzeit. Auch der Pressezar ließ in seinem innersten Kreis verlauten, er und Miss Taylor würden am 8. September 1990 vor den Traualter treten. Liz war überglücklich, bestand aber auf einem vorherigen AIDS-Test.

4

Bevor sich die Träume der Taylor erfüllen konnten, starb Forbes sehr plötzlich. In den schweren Tagen nach Forbes' Tod und ihrer Krankheit war es Larry Fortensky, der an Elizabeths Seite wachte. «Sie war der Filmstar, und ich der Bauarbeiter», erzählte er. «Bald schon taufte die Presse uns: die Schöne und das Biest, wobei ich heute noch wissen möchte, wer von uns beiden die Schöne sein sollte.» Gemeinsam besuchten sie Premieren, gingen Essen und trafen sich mit Freunden der Taylor. «Ich führte ihn langsam ein.» Zunächst zeigte man sich reserviert. Fortensky schien nicht zu ihnen zu passen. Snobismus überall. Chen Sam erklärte der Presse, sie gebe der Beziehung keine Chance, zumal er «ja nicht einmal weiß, welche Gabel man beim Essen verwendet». Liz war hin und her gerissen. «Die meisten Sorgen machte ich mir wegen des Altersunterschieds», gestand die Taylor. «Schließlich ist er zwanzig Jahre jünger als ich.»

Die gemeinsamen Wochenenden wurden immer länger, und zum Schluß zog Fortensky ganz bei ihr ein. Die Pläne für die Hochzeit verkündeten die beiden anläßlich des Jubiläums von Valentino, der zugleich damit beauftragt wurde, das Brautkleid zu entwerfen. Michael Jackson, ein treuer Taylor-Anhänger und Bewunderer, bot sich an, die Hochzeit auszurichten. Jedoch gab es ein kleines Problem: Liz' Gästeliste umfaßte 2000 Personen. Als Michael Liz bat, sie zu kürzen, strich sie diese auf 160 Personen zusammen. Im Vorfeld der Hochzeit liefen die Medien Amok.

Bereits am 3. Oktober 1991 waren sämtliche Zufahrten zu Michael Jacksons Traumranch Neverland von der Polizei und Bodyguards abgeriegelt und gesichert worden. Auf der Ranch selbst sorgte Jacksons Privatarmee dafür, daß sich kein unerbetener Eindringling verstecken und Fotos machen konnte. Die Bildrechte gingen für 10 Millionen Dollar an Herb Ritts; das Geld selbst floß angeblich der AIDS-Organisation zu.

Im Vorfeld hatte es einige häßliche Artikel über Larry gegeben. So behauptete seine Ex-Frau Pia, er habe sie zur Prostitution gezwungen, und Larrys Vater, der nicht eingeladen war, verkündete: «Die Taylor hat sich doch nur den Körper meines Sohnes gekauft.» Anderen Gerüchten zufolge sollte Larry für sein Ja-Wort mit einer Million Dollar entlohnt werden. «Alles Unsinn», dementierte dieser entschieden.

Neben Eva Gabor, Nancy Reagan, TV-Mogul Merv Griffin, Gregory Peck und Brooke Shields befand sich auch Sara Taylor unter den Hochzeitsgästen. Als die Braut mit halbstündiger Verspätung von Michael Jackson und Sohn Michael zum Altar geführt wurde, soll Sara sich besorgt erkundigt haben: «Heiratet sie jetzt den Schwarzen?»

Die Presse revanchierte sich auf ihre Weise dafür, daß man sie nicht zur Trauung zugelassen hatte. 22 Flugzeuge kreisten über dem Jackson-Gelände. Da die Luftfahrtbehörde sich weigerte, den Luftraum abzusperren, hatte man Heliumballons mit lachenden Gesichtern aufsteigen lassen, um Tiefflüge zu verhindern.

«Die Medien taten ihr Bestes, das Fest zu ruinieren», erklärte die Braut hinterher. Für 100000 Dollar sprang der Fotoreporter Scott Harris, ausgerüstet mit einer Funk- und Videokamera, aus einem der Flugzeuge mit einem Fallschirm ab und landete nur wenige Meter vom Hochzeitspavillon entfernt. Unter «elizabethanischen Verwünschungen» wurde er von den Bodyguards festgenommen, ebenso wie ein Drachenflieger, der in Jacksons künstlichem Schwanensee landete. Nach der Hochzeit widmete Elizabeth sich wieder ihren geschäftlichen Verpflichtungen. Sie präsentierte ihr neuestes Parfum «White Diamonds» und plante zusammen mit Elizabeth Arden, eine neue Kosmetikreihe herauszubringen, vernachlässigte aber auch nicht ihre Arbeit für AmFar.

«Wenn man nur AIDS sagt, ist Elizabeth nicht mehr zu halten. Dann reist sie nach Thailand, Indien, Europa, Gott weiß wohin.» So zum Beispiel im April 1992, als sie anläßlich des Freddie-Mercury-

Gedenkkonzerts eine kurze Ansprache im bombastischen Stil Hollywoods hielt. Nachdem sie versichert hatte, sie werde nicht singen, dämpfte sie die einsetzenden Buhrufe mit dem Versprechen: «Ich bin gleich fertig...» Dann fuhr sie fort: «Bitte, bitte, schützt euch. Wenn ihr Sex habt, benutzt ein Kondom. Egal, wer Sie sind und mit wem Sie zusammen sind. Bitte, bitte benutzen Sie es. Und wenn Sie Drogen nehmen, verwenden Sie immer eine neue Nadel.»

Kritiker ihres Auftritts merkten an, daß sie doch besser in Disneyland aufgehoben sei. Dort feierte sie im Februar 1992 spektakulär ihren 60. Geburtstag, obwohl sie keinen Tag älter als 40 Jahre aussah. «Dick oder dünn, betrunken oder nüchtern, verheiratet oder allein, Elizabeth gehört heute vollständig der Öffentlichkeit. Sie ist mit ihrem eigenen Mythos identisch geworden. Berühmt dafür, daß sie berühmt ist, braucht sie eigentlich wirklich nichts mehr zu tun; bloß zu sein, genügt schon», meint John Russell Taylor.

Mit Sicherheit wird sich Richards Burtons Prophezeiung erfüllen: «Es ist unglaublich, was das alte Mädchen noch alles anstellen wird, um uns alle zu überraschen.»

Anhang

Filmographie

Zeichenerklärung

B: Besetzung
P: Produzent
R: Regie
Ra: Regieassistent
D: Drehbuch
De: Dekoration, Kulisse
K: Kamera
AD: Art Director
M: Musik
H: Frisuren
Ko: Kostüme
L: Spieldauer (bezieht sich auf die Originallänge)
Ma: Manager
Mu: Make-up
PL: Produktionsleitung
S: Schnitt
Sp: Spezialeffekte
St: Stunts
T: Ton

There's One Born Every Minute

Universal Picture, 1942; **L:** 59 min.
B: *Lemuel P. Twine*, Hugh Herbert; *Jimmie Hanagan*, Tom Brown; *Helen Twine*, Peggy Moran; *Lester Cadwalader, Sr.*, Guy Kibbee; *Minerva Twine*, Catherine Doucet; *Moe Carson*, Edgar Kennedy; *Lester Cadwalader, Jr.*, Scott Jordan; *Quisenberry*, Gus Schilling; *Gloria Twine*, Elizabeth Taylor; *Trumbull*, Charles Halton; *Miss Phipps*, Renie Riano; *Junior*, Carl «Alfalfa» Switzer.
R: Harold Young; **P:** Ken Goldsmith; **D:** Robert B. Hunt und Brenda Weisberg nach einer Geschichte von Robert B. Hunt; **K:** John W. Boyle; **AD:** Jack Otterson; **T:** Bernard B. Brown; **M:** H. J. Salter; **Ko:** Vera West.

Lassie Come Home (dt. *Heimweh*)

Metro-Goldwyn-Mayer Picture, 1943, Technicolor; **L:** 88 min.
B: *Joe Carraclough*, Roddy McDowall; *Sam Carraclough*, Donald Crisp; *Rowlie*, Edmund Gwenn; *Dolly*, Dame May Whitty; *Duke of Rudling*, Nigel Bruce; *Mrs. Carraclough*, Elsa Lanchester; *Priscilla*, Elizabeth Taylor; *Hynes*, J. Patrick O'Malley; *Dan'l Fadden*, Ben Webster; *Snickers*, Alec Craig; *Buckles*, John Rogers; *Jock*, Arthur Shields; *Andrew*, Alan Napier; *Butcher*, Roy Parry; *Allen*, George Broughton; *Cobbler*, Howard Davies; *Miner*, John Power; *Teacher*, Nelson Leigh; *Fat Woman*, May Beatty; *Tom*, Charles Irwin; *Lassie*, Pal.
R: Fred M. Wilcox; **P:** Samuel Marx; **D:** Hugh Butler nach dem Roman von Eric Knight; **K:** Leonard Smith; **AD:** Cederic Gibbons; **Sp:** Warren Newcombe; **M:** Daniele Amfitheatrof; **S:** Ben Lewis; *Lassie's Trainer:* Rudd Weatherwax.

National Velvet (dt. *Kleines Mädchen, großes Herz*)

Metro-Goldwyn-Mayer Picture, 1944, Technicolor; **L:** 125 min.
B: *Mi Taylor*, Mickey Rooney; *Mr. Brown*, Donald Crisp; *Velvet Brown*, Elizabeth Taylor; *Mrs. Brown*, Anne Revere; *Edwina Brown*, Angela Lansbury; *Malvolia Brown*, Juanita Quigley; *Donald Brown*, Jackie «Butch» Jenkins; *Farmer Ede*, Reginald Owen; *Ted*, Terry Kilburn; *Tim*, Alec Craig; *Mr. Taski*, Eugene Loring; *Miss Sims*, Norma Varden; *Mr. Hallam*, Arthur Shields; *Mr. Greenford*, Dennis Hoey; *Entry Official*, Aubrey Mather; *Stewart*, Frederic Worlock; *Man with Umbrella*, Arthur Treacher; *Van Driver*, Harry Allen; *Constable*, Billy Bevan; *Townsman*, Berry Macollum; *Entry Clerk*, Matthew Boulton; *First Pressman*, Leyland Hodgson; *Second Pressman*, Leonard Carey; *Cockney*, Colin Campbell; *Englishman*, Frank Benson; *Jockey*, Wally Cassell; *Valet*, Alec Hartford; *Reporter*, William Austin; *Cameraman*, Gerald Oliver Smith; *First Villager*, Olaf Hytten; *Second Villager*, George Kirby; *Woman*, Moyna MacGill; *American*, Donald Curtis; *Schoolboy*, Howard Taylor.
R: Clarence Brown; **P:** Pandro S. Berman; **D:** Theodore Reeves und Helen Deutsch nach dem Roman von Enid Bagnold; **K:** Leonard Smith; **AD:** Cedric Gibbons und Urie McCleary; **De:** Edwin B. Willis und Mildred Griffiths; **Ko:** Irene und Valles; **Sp:** Warren Newcombe; **M:** Herbert Stothart; **S:** Robert J. Kern.

Jane Eyre (dt. *Die Waise von Lowood*)

20th Century-Fox Picture, 1944; **L:** 96 min.

B: *Edward Rochester*, Orson Welles; *Jane Eyre*, Joan Fontaine; *Adele Varens*, Margaret O'Brien; *Jane als Kind*, Peggy Ann Garner; *Dr. Rivers*, John Sutton; *Bessie*, Sara Allgood; *Brocklehurst*, Henry Daniell; *Mrs. Reed*, Agnes Moorehead; *Colonel Dent*, Aubrey Mather; *Mrs. Fairfax*, Edith Barrett; *Lady Ingram*, Barbara Everest; *Blanche Ingram*, Hillary Brooke; *Grace Poole*, Ethel Griffies; *Leah*, Mae Marsh; *Miss Scatcherd*, Eily Malyon; *Mr. Briggs*, Erskine Sanford; *Mason*, John Abbott; *Beadle*, Yorke Sherwood; *John*, Ronald Harris; *Auctioneer*, Charles Irwin; *Helen*, Elizabeth Taylor.

R: Robert Stevenson; **P:** William Goetz; **D:** Aldous Huxley, Robert Stevenson und John Houseman nach dem Roman von Charlotte Brontë; **K:** George Barnes; **AD:** James Basevi und Wiard B. Ihnen; **Sp:** Fred Sersen; **M:** Bernard Herrmann; **S:** Walter Thompson; **Ko:** René Hubert.

The White Cliffs of Dover

Metro-Goldwyn-Mayer Picture, 1944; **L:** 126 min.

B: *Susan Ashwood*, Irene Dunne; *Sir John Ashwood*, Alan Marshal; *Hiram Porter Dunn*, Frank Morgan; *John Ashwood II als Junge*, Roddy McDowall; *Nanny*, Dame May Whitty; *Colonel*, C. Aubrey Smith; *Lady Jean Ashwood*, Gladys Cooper; *John Ashwood II als Vierundzwanzigjähriger*, Peter Lawford; *Sam Bennett*, Van Johnson; *Reggie*, John Warburton; *Rosamund*, Jill Esmond; *Gwennie*, Brenda Forbes; *Mrs. Bland*, Norma Varden; *Betsy als Zehnjährige*, Elizabeth Taylor; *Betsy als Achtzehnjährige*, June Lockhart; *Farmer Kenney*, Charles Irwin; *Mrs. Kenney*, Jean Prescott; *American Soldier*, Tom Drake; *Mrs. Bancroft*, Isobel Elsom; *Major Bancroft*, Edmund Breon; *Major Loring*, Miles Mander; *Miss Lambert*, Ann Curzon; *Gerhard*, Steven Muller; *Dietrich*, Norbert Muller; *Helen*, Molly Lamont; *The Vicar*, Lumsden Hare; *Benson*, Arthur Shields; *Plump Lady in Boarding House*, Doris Lloyd; *Immigration Officer*, Matthew Boulton; *Woman on Train*, Ethel Griffies; *Footman*, Herbert Evans; *Duke of Waverly*, Keith Hitchcock; *Duchess*, Vera Graaff; *Miller*, Anita Bolster; *Skipper*, Ian Wolfe; *Billings*, Alec Craig; *Jennings*, Clyde Cook.

R: Clarence Brown; **P:** Sidney Franklin; **D:** Claudine West, Jan Lustig und George Froeschel nach dem Gedicht «The White Cliffs» von

Alice Duer Miller; **K:** George Folsey; **AD:** Cedric Gibbons; **Sp:** A. Arnold Gillespie und Warren Newcombe; **M:** Herbert Stothart; **S:** Robert J. Kern.

Courage of Lassie (dt. *Held auf vier Pfoten*)

Metro-Goldwyn-Mayer Picture, 1946, Technicolor; **L:** 93 min.
B: *Kathie Merrick*, Elizabeth Taylor; *Harry MacBain*, Frank Morgan; *Sergeant Smitty*, Tom Drake; *Mrs. Merrick*, Selena Royle; *Judge Payson*, Harry Davenport; *Farmer Crews*, Morris Ankrum; *Gil Elson*, Mitchell Lewis; *Alice Merrick*, Catherine Frances McLeod; *Pete Merrick*, David Holt; *Old Man*, George Cleveland; *Sheriff Ed Grayson*, Minor Watson; *Mrs. Elson*, Jane Green; *Sergeant Mac*, William Wallace; *First Youth*, Carl «Alfalfa» Switzer; *Second Youth*, Conrad Binyon.
R: Fred M. Wilcox; **P:** Robert Sisk; **D:** Lionel Hauser; **K:** Leonard Smith; **AD:** Cedric Gibbons und Paul Youngblood; **M:** Bronislau Kaper; **S:** Conrad A. Nervig; **Ko:** Irene.

Cynthia

Metro-Goldwyn-Mayer Picture, 1947; **L:** 98 min.
B: *Cynthia Bishop*, Elizabeth Taylor; *Larry Bishop*, George Murphy; *Professor Rosenkrantz*, S. Z. Sakall; *Louise Bishop*, Mary Astor; *Dr. Fred I. Jannings*, Gene Lockhart; *Carrie Jannings*, Spring Byington; *Ricky Latham*, James Lydon; *Will Parker*, Scotty Beckett; *Fredonia Jannings*, Carol Brannan; *Miss Brady*, Anna Q. Nilsson; *Mr. Phillips*, Morris Ankrum; *McQuillan*, Kathleen Howard; *Stella Regan*, Shirley Johns; *Alice*, Barbara Challis; *J. M. Dingle*, Harlan Briggs; *Gus Wood*, Will Wright.
R: Robert Z. Leonard; **P:** Edwin H. Knopf; **D:** Harold Buchman und Charles Kaufman nach dem Stück «The Rich, Full Life» von Viña Delmar; **K:** Charles Schoenbaum; **M:** Bronislau Kaper und Johnny Green; **S:** Irvine Warburton; **Ko:** Irene.

Life With Father (dt. *Unser Leben mit Vater*)

Warner Brothers Picture, 1947, Technicolor; **L**: 118 min.
B: *Clarence Day*, William Powell; *Vinnie*, Irene Dunne; *Mary Skinner*, Elizabeth Taylor; *Reverend Dr. Lloyd*, Edmund Gwenn; *Cora*, ZaSu Pitts; *Clarence*, James Lydon; *Margaret*, Emma Dunn; *Dr. Humphries*, Moroni Olsen; *Mrs. Whitehead*, Elisabeth Risdon; *Harlan*, Derek Scott; *Whitney*, Johnny Calkins; *John*, Martin Milner; *Annie*, Heather Wilde; *The Policeman*, Monte Blue; *Nora*, Mary Field; *Maggie*, Queenie Leonard; *Delia*, Nancy Evans; *Miss Wiggins*, Clara Blandick; *Dr. Somers*, Frank Elliott; *Scrubwoman*, Clara Reid; *Milkman*, Philo McCullough; *Corsetière*, Lois Bridge; *Salesman*, George Meader; *Mr. Morley*, Douglas Kennedy; *Clerk*, Phil Van Zandt; *Stock Quotation Operator*, Russell Arms; *Hilda*, Faith Kruger; *François*, Jean Del Val; *Twins*, Michael und Ralph Mineo; *Father of Twins*, Creighton Hale; *Mother of Twins*, Jean Andren; *Ellen*, Elaine Lange; *Perkins (Clerk)*, John Beck; *Chef*, Jack Martin; *Girl in Delmonico's*, Arlene Dahl.
R: Michael Curtiz; **P**: Robert Buckner; **D**: Donald Ogden Stewart nach dem gleichnamigen Stück von Howard Lindsay und Russel Crouse; **K**: Peverell Marley und William V. Skall; **AD**: Robert Hass; **De**: George James Hopkins; **Sp**: William McGann; **T**: C. A. Riggs; **M**: Max Steiner; **S**: George Amy; **Ko**: Milo Anderson.

A Date With Judy (dt. *Wirbel um Judy*)

Metro-Goldwyn-Mayer Picture, 1948, Technicolor; **L**: 113 min.
B: *Melvin R. Foster*, Wallace Beery; *Judy Foster*, Jane Powell; *Carol Pringle*, Elizabeth Taylor; *Rosita Conchellas*, Carmen Miranda; *Xavier Cugat*, Himself; *Stephen Andrews*, Robert Stack; *Mrs. Foster*, Selena Royle; *Ogden «Oogie» Pringle*, Scotty Beckett; *Lucien T. Pringle*, Leon Ames; *Gramps*, George Cleveland; *Pop Scully*, Lloyd Corrigan; *Jameson*, Clinton Sundberg; *Mitzie*, Jean McLaren; *Randolph Foster*, Jerry Hunter; *Jo-Jo Hoffenpepper*, Buddy Howard; *Nightingale*, Lillian Yarbo; *Miss Clarke*, Eula Guy; *Professor Green*, Francis Pierlot; *Olga*, Rena Lenart; *Little Girl in Drugstore*, Sheila Stein; *Girl*, Alice Kelley; *Elderly Woman*, Polly Bailey; *Miss Sampson*, Fern Eggen; *Headwaiter*, Paul Bradley.

R: Richard Thorpe; **P:** Joe Pasternak; **D:** Dorothy Cooper und Dorothy Kingsley; **K:** Robert Surtees; **AD:** Cedric Gibbons und Paul Groesse; **M:** George Stoll; **S:** Harold F. Kress.

Julia Misbehaves (dt. *Julia benimmt sich schlecht*)

Metro-Goldwyn-Mayer Picture, 1948; **L:** 99 min.

B: *Julia Packett*, Greer Garson; *William Packett*, Walter Pidgeon; *Ritchie*, Peter Lawford; *Fred*, Cesar Romero; *Susan Packett*, Elizabeth Taylor; *Mrs. Packett*, Lucile Watson; *Colonel Willowbrook*, Nigel Bruce; *Mrs. Gennochio*, Mary Boland; *Bennie Hawkins*, Reginald Owen; *Hobson*, Ian Wolfe; *Daisy*, Phyllis Morris; *Jamie*, Edmond Breon; *Pepito*, Fritz Feld; *Gabby*, Marcelle Corday; *Louise*, Veda Ann Borg; *Vicar*, Aubrey Mather; *Lord Pennystone*, Henry Stephenson; *Lady Pennystone*, Winifred Harris; *Woman in Pawn Shop*, Elspeth Dudgeon; *Pawn Shop Clerk*, Stanley Fraser; *Bill Collector*, James Finlayson; *Postman*, Victor Wood; *Piano Player in Pub*, Herbert Wyndham; *Waiter in Pub*, Sid D'Albrook; *Drunk*, Jimmy Aubrey; *French Messenger*, Roland Dupré; *Bellhop*, Alex Goudavich; *Stage Doorman*, André Charlot; *The Head*, Joanee Wayne; *Train Official*, Mitchell Lewis; *Mannequins*, Joi Lansing, Lola Albright; *Commissar*, Torben Meyer.
R: Jack Conway; **P:** Everett Riskin; **D:** William Ludwig, Harry Ruskin, Arthur Wimperis, Gina Kaus und Monckton Hoffe nach dem Roman «The Nutmeg Tree» von Margery Sharp; **K:** Joseph Ruttenberg; **AD:** Cedric Gibbons und Daniel B. Cathcart; **M:** Adolph Deutsch; **S:** John Dunning; *Song:* «When You're Playing With Fire» von Jerry Seelen und Hal Borne.

Little Women (dt. *Kleine tapfere Jo*)

Metro-Goldwyn-Mayer Picture, 1949, Technicolor; **L:** 122 min.

B: *Jo March*, June Allyson; *Laurie Laurence*, Peter Lawford; *Beth March*, Margaret O'Brien; *Amy March*, Elizabeth Taylor; *Meg March*, Janet Leigh; *Professor Bhaer*, Rossano Brazzi; *Marmee March*, Mary Astor; *Aunt March*, Lucile Watson; *Mr. Laurence*, Sir C. Aubrey Smith; *Hannah*, Elizabeth Patterson; *Mr. March*, Leon Ames; *Dr. Barnes*, Harry Davenport; *John Brooke*, Richard Stapley; *Mrs. Kirke*, Connie Gilchrist; *Sophie*, Ellen Corby; *Storekeeper*, Will Wright; *Schoolteacher*, Olin Hawlin.

R/P: Mervyn LeRoy; **D:** Andrew Solt, Sarah Y. Mason und Victor Heerman nach dem Roman von Louisa May Alcott; **K:** Robert Planck und Charles Schoenbaum; **AD:** Cedric Gibbons und Paul Groesse; **De:** Edwin B. Willis und Jack D. Moore; **M:** Adolph Deutsch; **S:** Ralph E. Winters; **Ko:** Walter Plunkett.

Conspirator (dt. *Verschwörer*)

Metro-Goldwyn-Mayer Picture, 1950; **L:** 87 min.
B: *Major Michael Curragh*, Robert Taylor; *Melinda Greyton*, Elizabeth Taylor; *Captain Hugh Ladholme*, Robert Flemyng; *Colonel Hammerbrook*, Harold Warrender; *Joyce Penistone*, Honor Blackman; *Aunt Jessica*, Marjorie Fielding; *Broaders*, Thora Hird; *Lord Penistone*, Wilfrid Hyde-White; *Lady Penistone*, Marie Ney; *Henry Raglan*, Jack Allen; *Mrs. Hammerbrook*, Cicely Paget-Bowman; *Mark Radek*, Karl Stepanek; *Alek*, Nicholas Bruce; *Detective Inspector Weldon*, Cyril Smith; *Lady Witherington*, Helen Haye.
R: Victor Saville; **P:** Arthur Hornblow, Jr.; **D:** Sally Benson nach dem Roman von Humphrey Slater; **R:** F. A. («Freddie») Young; **AD:** Alfred Junge; **M:** John Wooldridge; **S:** Frank Clarke.

The Big Hangover

Metro-Goldwyn-Mayer Picture, 1950; **L:** 82 min.
B: *David Maldon*, Van Johnson; *Mary Belney*, Elizabeth Taylor; *John Belney*, Percy Waram; *Martha Belney*, Fay Holden; *Carl Bellcap*, Leon Ames; *Uncle Fred Mahoney*, Edgar Buchanan; *Kate Mahoney*, Selena Royle; *Charles Parkford*, Gene Lockhart; *Clare Bellcap*, Rosemary DeCamp; *Dr. Lee*, Phillip Ahn; *Williams*, Gordon Richards; *Mr. Rumlie*, Matt Moore; *Samuel C. Lang*, Pierre Watkin; *Steve Hughes*, Russell Hicks.
R/P/D: Norman Krasna; **K:** George Folsey; **AD:** Cedric Gibbons und Paul Groesse; **De:** Edwin B. Willis und Henry W. Grace; **Sp:** Warren Newcome; **M:** Adolph Deutsch; **S:** Frederick Y. Smith; **Ko:** Helen Rose.

Father of the Bride (dt. *Vater der Braut*)

Metro-Goldwyn-Mayer Picture, 1950; **L**: 93 min.
B: *Stanley T. Banks*, Spencer Tracy; *Kay Banks*, Elizabeth Taylor; *Ellie Banks*, Joan Bennett; *Buckley Dunstan*, Don Taylor; *Doris Dunstan*, Billie Burke; *Mr. Massoula*, Leo G. Carroll; *Herbert Dunstan*, Moroni Olsen; *Mr. Tringle*, Melville Cooper; *Tommy Banks*, Rusty Tamblyn; *Warner*, Taylor Holmes; *The Reverend A. I. Galsworthy*, Paul Harvey; *Joe*, Frank Orth; *Ben Banks*, Tom Irish; *Delilah*, Marietta Canty; *Dixon*, Willard Waterman; *Fliss*, Nancy Valentine; *Effie*, Mary Jane Smith; *Peg*, Jacqueline Duval; *Miss Bellamy*, Fay Baker; *Duffy*, Frank Hyers; *Usher*, Chris Drake; *Organist*, Douglas Spencer; *Fat Man*, Paul Maxey; *Young Man*, Peter Thompson; *Young Man With Coke*, Carleton Carpenter; *Timid Guest*, Frank Cady; *Teacher*, Lillian Bronson; *Stranger*, Thomas Browne Henry; *Movers*, Dewey Robinson, Ed Gargan, Ralph Peters, Dick Wessel, Dick Alexander, Joe Brown, Jr., Jim Hayward, Gil Perkins; *Foreman of Movers*, William «Bill» Phillips.
R: Vincente Minnelli; **P**: Pandro S. Berman; **D**: Frances Goodrich und Albert Hackett nach dem Roman von Edward Streeter; **K**: John Alton; **AD**: Cedric Gibbons und Leonid Vasian; **De**: Edwin B. Willis und Keogh Gleason; **M**: Adolph Deutsch; **S**: Ferris Webster; **Ko**: Helen Rose und Walter Plunkett.

Father's Little Dividend (dt. *Ein Geschenk des Himmels*)

Metro-Goldwyn-Mayer Picture, 1951; **L**: 82 min.
B: *Stanley Banks*, Spencer Tracy; *Ellie Banks*, Joan Bennett; *Kay Dunstan*, Elizabeth Taylor; *Buckley Dunstan*, Don Taylor; *Doris Dunstan*, Billie Burke; *Herbert Dunstan*, Moroni Olsen; *Delilah*, Marietta Canty; *Tommy Banks*, Rusty Tamblyn; *Ben Banks*, Tom Irish; *Dr. Andrew Nordell*, Hayden Rorke; *The Reverand Galsworthy*, Paul Harvey; *Police Sergeant*, Richard Rober; *Policeman*, Frank Faylen; *Nurse*, Beverly Thompson; *Taxi Driver*, Dabbs Greer; *Officer*, Robert B. Williams; *Diaper Man*, Frank Sully; *Mike*, James Menzies; *Red*, Thomas Menzies; *Old Man*, Harry Hines; *Bridesmaids*, Nancy Valentine, Wendy Waldron; *Elderly Man in Porch*, Lon Poff; *Gym Instructor*, George Bruggeman; *The Dividend*, Donald Clark.

R: Vincente Minnelli; **P:** Pandro S. Berman; **D:** Frances Goodrich und Albert Hackett; **AD:** Cedric Gibbons und Leonid Vasian; **M:** Albert Sendrey; **S:** Ferris Webster; **De:** Edwin Willis und Keogh Gleason; **Ko:** Helen Rose.

A Place in the Sun (dt. *Ein Platz an der Sonne*)

Paramount Picture, 1951, **L:** 122 min.
B: *George Eastman*, Montgomery Clift; *Angela Vickers*, Elizabeth Taylor; *Alice Tripp*, Shelley Winters; *Hannah Eastman*, Anne Revere; *Marlowe*, Raymond Burr; *Charles Eastman*, Herbert Heyes; *Earl Eastman*, Keefe Brasselle; *Anthony Vickers*, Shepperd Strudwick; *Mrs. Vickers*, Frieda Inescort; *Dr. Wyeland*, Ian Wolfe; *Marsha East-man*, Lois Chartrand; *Bellows*, Fred Clark; *Jansen*, Walter Sande; *Boatkeeper*, Douglas Spencer; *Coroner*, John Ridgely; *Mrs. Louise Eastman*, Kathryn Givney; *Judge*, Ted de Corsia; *Kelly*, Charles Day-ton; *Reverend Morrison*, Paul Frees; *Mr. Whiting*, William Murphy; *Joe Parker*, John Reed; *Frances Brand*, Marilyn Dialon; *Secretary to Charles Eastman*, Josephine Whittell; *Truck Driver*, Frank Yaconelli; *Policeman*, Ralph A. Dunn; *Eagle Scout*, Bob Anderson; *Maid*, Lisa Golm; *Mrs. Roberts (Landlady)*, Mary Kent; *Warden*, Ken Christy; *Martha*, Kathleen Freeman; *Butler at Eastman House*, Hans Moebus; *Butler*, Eric Wilton; *Motorcycle Officer*, Mike Mahoney; *Bailiff*, Al Ferguson; *Tom Tipton*, James W. Horne; *Miss Harper*, Laura Elliot; *Miss Newton*, Pearl Miller; *Jailer*, Major Philip Kieffer; *Man*, Major Sam Harris.
R/P: George Stevens; **D:** Michael Wilson und Harry Brown nach dem Roman «An American Tragedy» von Theodore Dreiser und der Büh-nenfassung von Patrick Kearney; **K:** William C. Mellor; **AD:** Hans Dreier und Walter Tyler; **M:** Franz Waxman; **S:** William Hornbeck; **Ko:** Edith Head.

Callaway Went Thataway (dt. *Der Cowboy, den es zweimal gab*)

Metro-Goldwyn-Mayer Picture, 1951; **L:** 81 min.
B: *Mike Frye*, Fred MacMurray; *Deborah Patterson*, Dorothy McGuire; *«Smoky» Callaway/«Stretch» Barnes*, Howard Keel; *Georgie Markham*, Jesse White; *Tom Lorrison*, Fay Roope; *Martha*

Lorrison, Natalie Schafer; *The Drunk*, Douglas Kennedy; *Marie*, Elisabeth Fraser; *Johnny Terrento*, Johnny Indrisano; *Marvin*, Stan Freberg; *Director*, Don Haggerty; *Guest Stars*, June Allyson, Clark Gable, Dick Powell, Elizabeth Taylor und Esther Williams.
R/P/D: Norman Panama und Melvin Frank; **K**: Ray June; **AD**: Cedric Gibbons und Eddie Imazu; **M**: Marlin Skiles; **S**: Cotton Warburton.

Love Is Better Than Ever

Metro-Goldwyn-Mayer Picture, 1952; **L**: 81 min.
B: *Jud Parker*, Larry Parks; *Anastacia Macaboy*, Elizabeth Taylor; *Mrs. Macaboy*, Josephine Hutchinson; *Mr. Macaboy*, Tom Tully; *Mrs. Levoy*, Ann Doran; *Pattie Marie Levoy*, Elinor Donohue; *Mrs. Kahrney*, Kathleen Freeman; *Albertina Kahrney*, Doreen McCann; *Hamlet*, Alex Gerry; *Smittie*, Dick Wessel.
R: Stanley Donen; **P**: William H. Wright; **D**: Ruth Brooks Flippen; **K**: Harold Rosson; **AD**: Cedric Gibbons und Gabriel Scognamillo; **M**: Lennie Hayton; **S**: George Boemler.

Ivanhoe (dt. *Ivanhoe, der schwarze Ritter*)

Metro-Goldwyn-Mayer Picture, 1952, Technicolor; **L**: 106 min.
B: *Ivanhoe*, Robert Taylor; *Rebecca*, Elizabeth Taylor; *Rowena*, Joan Fontaine; *De Bois-Guilbert*, George Sanders; *Wamba*, Emlyn Williams; *Sir Hugh De Bracy*, Robert Douglas; *Cedric*, Finlay Currie; *Isaac*, Felix Aylmer; *Font De Bœuf*, Francis De Wolff; *Prince John*, Guy Rolfe; *King Richard*, Norman Wooland; *Waldemar Fitzurse*, Basil Sydney; *Locksley*, Harold Warrender; *Philip De Malvoisin*, Patrick Holt; *Ralph De Vipont*, Roderick Lovell; *Clerk of Copmanhurst*, Sebastian Cabot; *Hundebert*, John Ruddock; *Baldwin*, Michael Brennan; *Servant to Isaac*, Megs Jenkins; *Norman Guard*, Valentine Dyall; *Roger of Bermondsley*, Lionel Harris; *Austrian Monk*, Carl Jaffe.
R: Richard Thorpe; **P**: Pandro S. Berman; **D**: Noel Langley nach dem Roman von Sir Walter Scott; **K**: F. A. (Freddie) Young; **AD**: Alfred Junge; **M**: Miklos Rozsa; **S**: Frank Clarke; **Ko**: Roger Furse.

The Girl Who Had Everything

Metro-Goldwyn-Mayer Picture, 1953; **L:** 69 min.
B: *Jean Latimer*, Elizabeth Taylor; *Victor Ramondi*, Fernando Lamas; *Steve Latimer*, William Powell; *Vance Court*, Gig Young; *Charles «Chico» Menlow*, James Whitmore; *John Ashmond*, Robert Burton; *Julian*, William Walker.
R: Richard Thorpe; **P:** Armand Deutsch; **D:** Art Cohn nach dem Roman «A Free Soul» von Adela Rogers St. Johns und dem Stück von Willard Mack; **K:** Paul Vogel; **AD:** Cedric Gibbons und Randall Duell; **M:** André Previn; **S:** Ben Lewis; **Ko:** Helen Rose.

Rhapsody (dt. Symphonie des Herzens)

Metro-Goldwyn-Mayer Picture, 1954, Technicolor; **L:** 115 min.
B: *Louise Durant*, Elizabeth Taylor; *Paul Bronte*, Vittorio Gassmann; *James Guest*, John Ericson; *Nicholas Durant*, Louis Calhern; *Professor Schuman*, Michael Chekhov; *Effie Cahill*, Barbara Bates; *Bruno Fürst*, Richard Hageman; *Otto Krafft*, Richard Lupino; *Frau Sigerlist*, Celia Lovsky; *Dove*, Stuart Whitman; *Mrs. Cahill*, Madge Blake; *Edmund Streller*, Jack Raine; *Madeleine*, Birgit Nielsen; *Yvonne*, Jacqueline Duvel; *Student-Pianist*, Norma Nevens.
R: Charles Vidor; **P:** Lawrence Weingarten; **D:** Fay und Michael Kanin nach dem Roman «Maurice Guest» von Henry Handel Richardson; **K:** Robert Planck; **AD:** Cedric Gibbons und Paul Groesse; **De:** Edwin B. Willis und Hugh Hunt; **Sp:** A. Arnold Gillespie und Warren Newcombe; **M:** Bronislau Kaper; **S:** John Dunning; **Ko:** Helen Rose.

Elephant Walk (dt. Elefantenpfad)

Paramount Picture, 1954, Technicolor; **L:** 103 min.
B: *Ruth Wiley*, Elizabeth Taylor; *Dick Carver*, Dana Andrews; *John Wiley*, Peter Finch; *Appuhamy*, Abraham Sofaer; *Dr. Pereira*, Abner Biberman; *Atkinson*, Noel Drayton; *Mrs. Lakin*, Rosalind Ivan; *Strawson*, Barry Bernard; *Ralph*, Philip Tonge; *Gregory*, Edward Ashley; *Chisholm*, Leo Britt; *Rayna*, Mylee Haulani und die Madhyma Lanka Mandala Dancers.

R: William Dieterle; **P:** Irving Asher; **D:** John Lee Mahin nach dem Roman von Robert Standish; **K:** Loyal Griggs; **AD:** Hal Pereira und Joseph MacMillan Johnson; **De:** Sam Comer und Grace Gregory; **Sp:** John P. Fulton und Paul Lerpae; **M:** Franz Waxman; **S:** George Tomasini; **Ko:** Edith Head.

Beau Brummell (dt. *Beau Brummell, Rebell und Verführer*)

Metro-Goldwyn-Mayer Picture, 1954, Eastman Color; **L:** 111 min.
B: *Beau Brummell*, Stewart Granger; *Lady Patricia*, Elizabeth Taylor; *Prince of Wales*, Peter Ustinov; *King George III*, Robert Morley; *Lord Edwin Mercer*, James Donald; *Mortimer*, James Hayter; *Mrs. Fitzherbert*, Rosemary Harris; *William Pitt*, Paul Rogers; *Lord Byron*, Noel Willman; *Midger*, Peter Dyneley; *Sir Geoffrey Baker*, Charles Carson; *Doctor Warren*, Ernest Clark; *Mr. Fox*, Peter Bull; *Mr. Burke*, Mark Dignam; *Colonel*, Desmond Roberts; *Thurlow*, David Horne; *Sir Ralph Sidley*, Ralph Truman; *Mr. Tupp*, Elwyn Brook-Jones; *Doctor Dubois*, George De Warfaz; *Dr. Willis*, Henry Oscar; *Mayor*, Harold Kasket.
R: Curtis Bernhardt; **P:** Sam Zimbalist; **D:** Karl Tunberg nach dem Stück von Clyde Fitch; **K:** Oswald Morris; **AD:** Alfred Junge; **M:** Richard Addinsell; **S:** Frank Clarke; **Ko:** Elizabeth Haffenden.

The Last Time I Saw Paris (dt. *Damals in Paris*)

Metro-Goldwyn-Mayer Picture, 1954, Technicolor; **L:** 116 min.
B: *Helen Ellswirth*, Elizabeth Taylor; *Charles Wills*, Van Johnson; *James Ellswirth*, Walter Pidgeon; *Marion Ellswirth*, Donna Reed; *Lorraine Quarl*, Eva Gabor; *Maurice*, Kurt Kasznar; *Claude Matine*, George Dolenz; *Paul*, Roger Moore; *Vicki*, Sandy Descher; *Mama*, Celia Lovsky; *Barney*, Peter Leeds; *Campbell*, John Doucette; *Singer*, Odette.
R: Richard Brooks; **P:** Jack Cummings; **D:** Julius J. Epstein, Philip G. Epstein und Richard Brooks nach der Kurzgeschichte «Babylon Revisited» von F. Scott Fitzgerald; **K:** Joseph Ruttenberg; **AD:** Cedric Gibbons und Randall Duell; **De:** Edwin B. Willis und Jack D. Moore; **Sp:** A. Arnold Gillespie; **M:** Conrad Salinger, *Song* «The Last Time I Saw Paris» von Jerome Kern und Oscar Hammerstein II; **S:** John Dunning; **Ko:** Helen Rose.

Giant (dt. *Giganten*)

Warner Brothers Picture, 1956, Warner Color; **L**: 198 min.
B: *Leslie Lynnton Benedict*, Elizabeth Taylor; *Bick Benedict*, Rock Hudson; *Jett Rink*, James Dean; *Luz Benedict II*, Carroll Baker; *Vashti Snythe*, Jane Withers; *Uncle Bawley*, Chill Wills; *Luz Benedict*, Mercedes McCambridge; *Angel Obregon III*, Sal Mineo; *Jordan Benedict III*, Dennis Hopper; *Mrs. Horace Lynnton*, Judith Evelyn; *Dr. Horace Lynnton*, Paul Fix; *Sir David Karfrey*, Rod Taylor; *Bob Dace*, Earl Holliman; *Pinky Snythe*, Robert Nichols; *Old Polo*, Alexander Scourby; *Judy Benedict*, Fran Bennett; *Whitside*, Charles Watts; *Juana*, Elsa Cardenas; *Lacey Lynnton*, Carolyn Craig; *Bale Clinch*, Monte Hale; *Adarene Clinch*, Mary Ann Edwards; *Gabe Target*, Sheb Wooley; *Angel Obregon I*, Victor Millan; *Sarge*, Mickey Simpson; *Mrs. Obregon*, Pilar del Rey; *Dr. Guerra*, Maurice Jara; *Lorna Lane*, Noreen Nash; *Swazey*, Napoleon Whiting; *Lupe*, Tina Menard; *Watts*, Ray Whitley; *Gomez*, Felipe Turich; *Mexican Priest*, Francisco Villalobos; *Petra*, Ana Maria Majalca; *Harper*, Guy Teague; *Eusebio*, Nativadid Vacio; *Dr. Walker*, Max Terhune; *Dr. Borneholm*, Ray Bennett; *Mary Lou Decker*, Barbara Barrie; *Vern Decker*, George Dunne; *Clay Hodgins*, Slim Talbot; *Clay Hodgins, Sr.*, Tex Driscoll; *Essie Lou Hodgins*, Juney Ellis.
R: George Stevens; **P**: George Stevens und Henry Ginsberg; **D**: Fred Guiol und Ivan Moffat nach dem Roman von Edna Ferber; **K**: William C. Mellor; **De**: Boris Leven, Ralph Hurst; **M**: Dimitri Tiomkin; **S**: William Hornbeck; **Ko**: Marjorie Best und Moss Mabry.

Raintree County (dt. *Das Land des Regenbaums*)

Metro-Goldwyn-Mayer Picture, 1957, Technicolor und Panavision; **L**: 187 min.
B: *John Wickliff Shawnessy*, Montgomery Clift; *Susanna Drake*, Elizabeth Taylor; *Nell Gaither*, Eva Marie Saint; *Professor Jerusalem Webster Stiles*, Nigel Patrick; *Orville «Flash» Perkins*, Lee Marvin; *Garwood B. Jones*, Rod Taylor; *Ellen Shawnessy*, Agnes Moorehead; *T. D. Shawnessy*, Walter Abel; *Barbara Drake*, Jarma Lewis; *Bobby Drake*, Tom Drake; *Ezra Gray*, Rhys Williams; *Niles Foster*, Russell Collins; *Southern Officer*, DeForrest Kelley; *Lydia Gray*, Myrna Hansen; *Bartender*, Oliver Blake; *Cousin Sam*, John Eldredge; *Soona*, Isabelle

Cooley; *Parthenia*, Ruth Attaway; *Miss Roman*, Eileene Stevens; *Bessie*, Rosalind Hayes; *Tom Conway*, Don Burnett; *Nat Franklin*, Michael Dugan; *Jesse Gardner*, Michael Dante; *Starter*, Phil Chambers; *Man with Gun*, James Griffith; *Granpa Peters*, Burt Mustin; *Madam Gaubert*, Dorothy Granger; *Blind Man*, Owen McGiveney; *Party Guest*, Charles Watts; *Union Lieutenant*, Stacey Harris; *Jim Shawnessy im Alter von zweieinhalb Jahren*, Donald Losby; *Jim Shawnessy, vier Jahre alt*, Mickey Maga; *Pantomimist in Blackface*, Robert Foulk; *Photographer*, Jack Daly; *Old Negro Man*, Bill Walker; *Bearded Soldier*, Gardner McKay.

R: Edward Dmytryk; **P:** David Lewis; **D:** Millard Kaufman nach einem Roman von Ross Lockridge, Jr.; **K:** Robert Surtees; **AD:** William A. Horning und Urie McCleary; **De:** Edwin B. Willis und Hugh Hunt; **M:** Johnny Green, *Songs* von Johnny Green und Paul Francis Webster: «Never Till Now» und «Song of the Raintree» (gesungen von Nat King Cole); **S:** John Dunning; **Ko:** Walter Plunkett.

Cat on a Hot Tin Roof (dt. *Die Katze auf dem heißen Blechdach*)

Avon Production im Verleih von Metro-Goldwyn-Mayer Picture, 1958, Metrocolor; **L:** 108 min.

B: *Maggie Pollitt*, Elizabeth Taylor; *Brick Pollitt*, Paul Newman; *Big Daddy Pollitt*, Burl Ives; *Gooper Pollitt*, Jack Carson; *Big Mama Pollitt*, Judith Anderson; *Mae Pollitt*, Madeleine Sherwood; *Dr. Baugh*, Larry Gates; *Deacon Davis*, Vaughn Taylor; *Dixie*, Patty Ann Gerrity; *Sonny*, Rusty Stevens; *Buster*, Hugh Corcoran; *Trixie*, Deborah Miller; *Boy*, Brian Corcoran; *Lacey*, Vince Townsend, Jr.; *Brightie*, Zelda Cleaver.

R: Richard Brooks; **P:** Lawrence Weingarten; **D:** Richard Brooks und James Poe nach dem Stück von Tennessee Williams; **K:** William Daniels; **AD:** William A. Horning und Urie McCleary; **De:** Henry Grace und Robert Priestley; **Sp:** Lee LeBlanc; **S:** Ferris Webster; **Ko:** Helen Rose.

Suddenly Last Summer (dt. *Plötzlich im letzten Sommer*)

Horizon Production im Verleih von Columbia Pictures, 1959; **L:** 114 min.

B: *Catherine Holly*, Elizabeth Taylor; *Mrs. Violet Venable*, Katharine Hepburn; *Dr. Cukrowicz*, Montgomery Clift; *Dr. Hockstader*, Albert

Dekker; *Mrs. Holly*, Mercedes McCambridge; *George Holly*, Gary Raymond; *Miss Foxhill*, Mavis Villiers; *Nurse Benson*, Patricia Marmont; *Sister Felicity*, Joan Young; *Lucy*, Maria Britneva; *Hockstader's Secretary*, Sheila Robbins; *Young Blond Intern*, David Cameron; *A Patient*, Roberta Woolley.
R: Joseph L. Mankiewicz; **P:** Sam Spiegel; **D:** Gore Vidal und Tennessee Williams nach dem Stück von Tennessee Williams; **K:** Jack Hildyard; **AD:** William Kellner; **De:** Scot Slimon; **M:** Buxton Orr und Malcolm Arnold; **S:** William W. Hornbeck und Thomas G. Stanford; **Ko:** Joan Ellacott.

Scent of Mystery

Michael Todd, Jr. Production, 1960, New Todd Color Process and Smell-O-Vision; **L:** 125 min.
B: *Oliver Larker*, Denholm Elliott; *Smiley*, Peter Lorre; *The Decoy Sally*, Beverly Bentley; *Baron Saradin*, Paul Lukas; *Johnny Gin*, Liam Redmond; *Tommy Kennedy*, Leo McKern; *Fleming*, Peter Arne; *Winifred Jordan*, Diana Dors; *Margharita*, Mary Laura Wood; *Miss Leonard*, Judith Furse; *Pepi*, Maurice Marsac; *Englishman*, Michael Trubshawe; *Truck Driver*, Juan Olaguivel; *Constance Walker*, Billie Miller; *Sally Kennedy*, Elizabeth Taylor.
R: Jack Cardiff; **P:** Michael Todd, Jr.; **D:** William Roos nach einer Geschichte von Kelley Roos; **K:** John Von Kotze; **AD:** Vincent Korda; **Sp:** Cliff Richardson; **M:** Mario Nascimbene, Jordan Ramin und Harold Adamson; **S:** James Newcom; **Ko:** Charles Simminger.

Butterfield 8 (dt. *Telefon Butterfield 8*)

Metro-Goldwyn-Mayer Picture, 1960, CinemaScope und Metrocolor; **L:** 109 min.
B: *Gloria Wandrous*, Elizabeth Taylor; *Weston Liggett*, Laurence Harvey; *Steve Carpenter*, Eddie Fisher; *Emily Liggett*, Dina Merrill; *Mrs. Wandrous*, Mildred Dunnock; *Mrs. Fanny Thurber*, Betty Field; *Bingham Smith*, Jeffrey Lynn; *Happy*, Kay Medford; *Norma*, Susan Oliver; *Dr. Tredman*, George Voskovec; *Clerk*, Virginia Downing; *Mrs. Jescott*, Carmen Mathews; *Anderson*, Whitfield Connor; *Elevator Man*, Dan Bergin; *Cabbie*, Vernon Dowling; *Doorman*, Samuel Schwartz; *Tipsy Man*, Robert Pastene; *Second Doorman*, John Armstrong; *Policeman*, Leon B. Stevens; *Bartender*, Tom Ahearne; *Big*

Man, Rudy Bond; *Irate Man*, Victor Harrison; *Chauffeur*, Beau Tilden; *Irate Woman*, Marion Leeds; *Gossip*, Helen Stevens; *Photographer*, Don Burns; *Man*, Philip Faversham; *Messenger*, Joseph Boley; *State Trooper*, Richard X. Slattery.
R: Daniel Mann; **P:** Pandro S. Berman; **D:** Charles Schnee und John Michael Hayes nach dem Roman von John O'Hara; **K:** Joseph Ruttenberg; **AD:** George W. Davis und Urie McCleary; **De:** Gene Callahan und J. C. Delaney; **M:** Bronislau Kaper; **S:** Ralph E. Winters; **Ko:** Helen Rose.

Cleopatra (dt. *Cleopatra*)

20th Century-Fox, 1963, Todd-AO, Color by DeLuxe; **L:** 243 min.
B: *Cleopatra*, Elizabeth Taylor; *Mark Antony*, Richard Burton; *Julius Caesar*, Rex Harrison; *High Priestess*, Pamela Brown; *Flavius*, George Cole; *Sosigenes*, Hume Cronyn; *Apollodorus*, Cesare Danova; *Brutus*, Kenneth Haigh; *Octavian*, Roddy McDowall; *Rufio*, Martin Landau; *Agrippa*, Andrew Keir; *Germanicus*, Robert Stephens; *Eiras*, Francesca Annis; *Pothinos*, Gregoire Aslan; *Ramos*, Martin Benson; *Theodotos*, Herbert Berghof; *Phoebus*, John Cairney; *Lotos*, Jacqui Chan; *Charmian*, Isabelle Cooley; *Achilles*, John Doucette; *Canidius*, Andrew Faulds; *Cimber*, Michael Gwynn; *Cicero*, Michael Hordern; *Cassius*, John Hoyt; *Euphranor*, Marne Maitland; *Casa*, Carroll O'Connor; *Ptolemy*, Richard O'Sullivan; *Calpurnia*, Gwen Watford; *Decismus*, Douglas Wilmer; *Queen at Tarsus*, Marina Berti; *High Priest*, John Karlsen; *Caesarion im Alter von vier Jahren*, Loris Loddi; *Octavia*, Jean Marsh; *Marcellus*, Gin Mart; *Mithridates*, Furio Meniconi; *Caesarion im Alter von zwölf Jahren*, Kenneth Nash; *Caesarion im Alter von sieben Jahren*, Del Russell; *Valvus*, John Valva; *Archesilaus*, Laurence Naismith; *First Officer*, John Alderton; *Second Officer*, Peter Forster.
R: Joseph L. Mankiewicz; **P:** Walter Wanger; **D:** Joseph L. Mankiewicz, Ranald MacDougall und Sidney Buchman; nach der Biographie «The Life and Times of Cleopatra» von C. M. Franzero; **K:** Leon Shamroy; **AD:** Jack Martin Smith, Hilyard Brown, Herman Blumenthal, Elven Webb, Maurice Pelling und Boris Juraga; **De:** Walter M. Scott, Paul S. Fox und Ray Moyer; **M:** Alex North; **S:** Dorothy Spencer; **Ko:** Irene Sharaff und Vittorio Nino Novarese; **H:** Vivienne Zavitz.

The V. I. P.s (dt. *Hotel International*)

Metro-Goldwyn-Mayer Picture, 1963, Panavision und Metrocolor; L: 119 min.

B: *Frances Andros*, Elizabeth Taylor; *Paul Andros*, Richard Burton; *Marc Champselle*, Louis Jourdan; *Gloria Gritti*, Elsa Martinelli; *The Duchess*, Margaret Rutherford; *Miss Mead*, Maggie Smith; *Les Mangam*, Rod Taylor; *Miriam Marshall*, Linda Christian; *Max Buda*, Orson Welles; *Coburn*, Robert Coote; *Sanders*, Richard Wattis; *Commander Millbank*, Dennis Price; *Joslin*, Ronald Fraser; *Mr. Damer*, Peter Illing; *Airport Director*, Michael Hordern; *Waiter*, Stringer Davis; *First Reporter*, Brook Williams; *Second Reporter*, Alan Howard; *Third Reporter*, Lewis Fiander; *Fourth Reporter*, Barry Steele; *Miss Potter*, Joan Benham; *Bar Steward*, Arthur Howard; *Doctor*, Peter Sallis; *Mrs. Damer*, Joyce Carey; *Porter*, Griffith Davis; *Waitress*, Maggie McGrath; *Assistant to Airport Director*, Frank Williams; *Meteorological Man*, Angus Lennie; *Rolls Chauffeur*, Ray Austin; *Airport Announcers*, Rosemary Dorken und Pamela Buckley; *Hotel Receptionist*, Duncan Lewis; *Met. Official*, Richard Briers; *Young Reporter*, David Frost; *Dr. Schwutzbacher*, Martin Miller; *Airport Official*, Lance Percival; *Captain*, Terrence Alexander; *Air Hostess*, Jill Carson; *Hotel Representatives*, Richard Caldicott; *Lady Reporter*, Ann Castle; *Mr. Rivers*, Clifford Mollison; *Official*, Gordon Sterne; *Head Waiter*, Reginald Beckwith; *Barman*, John Blythe; *Visitors*, Virginia Bedard und Cal McCord; *Air Hostess*, Moyra Fraser; *Jamaican Gentleman*, Clifton Jones.

R: Anthony Asquith; P: Anatole de Grunwald; D: Terence Rattigan; K: Jack Hildyard; AD: William Kellner; De: Pamela Cornell; M: Miklos Rozsa; S: Frank Clarke; Ko: Hubert de Givenchy, Pierre Cardin und Felix Evans; H: Vivienne Walker Zavitz.

The Sandpiper (dt. *... die alles begehren*)

Filmways Picture im Verleih von Metro-Goldwyn-Mayer, 1965, Panavision und Metrocolor; L: 116 min.

B: *Laura Reynolds*, Elizabeth Taylor; *Dr. Edward Hewitt*, Richard Burton; *Claire Hewitt*, Eva Marie Saint; *Cos Erickson*, Charles Bronson; *Ward Hendricks*, Robert Webber; *Larry Brant*, James Edwards; *Judge Thompson*, Torin Thatcher; *Walter Robinson*, Tom Drake; *Phil*

Sutcliff, Doug Henderson; *Danny Reynolds*, Morgan Mason; *Troopers*, Dusty Cadis und John Hart; *Trustee*, Jan Arvan; *Trustee's Wife*, Mary Benoit; *Trustee*, Tom Curtis; *Architect*, Paul Genge; *First Celebrant*, Rex Holman; *Second Celebrant*, Kelton Garwood; *Third Celebrant*, Jimmy Murphy; *Fourth Celebrant*, Mel Gallagher; *Poet Celebrant*, Ron Whelan; *Sixth Celebrant*, Diane Sayer; *Seventh Celebrant*, Joan Connors; *Eighth Celebrant*, Peggy Adams Laird; *Ninth Celebrant*, Shirley Bonne; *Voice*, Peter O'Toole.
R: Vincente Minnelli; **P**: Martin Ransohoff; **D**: Dalton Trumbo und Michael Wilson nach einer Idee von Martin Ransohoff; **K**: Milton Krasner; **AD**: George W. Davis und Urie McCleary; **M**: Johnny Mandel, *Song* «The Shadow of Your Smile» von Johnny Mandel und Paul Francis Webster; **S**: Davis Bretherton; **Ko**: Irene Sharaff.

Who's Afraid of Virginia Woolf?
(dt. *Wer hat Angst vor Virginia Woolf?*)

Ernest Lehman Production im Verleih der Warner Brothers, 1966; **L**: 130 min.
B: *Martha*, Elizabeth Taylor; *George*, Richard Burton; *Nick*, George Segal; *Honey*, Sandy Dennis.
R: Mike Nichols; **P**: Ernest Lehman; **D**: Ernest Lehman nach dem Stück von Edward Albee; **K**: Haskell Wexler; **De**: George James Hopkins; **M**: Alex North; **S**: Sam O'Steen; **Ko**: Irene Sharaff; **Mu**: Gordon Bau und Ronnie Berkeley; **H**: Jean Burt Reilly.

The Taming of the Shrew (dt. *Der Widerspenstigen Zähmung*)

Co-Produktion der Royal Films International und F. A. I. Productions (United States-Italian) im Verleih der Columbia Pictures, 1967, Panavision und Technicolor; **L**: 122 min.
B: *Katharina*, Elizabeth Taylor; *Petruchio*, Richard Burton; *Grumio*, Cyril Cusack; *Baptista*, Michael Hordern; *Lucentio*, Michael York; *Bianca*, Natasha Pyne; *Hortensio*, Victor Spinetti; *Tranio*, Alfred Lynch; *Gremio*, Alan Webb; *Pedant*, Vernon Dobtcheff; *Biondello*, Roy Holder; *Priest*, Giancarlo Cobelli; *Curtis*, Gianni Magni; *Nathaniel*, Alberto Bonucci; *Gregory*, Lino Capolicchio; *Philip*, Roberto Antonelli; *Vincentio*, Mark Dignam; *Haberdasher*, Anthony Garner; *Tailor*, Ken Parry; *Widow*, Bice Valori.

R: Franco Zeffirelli; **P:** Richard McWhorter, Richard Burton, Elizabeth Taylor und Franco Zeffirelli **D:** Paul Dehn, Suso Cecchi D'Amico und Franco Zeffirelli nach dem Stück von William Shakespeare; **K:** Oswald Morris und Luciano Trasatti; **AD:** Giuseppe Mariani und Elven Webb; **De:** Dario Simoni und Carlo Gervasi; **Sp:** Augie Lohman; **M:** Nino Rota; **S:** Peter Taylor und Carlo Fabianelli; **K:** Irene Sharaff und Danilo Donatti.

Doctor Faustus (dt. *Doktor Faustus*)

Oxford University Screen Production und Nassau Films and Venfilms (Rome) im Verleih der Columbia Pictures, 1967, Technicolor; **L:** 93 min.

B: *Doctor Faustus*, Richard Burton; *Helen of Troy*, Elizabeth Taylor; *Mephistopheles*, Andreas Teuber; *Empress*, Elizabeth O'Donovan; *Emperor*, Ian Marter; *Beelzebub*, Jeremy Eccles; *Lucifer*, David McIntosh; *Valdes*, Ram Chopra; *Cornelius*, Richard Carwardine; *Pope*, Adrian Benjamin; *First Scholar*, Richard Heffer; *Second Scholar*, Hugh Williams; *Third Scholar / Lechery*, Gwydion Thomas; *Cardinal / Pride*, Nicholas Loukes; *Evil Angel / Knight*, Richard Durden-Smith; *Wagner*, Patrick Barwise; *Attendant at Emperor's Court*, Jeremy Chandler; *Rector Magnificus*, Angus McIntosh; *First Professor / Avarice*, Ambrose Coghill; *Second Professor / Envy*, Anthony Kaufmann; *Third Professor*, Julian Wontner; *Fourth Professor*, Richard Harrison; *Fifth Professor*, Nevill Coghill; *Good Angel*, Michael Menaugh; *Boy-Turned-into-Hind*, John Sandbach; *Idiot*, Sebastian Walker; *Wrath*, R. Peverello; *Sloth*, Maria Aitken; *Idleness*, Valerie James; *Gluttony*, Bridget Coghill, Petronella Pulsford und Susan Watson; *Dancers*, Jacqueline Harvey, Sheila Dawson und Carolyn Bennitt; *Nun / Court Lady*, Jane Wilford.

R: Richard Burton und Nevill Coghill; **P:** Richard Burton und Richard McWhorter; **D:** Nevill Coghill nach dem Stück «The Tragicall History of Doctor Faustus» von Christopher Marlowe; **K:** Gabor Pogany; **AD:** Boris Juraga; **De:** Dario Simoni; **Musical Score:** Mario Nascimbene; **Choreographie:** Jacqueline Harvey; **S:** John Shirley; **Ko:** Peter Hall.

Reflections in a Golden Eye (dt. *Spiegelbild im goldenen Auge*)

John Huston–Ray Stark Production im Verleih der Warner Brothers–Seven Arts, 1967, Panavision und Technicolor; **L:** 109 min.
B: *Leonora Penderton*, Elizabeth Taylor; *Major Weldon Penderton*, Marlon Brando; *Lieutenant Colonel Morris Langdon*, Brian Keith; *Alison Langdon*, Julie Harris; *Anacleto*, Zorro David; *Stables Sergeant*, Gordon Mitchell; *Captain Weincheck*, Irvin Dugan; *Susie*, Fay Sparks; *Private Williams*, Robert Forster.
R: John Huston; **P:** Ray Stark; **D:** Chapman Mortimer und Gladys Hill nach dem Roman von Carson McCullers; **K:** Aldo Tonti; **AD:** Bruno Avesani; **De:** William Kiernan; **M:** Toshiro Mayuzumi; **S:** Russell Lloyd; **Ko:** Dorothy Jeakins; **H:** Alexandre.

The Comedians (dt. *Die Stunde der Komödianten*)

Maximilian Production (Bermuda) und Trianon Production (Paris) im Verleih der Metro-Goldwyn-Mayer, 1967, Panavision und Metro-color; **L:** 160 min.
B: *Brown*, Richard Burton; *Martha Pineda*, Elizabeth Taylor; *Jones*, Alex Guinness; *Ambassador Pineda*, Peter Ustinov; *Smith*, Paul Ford; *Mrs. Smith*, Lillian Gish; *Concasseur*, Raymond St. Jacques; *Michel*, Zaeks Mokae; *Petit Pierre*, Roscoe Lee Browne; *Joseph*, Douta Seck; *Cesar*, Albia Peters; *Mrs. Philipot*, Gloria Foster; *Angelito*, Robin Langford; *Henry Philipot*, Georg Stanford Brown; *Dr. Magiot*, James Earl Jones; *Marie-Thérèse*, Cicely Tyson.
R/P: Peter Glenville; **D:** Graham Greene nach seinem Roman; **K:** Henri Decae; **AD:** François de Lamothe; **De:** Robert Christides; **M:** Laurence Rosenthal; **S:** Françoise Javet; **Ko:** Tiziani; **H:** Alexandre.

Boom! (dt. *Brandung*)

John Heyman Production im Verleih der Universal Pictures, 1968, Panavision und Technicolor; **L:** 110 min.
B: *Flora («Sissy») Goforth*, Elizabeth Taylor; *Chris Flanders*, Richard Burton; *The Witch of Capri*, Noël Coward; *Blackie*, Joanna Shimkus; *Rudy*, Michael Dunn; *Dr. Lullo*, Romolo Valli; *Etti*, Fernando Piazza; *Simonetta*, Veronica Wells; *Manicurist*, Claudye Ettori; *Journalist*, Howard Taylor; *Photographer*, Gens Bloch; *Villager*, Franco Pesce.

R: Joseph Losey; **P:** John Heyman und Norman Priggen; **D:** Tennessee Williams nach seiner Kurzgeschichte «Man Take This Up Road» und seinem Stück «The Train Doesn't Stop Here Anymore»; **K:** Douglas Slocombe; **De:** Richard MacDonald; **M:** John Barry; **S:** Reginald Beck; **Ko:** Tiziani; **H:** Alexandre.

Secret Ceremony (dt. *Die Frau aus dem Nichts*)

Universal/World Film Services, Ltd./Paul M. Heller Production im Verleih der Universal Pictures, 1968, Technicolor; **L:** 109 min.
B: *Leonora*, Elizabeth Taylor; *Cenci*, Mia Farrow; *Albert*, Robert Mitchum; *Aunt Hilda*, Pamela Brown; *Aunt Hanna*, Peggy Ashcroft.
R: Joseph Losey; **P:** John Heyman und Norman Priggen; **D:** George Tabori nach dem Roman von Marco Denevi; **K:** Gerald Fisher; **AD:** John Clark; **De:** Jill Oxley; **M:** Richard Rodney Bennett; **S:** Reginald Beck; **Ko:** Marc Bohan, Christian Dior und Susan Yelland; **H:** Alexandre.

The Only Game In Town (dt. *Das einzige Spiel in der Stadt*)

George Stevens–Fred Kohlmar Production im Verleih der 20th Century-Fox, 1970, DeLuxe Color; **L:** 113 min.
B: *Fran Walker*, Elizabeth Taylor; *Joe Grady*, Warren Beatty; *Thomas J. Lockwood*, Charles Braswell; *Tony*, Hank Henry.
R: George Stevens; **P:** Fred Kohlmar; **D:** Frank D. Gilroy; **K:** Henri Decae; **AD:** Hermann Blumenthal und Auguste Capelier; **De:** Walter M. Scott und Jerry Wunderlich; **M:** Maurice Jarre; **S:** John W. Holmes, William Sands und Pat Shade; **Ko:** Mia Fonssagrives und Vicki Tiel; **H:** Alexandre.

Under Milk Wood (dt. *Unter dem Milchwald*)

Timon Production, The Rank Organisation, 1971 – Altura Films International, 1973, Technicolor; **L:** 90 min.
B: *First Voice*, Richard Burton; *Rosie Probert*, Elizabeth Taylor; *Captain Catt*, Peter O'Toole; *Myfanwy Price*, Glynis Johns; *Mrs. Pugh*, Vivien Merchant; *Mrs. Ogmore-Pritchard*, Sian Phillips; *Mog Edwards*, Victor Spinetti; *Second Voice*, Ryan Davies; *Gossamer Beynon*,

Angharad Rees; *Mr. Waldo*, Ray Smith; *Sinbad Sailors*, Michael Forrest; *Polly Garter*, Ann Beach; *Mr. Cherry Owen*, Glynn Edwards; *Mrs. Cherry Owen*, Bridget Turner; *Mr. Pugh*, Talfryn Thomas; *Mr. Willy Nilly*, Wim Wylton; *Mrs. Willy Nilly*, Bronwen Williams; *Lily Smalls*, Meg Wynn Owen; *Butcher Beynon*, Hubert Rees; *Mrs. Beynon*, Mary Jones; *Rev. Eli Jenkins*, Aubrey Richards; *Evans the Death*, Mark Jones; *Mr. Ogmore*, Dillwyn Owen; *Mr. Pritchard*, Richard Davies; *Nogood Boyo*, David Jason; *Lord Cut Glass*, Davydd Havard; *Utah Watkins*, David Davies; *Mrs. Utah Watkins*, Maudie Edwards; *Ocky Milkman*, Griffith Davies; *Bessie Bighead*, Peggyann Clifford; *Dai Bread*, Dudley Jones; *Mrs. Dai Bread One*, Dorothea Phillips; *Mrs. Dai Bread Two*, Ruth Madoc; *P. C. Attila Rees*, David Harries; *Mary Ann Sailors*, Rachel Thomas; *Waldo Wife One*, Andree Gaydon; *Second Woman/Waldo Wife Two*, Eira Griffiths; *First Neighbor/Waldo Wife Three*, Margaret Courtenay; *First Woman/Waldo Wife Four*, Rhoda Lewis; *Waldo Wife Five*, Pamela Miles; *Jack Black*, John Rees; *Mrs. Rose Cottage*, Jill Britton; *Mae Rose Cottage*, Susan Penhaligon; *Inspector*, Edmond Thomas; *Organ Morgan*, Richard Parry; *Mrs. Organ Morgan*, Dilys Price; *Gwennie*, Olwen Rees; *Mother*, Iris Jones; *First Fisherman*, Gordon Styles; *Second Fisherman*, Brian Osbourne; *First Drowned Sailor*, Shane Shelton; *Second Drowned Sailor*, Paul Grist; *Third Drowned Sailor*, Bryn Jones; *Fourth Drowned Sailor*, John Rainer; *Fifth Drowned Sailor*, Bryn Williams; *Villagers in «Sailors Arms»*, Aldwyn Francis, Ifor Owen, Dudley Owen und Gladys Wykeham-Edwards; *Gomer Owen*, Ieuan Rhys Williams; *Old Man*, T. H. Evans; *Second Neighbor*, Gwyneth Owen; *Third Neighbor*, Lucy Griffith; *Fourth Neighbor*, Angela Brinkworth. **R:** Andrew Sinclair; **P:** Hugh French und Jules Buck; **D:** Andrew Sinclair nach dem Hörspiel von Dylan Thomas; **K:** Bob Huke; **AD:** Geoffrey Tozer; **M:** Brian Gascoigne; **S:** Willy Kemplen.

Zee & Co. (dt. *X, Y und Zee*)

Zee Film und Kastner-Ladd-Kanter Production im Verleih der Columbia Pictures, 1972, Color; **L:** 110 min.
B: *Zee Blakeley*, Elizabeth Taylor; *Robert Blakeley*, Michael Caine; *Stella*, Susannah York; *Gladys*, Margaret Leighton; *Gordon*, John Standing; *Rita*, Mary Larkin; *Gavin*, Michael Cashman; *Head Waiter*, Gino Melvazzi; *Oscar*, Julian West; *Shaun*, Hilary West.

R: Brian G. Hutton; **P:** Elliott Kastner, Jay Kanter und Alan Ladd, Jr.; **D:** Edna O'Brien; **K:** Billy Williams; **AD:** Peter Mullins; **De:** Arthur Taksen; **M Score:** Stanley Myers, *Songs* «Going in Circles» von Ted Myers und Jaiananda, «Whirlwind» und «Coat of Many Colours» von Rick Wakeman und Dave Lambert, gespielt von Iroko, «Revolution» und «Granny's Got a Painted Leg», gespielt von der The Roy Young Band, «Gladys' Party» von John Mayer; **S:** Jim Clark; **Ko:** Beatrice Dawson; **H:** Allen McKeown.

Hammersmith Is Out (dt. *Hammersmith Is Out*)

A J. Cornelius Crean Films Inc., Production im Verleih der Cinerama Releasing Corporation, 1972, Du Art Color; **L:** 108 min.
B: *Jimmie Jean Jackson*, Elizabeth Taylor; *Hammersmith*, Richard Burton; *Billy Breedlove*, Beau Bridges; *Doctor*, Peter Ustinov; *General Sam Pembroke*, Leon Ames; *Dr. Krodt*, Leon Askin; *Henry Joe*, John Schuck; *Guido Scatucci*, George Raft; *Oldham*, Anthony Holland; *Princess*, Marjorie Eaton; *Kiddo*, Lisa Jak; *Miss Quim*, Linda Gaye Scott; *Fat Man*, Mel Berger; *Pete Rutter*, Brook Williams; *Cleopatra*, Carl Donn; *Duke*, Jose Espinoza.
R: Peter Ustinov; **P:** Alex Lucas; **D:** Stanford Whitmore; **K:** Richard H. Kline; **De:** Robert Benton; **M:** Dominic Frontiere, *Songs* «For Openers», «Requiem» und «When Your Dreams Were Worth Remembering» von Dominic Frontiere und Sally Stevens; **S:** David Blewitt; **Ko:** Edith Head; **H:** Alexandre und Claudye Bozzacchi.

Night Watch (dt. *Die Nacht hat tausend Augen*)

Joseph E. Levine und Burt Productions Presentation im Verleih der Avco Embassy, 1973, Technicolor; **L:** 99 min.
B: *Ellen Wheeler*, Elizabeth Taylor; *John Wheeler*, Laurence Harvey; *Sarah Cooke*, Billie Whitelaw; *Appleby*, Robert Lang; *Tony*, Tony Britton; *Inspector Walker*, Bill Dean; *Sergeant Norris*, Michael Danvers-Walker; *Dolores*, Rosario Serrano; *Secretary*, Pauline Jameson.
R: Brian H. Hutton; **P:** Martin Poll, George W. George und Barnard S. Straus; **D:** Tony Williamson nach dem Stück von Lucille Fletcher; **K:** Billy Williams; **AD:** Peter Murton; **M:** John Cameron, *Titel-Song* «The Night Has Many Eyes» von George Barrie und Sammy Cahn; **S:** John Jympson; **Ko:** Valentino; **H:** Michael John und Claudye Bozzacchi.

Ash Wednesday (dt. *Die Rivalin*)

Sagittarius Production im Verleih der Paramount Pictures, 1973, Technicolor; **L**: 99 min.
B: *Barbara Sawyer*, Elizabeth Taylor; *Mark Sawyer*, Henry Fonda; *Erich*, Helmut Berger; *David Carrington*, Keith Baxter; *Doctor Lambert*, Maurice Teynac; *Kate*, Margaret Blye; *German Woman*, Monique Van Vooren; *Bridge Player*, Henning Schlüeter; *Mario*, Dino Mele; *Mandy*, Kathy Van Lypps; *Nurse Ilse*, Dina Sassoli; *Paolo*, Carlo Puri; *Comte D'Arnoud*, Andrea Esterhazy; *Simone*, Jill Pratt; *Silvana del Campo*, Irina Wassilchikoff; *Viet Hartung*, Muki Windisch-Graetz; *Helga*, Nadia Stancioff; *Prince von Essen*, Rodolfo Lodi; *Gregory de Rive*, Raymond Vignale; *Tony Gutierrez*, Jose de Vega; *Samantha*, Samantha Starr.
R: Larry Peerce; **P**: Dominick Dunne; **D**: Jean-Claude Tramont; **K**: Ennio Guarnieri; **AD**: Philip Abramson; **M**: Maurice Jarre; **S**: Marion Rothman; **Ko**: Edith Head und Valentino; **M**: Alberto De Rossi; **H**: Giancarlo Novelli und Mirella De Rossi.

That's Entermainment! (dt. *Das gibt's nie wieder*)

Metro-Goldwyn-Mayer, United Artists, 1974, Metrocolor; **L**: 132 min.
Sprecher: Fred Astaire, Bing Crosby, Gene Kelly, Peter Lawford, Liza Minnelli, Donald O'Connor, Debbie Reynolds, Mickey Rooney, Frank Sinatra, James Stewart, Elizabeth Taylor.
R/P/D: Jack Haley, Jr.; **K**: Gene Polito, Ernest Laszlo, Russell Metty, Ennio Guarnieri und Allan Green; **S**: Bud Friedgen und David E. Blewitt; **M**: Jesse Kaye und Henry Mancini; **T**: Hal Watkins, Aaron Rochin, Lyle Burbridge, Harry W. Tetrick und William L. McCaughey; **Ra**: Richard Bremerkamp, David Silver und Claude Binyon, Jr.

Identikit

Ein Rizzoli Film im Verleih der Avco Embassy Pictures Corp., 1974, Technicolor; **L**: 105 min.
B: *Lise*, Elizabeth Taylor; *Richard*, Ian Bannen; *Carlo*, Guido Mannari; *Mrs. Fiedke*, Mona Washbourne; *Bill*, Maxence Mailfort.

R: Giuseppe Patroni Griffi; **P:** Franco Rossellini; **D:** Raffaele La Capria und Giuseppe Patroni Griffi nach Muriel Sparks Roman «The Driver's Seat»; **K:** Vittorio Storaro; **AD:** Mario Ceroli; **M:** Franco Mannino; **Ko:** Gabriella Pescucci.

The Blue Bird (dt. *Der blaue Vogel*)

20th Century-Fox, 1976, DeLuxe Color; **L:** 100 min.
B: *Mother/Maternal Love/Witch/Light*, Elizabeth Taylor; *Night*, Jane Fonda; *Luxury*, Ava Gardner; *Cat*, Cicely Tyson; *Father Time*, Robert Morley; *Oak*, Harry Andrews; *Tyltyl*, Todd Lookinland; *Mytyl*, Patsy Kensit; *Grandfather*, Will Geer; *Grandmother*, Mona Washbourne; *Dog*, George Cole; *Bread*, Richard Pearson; *The Blue Bird*, Nadejda Pavlova; *Sugar*, George Vitzin; *Milk*, Margareta Terechova; *Fat Laughter*, Oleg Popov; *Father*, Leonid Nevedomsky; *Water*, Valentina Ganilaee Ganibalova; *Fire*, Yevgeny Scherbakov; *Sick Girl*, Pheona McLellan.
R: George Cukor; **P:** Edward Lewis und Paul Maslansky; **D:** Hugh Whitemore, Alfred Hayes und Alexei Kapler nach dem Roman von Maurice Maeterlinck; **K:** Freddie Young und Ionas Gritzus; **AD:** Valery Urkevich; **De:** Yevgeny Starikovitch, Edward Isaev und Tamara Polyanskaya; **M:** Irwin Kostal; **Lyrics:** Tony Harrison; **Ballettmusik:** Andrei Petrov; **S:** Ernest Walter, Tatyana Shapiro und Stanford C. Allen.

A Little Night Music

Sascha Wien–Elliott Kastner Production und Roger Corman Presentation im Verleih der New World Pictures, 1977, Eastmancolor; **L:** 124 min.
B: *Desiree Armfeldt*, Elizabeth Taylor; *Charlotte Mittelheim*, Diana Rigg; *Frederick Egerman*, Len Cariou; *Anne Egerman*, Lesly-Anne Down; *Mme. Armfeldt*, Hermione Gingold; *Carl-Magnus Mittelheim*, Laurence Guittard; *Erich Egerman*, Christopher Guard; *Fredericka Armfeldt*, Cloe Franks; *Kurt*, Heinz Maracek; *Petra*, Lesley Dunlop; *Conductor*, Jonathan Tunick; *Franz*, Hubert Tscheppe; *Band Conductor*, Rudolf Schrympf; *Mayor*, Franz Schussler; *Mayoress*, Johanna Schussler.

R: Harold Prince; P: Heinz Lazek und Elliott Kastner; D: Hugh Wheeler nach dem gleichnamigen Musical von Stephen Sondheim, inspiriert durch Ingmar Bergmans «Sommarnattens Leende»; K: Arthur Ibbetson; De: Laci von Ronay; AD: Herta Pischinger und Thomas Riccabona; M: Jonathan Tunick; Ko: Florence Klotz; Choreographie: Patricia Birch; S: John Jympson.

Winter Kills (dt. *Philadelphia Clan*)

Leonard J. Goldberg–Robert Sterling Production im Verleih der Embassy Pictures, 1979, Color; L: 97 min.
B: *Nick Kegan*, Jeff Bridges; *Pa Kegan*, John Huston; *John Cerruti*, Anthony Perkins; *Z. K. Dawson*, Sterling Hayden; *Joa Diamond*, Eli Wallach; *Emma Kegan*, Dorothy Malone; *Frank Mayo*, Tomas Milian; *Yvette Malone*, Belinda Bauer; *Gameboy Baker*, Ralph Meeker; *Keith*, Toshiro Mifune; *Keifitz*, Richard Boone; *Lola Comante*, Elizabeth Taylor; *Captain*, Donald Moffat; *Miles*, David Spielberg; *Captain Heller*, Brad Dexter; *Doctor*, Peter Brandon; *Ray*, Michael Thoma; *Captain Heller Two*, Ed Madsen; *Irving Mentor*, Irving Selbert; *Jeffreys*, Chris Soldo; *Arthur Fletcher*, Joe Spinell.
R/D: William Richert nach dem Roman von Richard Condon; P: Leonard J. Goldberg, Robert Sterling und Fred Caruso; K: Vilmos Zsigmond; AD: Norman Newberry; De: Arthur Seph Parker; M: Maurice Jarre; Ko: Robert De Mora; S: David Bretherton.

The Mirror Crack'd (dt. *Mord im Spiegel*)

EMI Films Presentation im Verleih der Associated Film, 1980, Technicolor; L: 105 min.
B: *Miss Marple*, Angela Lansbury; *Cherry*, Wendy Morgan; *Mrs. Bantry*, Margaret Courtenay; *Bates the Butler*, Charles Gray; *Heather Babcock*, Maureen Bennett; *Miss Giles*, Carolyn Pickles; *The Major*, Eric Dodson; *Vicar*, Charles Lloyd-Pack; *Dr. Haydock*, Richard Pearson; *Mayor*, Thick Wilson; *Mayoress*, Pat Nye; *Scoutmaster*, Peter Woodthorpe; *Ella Zielinsky*, Geraldine Chaplin; *Marty N. Fenn*, Tony Curtis; *Inspector Craddock*, Edward Fox; *Jason Rudd*, Rock Hudson; *Lola Brewster*, Kim Novak; *Marina Rudd*, Elizabeth Taylor; *Margot Bence*, Marella Oppenheim; *Sir Derek Ridgeley*, Anthony Steel; *Lady Amanda Ridgeley*, Dinah Sheridan; *Kate Ridgeley*, Oriana Grieve;

Charles Foxwell, Kenneth Fortescue; *Lady Foxcroft*, Hildegard Neil; *Peter Montrose*, Allan Cuthbertson; *DaSilva*, George Silver; *Barnsby*, John Bennett; *Inspector Gates*, Nigel Stock.
R: Guy Hamilton; **P:** John Brabourne und Richard Goodwin; **D:** Jonathan Hales und Barry Sandler nach dem Roman «The Mirror Crack'd From Side to Side» von Agatha Christie; **K:** Christopher Challis; **De:** Michael Stringer; **AD:** John Roberts; **M:** John Cameron; **Ko:** Phyllis Dalton; **S:** Richard Marden.

Genocide

Arnold Schwartzman Production im Verleih des Simon Wiesenthal Center, 1981, **L:** 90 min.
P/R: Arnold Schwartzman; **D:** Arnold Schwartzman, Martin Gilbert und Rabbi Marvin Hier; **K:** David und Peter Shillingford; **S:** Roy Watts, Robert Jenkins und Richard Zukaitis; **M:** Elmer Bernstein; **Historischer Berater:** Efraim Zuroff; **Sprecher:** Elizabeth Taylor und Orson Welles; **Einleitung:** Simon Wiesenthal.

Il Giovane Toscanini

Carthago Films/Canal Plus/FR 3/La Sept/Italian International Pictures/RAI-TV/Channel 1 Co-Produktion, 1988; **L:** 120 min.
B: *Arturo Toscanini*, C. Thomas Howell; *Nadina Bulichoff*, Elizabeth Taylor; *Sister Margherita*, Sophie Ward; *Mother Allegri*, Pat Heywood; *Claudio Rossi*, John Rhys-Davies; *Dom Pedro II*, Philippe Noiret; *Claudio Toscanini*, Franco Nero; *Mantelli*, Irma Capece Minutolo, sowie Nicholas Chagrin, Leon Lissek, Carlo Bergonzi, Giovanna Stella La Nocita, Simon Gregor und Elsa Agalbato.
R: Franco Zeffirelli; **P:** Fulvio Lucisano und Tarak Ben Ammar; **D:** William H. Stadiem; **K:** Daniele Nannuzzi; **AD:** Andrea Crisanti, Enrico Fiorentini und Angelo Santucci; **Ko:** Tom Rand; **S:** Jim Clark, Brian Oats, Franca Silvi und Amadeo Giomini; **Gesangsstimme von Elizabeth Taylor:** Aprile Millo.

Fernsehfilme

Divorce; his / Divorce; hers (dt. *Seine Scheidung / Ihre Scheidung*)

Eine Co-Produktion der General Continental Productions und Harlech Television für ABC Television Network, 1973, Color; **L:** 180 min.
B: *Martin Reynolds*, Richard Burton; *Jane Reynolds*, Elizabeth Taylor; *Diana Proctor*, Carrie Nye; *Donald Trenton*, Barry Foster; *Turi Livecchi*, Gabriele Ferzetti; *Franca*, Daniela Surina; *Minister*, Thomas Baptiste; *McIntyre*, Ronald Radd; *Kaduna*, Rudolph Walker; *Tommy*, Mark Colleano; *Peggy*, Rosalyn Landor; *Judith*, Eva Griffith; *Gina*, Marietta Schupp.
R: Waris Hussein; **P:** John Heyman, Terence Baker und Gareth Wigan; **D:** John Hopkins; **K:** Ernst Wild und Gabor Pogany; **De:** Roy Stannard; **M:** Stanley Myers; **S:** John Bloom; **Ko:** Edith Head; **H:** Alexandre.

Victory at Entebbe (dt. *Unternehmen Entebbe*)

David L. Wolper Production für ABC Television Network, 1976, Color; **L:** 152 min.
B: *German Tourist*, Helmut Berger; *Yakov Shlomo*, Theodore Bikel; *Chana Vilnofsky*, Linda Blair; *Hershel Vilnofsky*, Kirk Douglas; *Col. Yonatan «Yonni» Netanyahu*, Richard Dreyfuss; *Mordecai Gur*, Stefan Gierasch; *Benyamin Wise*, David Groh; *President Idi Amin*, Julius Harris; *Mrs. Wise*, Helen Hayes; *Yitzhak Rabin*, Anthony Hopkins; *Shimon Peres*, Burt Lancaster; *Capt. Dukas*, Christian Marquand; *Edra Vilnofsky*, Elizabeth Taylor; *Nomi Haroun*, Jessica Walter; *Gen. Dan Shomron*, Harris Yulin; *Natan Haroun*, Allan Miller; *German Woman*, Bibi Besch; *Aaron Olav*, David Sheiner; *Moshe Meyer*, Severn Darden.
R: Marvin J. Chomsky; **P:** David L. Wolper und Robert Guenette; **D:** Ernest Kinoy; **K:** James Kilgore; **De:** Edward Stephenson; **M:** Charles Fox; **S:** Jim McElroy, Mike Gavaldon und David Saxon.

Return Engagement

The Production Company für NBC Television Network, 1978, Color; **L:** 74 min.
B: *Dr. Emily Loomis*, Elizabeth Taylor; *Stewart Anderman*, Joseph

Bottoms; *Florence*, Allyn Ann McLerie; *George Riley*, Peter Donat; *Mr. Keith*, James Ray; *Janice*, Susan Buckner; *Audrey*, Alston Ahern; *Victor*, Robin Strand; *First Girl*, Melanie Henderson; *Second Girl*, Jennifer Myers; *Third Girl*, Wendy Sommerstein; *Waiter*, Don Stark.
R: Joseph Hardy; **P:** Franklin R. Levy und Mike Wise; **D:** James Prideaux; **M:** Arthur B. Rubinstein; **Ko:** Edith Head.

Between Friends (dt. *Freundinnen fürs Leben*)

HBO Premiere Production für das Home Box Office cable system, 1983, Color; **L:** 100 min.
B: *Deborah Shapiro*, Elizabeth Taylor; *Mary Catherine Castelli*, Carol Burnett; *Francie Castelli*, Barbara Bush; *Sam Tucker*, Henry Ramer; *Malcolm Hollan*, Bruce Gray; *Dr. Seth Simpson*, Charles Shamata; *Lolly James*, Lally Cadeau; *Essie*, Vera Cudjoe; *Martin*, Stephen Young; *Michael*, Michael J. Reynolds; *Carolyn*, Patricia Idlette; *Limel*, Jim Morris; *Mrs. Ingram*, Jeri Craden; *Heather*, Shelach MacKerd; *Young Customers*, Clare Barclay und Nancy Kerr; *Woman at Party*, Maida Rogerson; *Realty Office Customer*, Jim Bearden; *Man at Party*, David Clement.
R: Lou Antonio; **P:** Robert Cooper und Marian Rees; **D:** Shelley List und Jonathan Estrin nach Shelley Lists Roman «Nobody Makes Me Cry»; **K:** Francois Protat; **AD:** Lindsey Goddard; **M:** James Horner; **S:** Gary Griffen.

Malice in Wonderland (dt. *Das verrückte Hollywood*)

ITC Production für CBS Television Network, 1985; **L:** 94 min.
B: *Louella Parsons*, Elizabeth Taylor; *Hedda Hopper*, Jane Alexander; *Louis B. Mayer*, Richard Dysart; *Dema Harshbarger*, Joyce Van Patten; *Dr. Harry «Docky» Martin*, Jon Cypher; *Harriet Parsons*, Leslie Ackerman; *Ida Koverman*, Bonnie Bartlett; *William Hopper*, Thomas Byrd; *Andy Kenderson*, Joel Colodner; *Iceman*, Rick Lenz; *Dot*, Mary McCusker; *Tommy Gallep*, John Pleshette; *Orson Welles*, Eric Purcell; *Joseph Cotten*, Tim Robbins; *Howard Strickling*, Mark L. Taylor; *Ann*, Nancy Travis; *June*, B. J. Ward; *Sam Goldwyn*, Vernon Weddle; *Joel*, Allen Williams; *Collins*, Theodore Wilson; *Jack Warner*, Jason Wingreen; *Ellen*, Helen Baron; *Hotel Clerk*, Thomas Bellin; *Carole Lombard*, Denise Crosby; *Heiner*, Robert Darnell; *Betty*, Christine

Dickinson; *Young Bill Hopper*, Douglas Emerson; *Mrs. Washburn*, Edith Fields; *Mrs. Clayton*, Lyla Graham; *Dema's Secretary*, Anne Haney; *Starlet*, Mindi Iden; *Elizabeth Arden*, Amelia Laurenson; *Hal*, Galen Thompson; *Mike Romanoff*, Jan Triska; *Albert*, Keith Walker; *Clark Gable*, Gary Wayne; *Journalists*, Noni White und Leigh Kavanaugh.
R: Gus Trikonis; P: Judith A. Polone und Jay Benson; D: Jacqueline M. Feather und David Seidler nach der Biographie «Hedda and Louella» von George Eels; K: Philip Lathrop; AD: John D. Jeffries; M: Charles Bernstein; Ko: Nolan Miller und Mina Mittleman; S: Allan Jacobs und Rebecca Ross.

There Must Be a Pony (dt. *Schatten des Ruhms*)

R. J. Production in Verbindung mit Columbia Pictures Television für ABC Television Network, 1986; L: 100 min.
B: *Marguerite Sydney*, Elizabeth Taylor; *Ben Nichols*, Robert Wagner; *Merwin Trellis*, James Coco; *Lee Hertzig*, William Windom; *David Hollis*, Edward Winter; *Jay Savage*, Ken Olin; *Chief Investigator Roy Clymer*, Dick O'Neill; *Josh Sydney*, Chad Lowe; *Mickey Rooney*, Mickey Rooney; *Detective*, Richard Bright; *Ron Miller*, Richard Minchenberg; *Chris*, Robby Weaver; *Woman at Airport*, Helen J. Siff; *Scott*, Charles Stratton.
R: Joseph Sargent; P: Robert Wagner und Howard Jeffrey; D: Mart Browley nach dem Roman von James Kirkwood; K: Gayne Rescher; De: James J. Agazzi; AD: Ross Bellah; M: Billy Goldenberg; Ko: Nolan Miller; S: Jack Harnish.

Poker Alice (dt. *Poker Alice*)

Harvey Matofsky Production in Verbindung mit New World Television für CBS Television Network, 1987; L: 100 min.
B: *Alice Moffett*, Elizabeth Taylor; *Jeremy Collins*, Tom Skerritt; *Cousin John*, George Hamilton; *Sears*, Richard Mulligan; *Amos*, David Wayne; *Mad Mary*, Susan Tyrrell; *McCarthy*, Pat Corley; *Baker*, Paul Drake; *Miss Tuttwiler*, Annabella Price; *Baby Doe*, Merrya Small; *Gilmore*, Gary Bisig; *Big Irma*, Liz Torres; *Marshall*, Gary Grubbs; *Frank Hartwell*, John Bennett Perry; *Harris*, Ed Adams; *Steward*, Sid Dawson; *Carlyle*, Jack Dunlop; *Gray*, Maarten Goslins; *Mason*, Wil-

liam M. Hannah; *Carter*, Henry Max Kendrick; *Pellum*, Stephen Jace Kent; *Saloon Girl*, Gloria Manon; *Man in Street*, John Pearce; *Maggie*, Caroline Reed; *Crocker*, Bob Shelton.
R: Arthur Allan Seidelman; **P:** Harvey Matofsky und Renée Valente; **D:** James Lee Barrett; **K:** Hanania Baer; **AD:** Ninkey Dalton; **M:** Billy Goldenberg; **Ko:** Nolan Miller und Ruby Manis; **S:** Millie Moore.

Sweet Bird of Youth

Atlantic / Kushner-Locke Production für NBC Television Network, 1989; **L:** 120 min.
B: *Alexandra Del Lago / The Princess Kosmonopolis*, Elizabeth Taylor; *Chance Wayne*, Mark Harmon; *Boss Finley*, Rip Torn; *Miss Lucy*, Valerie Perrine; *Heavenly Finley*, Cheryl Paris; *Tom Junior*, Kevin Geer; *Aunt Nonnie*, Ronnie Claire Edwards.
R: Nicolas Roeg; **P:** Donald Kusnher, Peter Locke und Linda Yellen; **D:** Gavin Lambert nach dem gleichnamigen Stück von Tennessee Williams; **K:** Francis Kenny; **S:** Pamela Malouf; **Ko:** Nolan Miller.

Bibliographie

Adler, Bill: Elizabeth Taylor: Triumphs and Tragedies, New York, Ace Books, 1982

Agee, James: Age on Film, Vol. I. u. II., New York, Perigee Books, 1983

Alpert, Hollies: Burton, New York, G. P. Putnam's Sons, 1986

Althen, Michael: Robert Mitchum, München, Wilhelm Heyne Verlag, 1987

Astor, Mary: A Life on Film, New York, Delacorte Press, 1977

Bacon, James: Hollywood is a Four-Letter Town, Chicago, Henry Regnery Co., 1976

Barlett, Donald L., und Stelle, James B.: Empire. The Lifelegend and Madness of Howard Hughes, New York, W. W. Norton & Co., 1979

Behlmer, Rudy: Memo from David O. Selznick, New York, Viking Press, 1972

Bosworth, Patricia: Montgomery Clift, New York, Harcourt Brace Jovanich, 1978

Bragg, Melvyn: Richard Burton: A Life, Boston, Little, Brown & Co., 1989

Brodsky, Jack, und Weiss, Nathan: The Cleopatra Papers, New York, Simon and Schuster, 1963

Burton, Philip: Early Doors: My Life and the Theatre, New York, Simon and Schuster, 1963

Capote, Truman: The Muses are Heard, New York, Random House, 1956

Carey, Gary: All the Stars in Heaven. The Story of Louis B. Mayer and M-G-M, London, Robson Books, 1982

Clarens, Carlos: Cukor, London, Secker & Warburg, 1976

Cohn, Art: The Nine Lives of Mike Todd, New York, Random House, 1958

Dietrich, Noah, und Thomas, Bob: Howard. The Amazing Mr. Hughes. Greenwich, Fawcett Publications Inc., 1972

Eells, George: Hedda and Louella. A dual Biography of Hedda Hopper and Louella Parsons, New York, G. P. Putnam's Sons, 1972

Fisher, Eddie: Eddie. My Life, My Loves, New York, Harper & Row, 1981

French, Philip: The Movie Moguls, London, Weidenfeld and Nicolson, 1969

Geist, Kenneth L.: Pictures will talk. The Life & Films of Joseph L. Mankiewicz, New York, Da Capo Press, Inc., 1978

Head, Edith, und Calisto, Paddy: Edith Head's Hollywood, New York, E. P. Dutton, Inc., 1983

Hirsch, Foster: Elizabeth Taylor, New York, Galahad Books, 1973

Hopper, Hedda, und Brough, James: The Whole Truth and Nothing But, New York, Doubleday, 1963

Hudson, Rock, und Davidson, Sara: Rock Hudson. His Story, London, Weidenfeld and Nicolson, 1988

Huston, John: An Open Book, New York, Ballantine Books, 1981

Junor, Penny: Burton. The Man Behind the Myth, London, Sidgewick & Jackson, 1985

Kael, Pauline: Kiss Kiss Bang Bang, Boston, Little, Brown & Co., 1968

Keats, John: Howard Hughes, New York, Random House, 1966

Kelley, Kitty: Elizabeth Taylor. The Last Star, New York, Simon and Schuster, 1981

–: Frank Sinatra: Ein erstaunliches Leben, München, Blanvalet, 1986

Kobal, John: People Will Talk, London, Aurum Press, 1986

Korda, Michael: Charmed Lives, New York, Random House, 1980

LaGuardia, Robert: Monty. A Biography of Montgomery Clift, New York, Arbor House, 1977

Lambert, Gavin: On Cukor, New York, G. P. Putnam's Sons, 1972

Maddox, Brenda: Who's Afraid of Elizabeth Taylor? New York, M. Evans & Co., 1977

Mathison, Richard: His Weird and Wanton Ways. The Secret Life of Howard Hughes, New York, William Morrow & Co., 1977

McDowall, Roddy: Double Exposure, New York, Delacorte Press, 1966

344

Minnelli, Vincente: I remember it well, New York, Berkeley Publishing Group, 1974
Morley, Sheridan: Elizabeth Taylor, London, Pavilion, 1988

Nickens, Cristopher: Elizabeth Taylor: A Biography in Photographs, New York, Doubleday, 1984

Oppenheimer, Jerry, und Vitek, Jack: Idol. Rock Hudson, New York, Villard Books, 1986

Phelan, James: Howard Hughes. The Hidden Years, New York, Random House, 1976

Reynolds, Debbie, und Columbhia, David Patrick: Debbie, My Life, London, Sidgewick & Jackson, 1988

Taylor, Elizabeth: Nibbles and Me, New York, Duell, Sloan and Pearce, 1946
–: Elizabeth Taylor, New York, Harper & Row, 1964
–: Elizabeth Taylor Takes Off, New York, G.P. Putnam's Sons, 1987
Tischler, Nancy: Tennessee Williams, Rebellious Puritan, Secaucus, N.J. Citadel Press, 1965

Vermilye, Jerry, und Ricci, Mark: The Films of Elizabeth Taylor, Secaucus, N.J., Citadel Press, 1976

Walker, Alexander: Elizabeth, London, Weidenfeld and Nicolson, 1990
Wilding, Michael: The Wilding Way, New York, St. Martin's Press, 1982
Waterbury, Ruth: Elizabeth Taylor: Her Life, Her Loves, Her Future, New York, Appleton-Century, 1964

Namenregister

Aaberg, Dr. 160
Abrams, Bob 224
Abzug, Bella 290
Adams, Henry 31
Addams, Down 233
Adler, Bill 42
Aimée, Anouk 268
Ainley, Henry 26
Albee, Edward 253
Alexandra, Princess 192
Ali Khan, Prinz 192
Allyson, June 98, 136, 294
Almqvist, Paula 10
Anderson, Birdina 103, 107, 119, 130
Annigoni, Pietro 194
Arthur, Jean 119
Andrews, Dana 161 f
Arden, Elizabeth 310
Astaire, Fred 25, 64, 136
Astor, Mary 93

Bacall, Lauren 11, 90 f, 168 f, 233
Bach, Johann Sebastian 260
Bacon, Jim 200
Bagnold, Enid 68
Baker, Sonny 71
Bancroft, Anne 258
Bara, Theda 214
Barbosa, Arthur 260
Barker, Stanley 250
Barry, George 275
Barrymore, Lionel 64
Baum, Vicki 240
Beatty, Warren 263
Beaverbrook, William Maxwell Aitken, Baron 187
Bennett, Joan 136, 145, 235
Benny, Jack 129
Berens, Andrea s. u. Andrea Cowden
Bergman, Ingmar 291
Bergman, Ingrid 93, 108
Berkley, Ron 249
Berman, Pandro S. 48, 66, 69 f, 75 f, 84, 86 f, 92, 105, 115 f, 129, 131, 135, 142, 144, 149 f, 152 f, 159, 169, 177 f, 185, 197, 202 f, 209, 214 f
Bernhardt, Curtis 165
Bernstein, Carl 305
Black, Eugene 211
Blaik, Red 102
Blanc, Dr. 92 f
Blitch, Iris 239
Blondell, Joan 181
Bloom, Claire 233, 252

Blumberg, Nate J. 56
Bogart, Humphrey 90 f, 168
Botticelli, Sandro 32
Boyd, Stephen 221
Boydell-Barrington, Frederick 35
Bozzachi, Claudie 249
Bozzachi, Gianni 249
Brabourne, John 298
Bragg, Melvyn 258
Brando, Marlon 169, 220, 257 f
Breckenridge, Myra 69
Breen, Tommy 146
Bridges, Beau 269
Briskin, Ted 146
Brodsky, Jack 233 f, 236 f, 240
Bromfield, Louis 90
Brontë, Charlotte 67
Brooks, Richard 165 f, 198 f, 204 f, 270, 302
Brown, Clarence 69 f
Bruce, Nigel 63
Brynner, Yul 220, 227
Bufman, Zev 299 f
Bujold, Geneviève 266, 268
Bukowski, Charles 89
Bulgari, Gianni 271
Burnett, Carol 301
Burnett, Frances Hodgson 30, 46
Burton, Kate 260
Burton, Liza 260
Burton, Maria 249, 251 f, 260
Burton, Philip 247
Burton, Richard 11, 32, 34, 37 f, 48, 79, 163, 165, 186, 213, 232 f, 247 f, 256 f, 267 f, 275 f, 279, 281 f, 283 f, 289, 292, 299 f, 304, 306, 311
Burton, Sally 301 f, 304
Burton, Sybil 232 f, 236 f, 241 f, 247, 260
Butcher, Ted 60

Caine, Michael 268, 271
Callas, Maria 264, 280
Cancannon, Patrick J. 137 f
Cantinflas 190
Capote, Truman 225, 227, 250
Carré, John le 252
Carter, James Earl 290
Cazalet, Maud 31 f, 45
Cazalet, Sheran 105
Cazalet, Victor 31 f, 38, 42 f, 45, 55
Cazalet-Keir, Thelma 31 f, 42, 50
Chadwick, Dr. 92
Chaplin, Sir Charles Spencer 172
Chayefsky, Paddy 218

346